REISEN

DIE ILLUSTRIERTE GESCHICHTE

REISEN

DIE ILLUSTRIERTE GESCHICHTE

Vorwort Michael Martin
Redaktioneller Berater Pater Michael Collins
Autoren Simon Adams, R. G. Grant, Andrew Humphreys

DK

DK London / Delhi

Lektorat
Jonathan Metcalf, Liz Wheeler, Sugandha Agarwal, Andy Szudek, Kate Taylor, Anna Fischel, Madhurika Bhardwaj, Antara Moitra, Angela Wilkes, Gareth Jones, Soma B. Chowdhury

Gestaltung und Bildredaktion
Karen Self, Lee Griffiths, Arunesh Talapatra, Gadi Farfour, Ira Sharma, Roshni Kapur, Vikas Sachdeva, Rohit Bahrwaj, Devika Khosla, Sophia M.T.T., Vanessa Hamilton, Renata Latipova, Nicola Rodway, Rajesh Singh Adhikari, Syed Md Farhan, Pawan Kumar, Harish Aggarwal, Sarah Smithies, Aditya Katyal, Taiyaba Khatoon

Umschlaggestaltung
Surabhi Wadhwa, Suhita Dharamjit, Tanya Mehrotra, Claire Gell, Saloni Singh

Herstellung
Gillian Reid, Balwant Singh, Mandy Inness, Pankaj Sharma

Kartografie
Rajesh Kumar Mishra, Suresh Kumar

Für die deutsche Ausgabe:
Programmleitung Monika Schlitzer
Redaktionsleitung Caren Hummel
Projektbetreuung Carola Wiese
Herstellungsleitung Dorothee Whittaker
Herstellungskoordination Inga Reinke
Herstellung Stefanie Staat

Titel der englischen Originalausgabe:
Journey. An Illustrated History of Travel

Übersetzung Karin Hofmann
Lektorat Tamara Al Oudat

ISBN 978-3-8310-3607-3

Druck und Bindung Leo Paper Products, China

www.dorlingkindersley.de

INHALT

1

DIE ANTIKE WELT

REDAKTIONELLER BERATER

Pater Michael Collins wurde im irischen Dublin geboren. Neben seiner Tätigkeit als Buchautor für DK veröffentlicht er Reiseberichte mit dem Schwerpunkt Archäologie und alte Kulturen. Dieses Werk basiert auf Pater Michaels Idee, ein Buch über die Geschichte des Reisens zu schreiben.

HAUPTAUTOR

Andrew Humphreys ist Autor und Koautor von mehr als 35 Büchern für DK, Lonely Planet, *National Geographic* und *Time Out*. Seine Artikel, die in der *Financial Times*, *The Telegraph* und *Condé Nast Traveller* erscheinen, schildern das Reisen oft aus historischer Sicht. Daneben schrieb er zwei Bücher über das Goldene Zeitalter des Reisens in Ägypten. Er verfasste Kapitel 4, 5, 6 und 7 von *Reisen. Die illustrierte Geschichte*.

WEITERE AUTOREN

Simon Adams war Redakteur für Kinderbücher, bevor er sich vor 25 Jahren als Autor selbstständig machte. Er ist Verfasser oder Mitverfasser von über 60 Büchern, wobei er sich auf Geschichte, Reisen und Entdeckungen spezialisierte. Er schrieb Kapitel 1 von *Reisen. Die illustrierte Geschichte.*

R. G. Grant schreibt hauptsächlich über Geschichte und Zeitgeschehen. Zu seinen Werken gehören *Fliegen. Die Geschichte der Luftfahrt* und *Der Erste Weltkrieg: Die visuelle Geschichte*. Er wirkte als beratender Redakteur bei *Das Geschichtsbuch* mit, das 2017 bei DK erschien. Für *Reisen. Die illustrierte Geschichte* verfasste er Kapitel 2 und einen Teil von Kapitel 3.

VORWORT

Michael Martin ist Fotograf, Vortragsreferent, Abenteurer und Diplom-Geograph. Seit über 30 Jahren berichtet er über seine Reisen in die Wüsten der Erde und wurde zum weltweit renommiertesten Wüstenfotografen. Er veröffentlichte 30 Bildbände und Bücher, die in sieben Sprachen übersetzt wurden, hielt über 2000 Vorträge und produzierte mehrere Fernsehfilme. Im Jahr 2009 begann Michael Martin für sein neues Projekt »Planet Wüste« zu reisen und zu fotografieren. Neben den Trockenwüsten standen nun auch die Kälte- und Eiswüsten der Arktis und Antarktis im Fokus seiner Arbeit. Innerhalb von sechs Jahren unternahm er 40 Reisen und Expeditionen in die entlegensten und extremsten Gebiete der Erde.

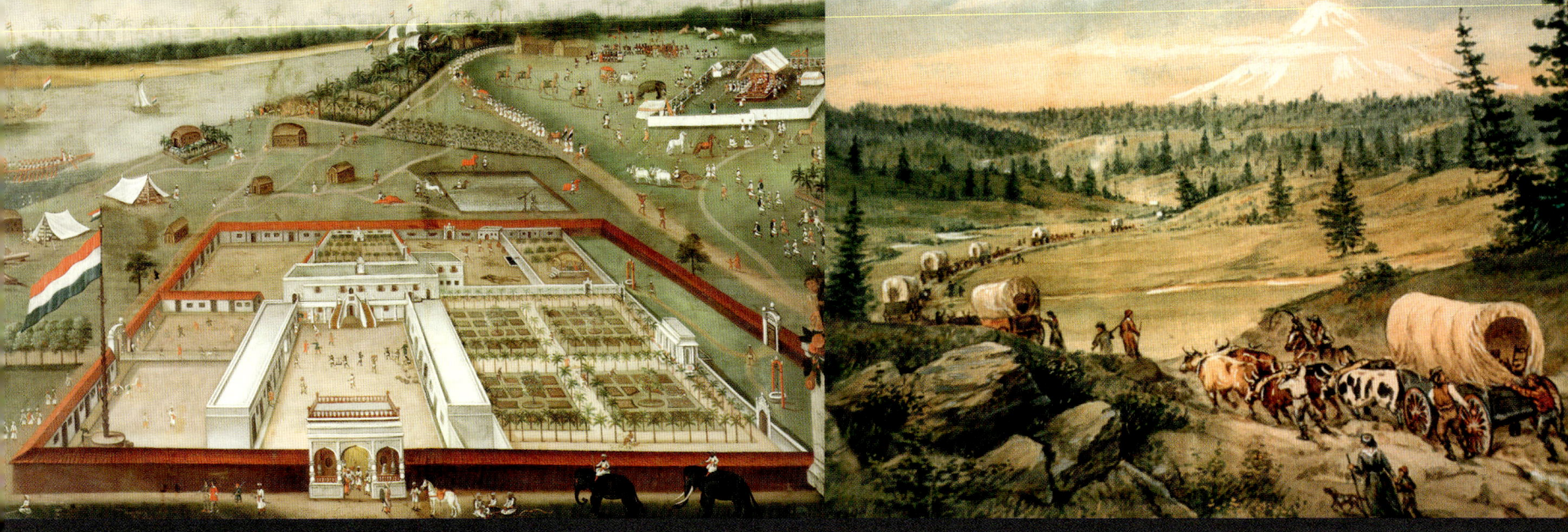

6

DIE GOLDENE ÄRA DES REISENS

7

DIE MOBILE WELT

Vorwort

Die ersten Reisenden der Menschheitsgeschichte waren Jäger und Sammler, die zunächst in Ostafrika, dann später auch in Eurasien große Strecken zu Fuß zurücklegten, um neue Jagdgründe zu finden. Die landwirtschaftliche Revolution ließ den Menschen zwar sesshaft werden, doch die Hirten mussten weiterhin reisen, um ihren Herden ausreichende Weidegründe zu bieten. In der Antike schufen die Römer mit einem ausgeklügelten Netz von Straßen und Wegen dann die erste Infrastruktur für das Reisen. Die bedeutenden Reisenden des Mittelalters folgten in Asien großen, in voller Blüte stehenden Handelsstraßen. Andere wie Christoph Kolumbus bereisten den Globus zu Wasser, ohne zu wissen, was sie erwartete. Erst im Jahr 1873 wurde die letzte große Landmasse der Erde entdeckt – der Archipel Franz-Josef-Land, den die österreichisch-ungarische Nordpolexpedition nach zweijähriger Irrfahrt im Nebel auftauchen sah.

Wer heute in modernen Großraumflugzeugen um die Erde reist, ahnt nicht, wie beschwerlich und gefährlich Reisen einst gewesen ist. Es lauerten Banditen und gefährliche Krankheiten, manchmal waren die Einheimischen feindselig, dann wieder gastfreundlich. Es fehlten Karten und Informationen, Briefe nach Hause waren Jahre unterwegs. Die Motivation, die heimische Scholle zu verlassen, um loszuziehen, muss also groß gewesen sein.

Es scheint zunächst einmal in der Natur des Menschen zu liegen, Neues entdecken zu wollen, sonst wäre der Homo sapiens kaum über die Savannen Afrikas hinausgekommen. Reisen hatten aber oft auch handfeste imperialistische und wirtschaftliche Gründe. Es ging um eine Ausweitung des Herrschaftseinflusses und das Sichern von Rohstoffen.

Am spektakulärsten waren vielleicht die Reisen in den ersten Jahrzehnten des zwanzigsten Jahr-

hunderts, als es darum ging, die Pole zu erreichen, den höchsten Berg der Erde zu besteigen und in die tiefsten Meeresgräben abzutauchen. Fotografie und Film machten es möglich, von diesen Reisen anschaulich einem Massenpublikum zu berichten. Seit Jahrzehnten ist die Erde nun bis in den letzten Winkel kartographiert und entdeckt; Bergsteiger, Abenteurer und Wissenschaftler tun sich schwer, noch unbekannte Routen zu finden.

Ich reise seit vierzig Jahren und auch in diesem Zeitraum hat sich das Reisen noch einmal sehr verändert. Als ich 1981 mit dem Mofa nach Marokko fuhr, um Sterne zu beobachten, gab es weder Internet noch brauchbare Reiseführer. 1982 bin ich mit dem Zug durch China gefahren und zog die Aufmerksamkeit unzähliger Chinesen auf mich, die noch nie einen Europäer gesehen hatten. Anfang der Achtzigerjahre wurden weltweite Reisen auch für Studenten wie mich machbar. Der Verfall des Dollar verbilligte dramatisch

die Flüge, sogenannte alternative Reiseführer wiesen mir den Weg durch Chile, Kenia und Australien und dann kam schließlich das Internet.

Heute braucht es nur wenige Mausklicks, herauszufinden, wie ein anvisiertes Ziel aussieht, wann die beste Reisezeit ist, welches Hotel Strandzugang hat und wo es für Reisende gefährlich ist. Und trotzdem hat Reisen nichts an Spannung und Erfüllung verloren. Es ist immer noch ein wunderbarer Weg, eigene Erfahrungen in anderen Ländern zu machen, Vorurteile abzubauen und andere Kulturen zu verstehen. Ich jedenfalls werde weiter reisen, um die Welt für mich weiter zu erkunden. Dieses Buch zeigt die faszinierenden Seiten des Reisens und inspiriert zu neuen Entdeckungen.

MICHAEL MARTIN

Einführung

Menschen sind von jeher Wanderer. Unsere ältesten Vorfahren waren jahrtausendelang Nomaden, bevor sie die ersten Siedlungen gründeten. Das Reisen hatte zum einen sachliche Gründe wie Handel, Krieg, Eroberung, Pilgertum und Landsuche zum Besiedeln. Daneben gab es aber auch den tiefer liegenden Impuls, herauszufinden, was sich auf der anderen Seite des Hügels befindet oder wo die Quelle eines Flusses liegt, oder eine fremde Küste entlangzusegeln, um immer weiter ins Unbekannte vorzudringen.

In unserer hoch technisierten Zeit können wir uns kaum noch vorstellen, dass Menschen früher ihre Reisen zu Fuß, zu Pferd oder in kleinen Booten antreten mussten. Die Soldaten von Alexander dem Großen marschierten von Griechenland bis Nordindien, die Seefahrer des Mittelmeeres kamen bis zur südlichsten Spitze von Afrika. Den Wikingern gelang es, ohne Kompass von Skandinavien bis an die nordamerikanische Küste zu segeln, die Polynesier überquerten mit ihren Booten weite Teile des Pazifiks auf der Suche nach neuen Inseln, die sie besiedeln konnten.

Lange Reisen zu weit entfernten Orten waren aber nicht nur einer besonders abenteuerlustigen Minderheit vorbehalten. Im Mittelalter unternahmen Tausende christliche Pilger die anstrengende Reise von Europa nach Jerusalem, um dort die heiligen Stätten zu besuchen. Die Muslime reisten nach Mekka, und Kaufleute transportierten ihre Waren mit Karawanen quer durch die Sahara oder auf der bergigen Seidenstraße von China nach Europa.

Vor rund 500 Jahren konnten die Kartografen dank der Entdeckungsfahrten von Christoph Kolumbus und anderen europäischen Seefahrern zum ersten Mal eine relativ genaue Weltkarte erstellen. Trotzdem blieben viele Teile der Erde jahrhundertelang ein Geheimnis. Sogar im 20. Jahrhundert stieß man auf noch nicht kartografierte Wüsten und Urwälder oder auf Orte, die bisher nie ein Mensch betreten hatte, wie die Arktis oder Antarktis.

Als Dampfschiffe, Eisenbahnen und später auch Flugzeuge weite Reisen populärer machten, hielten Luxus und Noblesse die Reiseromantik aufrecht, vom Orientexpress bis hin zu Zeppelinen und Flugbooten. In der heutigen Zeit erkunden wir die Tiefen der Ozeane und des Weltalls oder stellen uns neuen Herausforderungen, indem wir die Regenwälder und Polargebiete durchqueren oder in Heißluftballons und solarbetriebenen Flugzeugen um die Welt reisen. Zu Hause zu sitzen scheint einfach nicht in unserer Natur zu liegen.

▷ **Desceliers' Weltkarte**
Der französische Kartograf Pierre Desceliers schuf diese Karte um 1530. Trotz Windrose und Navigationslinien handelt es sich dabei um ein Kunstwerk und nicht um eine echte Seekarte.

» Ich reise nicht, um irgendwo hinzugehen, sondern um **zu gehen.** Ich reise **um des Reisens willen. «**

ROBERT LOUIS STEVENSON, *REISE MIT EINEM ESEL DURCH DIE CEVENNEN*

DIE ANTIKE WELT

3000 V. CHR.–400 N. CHR.

DIE ANTIKE WELT, 3000 V. CHR.–400 N. CHR.

Einführung

Die Fertigkeit, weite Strecken zurückzulegen, besitzen viele Lebewesen. Doch der aufrechte Gang, verbunden mit einer eher schwächlichen Statur und einer offenbar unersättlichen Neugier, ist ein typisches Merkmal des *Homo sapiens* – eine Kreatur, die offenbar niemals etwas unversucht lässt. Erkunden und erforschen – das rastlose Bedürfnis, Licht ins Dunkle zu bringen – ist das Lebenselixier dieser Spezies. Dank unserer Fähigkeit, begrifflich zu denken, können wir uns bessere Welten vorstellen und uns nach ihnen auf die Suche begeben. Manchmal gemeinschaftlich, manchmal im Wettstreit gegeneinander.

Die ersten Reisenden

Wir kennen weder die Namen der ersten Reisenden noch ihr Ziel, aber zweifellos waren sie Jäger und Sammler, die nach Nahrung, Unterkunft oder Wasser suchten. Die Nahrungssuche und die Rückkehr zur Gruppe waren vermutlich eine tägliche, wöchentliche oder monatliche Routine. Als die Menschen sesshaft wurden und Viehzucht betrieben, wanderten die Hirten mit ihren Herden zu den Sommerweiden und wieder zurück. Nomaden zogen auf der Suche nach Wasser und Weideland umher, bewaffnete Krieger unternahmen Beute- und Eroberungszüge.

Mit der Gründung der ersten Städte in Mesopotamien entwickelte sich im 3. Jt. v. Chr. auch der internationale Handel. Die Städte verkauften Waren und Dienstleistungen an ihre Nachbarn, und ihre Kaufleute legten weite Strecken auf dem Land und über das Wasser zurück. Das *Gilgamesch-Epos* aus der Zeit um 2100 v. Chr. berichtet vom Handel über große Entfernungen rund um den Indischen Ozean. Auch im Mittelmeerraum

EIN ASSYRISCHES RELIEF UM 800 V. CHR. ZEIGT DEN TRANSPORT VON ZEDERNHOLZ AUS DEM LIBANON.

RÖMISCHES MOSAIK, DAS ODYSSEUS, DEN ARCHETYPUS DES GRIECHISCHEN REISENDEN, DARSTELLT

DAS FRESKO AUS DEM 7. JAHRHUNDERT ZEIGT DEN CHINESISCHEN DIPLOMATEN ZHANG QIAN IN ASIEN.

» Denn auch der **Trübsal** denket man gerne, wenn man
so vieles erduldet, so **viele Länder durchirrt ist.** «

HOMER, *ODYSSEE*

belieferten die Minoer im 2. Jt. v. Chr. die umliegenden Länder mit ihren Waren. Die Ägypter trieben Tauschhandel mit dem sagenhaften Land Punt, und die Phönizier, die Farbe verkauften, erkundeten dabei die gesamte afrikanische Küste. Im 1. Jt. v. Chr. legten die Polynesier auf der Suche nach neuen Inseln weite Strecken über den Pazifik zurück.

Die Antike

Die Griechen erstellten im 5. Jh. v. Chr. die erste Karte der bekannten Welt. Herodot, der »Vater der Geschichtsschreibung«, berichtet im 4. Jh. von Reisen in ferne Länder. Der Händler Pytheas reiste um 325 v. Chr. vom Mittelmeer bis ins eisige Thule (wahrscheinlich Island). Im Persischen Reich gab es einen effizienten Langstrecken-Kurierdienst. Alexander der Große eroberte riesige Länder und

verbreitete dort die griechische Kultur, nahm aber auch viel von dem Kulturgut jener Länder mit auf. In China schickte man im 2. Jh. v. Chr. Zhang Qian in die Welt hinaus, um den Weg für die Seidenstraße, die große Handelsroute zwischen China und Europa, zu erkunden.

Mit ihrer effizienten, gut organisierten Art revolutionierten die Römer das Reisen. Ihr Straßensystem ermöglichte es, sich relativ schnell durch das gesamte Reich zu bewegen. Außerdem gab es für Reisende Straßenkarten und Übernachtungsmöglichkeiten. Auch die Seefahrer des Indischen Ozeans nutzten detaillierte Beschreibungen zu den Häfen und Küsten, während Strabon und Ptolemäus die Geografie als akademisches Fach einführten. Allmählich wurde die Welt ihren Bewohnern vertrauter, sodass sich die Möglichkeiten des Reisens entsprechend vervielfachten.

DAS STRASSENNETZ ERLEICHTERTE DAS REISEN IM RÖMISCHEN REICH.

DIE WELTKARTE DES PTOLEMÄUS VON ETWA 150 N. CHR. BLIEB BIS ZUR RENAISSANCE MASSGEBEND.

KAISER WIE JUSTINIAN I. LIEBTEN DIE PURPURROTE FARBE, MIT DER DIE PHÖNIZIER HANDELTEN.

Die ersten Reisen

Um 2340 v. Chr. entwickelte sich im mesopotamischen Sumer das erste Reich der Welt. Unter seinem Herrscher Sargon von Akkad trieb es mit seinen Nachbarn Handel mit Nahrung, Keramik, Metall und Edelsteinen.

D as Reich von König Sargon von Akkad lag in den fruchtbaren Gebieten zwischen den Flüssen Euphrat und Tigris im heutigen Südirak. Außer Wasser zum Trinken und zum Bewässern der Felder boten die beiden Flüsse auch gute Transportmöglichkeiten. Abgesehen von Wasser, waren die Rohmaterialien, die für militärische Eroberungszüge benötigt wurden, jedoch knapp. Auf dem sandigen Boden wuchs zwar etwas Getreide, aber ansonsten lieferte er kaum mehr als Lehm und Stroh zum Errichten von Häusern.

Nahezu alles, was das Reich benötigte, musste deshalb importiert werden: Zedernholz für den Bau von Schiffen und Wagen aus dem Libanon im Westen. Zinn und Kupfer für Werkzeuge, Waffen und andere Utensilien aus Anatolien im Norden, Sinai im Süden

▷ **Standarte von Ur**
Die Standarte von Ur, ein Holzkasten mit unbekannter Funktion aus der Zeit um 2600 v. Chr. Die Seiten ziert ein kunstvolles Mosaik mit Kriegs- und Friedensszenen.

oder Iran im Osten. Die Steine für Bauwerke kamen ebenfalls aus Anatolien, Töpferwaren dagegen aus Indien. Gold, Silber und Edelsteine wurden in der Region abgebaut. Perlen stammten aus Bahrain im Persischen Golf, Türkis und Elfenbein aus Indien. Der tiefblaue Lapislazuli, der z. B. in Schmuck und in der Standarte von Ur verarbeitet wurde, kam aus dem weit entfernten Afghanistan.

Die ersten Reisenden

All diese Waren wurden entlang der eingerichteten Handelswege von einem Händler an den nächsten weiterverkauft und auf Wagen oder Lasttieren nach Sumer transportiert. Sperrige Güter verschiffte man auf dem Euphrat, der Tigris war dafür weniger gut geeignet. Sobald die Händler einen Marktflecken erreichten, verkauften sie ihre Waren an andere Händler und kehrten nach Hause zurück. Sie waren die ersten Reisenden des Sumerischen Reichs. Die meisten von ihnen waren mit

Sicherheit Ausländer, die ihre Waren zum Verkauf nach Sumer brachten. Sie beherrschten die vielen Sprachen der Region, und obwohl sie keine belese-

▽ **Das Sumerische Reich**
Sargon von Akkad eroberte die Stadtstaaten Mesopotamiens und vereinte sie zu einem einzigen Reich. Seine Handelswege erstreckten sich bis nach Indien, Europa und Afrika.

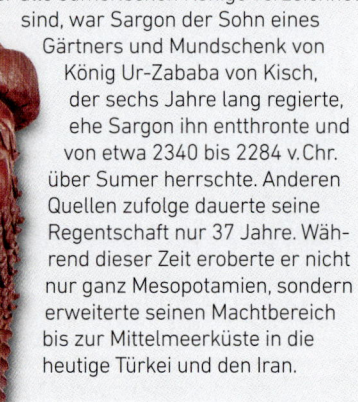
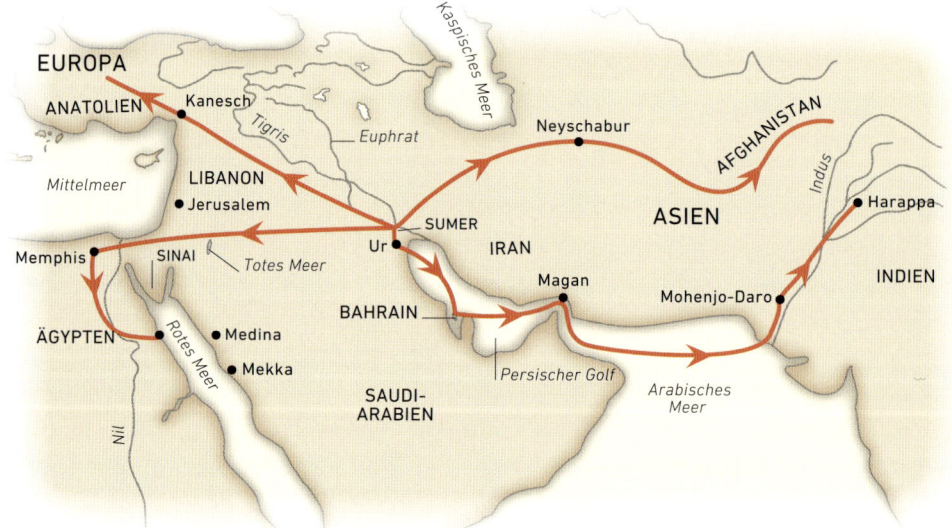

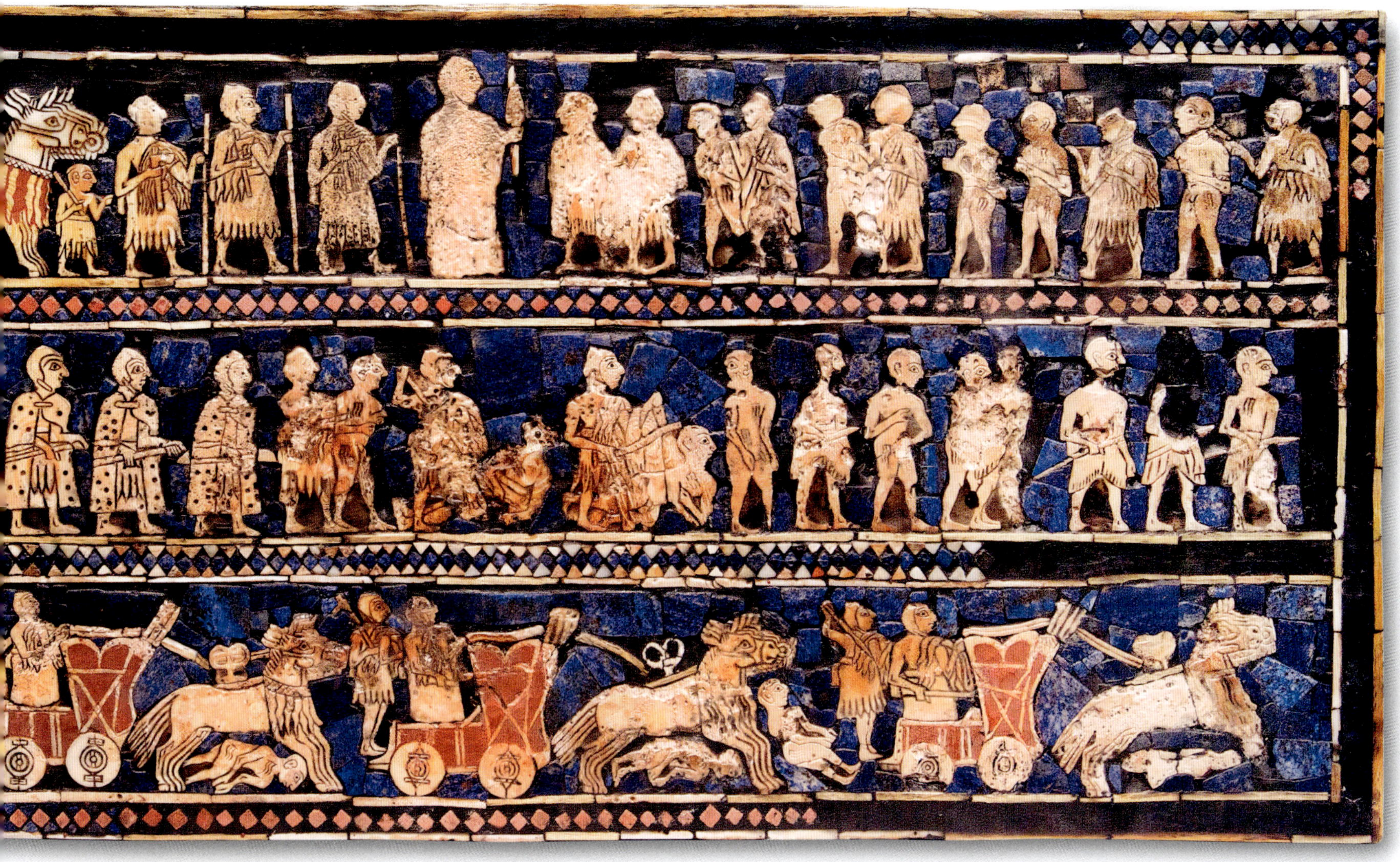

◁ **Kaufvertrag**
In Schuruppak entdeckte man Tontafeln mit sumerischer Keilschrift aus der Zeit um 2500 v. Chr. Auf ihnen sind An- und Verkäufe von Waren verzeichnet, wie eine Schiffsladung Silber für den Regenten der Stadt.

kanischen Küste sowie Tonsiegel, auf denen kaufmännische Transaktionen mit der weit entfernten Induskultur in Indien verzeichnet waren. Eine genaue Beschreibung der Handelsstrukturen findet sich im *Gilgamesch-Epos,* einer umfangreichen Dichtung über Gilgamesch, den König von Uruk, der um 2100 v. Chr. regierte.

Auch die Soldaten von Sumer kann man als Reisende bezeichnen, denn sie zogen plündernd und erobernd kreuz und quer durch die Region. Ähnliche Wagen wie die, die sie benutzten, sind auf der Standarte von Ur dargestellt. Die Soldaten waren oft monatelang unterwegs und bereisten neue Länder, bevor sie siegreich in die Heimat zurück-

kehrten. Das Reich, das Sargon und seine Soldaten schufen, währte etwa 200 Jahre lang, bis es um 2154 v. Chr. von den Gutäern, einem Nomadenvolk aus dem Zagrosgebirge im westlichen Iran, überrannt wurde.

▽ **Sumerischer Feldzug**
Diese Illustration aus dem 20. Jahrhundert zeigt Sargon mit seinem Heer in Syrien. Das Mittelmeer bot ihm leichten Zugang nach Europa und Nordafrika.

nen Gelehrten waren, besaßen sie doch ein immenses Wissen über die ihnen bekannte Welt.

Rund um die bekannte Welt
Die Strecken, die die reisenden Kaufleute zurücklegten, waren beachtlich. Im Grab von Königin Puabi, die um 2600 v. Chr. in Ur regierte, fand man Harz aus Mosambik an der südostafri-

Minoische Seefahrer

Europas erste Zivilisation, die Minoer, entwickelte sich um 3000 v. Chr. auf Kreta. Wegen ihrer Fahrten entlang der östlichen Mittelmeerküste zählen sie zu den ersten Reisenden in Europa.

△ **Schiffsprozession**
Auf diesem Fresko in Akrotiri – einer Bronzezeitsiedlung auf der Insel Thera – rudert ein minoisches Schiff an einer Küstenstadt vorbei. Die leuchtenden Farben des Freskos blieben trotz seines Alters bis heute erhalten.

Bis zum Ende des 19. Jh. wussten Historiker und Archäologen nur wenig über das europäische Altertum. Erhaltene historische Aufzeichnungen datierten die erste europäische Kultur der Eisenzeit auf das 8. oder 7. Jh. v. Chr., aber Homers Epen deuten darauf hin, dass es schon zur Bronzezeit irgendwo eine blühende Kultur gegeben haben muss. Ab 1870 entdeckte der Archäologe Heinrich Schliemann in der heutigen Türkei das legendäre bronzezeitliche Troja und stieß bei Grabungen im griechischen Mykene auf Gold. Den wichtigsten Fund machte jedoch der britische Archäologe Arthur Evans, der 1900 den prächtigen Palast von Knossos auf Kreta entdeckte. Er datierte den Ort auf etwa 2000 v. Chr. und etablierte damit die Insel als Wiege der europäischen Zivilisation. Da Knossos der Geburtsort des legendären Königs Minos war, wurde die neu entdeckte Kultur nach ihm benannt.

Minoische Reisen

Kreta ist keine sehr fruchtbare Insel. Die Minoer kultivierten Oliven und Wein und nutzten das begrenzte Ackerland zum Anbau von Weizen. Schafe belieferten die florierende Textilindustrie mit Wolle. All diese Güter wurden auf den griechischen Inseln und im östlichen Mittelmeerraum vertrieben. Hinweise darauf fand man in Ägypten, Zypern, Türkei und in der Levante, wo im Palast von Tel Kabri im heutigen Israel minoische Artefakte entdeckt wurden.

Die Minoer gründeten zwischen 1600 und 1450 v. Chr. auf der nahe gelegenen Insel Kythira die erste Kolonie. Später siedelten sie sich auch auf Kea, Melos, Rhodos und Thera (heute Santorin) an sowie um 1700 bis 1450 v. Chr. in Auaris im Nildelta. Um Handel zu treiben und um zu ihren Kolonien zu gelangen, bauten die Minoer eine ganze Schiffsflotte. Einige der Schiffe dienten auch dazu, die Piraten zu bekämpfen, die in der Ägäis auf Beute lauerten.

Leider ist kein einziger Name eines minoischen Seefahrers überliefert. Von den ersten minoischen Aufzeichnungen in Hieroglyphen auf ungebrannten Lehmtafeln sind nur wenige erhalten. Um 1700 v. Chr. wurde die Linearschrift A eingeführt, die auf Silben basierte. Keine der beiden Schriften wurde bisher vollständig entziffert. Das bedeutet, dass es über die

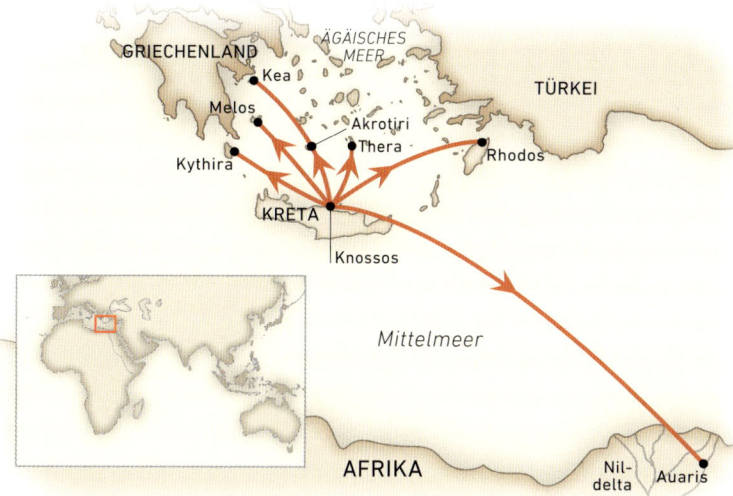

◁ **Die minoische Kultur**
Um 2000 v. Chr. entstanden auf Kreta mehrere minoische Reiche, unter denen Knossos um 1700 v. Chr. eine Vormachtstellung einnahm. Danach weiteten die Minoer ihren Machtbereich nach Norden auf die ägäischen Inseln aus.

◁ **Minoische Keramik**
Die Minoer stellten Krüge, Teller, Schalen und andere Objekte aus Ton her, die sie kunstvoll bemalten oder gravierten.

Geschichte dieser großartigen Kultur noch viel zu entdecken gibt, darunter auch das Geheimnis ihrer Herkunft. Eine Untersuchung kretischer Ortsnamen ergab, dass die Minoer keine indogermanische Sprache benutzten und somit auch keine Griechen waren. Woher sie jedoch wirklich stammten, liegt im Dunkeln.

Das Ende einer Ära

1628 v. Chr. zerstörte ein Vulkanausbruch die minoischen Siedlungen auf

Thera. Bei archäologischen Grabungen in Akrotiri ab 1967 wurde jedoch eine große Stadt freigelegt. Der vulkanische Niederschlag beschädigte auch die Paläste auf Kreta. Sie wurden zwar wiederaufgebaut, aber um 1450 v. Chr. erneut zerstört. Die Ursache dafür mag ein Erdbeben gewesen sein oder die Ankunft der Mykener. Der Palast von Knossos blieb als einziger verschont.

EXKURS
Der Palast von Knossos

Der mehrstöckige Palast aus der Zeit um 1900 v. Chr. bestand aus Räumen, Schreinen, Archiven, Werkstätten sowie zahlreichen Getreide- und Öllagern, die sich um einen zentralen Innenhof gruppieren. Er verfügte über fließendes Wasser und ein Kanalsystem. Um 1450 v. Chr. übernahmen die Mykener den Palast, bis er bei einem Brand zerstört und um 1200 v. Chr. endgültig aufgegeben wurde. Erst um 1900 wurde er von Arthur Evans wiederentdeckt und danach teilweise restauriert, sodass die atemberaubende Pracht seiner Fresken heute wieder bewundert werden kann.

PALAST VON KNOSSOS, IN ORIGINALFARBEN RESTAURIERT

Zwei Steuerruder am Heck hielten das Boot auf Kurs.

◁ **Minoisches Schiff**
Die Minoer bauten einfache Ruderschiffe aus Holz mit einem rechteckigen Hilfssegel. Sie befuhren damit den Mittelmeerraum und trieben Handel mit anderen Inseln.

Der Einzelmast trägt ein breites Segel aus Leinen oder ägyptischem Papyrus.

Reisen im alten Ägypten

Die alten Ägypter segelten in robusten Holzbooten auf dem Nil und über die Meere. Sie benutzten auch Gefährte mit zwei Rädern als Streitwagen im Krieg und um damit Waren zu transportieren.

△ **Relief des Harchuf**
Harchuf wurde auf der Nilinsel Elephantine geboren und war Vorsteher von Oberägypten. Fast alles, was wir von ihm wissen, stammt von den Inschriften seines Grabes in Assuan.

Der Nil war die Lebensader des alten Ägyptens. Er lieferte Wasser zum Trinken, Kochen und Bewässern der Felder, die er noch dazu mit seinem Schlamm düngte, wenn er einmal im Jahr über die Ufer trat. Vor allem jedoch war der Nil die Hauptverkehrsstraße, die das Land zusammenhielt. Die Menschen fuhren in Segelbooten aus Holz den Nil hinauf und hinab, Lastkähne transportierten Getreide, Vieh und sogar große Granitblöcke zum Bau von Tempeln und Palästen. Die Ägypter gaben ihren Schiffen Namen, so wie es heute auch noch üblich ist. Beispielsweise erzählt die Grabinschrift eines Marineoffiziers, dass er seine Laufbahn auf einem Schiff namens *Nordwärts* begann und später zum Kapitän der *Erschienen in Memphis* befördert wurde.

Zuerst beschränkten sich die Ägypter bei ihren Fahrten auf den Nil. 2700 v. Chr. erkundeten sie jedoch sowohl das Mittelmeer als auch das Rote Meer. Während der Herrschaft von Snofru (2613–2589 v. Chr.) segelte eine große Flotte aus 40 seetüchtigen Schiffen über das Mittelmeer nach Byblos im heutigen Libanon, um Zedernholz zu holen. Zur Zeit von Königin Hatschepsut (1478–1458 v. Chr.) durchquerte eine weitere Handelsflotte das Rote Meer auf dem Weg nach Punt im Indischen Ozean (siehe S. 22–23).

Die Reisen des Harchuf

Der Grund, warum man heute so viel über die Reisen der alten Ägypter weiß, ist die *Autobiografie des Harchuf*, eine Reihe von Inschriften auf einem Felsengrab der Nekropole Qubbet el-Hawa am Westufer des Nils, gegenüber von Assuan. Sie berichten, dass Harchuf von König Merenre I. (2287–2278 v. Chr.) zum Vorsteher von Oberägypten ernannt wurde und die Handelskarawanen nach Nubien überwachte.

Harchuf hatte den Auftrag, den Handel mit Nubien auszuweiten und den Aufbau von Allianzen mit nubischen Häuptlingen zu fördern, um der ägyptischen Expansion den Boden zu bereiten. Er führte mindestens vier Expeditionen nach Nubien an und brachte von einer

seiner Reisen einen »Zwerg« für Pharao Pepi II. mit, wohl einen Pygmäen.

Auf einer dieser Expeditionen kam Harchuf nach Jam. Ob es sich dabei um ein Land oder eine Stadt handelte, ist nicht bekannt. Vermutlich befand sich Jam auf der fruchtbaren Ebene südlich von Khartum, wo der Blaue und der Weiße Nil aufeinandertreffen. Einige

◁ **Harchufs Reisen**
Harchuf führte mindestens vier große Expeditionen in den Süden nach Nubien an. Auf einer dieser Reisen besuchte er Jam, einen Ort, der vermutlich südlich von Khartum im Sudan lag.

Legende
Nubien

ÄGYPTEN
Kairo
Elephantine
Riad
Medina
ARABIEN
Mekka
SUDAN
Khartum
Jam
Al-Ubayyid
ERITREA
JEMEN
Aden
Tana-See
Golf von Aden
Punt
Nil
Rotes Meer
Weißer Nil
Blauer Nil

Segel trieben das Boot voran, Ruder wurden nur bei Flaute eingesetzt.

Historiker vertreten jedoch die Ansicht, dass Jam in der Libyschen Wüste westlich von Ägypten lag.

Reisen mit dem Wagen

Das zweite Transportmittel der alten Ägypter war der Wagen, der zusammen mit dem Pferd von den Hyksos eingeführt worden war, nachdem sie das Land im 16. Jh. v. Chr. erobert hatten. Es handelte sich dabei um ein leichtes, zweirädriges Modell aus Holz, das mit zwei Soldaten bemannt und von zwei Pferden gezogen wurde.

Vom Streitwagen aus schossen die Bogenschützen auf den Feind. In der Schlacht bei Kadesch 1274 v. Chr. in

der Nähe von Homs in Syrien führte Pharao Ramses II. (1279–1213 v. Chr.) etwa 2000 Streitwagen im Kampf gegen die Hetiter an, die ebenfalls über rund

◁ **Nubische Händler**
Die Nubier lebten am oberen Flusslauf des Nils südlich von Ägypten. Sie handelten mit Gold, Elfenbein, Ebenholz, Kupfer, Weihrauch und wilden Tieren. Im Mittleren Reich (2040–1640 v. Chr.) expandierten die Ägypter immer weiter nach Nubien und übernahmen es sukzessive ganz.

3700 Streitwagen verfügten. Abbildungen solcher Wagen finden sich im Grab von Pharao Tutanchamun (1332–1323 v. Chr.) und in den vielen Darstellungen von Ramses II. im Krieg. Die Wagen wurden auch zu zivilen Zwecken benutzt, etwa um Personen oder Güter zu transportieren.

◁ **Auf Rädern**
Der Streitwagen war auch ein Transportmittel. Hier wird ein Schreiber von einem Wagenlenker gefahren, der die Pferde mit langen Zügeln lenkt.

Das Steuerruder am Heck hielt das Boot auf Kurs.

◁ **Wasserfahrzeuge**
Die Ägypter bauten kleine Flussboote und größere, seetüchtige Schiffe aus zusammengenagelten Zedernholzplanken. Die Spalten zwischen den Planken wurden mit Harz versiegelt.

Die Expedition nach Punt

Vor 3500 Jahren sandte die ägyptische Königin Hatschepsut eine Expedition nach Punt. Eine Aufzeichnung dieser Reise existiert noch heute.

Wo genau sich das Land befand, das die Ägypter Punt nannten, ist bis heute ein Rätsel. Man vermutet, dass es an der Ostküste Afrikas lag, vielleicht im heutigen Somalien oder Eritrea. Aus Punt bezogen die Ägypter lange Zeit den von ihnen so hochgeschätzten Weihrauch für ihre religiösen Zeremonien, dennoch blieb es ein beinahe mythisches Land. Die Geschichte der Expedition wird in einem Flachrelief am Tempel der Hatschepsut erzählt, der nach ihrem Tod 1458 v. Chr. in Theben (heute Luxor) errichtet wurde. Offenbar hatte ein Orakel des Gottes Amun der Königin zu dieser Expedition geraten. Fünf Boote mit ägyptischen Beamten, Soldaten, Dienern und Handelswaren segelten unter der Leitung von Hatschepsuts Schatzmeister Nehesi das Rote Meer hinab. Jedes Boot besaß ein rechteckiges Segel und verfügte über 30 Ruderer. Sie hielten sich nahe an der Küste, da sie die Gefahren des offenen Meeres scheuten. Nach ihrer Ankunft in Punt marschierten sie über mehrere Hügel ins Landesinnere. Das Tempelrelief zeigt Punt als einen Ort mit üppiger Vegetation, Viehherden und Häusern auf Stelzen, die über Leitern betreten wurden.

Die unerwarteten Besucher wurden von den puntischen Herrschern, König Parahu und Königin Ati, herzlich empfangen, die ihre Verwunderung darüber ausdrückten, dass sie »dieses den Menschen unbekannte Land« gefunden hatten. Man tauschte Juwelen und Waffen gegen exotische Waren ein: Elefantenstoßzähne, Leopardenfelle und Pflanzen, aus denen Weihrauch gewonnen wurde. Auf dem Relief ist auch zu sehen, dass die Ägypter mit lebenden Tieren nach Hause zurückkehrten, darunter zahme Paviane an der Leine.

Auf dem Heimweg segelte die Expedition an der Küste des Roten Meeres entlang nach Norden, reiste mit einer Eselskarawane in das Nildelta und fuhr auf dem Nil zurück nach Theben. Dort wurden die Weihrauchbäume in einen Garten gepflanzt, der dem Gott Amun geweiht war. Das Relief am Totentempel der Hatschepsut beweist, welch große Bedeutung die Ägypter dem Erfolg dieser Mission über die Grenzen der bekannten Welt hinaus beimaßen.

◁ **Ägyptische Soldaten auf der Expedition**
Diese ägyptischen Soldaten auf der Expedition nach Punt zieren die Wände des Totentempels der Hatschepsut. Das Bauwerk steht in Deir el-Bahari am Westufer des Nils, südlich von Luxor.

Polynesische Seefahrer

Zu den erstaunlichsten Geschichten der Seefahrt gehören die Reisen der Völker, die vor Jahrtausenden Asien verließen, über den Pazifik segelten und sich auf den polynesischen Inseln ansiedelten.

D ie Geschichte der polynesischen Seefahrt beginnt vor über 2000 Jahren, als die ersten Völker, wahrscheinlich von Inseln in Südostasien aus, über den nördlichen Pazifik segelten und sich auf den westlichen Inseln Mikronesiens niederließen. Von dort breiteten sie sich weiter nach Süden aus und unternahmen Fahrten zu Inseln wie Samoa und Tonga. Ein genauer Zeitpunkt dieser Völkerwanderung lässt sich nicht bestimmen, da es keinerlei Aufzeichnungen darüber gibt. Wahrscheinlich erreichten sie die südlichen Inseln jedoch zwischen 1300 und 900 v. Chr. Im 13. Jh. n. Chr. war vermutlich bereits ganz Polynesien zwischen Hawaii im Norden, der Osterinsel im Osten und Neuseeland im Süden besiedelt.

Wind, Meer und Himmel

Die Menschen unternahmen diese gefahrvollen Reisen in hölzernen Auslegerkanus (Kanus, die durch einen Schwimmkörper stabilisiert werden). Sie besaßen keine Navigationsinstrumente, deshalb glauben viele Historiker, dass der Grund für ihre Reisen Stürme waren, die sie vom Kurs abbrachten. Dagegen spricht jedoch, dass die Polynesier auch heute noch genauso wie ihre Vorfahren ohne Instrumente navigieren können, die sich nach den Sternen orientierten, den Ozean beobachteten und den Routen der Zugvögel folgten.

Wie alle Seefahrer früher bezogen auch die Polynesier viele Informationen vom Himmel. Die Position der auf- und untergehenden Sonne zeigte die Himmelsrichtungen an, und auch die Sterne waren wichtige Bezugspunkte. Wolkenformationen lieferten ebenfalls nützliche Hinweise. Bestimmte Wolken zum Beispiel bildeten sich oft nur über Inseln. Auch wenn Wolken sich in V-Formation vorwärtsbewegten, konnte das ein Hinweis auf Land sein, denn

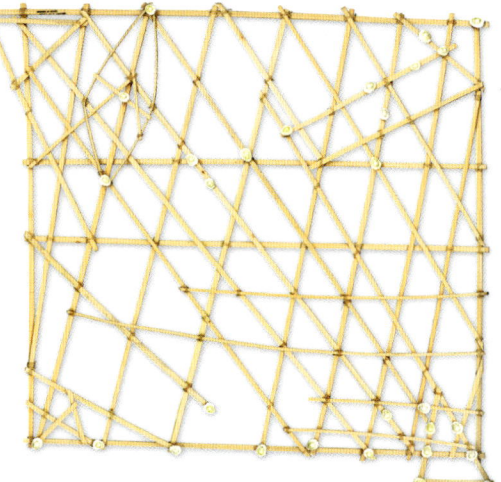

△ **Stabkarte**
Die Seekarten der Polynesier bestanden aus Stäben und Schnüren, mit denen Dünungen und Strömungen zwischen den Atollen dargestellt wurden. Kleine Muscheln, die an die Stäbe gebunden wurden, repräsentierten die Inseln.

▷ **Bora Bora**
Diese Ansicht von Bora Bora, einer der Gesellschaftsinseln, zeigt eine ihrer Erhebungen, die Teil eines erloschenen Vulkans ist. Die Insel wurde wahrscheinlich zum ersten Mal um das 4. Jh. n. Chr. von Polynesiern besiedelt.

dieses Phänomen war eine Reaktion auf die Wärme, die von der Oberfläche einer Insel aufstieg. Die Farbe der Wolken ließ sogar Rückschlüsse auf die Landschaft zu, denn über einem Wald sind die Wolken meistens dunkler als über Sand.

Migrationsrouten und Dünung

Die Seefahrer erwarben außerdem sehr gute Kenntnisse über die Meeresdünung. Dabei handelt es sich um Wellen, die von entfernten Winden und Wetterlagen gebildet wurden. Das Muster, das eine Dünung bilden kann, half den Polynesiern beim Navigieren, indem sie ihre Kanus immer im selben Winkel zu der beobachteten Dünung hielten. Wenn sie sich plötzlich veränderte, wussten sie, dass ihre Kanus vom Kurs abkamen.

Auch der Vogelflug lieferte wichtige Anhaltspunkte für die Navigation. Manche Pazifikvögel legen weite Strecken zurück und zeigten den Seefahrern dadurch den Weg zu anderen Inseln. Vielleicht half z. B. der Langschwanzkoel den Polynesiern dabei, von den Cook-Inseln nach Neuseeland zu segeln, während der Pazifische Goldregenpfeifer zwischen Tahiti und Hawaii pendelt.

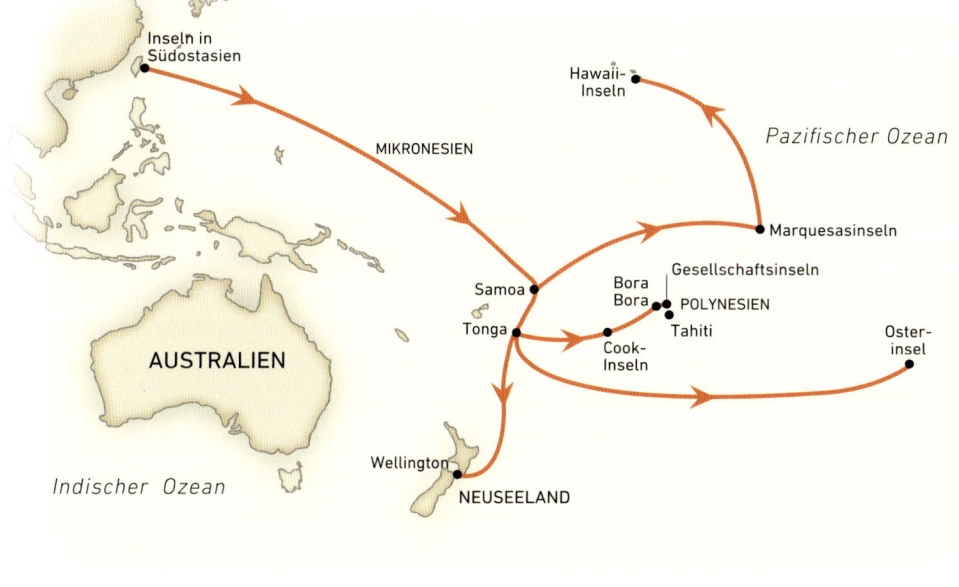

◁ **Polynesische Expansion**
Die polynesischen Seefahrer eroberten im Pazifik ein großes Gebiet, das heute als Polynesisches Dreieck mit den Eckpunkten Hawaii, Osterinsel und Neuseeland bekannt ist.

▷ **Langschwanzkoel**
Ein Langschwanzkoel mit seinem Nachwuchs und einem grauen Laubsänger. Bei seinen Wanderungen legt er die Strecke zwischen den Cook-Inseln und Neuseeland zurück.

Weitergabe von Informationen

Wenn die polynesischen Seefahrer neue Inseln entdeckten, speicherten sie deren Position abhängig von der Position der Sterne im Gedächtnis. Diese gaben sie entweder mündlich an ihre Kinder weiter oder in Form von Orientierungskarten, die sie aus Stäben und Muscheln erstellten. Ihr Wissen muss für damalige Verhältnisse immens gewesen sein. Der britische Entdecker James Cook (siehe S. 172–175) berichtet, dass sein Navigator Tupaia, der von der Gesellschaftsinsel Raiatea stammte und Cook bei seiner ersten Expedition in dieses Gebiet half, ungefähr 130 Inseln im Umkreis von 3200 km um seine Heimatinsel kannte.

EXKURS
Reisekanus

Die Polynesier waren geschickte Bootsbauer. Für kurze Fahrten benutzten sie kleine Kanus aus ausgehöhlten Baumstämmen mit Auslegern. Bei weiteren Reisen kamen jedoch viel größere Doppelrumpfkanus zum Einsatz. Die beiden Schiffskörper aus Planken waren durch Balken und manchmal auch durch ein Deck miteinander verbunden und wahrscheinlich mit Baumharz abgedichtet. Das Boot besaß ein großes Segel, konnte aber auch gerudert werden. Solche Reisekanus waren bis zu 30 m lang und boten Platz für mehrere Familien inklusive deren Besitztümer sowie ausreichend Reiseproviant.

ZEICHNUNG EINES SEGELKANUS AUS TONGA MIT DOPPELRUMPF UND AUSLEGER (UM 1820)

Rund um Afrika

Von 1500 bis 300 v. Chr. trieben die Phönizier in einem großen Reich rund um das Mittelmeer Handel. Sie umsegelten sogar ganz Afrika – die ersten Menschen, die diese beachtliche Leistung vollbrachten.

△ **Kaiserlicher Purpur**
Die Purpurfarbe der Phönizier wurde sehr geschätzt, da sie nicht verblasste. Später war sie exklusiv dem kaiserlichen Hof in Byzanz vorbehalten, daher der Name.

Die Phönizier lebten an der Ostküste des Mittelmeeres, wo sich heute der Libanon, Syrien, Israel, Palästina und die Türkei befinden. Ihre erste Hauptstadt war Byblos im Libanon, 1200 v. Chr. wurde sie jedoch weiter in den Süden nach Tyros verlegt. Im Jahr 814 v. Chr. wurde Karthago (im heutigen Tunesien) zum neuen Machtzentrum und zur Operationsbasis der Phönizier. Sie schufen jedoch kein Reich mit großen Landflächen. Stattdessen etablierten sie ihre zahlreichen Häfen entlang der Mittelmeerküste als unabhängige Stadtstaaten. Der Name ihres Reiches, Phönizien, wurde von den Griechen geprägt. Für sie war es »das Land des Purpurs«, da die Phönizier mit der begehrten Farbe handelten, die sie aus der Purpurschnecke gewannen. Weniger bekannt ist, dass sie aus einer artverwandten Schnecke auch eine blaue Farbe herstellten.

Handel und Kultur

Die Phönizier lebten vom Handel. Sie verkauften Wein in Terrakottakrügen an die Ägypter und erstanden dafür nubisches Gold. Sie machten Geschäfte mit den Somali in Ostafrika und mit den Griechen, die von ihnen Holz, Glas, Sklaven und die berühmten purpurroten Stoffe kauften. Sie erwarben Silber aus Sardinien und Spanien, für das ihnen König Salomon in Israel einen guten Preis bezahlte. Aus Galizien an der spanischen Atlantikküste und sogar aus dem weit entfernten Britannien holten sie Silber und verschmolzen es mit Kupfer aus Zypern zu einer härteren Bronzelegierung.

In ihren bauchigen Handelsschiffen fuhren die Phönizier

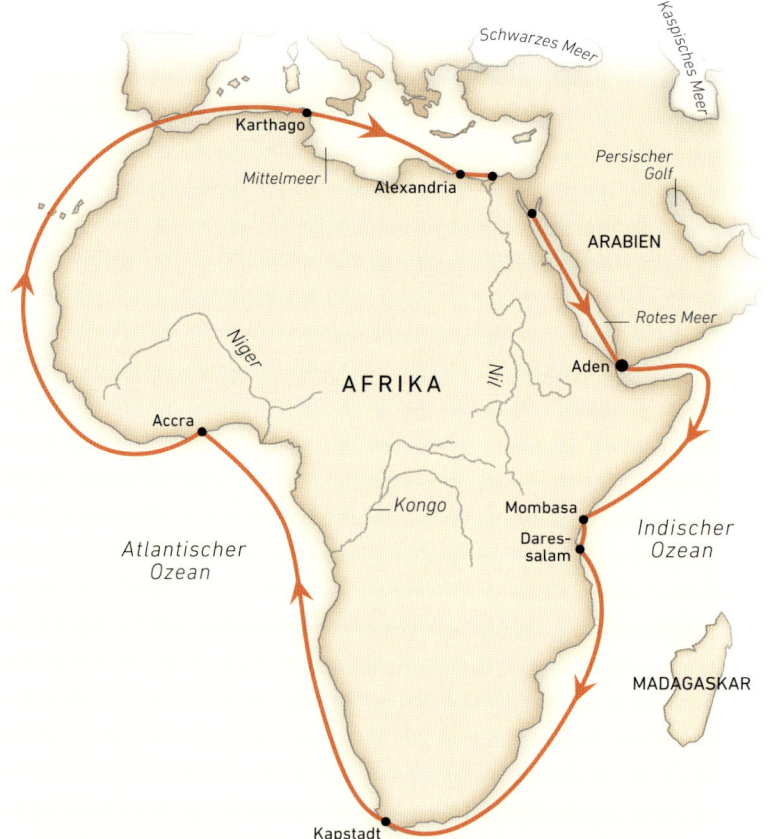

△ **Route rund um Afrika**
Die genaue Route der Phönizier ist nicht bekannt, aber man glaubt, dass sie nach Süden in den Indischen Ozean segelten und Afrika umrundeten, bevor sie über den Atlantik nach Norden segelten und nach Osten das Mittelmeer durchquerten.

▷ **Silbermünze**
Diese Silbermünze zeigt ein phönizisches Handelsschiff sowie ein mythologisches Seepferd.

über das Mittelmeer und verbreiteten dabei auch ihr Alphabet in der gesamten Region. Die Griechen übernahmen es und gaben es an die Römer weiter, die daraus das Alphabet schufen, das wir noch heute benutzen.

Phönizische Erkundungsfahrten

Zwar gibt es viele archäologische Hinweise auf die Reisen der Phönizier, aber nur wenige schriftliche Aufzeichnungen dazu. Alte gälische Sagen berichten von einer Expedition der Skythen nach Irland, angeführt von dem skythischen König Fénius Farsa. Eine griechische *Periplus*-Handschrift, die Häfen und Orientierungspunkte an den Küsten auflistet, erwähnt, dass im 6. oder 5. Jh. v. Chr.

der Navigator Hanno mit 60 Schiffen zu einer Erkundungsfahrt des nordwestlichen Afrikas aufbrach. Er gründete sieben Kolonien im Gebiet des heutigen Marokko und erreichte vermutlich sogar Gabun am Äquator.

Der faszinierendste Bericht über phönizische Reisen findet sich jedoch in Herodots *Historien*. Darin heißt es, dass Pharao Necho II. von Ägypten (reg. 610–595 v. Chr.) um 600 v. Chr. eine phönizische Expedition das Rote Meer hinabsegeln ließ. Drei Jahre lang fuhr

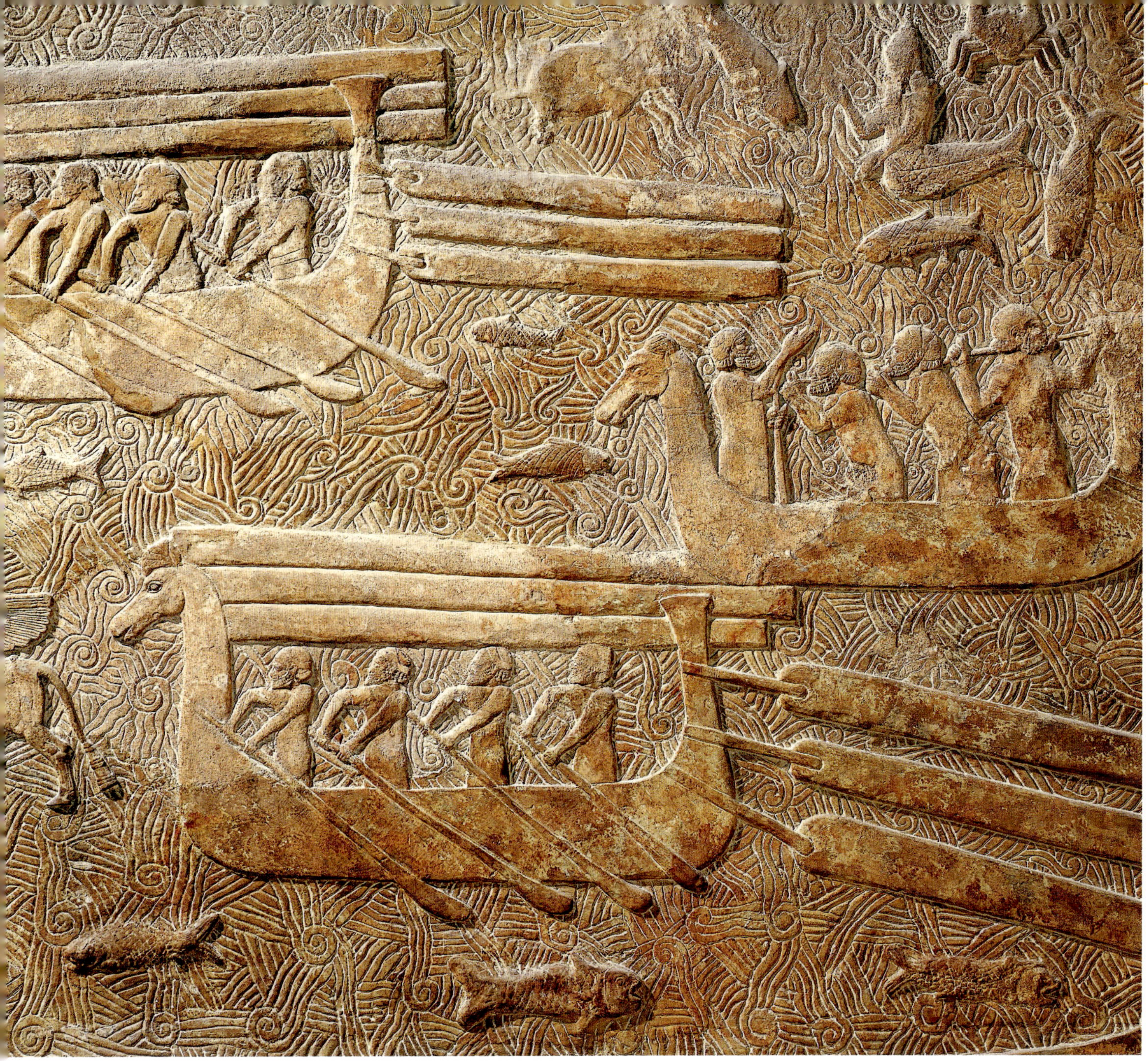

◁ **Phönizische Galeeren**
Die alten Griechen hatten zwei Namen für die phönizischen Schiffe: *galloi* (Wannen) und *hippoi* (Pferde), da die Schiffe sehr bauchig und an den Enden mit Pferdeköpfen verziert waren. Dieses Relief stammt aus dem Palast des assyrischen Königs Sargon II. in Dur Scharrukin.

»Dieses Volk … hätte sich, so heißt es, **auf weite Seefahrt gelegt.** Sie fuhren mit ägyptischen und assyrischen **Waren** und kamen **in alle Länder.**«

HERODOT, *HISTORIEN*, UM 440 V.CHR.

die Flotte durch den Indischen Ozean bis zur Südspitze Afrikas und nordwärts durch den Atlantik zurück ins Mittelmeer bis zur Mündung des Nils. Herodot zufolge hatten die Phönizier, als sie »auf Kurs nach Westen das südliche Ende Libyens [Afrikas] umrundeten, die Sonne zu ihrer Rechten«, d.h. im Norden. Herodot wurde es so erzählt, aber er konnte es nicht glauben, denn wie die meisten Menschen damals wusste er nicht, dass Afrika von Ozean umgeben ist, sondern dachte, es sei mit Asien verbunden. Heute wird vor allem angezweifelt, dass Necho II. tatsächlich eine solche Expedition aussandte. Doch gleichgültig, ob diese Reise stattgefunden hat oder nicht, die Phönizier waren dennoch die Schöpfer und Hüter eines eindrucksvollen Seereichs.

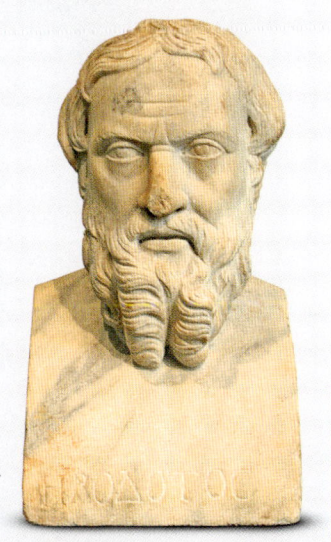

PROFIL
Herodot

Herodot wurde um 484 v.Chr. im Persischen Reich in Halikarnassos (heute Bodrum, Türkei) geboren. Er ist hauptsächlich für seine *Historien* bekannt, die er 440 v.Chr. verfasste. Das Werk, das eigentlich ein Bericht über die Kriege zwischen Persern und Griechen ist, enthält viele geografische und kulturelle Hintergrundinformationen. Herodot war der erste Geschichtsschreiber, der historische Ereignisse systematisch und chronologisch einordnete. Ein paar seiner Geschichten sind sicher erfunden, aber er beruft sich immer wieder darauf, nur das wiederzugeben, was ihm von anderen erzählt wurde. Er starb um 425 v.Chr. in Makedonien.

MARMORBÜSTE VON HERODOT, 2. JH. V.CHR.

Persische Kuriere

Das mächtige persische Achämenidenreich beherrschte im 6. Jh. v. Chr. die bekannte Welt. Es war von sogenannten Königsstraßen durchzogen, über die Kuriere Botschaften übermittelten und Händler unbehelligt ihre Waren transportierten.

△ **Wagen aus Gold**
Dieser 10 cm hohe Wagen aus Gold mit Kutscher, Passagier und vier kleinen Pferden (eines davon hat nur noch drei Beine) ist Teil des Oxus-Schatzes. Die Räder ließen sich ursprünglich drehen.

Das Achämenidenreich, 550 v. Chr. von Kyros dem Großen gegründet, war das größte Reich, das die Welt bis dahin gesehen hatte. Zu seiner Blütezeit unter Dareios I. (reg. 552–486 v. Chr.) besaß es rund 50 Mio. Einwohner, das entsprach mindestens 44 Prozent der damaligen Weltbevölkerung. Das Reich erstreckte sich von Griechenland und Libyen bis nach Indien und Zentralasien. Es war

effizient und gut strukturiert. Persische Satrapen regierten seine vielen Provinzen, und es gab eine offizielle Reichssprache, in der Geschäfte abgewickelt wurden. Um die Kommunikation im Reich zu beschleunigen, ließ Dareios I. eine Reihe von Straßen bauen, auf denen die Kuriere reisen konnten. Am bekanntesten ist die Königsstraße, die in Sardes an der ägäischen Küste begann und nach Osten in die Königsstadt

Susa führte. Die Königsstraße war mit wichtigen Handelsrouten verbunden, etwa mit der Seidenstraße, die zwischen China und dem Westen verlief, und einer anderen, die bis Persepolis führte.

Das Angarium
Kyros wollte, dass seine Befehle möglichst schnell zu den Beamten in den entfernten Provinzen gelangten und dass deren Berichte ihn ebenfalls ohne

▷ **Dareios I.**
Dareios I. war der dritte Großkönig des persischen Achämenidenreichs. Er reformierte die Verwaltungsstrukturen, führte Standardmaße und -gewichte ein und setzte Aramäisch als offizielle Reichssprache durch.

Verzögerungen erreichten. Deshalb etablierte er eine Art Reichspost, das Angarium. Die Kuriere waren gut ausgebildet und wurden für ihre Dienste im Namen des Königs üppig entlohnt. Jeden Tag warteten sie und ihre ausgeruhten Pferde an einer der 111 Stationen, die jeweils einen Tagesritt entfernt voneinander entlang der Königsstraße eingerichtet wurden. Jeder Kurier ritt bis zur nächsten Station, wo er die Botschaft dem nächsten Kurier übergab. Auf diese Weise dauerte es nur etwa eine Woche, bis eine Botschaft überbracht wurde. Zu Fuß hätte dieselbe Strecke 90 Tage gedauert. Der griechische Historiker Herodot berichtet über das Angarium, dass »nichts auf der Welt schneller ist als die persischen Kuriere«. Weitere lobende Worte Herodots (siehe Zitat oben rechts) über dieses außergewöhnliche Kuriersystem findet man heute übrigens auch als Inschrift an der New Yorker Hauptpost, wo sie oft für das Credo des US-amerikanischen Postdienstes gehalten werden.

Lebensader des Reiches

Nicht nur Kuriere benutzten die Reichsstraßen, auch Kaufleute und Händler transportierten hier ihre Waren oft über weite Strecken. Dareios I. ließ deshalb entlang der Straßen Karawansereien, also Herbergen, errichten, wo sie und ihre Lasttiere übernachten konnten. Die Straßen wurden außerdem von

»**Weder Schnee** ... noch Hitze ... hält die **Kuriere** davon ab, **ihre Aufgabe** mit **größter Geschwindigkeit** zu erledigen.«

HERODOT, *HISTORIEN*, UM 440 V.CHR.

Soldaten genutzt, die schnell zur Stelle sein mussten, um die Grenzen des Persischen Reichs zu schützen. Manche von ihnen, vor allem ranghohe Offiziere, fuhren in zweirädrigen Wagen, die von zwei bis vier Pferden gezogen wurden. Priester der offiziellen zoroastrischen Religion waren auf den Straßen unterwegs, aber auch Bauern mit ihrem Vieh und Familien, die sich gegenseitig besuchten. Die Königsstraße und ihre Nebenstraßen waren die Lebensadern des Achämenidenreichs.

EXKURS
Der Oxus-Schatz

Um 1880 wurde am Fluss Oxus in Zentralasien eine große Menge Gold, Silber und Münzen aus dem Achämenidenreich ausgegraben. Wahrscheinlich stammte der Schatz aus einem Tempel und war als Opfergabe für die Götter gedacht. Warum er allerdings vergraben wurde, bleibt ein Rätsel. Der Schatz zeugt von den herausragenden Fähigkeiten der persischen Kunsthandwerker, die das Gold und das Silber schmolzen und formten. Die Fundstücke sind heute im Britischen Museum in London ausgestellt.

GOLDENES AMULETT UND SILBER-STATUTTE EINES KÖNIGS

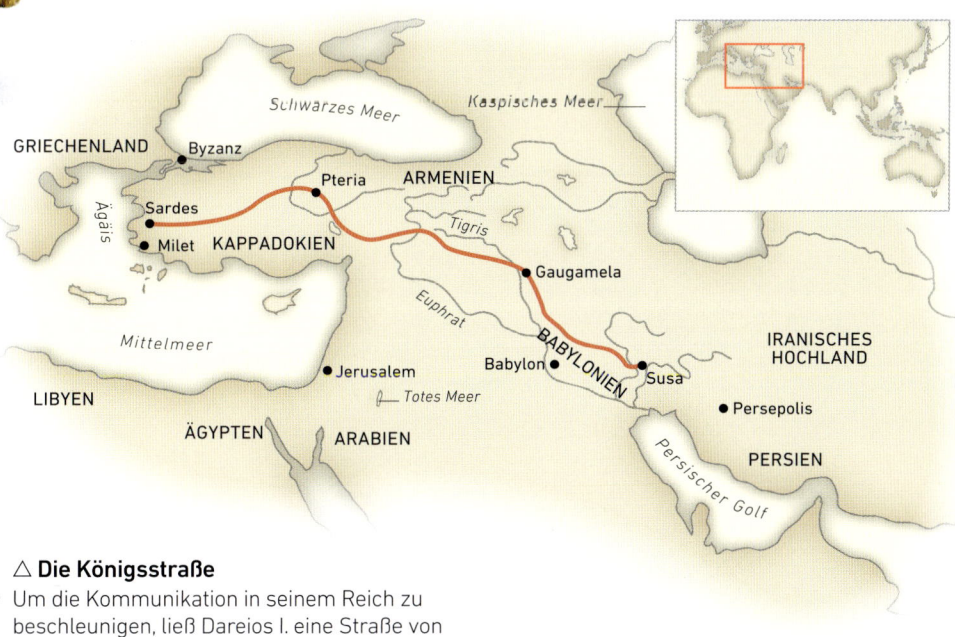

△ **Die Königsstraße**
Um die Kommunikation in seinem Reich zu beschleunigen, ließ Dareios I. eine Straße von Sardes nach Susa bauen. Kuriere brauchten für die 2699 km lange Strecke nur sieben Tage.

Der Hera-Tempel
Die griechische Kultur verbreitete sich im ganzen Mittelmeerraum. Der Stich aus dem 19. Jh. zeigt den Hera-Tempel in Paestum, einer griechischen Stadt an der italienischen Südwestküste.

Die Welt der Griechen

Im Lauf vieler Jahrhunderte entwickelten die alten Griechen eine der fortschrittlichsten Zivilisationen der Welt, in der Philosophie, Bildung, Architektur und die Seefahrt florierten.

Die bemerkenswerte griechische Kultur entstand im 8. Jh. v. Chr. Die alte mykenische Schrift war in Vergessenheit geraten, deshalb modifizierten die Griechen das phönizische Alphabet zu einem neuen, griechischen Alphabet. Die ersten schriftlichen Aufzeichnungen stammen etwa aus dieser Zeit. 680 v. Chr. gab es bereits ein Münzsystem, was als Hinweis auf eine wachsende Händlerklasse angesehen werden kann. Aufgrund seiner geografischen Lage – Gebirge und Meer schotteten es von den Nachbarn ab – war das Land in kleine, sich selbst verwaltende Gemeinden aufgeteilt. Diese wurden zuerst von Adelsfamilien regiert, doch später von populistischen Tyrannen entmachtet. Einer dieser Tyrannen, Hippias, wurde 510 v. Chr. in Athen gestürzt. Danach gründeten die Athener die erste Demokratie der Welt.

△ **Nabel der Welt**
Im griechischen Delphi gab es ein Orakel, das die Griechen vor wichtigen Entscheidungen befragten. Sie hielten es für den *Omphalos*, den Nabel der Welt.

Stadtstaaten

Im 6. Jh. v. Chr. dominierten in Griechenland vier große Stadtstaaten (Athen, Sparta, Korinth und Theben), die sich ständig um die Vorherrschaft stritten. Athen und Korinth wuchsen zu bedeutenden See- und Handelsmächten heran. Sparta dagegen wurde ein Militärstaat, in dem jeder Mann ein Soldat war und das Land von Sklaven (Heloten) bewirtschaftet wurde.

Wenn Griechenland jedoch Gefahr drohte, wurden alle internen Streitereien beigelegt. Als 492, 490 und 480 v. Chr. die Perser einfielen, kämpften alle Griechen gemeinsam gegen den Feind. In Friedenszeiten einten nationale Institutionen das griechische Volk, wie z. B. die Olympischen Spiele, die 776 v. Chr. zum ersten Mal stattfanden.

Die Bevölkerung wuchs schnell und das Land war knapp, deshalb wurden im 8. und 7. Jh. an den Küsten des Mittelmeers und des Schwarzen Meers Kolonien gegründet. Diese waren zwar unabhängig, hielten aber die Verbindung zum Mutterland aufrecht. Sie vermehrten den Reichtum Griechenlands durch »

◁ **Asklepios**
Dieses Relief zeigt Asklepios, den griechischen Gott der Heilkunst, mit einem Patienten. Die Menschen kamen von nah und fern zu seinem Tempel, in der Hoffnung, dort Heilung zu finden.

▷ **Das antike Griechenland**
Die ersten Griechen bewohnten das Festland und die Inseln des heutigen Griechenlands. Ab 750 v. Chr. gründeten sie Kolonien in Italien, Frankreich, Spanien, Türkei, Zypern, Nordafrika und an der Südküste des Schwarzen Meeres.

» Produktion und Handel und stärkten so dessen Machtposition im Mittelmeerraum.

Die Welt erkunden

Die Griechen waren ein Volk der Seefahrer. Sie kartografierten die Welt, die sie kannten, und erforschten sie, so weit es ihnen möglich war. Im 6. Jh. v. Chr. erstellte Anaximander, ein Philosoph und Geograf aus Milet (Türkei), die erste Weltkarte. Sie war kreisförmig ausgerichtet, mit der Ägäis im Zentrum und den drei bekannten Kontinenten Europa, Asien und Libyen (Afrika) rundherum. Alle Kontinente waren von einem großen Ozean umgeben.

Das wichtigste Boot der Griechen war die mächtige Trireme mit drei Ruderreihen, die sowohl im Krieg als auch im Frieden als Transportmittel eingesetzt wurde. Der Historiker Herodot (um 484–um 425 v. Chr.) berichtet, dass im 6. Jh. v. Chr. ein Schiff von der Insel Samos vom Kurs abkam, die Straße von Gibraltar passierte und in Tartessos an der spanischen Atlantikküste ankam. Schnell wurden bei dieser Gelegenheit freundschaftliche Handelsbeziehungen mit dem spanischen König Arganthonio geknüpft. Auf diese Weise lernten die Griechen Handelswege nach Britannien, nach

△ **Olympischer Sport**
Ein Diskuswerfer auf einer griechischen Vase. Diskuswerfen war eine der fünf Pentathlon-Disziplinen bei den Olympischen Spielen. Diese fanden seit 776 v. Chr. alle vier Jahre statt.

» Die Barbaren nannten ihm ... **einen Ort, wo die Sonne nicht untergeht** ... denn die **Nacht** ist **sehr kurz** ...«

PYTHEAS, ZITIERT VON GEMINOS VON RHODOS, 1. JH. V. CHR.

Deutschland und sogar zu den weit entfernten schottischen Shetlandinseln kennen.

Die Reisen des Pytheas

Ein ganz besonderer Reisender der Antike war Phytheas, ein Grieche aus der Kolonie Massalia (heute Marseille) in Südfrankreich. Sein Hauptanliegen war weniger der Handel als vielmehr wissenschaftliches Interesse. Um 325 v. Chr. segelte er nach Nordeuropa, wobei er die Straße von Gibraltar umgehen musste, denn die Karthager ließen dort nur ihre eigenen Schiffe passieren. Sein Weg führte deshalb vermutlich den Fluss Aude hinauf und dann entweder über die Loire oder die Garonne in den Golf von Biskaya. Von dort aus erkundete er die Bretagne und segelte über den Kanal nach Britannien, wo er die Zinnminen in Cornwall besuchte und sich Notizen zum Bernsteinhandel mit Skandinavien machte. Dann fuhr er weiter nach Norden, zwischen Irland

◁ **Der Leuchtturm von Alexandria**
Der Pharos oder Leuchtturm von Alexandria war eines der sieben Weltwunder. Er wurde zwischen 280 und 247 v. Chr. erbaut und war mit über 120 m Höhe lange Zeit das höchste von Menschen errichtete Bauwerk.

und Britannien hindurch, wobei er Letzteres als ungefähr dreieckig und von vielen Inseln umgeben beschrieb. Er erwähnte insbesondere die Inseln Wight, Anglesey und Man, die Hebriden, die Orkneys und die Shetlands.

Pytheas war fasziniert von dem, was er sah. Er stellte fest, dass der Tidenhub im Nordmeer viel höher war als im Mittelmeer. Als erster Mensch überhaupt vermutete er, dass die Gezeiten vom Mond abhängen könnten. Er war auch der erste Grieche, der die langen

dunklen Wintermonate des Nordens beschrieb – Berichte darüber gab es schon seit Jahrhunderten im Mittelmeerraum, doch sie waren nie bestätigt worden. In Ergänzung dazu lieferte er auch akurate Beschreibungen der kurzen Sommernächte und der »Mitternachtssonne« in der Zeit vor der Sommersonnenwende.

Pytheas berichtete außerdem von einem Land des ewigen Eises, von Eisbergen und anderen arktischen Phänomenen. Er beschrieb die Beziehung zwischen dem Polarstern und den Leitsternen und bediente sich eines einfachen Gnomons, einer Sonnenuhr, zur Bestimmung der geografischen Breite. Man weiß nicht genau, wie weit nach Norden er kam, denn er nennt Thule als seinen nördlichsten Halt, das in Island oder auf einer der kleineren nördlichen Inseln gelegen haben könnte. Leider existiert sein eigener Reisebericht heute nur noch in Form von Zitaten und Exzerpten in den Werken späterer Autoren, vor allem in Strabos *Geographica* (siehe S. 42–43).

Sieben Wunder

Die Griechen hatten viele Gründe zu reisen. Manche von ihnen besuchten Schreine

▽ Das Gesicht des Zeus

Diese antike Münze trägt das Gesicht des griechischen Göttervaters Zeus, der auf dem Berg Olymp herrschte. Er war mit Hera vermählt, hatte aber viele außereheliche Romanzen, aus denen unter anderem Athene, Artemis, Helena von Troja und die Musen hervorgingen.

und Tempel, insbesondere den Tempel des Asklepios, des Gottes der Heilkunst. Andere reisten aus beruflichen Gründen, zum Beispiel Anwälte, Schreiber, Schauspieler und Handwerker. Nur wenige reisen aus Abenteuerlust oder zum Vergnügen, wobei die sieben Weltwunder zu den bevorzugten Sehenswürdigkeiten gehörten. Herodot und der Gelehrte Kallimachos von Kyrene bezeichneten sie sogar als die großartigsten, von Menschenhand geschaffenen Orte der Welt.

Die Zahl sieben war dabei von Bedeutung, denn sie stand für Überfluss und Perfektion. Sie entsprach auch der Anzahl der damals bekannten fünf Planeten plus Sonne und Mond. Die sieben Weltwunder waren die Große Pyramide von Gizeh, die Hängenden Gärten von Babylon, die Zeusstatue in Olympia, der Artemis-Tempel in Ephesos, das Mausoleum von Halikarnassos, der Koloss von Rhodos und der Leuchtturm von Alexandria. Von all dem existiert heute nur noch die Große Pyramide von Gizeh.

EXKURS
Griechische Pässe

Wann genau der erste Reisepass ausgestellt wurde, ist umstritten, aber frühe Hinweise auf diese Praxis findet man in der Bibel im Buch Nehemia aus der Zeit um 450 v. Chr. Dort heißt es, dass Nehemia, ein Beamter im Dienste des persischen Königs Artaxerxes I., um Erlaubnis bat, nach Judäa reisen zu dürfen. Der König ließ ihn gehen und gab ihm einen Brief mit, der an »die Statthalter jenseits des Flusses« adressiert war. Darin äußerte er die Bitte, Nehemia eine sichere Reise durch ihre Länder zu garantieren. Die alten Griechen hatten ebenfalls Reisepässe: Reisende, Soldaten und Boten benutzten Tontafeln, auf die ihre Namen gestempelt waren. Der hier abgebildete gehörte Xenokles, einem Grenzkommandeur im 4. Jh. v. Chr.

REISEPASS DES XENOKLES AUS TON, UM 350 V. CHR.

◁ Die Trireme

Das wichtigste Schiff der Griechen war die Trireme – eine lange, schmale Galeere mit drei Ruderreihen. Das schnelle und wendige Schiff spielte im Krieg gegen die Perser eine Schlüsselrolle.

Die Fahrten des Odysseus

Zehn Jahre lang segelte Odysseus, der legendäre König des griechischen Ithaka, auf der verzweifelten Suche nach seiner Heimat kreuz und quer durch das Mittelmeer. So berichtet es Homer in seinem Epos *Odyssee*.

△ **Monströse Skylla**
Auf dieser Scherbe einer griechischen Terrakottavase aus der Zeit um 300 v.Chr. ist Skylla abgebildet. In der *Odyssee* heißt es, dass dieses Meeresungeheuer auf einem Felsen gegenüber von einem anderen Monster namens Charybdis lebte.

Seit ältesten Zeiten erfreuen sich die Menschen an Erzählungen von Abenteuerreisen, in denen die Helden gegen Ungeheuer und Dämonen kämpfen müssen, um ihr Ziel zu erreichen. Homers *Ilias* und *Odyssee* erzählen solche Geschichten, die auf einer Verschmelzung von Wahrheit und Fiktion beruhen.

Die griechische Mythologie berichtet, dass der Göttervater Zeus ein Hochzeitsbankett auf dem Berg Olymp ausrichtete. Eris, die Göttin der Zwietracht, war nicht eingeladen und warf deshalb aus Rache einen goldenen Apfel mit der Inschrift *kallistei* (»für die Schönste«) unter die feiernden Götter.

Daraufhin kam es zum Streit zwischen den drei schönsten Göttinnen Hera, Athene und Aphrodite, denn jede beanspruchte den Apfel für sich. Zeus zog sich aus der Affäre, indem er Paris, den Sohn des Königs Priamos von Troja, zum Schiedsrichter bestimmte. Hera versuchte ihn mit der Aussicht auf Macht zu bestechen, Athene versprach ihm Weisheit. Aphrodite jedoch bot ihm die Liebe von Helena, der schönsten Frau auf Erden, und entschied damit das Urteil des Paris für sich. Leider war Helena bereits mit König Menelaos von Sparta verheiratet. Deshalb drang Paris in sein Haus

ein und entführte Helena nach Troja. Die Griechen tobten und entsandten eine Armee, die Troja zehn Jahre lang belagerte. Der Krieg endete erst, als die Griechen in einem riesigen Holzpferd versteckt in die Stadt gelangten. Viele Helden verloren im Krieg um Troja ihr Leben, aber Odysseus, der König von Ithaka, überlebte. Homer erzählt von den letzten Kriegswochen in der *Ilias* und berichtet in der *Odyssee* von den Irrfahrten des Odysseus auf dem Rückweg in die Heimat.

Die *Odyssee*

Homers Epos beginnt nach dem Ende des Trojanischen Kriegs. Odysseus und seine Männer legen mit zwölf Schiffen in Troja ab, werden aber durch Stürme vom Kurs abgebracht. Sie gelangen zu den Lotophagen, ein Volk, das nur Lotosblüten isst, und werden von dem Zyklopen

▽ **Vom Kurs abgebracht**
Die Karte aus dem 16. Jh. zeigt die Irrfahrten des Odysseus durch das Mittelmeer nach dem Trojanischen Krieg auf.

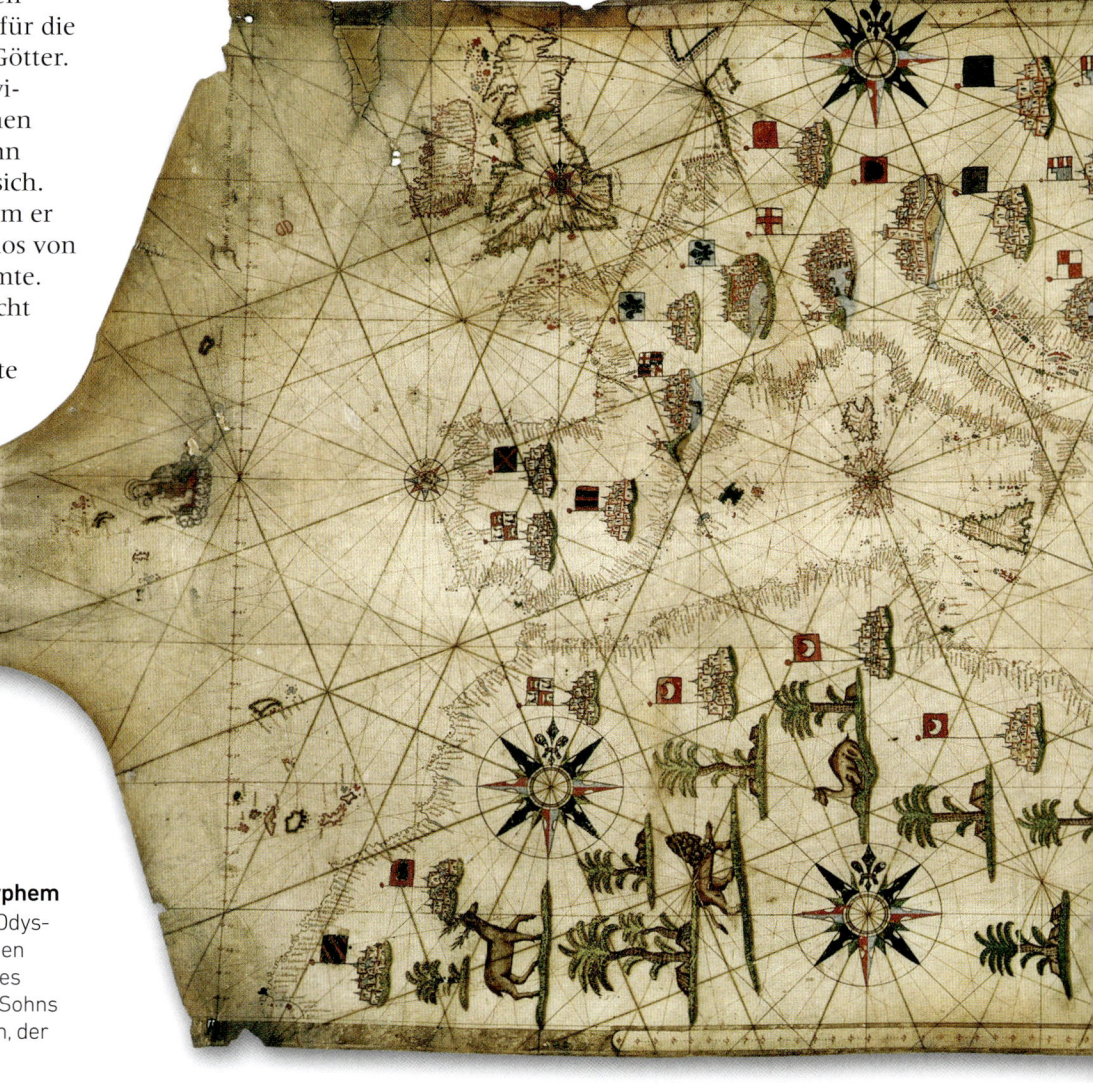

◁ **Die Blendung des Polyphem**
Auf diesem Krater stoßen Odysseus und seine Männer einen langen Pfahl in das Auge des Zyklopen Polyphem, eines Sohns des Meeresgottes Poseidon, der sie gefangen hielt.

◁ **Der Gesang der Sirenen**
Dieses römische Mosaik zeigt Odysseus, der sich an den Schiffsmast binden ließ, um nicht dem tödlichen Gesang der Sirenen zu erliegen.

Polyphem gefangen genommen, dem sie erst entkommen, als sie ihn mit einem Holzpfahl blenden. Triumphierend verrät Odysseus dem Polyphem, wer er ist, und der Zyklop erzählt es seinem Vater Poseidon, dem Meeresgott. Dieser verdammt Odysseus dazu, zehn Jahre lang die Ozeane zu durchqueren. Odysseus muss jedoch noch weitere Schicksalsschläge hinnehmen. Er landet bei den menschenfressenden Laistrygonen und bei einer Zauberin namens Kirke, die seine Männer in Schweine verwandelt. Sie schickt Odysseus zum westlichen Rand der Welt, wo er den Geistern seiner verstorbenen Familienmitglieder und Freunden begegnet. Danach widerstehen Odysseus und seine Männer dem betörenden Gesang der Sirenen – wunderschöne, aber gefährliche Wesen, die Schiffe anlocken, damit sie an ihren Felsen zerschellen – und steuern ihr Schiff durch die tödliche Enge zwischen den Ungeheuern Skylla und Charybdis hindurch. Zum Schluss erleiden sie jedoch Schiffbruch, bei dem alle Männer bis auf Odysseus getötet werden.

Odysseus wird bei Ogygia an die Küste gespült und dort sieben Jahre lang von der Nymphe Kalypso festgehalten. Da Odysseus seiner Frau Penelope treu ist, verschmäht er die verliebte Nymphe, sodass Zeus ihr schließlich befiehlt, ihn freizugeben. Odysseus wird von den Phäaken nach Ithaka gebracht, wo er gemeinsam mit seinem Sohn Telemachos die aufdringlichen Verehrer seiner Frau Penelope tötet.

Das Vermächtnis der *Odyssee*

Die *Odyssee* ist eine Erzählung, die teils auf mündlich weitergegebenen Mythen, teils auf möglicherweise realen Ereignissen beruht. Sie gab jedoch dem Reisen an sich eine Bedeutung. Sich »auf eine Odyssee« zu begeben heißt, zu reisen, um sich wiederzufinden und gestärkt zurückzukehren – ein Held zu werden, der gegen die Mächte des Schicksals ankämpft und als Sieger hervorgeht. In seiner Betonung von Frieden, Familie und Heimat geht die *Odyssee* hier über das Kriegerlied der *Ilias* hinaus.

PROFIL
Homer

Den alten Griechen zufolge war Homer, der angebliche Verfasser der *Ilias* und der *Odyssee*, ein blinder Dichter, der zwischen 1102 und 850 v.Chr. in Ionien im türkischen Anatolien geboren wurde. Es ist jedoch unklar, ob er wirklich existierte. Manche Historiker glauben, dass tatsächlich eine einzige Person die beiden Epen verfasst haben könnte. Andere behaupten, dass viele Autoren dazu beitrugen und »Homer« nur ein Sammelbegriff für ihre Bemühungen ist. Zumindest ist man sich in dem Punkt einig, dass die Epen zuerst nur mündlich weitergegeben wurden, bevor man sie im 8. Jh. v.Chr. niederschrieb.

REPLIK EINER BÜSTE VON HOMER IM ALTRÖMISCHEN STIL

»**Sage mir,** Muse, die Taten des **vielgewanderten Mannes,** welcher **so weit geirrt,** nach der **heiligen Troja** Zerstörung, **vieler Menschen** Städte gesehn, und Sitte gelernt hat.«

HOMER ÜBER ODYSSEUS IN DER *ODYSSEE*

MAKEDONISCHER KÖNIG, 356–323 V. CHR.

Alexander der Große

Eines der größten Reiche der Welt wurde von einem jungen makedonischen Krieger auf der Suche nach Ruhm und Macht erschaffen. Sein Vermächtnis ist noch heute sichtbar.

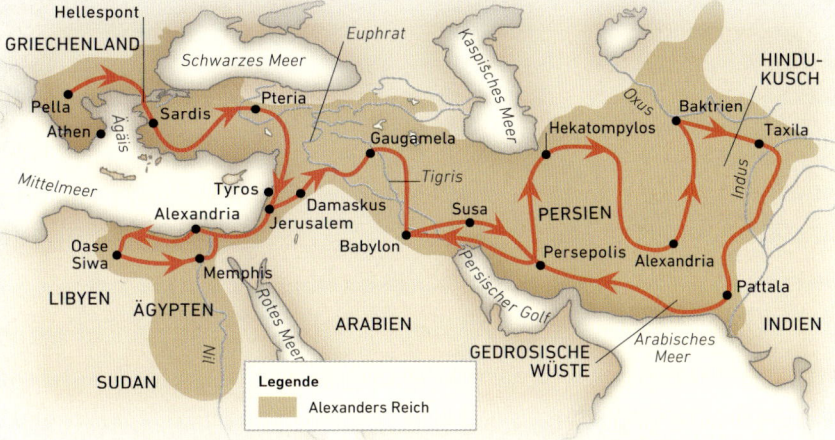

Im Frühjahr 333 v. Chr. stand Alexander von Makedonien in der türkischen Stadt Gordium vor dem berühmten gordischen Knoten. Dieser verband die Deichsel eines Wagens untrennbar mit dem Joch. Man sagte, wer diesen Knoten entwirren könne, werde Herrscher über Asien. Alexander nahm sein Schwert und durchtrennte den Knoten ganz einfach mit den Worten: »Welchen Unterschied macht es, wie ich ihn löse?« Fortan war er Herrscher über Asien.

Als Mitglied der makedonischen Königsfamilie wurde Alexander 336 v. Chr. im Alter von 20 Jahren zum König ernannt. Seine Lebensaufgabe war es, den Wunsch seines Vaters, die persische Invasion von 480/79 v. Chr. zu rächen und das mächtige Perserreich zu erobern, zu erfüllen.

Eroberer der Welt

In den folgenden fünf Jahren setzte er dieses Vorhaben um. 334 v. Chr. überschritt er den Hellespont, der Griechenland vom persisch beherrschten Asien trennte. Mit seinem exzellent ausgebildeten Heer errang er drei entscheidende Siege über die Perser und schlug sie 331 v. Chr. Dann ermordete sein Cousin Bessos den persischen Kaiser Dareios III. und ernannte sich selbst zu dessen

Nachfolger. Alexander verfolgte Bessos über den Hindukusch bis nach Zentralasien, wo er ihn 329 v. Chr. bei Samarkand im heutigen Usbekistan schließlich tötete.

Alexander wollte jedoch noch mehr. Wie viele Griechen seiner Zeit glaubte er, dass die Welt von einem großen Ozean umgeben sei. Sobald er diesen erreichte, hätte er die gesamte Welt erobert. Auf der Suche danach fiel er 327 v. Chr. in

◁ **Porträt von Alexander dem Großen**
Dieses Detail des *Alexandermosaiks*, um 100 v. Chr., zeigt Alexander in der Schlacht von Issos gegen Dareios III. von Persien. Obwohl zahlenmäßig unterlegen, errang sein Heer den Sieg.

△ **Alexanders Reisen**
Von 334 v. Chr. bis zu seinem Tod 323 v. Chr. zog Alexander quer durch das Persische Reich, nach Zentralasien, Indien und Ägypten.

Indien ein. Hier errang er einen Sieg über ein riesiges indisches Heer, verlor aber den Rückhalt seiner Truppen. Sie glaubten nicht mehr daran, dass der große Ozean schon ganz nah war.

Widerwillig führte Alexander seine Männer daraufhin durch die Gedrosische Wüste nach Babylon, wo er mit 32 Jahren an einem Fieber starb. Er hatte ein riesiges Reich erschaffen, Städte gegründet, die noch heute seinen Namen tragen, und die griechische Kultur in aller Welt verbreitet. Nicht umsonst trägt er den Beinamen »der Große«.

◁ **Alexander und das Orakel**
Dieses Relief zeigt Alexander als Pharao. 331 v. Chr. befragte er das Orakel des Amun in der Oase Siwa. Vielleicht hielt er sich selbst sogar für den Sohn des Amun.

WICHTIGE DATEN

- **356 v. Chr.** Geboren in Pella, Makedonien.
- **343** Erzogen von Aristoteles.
- **336** Wird nach der Ermordung seines Vaters Philipp König von Makedonien.
- **335** Besiegt die Thebaner und übernimmt die Macht in Griechenland.
- **334** Erringt in der Schlacht am Fluss Granicus in Asien einen großen Sieg über die Perser.
- **333** Schlägt die Perser bei Issos und erobert Palästina.
- **332** Fällt in Ägypten ein und wird Pharao.
- **332** Gründet Alexandria.
- **331** Erobert das Persische Reich.
- **329** Tötet Bessos, den Mörder von Dareios III.
- **327** Fällt in Indien ein.
- **325** Marschiert mit seinem Heer durch die Wüste in Südpersien.
- **323** Ankunft in Babylon, wo er stirbt.

DIESE GRIECHISCHE MÜNZE ZEIGT ALEXANDER IM KAMPF.

ALEXANDER IN CHINA, EIN LAND, DAS ER NIE BESUCHTE, 4. JH. V. CHR.

Die Reisen des Zhang Qian

Isoliert vom Rest der Welt, öffnete sich China dem Westen erst, als der Diplomat Zhang Qian 138 v. Chr. eine Expedition anführte, die zur Einrichtung der Seidenstraße führte.

Zur Zeit von Kaiser Wu wusste China so gut wie nichts über die Länder jenseits seiner Grenzen. Wu hätte gern Handelsbeziehungen mit ihnen geknüpft, doch die Xiongnu, feindliche Nomadenstämme in der Mongolei und Westchina, hinderten ihn daran, zu ihnen vorzudringen. Wu musste deshalb eine Allianz mit den Yuezhi eingehen, die jenseits der Xiongnu lebten. Seine Wahl als Anführer einer diplomatischen Mission zu den Yuezhi fiel auf den Offizier und Hofbeamten Zhang Qian.

Aufbruch

138 v. Chr. verließ Zhang Qian die Hauptstadt Chang'an mit etwa 100 Männern in Richtung Westen. Unter ihnen befand sich der Kriegsgefangene Ganfu, der dem Volk der Xiongnu angehörte. Leider wurden Zhang Qian und seine Schar von den Xiongnu gefangen genommen und zehn Jahre lang festgehalten. In dieser Zeit vermählte man ihn mit einer Xiongnu und er wurde Vater eines Sohnes. Es gelang ihm außerdem, das Vertrauen des Anführers zu gewinnen. 128 v. Chr. glückte ihm, gemeinsam mit seiner Frau, seinem Sohn und Ganfu, die Flucht nach Norden durch das unwirtliche Tarimbecken. Von dort aus gelangten sie nach Dayuan im Ferghanatal (heute Usbekistan), wo Zhang Qian zum ersten Mal die kräftigen Ferghana-Pferde sah, und dann nach Süden in das Territorium der Yuezhi. Die Yuezhi waren ein friedliches Volk, und Zhang Qian verbrachte viel Zeit damit, ihre Kultur und Wirtschaft zu studieren, bevor er nach Daxia im Westen zog. Das griechisch-baktrische Reich hatte sich

△ **Kaiser Wu**
Kaiser Wu (reg. 141–87 v. Chr.) war der 7. Han-Kaiser von China. Er vergößerte das Reich beträchtlich.

△ **Zhang Qian**
Dieses Fresko aus dem 7. Jh. in den Mogao-Höhlen an der Seidenstraße zeigt, wie Kaiser Wu Zhang Qian und seine Männer zu ihrer ersten Expedition 138 v. Chr. verabschiedet.

250 v. Chr. vom Seleukidenreich losgesagt. Zhang Qian erfuhr dort von der Existenz Shendus (Indien) im Süden, von Parthia (Persien) und Mesopotamien im Westen sowie von den Nomadenterritorien der Steppen im Norden.

Erneute Gefangennahme

127 v. Chr. beschlossen Zhang Qian und seine Männer, nach China zurückzukehren. Dieses Mal zogen sie am Südrand des Tarimbeckens entlang. Sie fielen erneut in die Hände der Xiongnu, aber ihr Leben wurde verschont, weil den Xiongnu Zhang Qians Pflichtgefühl und seine Furchtlosigkeit angesichts des Todes imponierte. Zwei Jahre später

▷ **Seidenstraße**
Zhang Qians Reise nach Daxia war der erste Schritt zur Etablierung der Seidenstraße – eines Netzes aus Handelswegen, die China mit Zentralasien und letztendlich auch mit den Häfen im Mittelmeerraum verbanden.

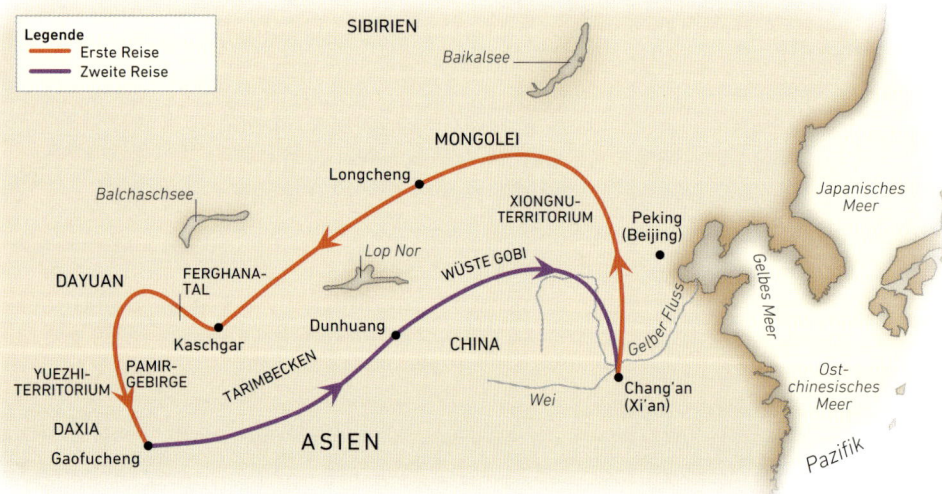

Legende
— Erste Reise
— Zweite Reise

SIBIRIEN
Baikalsee
MONGOLEI
Longcheng
Balchaschsee
XIONGNU-TERRITORIUM
Peking (Beijing)
Japanisches Meer
DAYUAN
FERGHANA-TAL
Lop Nor
WÜSTE GOBI
Kaschgar
Dunhuang
CHINA
Gelber Fluss
Gelbes Meer
YUEZHI-TERRITORIUM
PAMIR-GEBIRGE
TARIMBECKEN
Wei
Chang'an (Xi'an)
Ost-chinesisches Meer
DAXIA
Gaofucheng
ASIEN
Pazifik

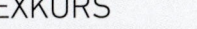

starb der Anführer der Xiongnu, und inmitten des Aufruhrs, der wegen seiner Nachfolge ausbrach, gelang Zhang Qian, seiner Familie und Ganfu abermals die Flucht. Kaiser Wu war erfreut, von Zhang Qian zu hören, dass es im Westen hoch entwickelte Zivilisationen gab, mit denen China handeln konnte.

Diese schätzten die Waren der Han-Dynastie und belieferten sich im Austausch mit ihren Produkten, wie zum Beispiel mit Ferghana-Pferden. Zhang Qians Berichte über seine Reisen hatten zur Folge, dass die Handelswege von China nach Zentralasien 114 v.Chr. zur Seidenstraße ausgebaut wurden.

△ **Persische Dose**
Diese silberne Dose aus Persien wurde im Grab von Kaiser Zhao Mo gefunden, der China und Nordvietnam von 137 v.Chr. bis zu seinem Tod 15 Jahre später regierte. Sie ist das älteste bisher bekannte Importprodukt Chinas.

EXKURS
Das Ferghana-Pferd

Die Chinesen bezeichneten die Ferghana-Pferde als »göttlich«, weil es die schönsten Reittiere waren, die sie je gesehen hatten. Die Han importierten sie in derart großen Mengen, dass die Ferghana den Handel beendeten. Daraufhin sandte Kaiser Hu 113 v.Chr. eine Armee aus, um die Pferde zu fangen, aber sie wurde besiegt. 103 v.Chr. schickte er nicht weniger als 60 000 Männer aus, die zwar nur mit zehn Pferden zurückkehrten, dafür aber die Zusage der Ferghana erhalten hatten, jedes Jahr zwei Pferde zu liefern. Damit war Chinas militärische Vormachtstellung gesichert.

BRONZEFIGUR EINES FERGHANA-PFERDES AUS GANSU (CHINA), 2. JH. N. CHR.

Die Seidenstraße

China war nun nicht länger isoliert, sondern es gab einen Handelsweg nach Westen. Zhang Qian war es während seiner Reisen nicht gelungen, Handelsbeziehungen zu den Ländern zu knüpfen, die er selbst besucht hatte. Er versuchte jedoch, Verbindungen zu Indien aufzubauen. Von 119 bis 115 v.Chr. stellte er eine Handelsbeziehung mit den Wusun im äußersten Nordwesten Chinas her und infolgedessen auch zu Persien. Damit war Chinas Handelsverkehr auch in Zukunft gesichert.

Über die Alpen

218 v.Chr. führte der karthagische General
Hannibal eine Armee mit Elefanten über
die Alpen von Spanien nach Italien.

Die nordafrikanische Stadt Karthago war eine erbitterte Rivalin
der Römischen Republik. Hannibal, der das Kommando über die
karthagische Armee in Spanien von seinem Vater Hamilkar Barkas
geerbt hatte, plante einen Überraschungsangriff auf Rom, der über
den Landweg erfolgen sollte. Zu seinen Streitkräften, die hauptsächlich aus Spaniern bestanden, gehörten auch eine libysche
Infanterie, numidische Reiter und 37 Elefanten einer kleinen afrikanischen Rasse, die in der Antike oft im Krieg eingesetzt wurde.
Diese über 100 000 Mann starke Armee setzte sich im späten Frühjahr von Neu-Karthago (heute Cartagena) aus in Bewegung. Als
sie im Spätsommer im römisch besetzten Gallien ankam, war sie
auf 60 000 Mann geschrumpft, weil Hannibal nur die besten Truppen mit leichtem Gepäck behielt, um schneller voranzukommen.
   Das größte natürliche Hindernis in Gallien war die Rhône.
Hannibals Armee überquerte den Fluss mitsamt den ängstlichen
Elefanten auf Flößen. Es gab ein paar Gefechte mit lokalen Stämmen und mit einer römischen Armee, die die Karthager aufhalten
sollte, doch im November hatte Hannibal die Ausläufer der Alpen
erreicht. Welchen Weg er über die Berge nahm, ist umstritten. Bei
ihrem Aufstieg wurden die Karthager in dem rauen Terrain von
Bergstämmen angegriffen, was Verluste an Menschen und Tieren
nach sich zog. Es dauerte neun Tage, bis sie endlich die schneebedeckte Passhöhe erreicht hatten.
   Die demoralisierten Soldaten, denen die Kälte schwer zu schaffen
machte, begannen den anstrengenden Abstieg erst, nachdem Hannibal sie mehrmals ermahnt hatte. Pferde, Maultiere und Elefanten
kämpften sich auf vereisten Pfaden an steilen Abgründen entlang.
Erst nach etwa drei bis vier Wochen erreichte das erschöpfte Heer
die norditalienische Ebene, wo Hannibal mit den Vorbereitungen
für die Eroberung Roms begann. Er unternahm 15 Jahre lang
Feldzüge in Italien und fügte den Römern schwere Niederlagen zu,
aber der vollständige Sieg gelang ihm nie. Als Rom schließlich Karthago zerstörte, nahm Hannibal sich 183/182 v.Chr. auf der Flucht
vor den Römern das Leben.

◁ **Hannibal und seine Armee**
Das Gemälde von Jacopo Ripanda aus dem 16. Jh. zeigt Hannibal
und seine Armee in exotischer Kleidung auf dem Schlachtfeld.
Hannibal dürfte in Wirklichkeit kaum auf einem Elefanten geritten
sein. Die Tiere wurden bei einem Angriff meist als Vorhut eingesetzt, um dem Feind Angst zu machen.

Strabon

Als Autor eines der ersten Bücher über Geografie lieferte Strabon der Welt eine unschätzbare Informationsquelle über Orte und Völker des Römischen Reichs und dessen Nachbarn.

Wie bei vielen berühmten Menschen der Antike ist auch über die Person Strabon nicht viel bekannt. Man weiß, dass er 64 oder 63 v. Chr. als Sohn einer reichen griechischen Familie in Amaseia in Pontos (Türkei) geboren wurde. Pontos war erst kurz zuvor nach dem Tod seines Herrschers Mithridates VI. in das Römische Reich eingegliedert worden, wobei Strabons Familie in der früheren Regierung viele wichtige Positionen besetzt hatte. Es ist ebenfalls bekannt, dass Strabon 44 v. Chr. nach Rom zog, wo er mindestens 13 Jahre lang lebte und Philosophie und Grammatik bei dem griechischen Dichter Xenarchos und bei Tyrannion von Amisos, einem Grammatiker und bekannten Geografen, studierte.

Erkundung der Welt

Etwa um diese Zeit begann Strabon zu reisen. 29 v. Chr. besuchte er Korinth und die kleine griechische Insel Gyaros. Um 25 v. Chr. segelte er den Nil hinauf bis zu den Tempeln von Philae im nubischen Königreich Kusch. Er reiste sogar noch weiter bis nach Äthiopien, besuchte auch die Toskana in Italien und erkundete seine Heimat Asia Minor. Dabei kam ihm zugute, dass zur Zeit von Kaiser Augustus (27 v. Chr.–14 n Chr.) Frieden im Römischen Reich herrschte, sodass er weite Reisen unternehmen konnte.

Irgendwann um 20 v. Chr. schrieb Strabon sein erstes Buch *Geschichtliche Anmerkungen*, das die Geschichte der bekannten Welt ab der Eroberung Griechenlands durch die Römer im 2. Jh. v. Chr. umfasste. Leider sind davon nur Fragmente erhalten. Das Buch war ein Vorgeschmack auf Strabons Hauptwerk *Geographie* – eine geografische Geschichte der Welt, das heute noch gedruckt wird. Wann genau er mit der Arbeit hieran begann, ist nicht bekannt. Die Angaben variieren zwischen 7 v. Chr. und 17/18 n. Chr. Die jüngste Passage, die sich exakt zuordnen lässt, bezieht sich auf den Tod von Juba II. von Mauretanien, der 23 n. Chr. starb. Sicher ist, dass Strabon das Buch im Zuge seiner langjährigen Arbeit mehrere Male modifizierte.

Erdverschiebungen

In seiner *Geographie* zitiert Strabon Eratosthenes, den griechischen »Vater der Geografie«, der den Erdumfang bestimmte, und Hipparchos, der die Präzession der Äquinoktien entdeckte. Deren Werk war jedoch rein wissenschaftlich – Strabons Ziel hingegen war es, solche Erkenntnisse in ein praktisches, verständliches Buch für Reisende, insbesondere für Politiker und Staatsmänner, aufzunehmen. Aus diesem Grund

△ **Strabons Welt**
Diese Karte aus dem 19. Jahrhundert basiert auf Strabons Schriften. Sie zeigt, wie falsch er Afrikas und Asiens Größe einschätzte.

gewährt *Geographie* vielfältige Einblicke. So beschreibt Strabon als Erster die Entstehung von Fossilien und die Auswirkungen eines Vulkanausbruchs auf die Landschaft. Er diskutiert die Frage, warum Meeresmuscheln so hoch und so weit entfernt vom Meer in der Erde vergraben sind. Seiner Meinung nach veränderte sich nicht der Meeresspiegel, sondern das Land verschob sich und türmte sich allmählich über dem Meer auf. Allein wegen dieser frühen tektonischen Erkenntnisse verdient es Strabon, nicht nur als Reisender, sondern auch als einer der Begründer der modernen Geologie in die Geschichte einzugehen.

◁ **Pyramiden von Gizeh**
Um 25 v. Chr. unternahm Strabon eine Nilfahrt. Er sah die Pyramiden von Gizeh und die Tempel von Philae, die sich heute neben dem Assuanstausee befinden.

» Es sind ... nicht nur **Inseln,** sondern auch ganze **Erdteile,** die **empor-gehoben** werden können ...«

STRABON, *GEOGRAPHIE*, UM 7–18 N. CHR.

◁ **Studium der Erde**
Diese Radierung aus dem 16. Jh. zeigt, wie Strabon ausgesehen haben könnte. Auf dem Globus in seiner Hand ist das Schwarze Meer überproportional groß dargestellt.

WICHTIGE DATEN

■ **64 oder 63 v. Chr.** Geboren in Amaseia in Pontus (heute Amaseia, Türkei), das kurz davor ins Römische Reich einge-gliedert wurde.

■ **Um 50 v. Chr.** Studien in Nysa (heute Sultanhisar, Türkei) bei dem Rhetoriker Aristodemus. Lernt Homers Werke kennen.

■ **44 v. Chr.** Umzug nach Rom, wo er bis mindestens 31 v. Chr. studiert und schreibt. Zu seinen Lehrern gehören die Aris-toteler Xenarchos und Tyrannion von Amisos. Letzterer weckt Strabons Interesse für Geo-grafie. Ein dritter Lehrer, Atheno-dorus, führt ihn in den Stoizismus ein und lehrt ihn über die Gebiete des Römischen Reiches.

JOHANNES WOLTERS EDITION DER *GEO-GRAPHIE* VON 1707

■ **29 v. Chr.** Auf dem Weg nach Korinth besucht er Gyaros in der Ägäis.

■ **27 v. Chr. bis 14 n. Chr.** Unternimmt viele Reisen in der friedlichen Ära des römischen Kaisers Augustus.

■ **25 v. Chr.** Fährt auf dem Nil nach Philae im nubischen Königreich Kusch.

■ **20 v. Chr.** Schreibt *Geschichtliche Anmerkungen*, von denen wenig erhal-ten ist.

■ **Um 7 v. Chr.** Beginnt mit der *Geographie*.

■ **23 n. Chr.** Der jüngste historische Bei-trag in der *Geographie* ist der Tod von Juba II. von Mauretanien.

■ **24 v. Chr.** Stirbt vermutlich in Amaseia.

Das Römische Reich

Zu ihrer Zeit waren die Römer außerordentlich innovative und talentierte Konstrukteure. Sie bauten Straßen, Brücken und vieles mehr, das ihren Bürgern ein schnelles und sicheres Reisen durch das Reich ermöglichte.

Die Römer waren ein sehr praktisch denkendes Volk, das seine Konstruktionskenntnisse mit großem und nachhaltigem Erfolg nutzte. Sie bauten Dämme, um Wasser zu sammeln, und Aquädukte, die das Wasser in die Städte brachten. Sie nutzten die Kraft des Wassers auch für den Bergbau, indem sie z.B. Wassermühlen zum Zerkleinern von Erz einsetzten. Sie entwickelten Wasserräder, mit denen sie ihre Mühlen und die Sägen antrieben, um Stein zu zerschneiden. Sie überspannten die Flüsse mit Brücken und bauten Straßen, die ihre Städte und Dörfer miteinander verbanden.

Zu ihrer Unterhaltung errichteten sie riesige mehrstöckige Stadien wie das Kolosseum in Rom, in dem 80 000 Zuschauer Gladiatorenkämpfen und anderen Spektakeln beiwohnen konnten. In den Städten standen öffentliche Bäder und Triumphbögen zum Andenken an große Siege. Meistens gab es auch ein effektives Abwassersystem und viele Häuser besaßen sogar eine

◁ **Römischer Meilenstein**
An jeder römischen Straße standen alle *milia passuum* (1000 Schritte oder 1476 m) diese runden Meilensteine. Sie gaben nicht nur Distanzen entlang der Straße an, sondern auch andere interessante Fakten wie die Entfernung zum Forum Romanum.

Fußbodenheizung. All diese Konstruktionen erleichterten den Alltag der Bürger und gaben ihnen Sicherheit, wenn sie durch das Reich reisten. Die größte Errungenschaft war jedoch das römische Straßennetz.

Roms Bedarf
Die Römische Republik und das Römische Reich, das 27 v. Chr. folgte, mussten in der Lage sein, ihre Truppen schnell zu bewegen, um die Grenzen gegen Feinde verteidigen zu können. Ebenso wichtig war es für die Regierung, Befehle und Beamte zügig zu ihrem Bestimmungsort zu bringen. Händler wollten Waren in den Städten kaufen und verkaufen. Zivilisten benötigten Straßen für die Arbeit und

auch aus religiösen Gründen. Deshalb wurde 300 v. Chr. mit dem Bau eines Straßennetzes begonnen, das zur Blütezeit des Reichs im 2. Jh. n. Chr. fertig war. 29 militärtaugliche Staatsstraßen führten von Rom aus in das Reich und vernetzten die 113 Provinzen mit 372 Provinzstraßen. Viele kleine Straßen verbanden zahllose Orte und Häfen miteinander. Die Gesamtlänge des Straßennetzes betrug über 400 000 km, davon waren mehr als 80 500 km gepflastert.

Die Kunst des Straßenbaus
Ein Gesetz von etwa 450 v. Chr. legte fest, dass eine Straße im geraden Stück

DIE KUPPEL DES PANTHEONS IN ROM

TECHNOLOGIE
Die Erfindung des Betons
Um 150 v. Chr. entdeckten die Römer, dass eine Mischung aus drei Teilen Vulkanasche und anderen Aggregaten mit einem Teil Bindemittel (wie Kalk oder Leim) unter Zugabe von Wasser zu einem perfekten Baustoff aushärtete. Die Vulkanasche, auch *Puzzolane* genannt, verhinderte die Entstehung von Rissen und machte die betonähnliche Mischung extrem haltbar. Die Römer nutzten sie für all ihre Bauwerke und verblendeten sie mit dekorativem Stein oder Marmor. Es gab sogar eine Variante für den Einsatz im Wasser, was beim Bau von Brücken äußerst hilfreich war. Eine der schönsten Betonkonstruktionen ist die Kuppel des Pantheons in Rom, die rund 1700 Jahre lang die größte freitragende Betonkuppel der Welt war.

8 römische Fuß breit sein sollte und in Kurven 16 Fuß. Vor dem Bau einer Straße wurde zuerst die Strecke vermessen, dann legte ein *gromaticus* oder *agrimensor* (Feldvermesser) mithilfe einer Groma, eines Vermessungsgeräts mit vier Bleigewichten zur Berechnung von rechten Winkeln, den Verlauf der Straße fest.

Der Bau der Straßen unterschied sich je nach örtlichen Gegebenheiten. Die Standardstraße bestand aus einer Schicht gestampftem Lehm als Basis, auf die mehrere Schichten Steine, Kiesel und Mörtel folgten, bevor abschlie-

ßend ein glattes Steinpflaster verlegt wurde. Dabei achtete man auf eine leichte Wölbung in der Mitte, sodass das Regenwasser zu beiden Seiten abfließen konnte. Heute sehen die antiken Straßen uneben und holperig aus, aber das liegt nur daran, dass der Mörtel inzwischen weggewaschen wurde.

Erstaunlicherweise verlaufen die Straßen hügelauf- und hügelabwärts weitgehend schnurgerade. So war man nicht nur schneller, sondern auch sicherer, weil Feinde schon in der Ferne zu sehen waren – ein wichtiger Aspekt bei militärischen Aktionen. »

Legende
Das Römische Reich

> **△ Römisches Reich**
> In seiner größten Ausdehnung unter Kaiser Trajan im Jahr 116 n. Chr. erstreckte sich das Römische Reich vom Norden Englands bis zum Persischen Golf im Nahen Osten.

»**Kaum ein Bezirk,** in den ein **römischer Beamter** zu militärischen oder zivilen Diensten entsendet werden könnte, ist **ohne Straßen.**«

AUS DEM *ITINERARIUM ANTONINI*, EINEM VERZEICHNIS RÖMISCHER STRASSEN, UM 300 V. CHR.

> **◁ Via Appia**
> Die Via Appia wurde 312 v. Chr. erbaut und führte 563 km weit von Rom nach Brindisi. Ihr ursprünglicher Zweck war die schnelle Entsendung von Legionären im Kampf der Römer gegen die Samniten im Süden Italiens.

◁ **Auf Rädern**
Im Gegensatz zu anderen Völkern nutzten die Römer Streitwagen nicht im Kampf, sondern nur für Paraden und Wettrennen.

›› Karten und Stationen

Um sich in dem riesigen Straßennetz zurechtzufinden, nahmen die Römer Straßenkarten wie die *Tabula Peutingeriana* (siehe S. 48–49) zu Hilfe. Beamte auf Dienstreise übernachteten in *mansiones* (Herbergen), die in Abständen von 25 bis 30 km errichtet wurden. Andere Reisende suchten eine *caupona* (Gaststätte) auf. Bevor solche offiziellen Raststationen errichtet wurden, waren alle Privathäuser entlang der Straßen gesetzlich dazu verpflichtet, Unterkunft zu gewähren. Alle 20 bis 30 km gab es *mutationes*, in denen man Pferde und Wagen wechseln oder versorgen lassen konnte.

▽ **Pont du Gard**
Der Pont du Gard, ein um 60 n. Chr. erbauter Aquädukt, leitete Wasser von der 50 km entfernten Quelle in Uzès in die römische Kolonie Nemausus (Nîmes).

Verkehrsaufkommen

Auf den römischen Straßen ging es lebhaft zu. Soldaten marschierten von einem Lager zum nächsten und legten dabei oft weite Strecken zurück. Eine Inschrift am Hadrianswall im Norden Englands aus der Zeit von 253 bis 258 n. Chr. erwähnt die Anwesenheit »aurelianischer Mohren«, schwarzer Soldaten aus dem römisch besetzten Nordafrika.

Abgesehen von Soldaten, nutzten die Straßen regelmäßig auch Beamte im Dienste des römischen Kaisers, Magistrate, die an abgelegenen Orten Recht sprechen mussten, sowie Studenten, die in fernen Städten Bildung erwerben oder ihr Wissen erweitern wollten. Pilger waren auf den Straßen zu Tempeln und anderen religiösen Orten unterwegs, und römische Grundbesitzer reisten wiederum zu ihren Ländereien.

Kaufleute und Händler waren auf den Straßen ein ebenso gewohnter Anblick wie Bauern, die ihr Vieh und ihre Produkte auf den Märkten verkauften. Offizielle Boten, die man an ihren auffälligen Kopfbedeckungen aus Leder erkannte, traf man ebenfalls oft auf den Straßen an. Noch häufiger sah man die *tabellarii*, Sklaven, die private Briefe überbrachten. Touristen waren damals jedoch nicht unterwegs, denn das Reisen aus Vergnügen war den Römern fremd.

Das beliebteste Transportmittel auf der Straße war der *carrus* – ein einspänniger Wagen mit einem Kutscher und einem Passagier. Es gab auch Pferde- und Ochsengespanne. Größere Wagen, die von zwei, drei oder sogar vier Pferden gezogen wurden, waren fast genauso selten wie vierrädrige Kutschen mit einem »Dach« aus Stoff, das Fracht oder Passagiere bei schlechtem Wetter schützte.

◁ **Seereisen**
Mosaik eines Handelsschiffes auf dem Platz der Gilden in Ostia, dem bedeutendsten römischen Hafen. Normalerweise transportierte ein solches Schiff Waren, aber es nahm auch Passagiere an Bord.

Über das Meer

Straßen waren nicht die einzigen Transportwege, die sich die Römer erschlossen hatten. Obwohl sie kein traditionelles Seefahrervolk waren, besaßen sie seit den Punischen Kriegen gegen Karthago (Tunesien) im 2. und 3. Jh. v. Chr. auch Kriegs- und Handelsflotten. Ihre flachen, bauchigen Handelsschiffe wurden von einem einzigen Segel angetrieben. Auf manchen wurden außer Waren auch Passagiere transportiert, zusätzlich verkehrte zwischen Brindisi in Süditalien und Griechenland regelmäßig eine Passagierfähre. Auf allen römischen Schiffen schliefen sowohl Crew als auch Passagiere an Deck und brachten ihr eigenes Essen mit, das dann in der Bordküche zubereitet wurde.

» Die **Kuriere** schaffen mit **Pferdewechsel** oft an **einem Tag** eine **Strecke,** für die sie sonst **zehn Tage** gebraucht hätten. «

PROKOPIOS, GRIECHISCHER HISTORIKER, UM 500 N.CHR.

EXKURS
Der Bacchustempel

Die Ausmaße des römischen Imperiums sind heute noch in anderen Ländern – ehemaligen Außenposten des Reichs – an den dort erhalten gebliebenen römischen Bauwerken sichtbar. Der Bacchustempel von Heliopolis (Baalbek) im Libanon ist ein solches Beispiel. Er wurde zwischen 150 und 250 n.Chr. erbaut und ist 31 m hoch. 42 korinthische Säulen, jede von ihnen etwa 20 m hoch, tragen ein kunstvolles Gebälk und den Dachaufbau. Fresken in seinem Inneren zeigen Szenen aus dem ausschweifenden Leben von Bacchus, dem Gott des Weins. Der Tempel ist eines der besterhaltenen Bauwerke der Antike.

DER BACCHUSTEMPEL IM LIBANON IST SEIT FAST 2000 JAHREN EINE INSPIRATION FÜR ARCHITEKTEN AUS ALLER WELT.

Die *Tabula Peutingeriana*

Das römische Straßennetz war so komplex, dass man eine Karte dafür benötigte. Eine davon wurde im 1. Jh. n.Chr. gezeichnet und blieb als Kopie aus dem 13. Jh. bis heute erhalten.

Straßen waren die Lebensadern der römischen Welt, denn auf ihnen bewegten sich Legionen, Beamte, Kaufleute und Reisende durch das Reich. Sie waren oft gepflastert und leicht gewölbt, damit das Wasser an den Seiten abfließen konnte. Neben den Straßen befanden sich Fußwege und Wassergräben. Sie führten hügelauf- und hügelabwärts und mithilfe von Brücken auch über Flüsse und Schluchten. Das Straßennetz war insgesamt 400 000 km lang, mit Rom als Mittelpunkt, von dem aus 29 große Staatsstraßen strahlenförmig wegführten.

Ein staatlicher Botendienst, der *cursus publicus*, benutzte dieses Straßennetz. Er wurde von Kaiser Augustus (reg. 27 v.Chr.–14 n.Chr.) eingerichtet und überbrachte Botschaften oder offizielle Dokumente zwischen Rom und den Provinzen. Die Boten und andere Reisende benötigten eine Karte, um sich unterwegs zurechtzufinden. Eine solche wurde zuerst von Agrippa, Augustus' Schwiegersohn, in Auftrag gegeben. Im 4. oder 5. Jh. entstand eine neuere Version, die als Abschrift aus dem Jahr 1265 noch heute existiert. Ihren Namen, *Tabula Peutingeriana*, erhielt sie von Konrad Peutinger aus Augsburg, der die Karte im 16. Jh. besaß.

Die Karte ist auf ein 34 cm breites und 675 cm langes Pergament gezeichnet. Sie zeigt das Straßennetz des gesamten Römischen Reichs – bis auf Marokko, Spanien und die Britischen Inseln (dieser Abschnitt ging wahrscheinlich verloren) – sowie des Nahen Ostens, Indiens und Sri Lankas. Die Darstellung ist nicht geografisch, sondern schematisch und deshalb stark verzerrt. Die Meere sind nur schmale Streifen. Über 550 Städte und 3000 andere Orte sind auf der Karte verzeichnet, ebenso wie alle Straßen und Entfernungen dazwischen. So wussten Reisende immer, welcher Ort als Nächstes kam und wie weit es bis dahin war.

◁ **Der Mittelpunkt der Welt**
Alle Straßen auf der Peutinger'schen Tafel führen nach Rom (Mitte rechts), dem Zentrum des Römischen Reichs. Auf diesem Segment liegen ganz oben über der Adria das heutige Kroatien und unterhalb des Mittelmeers Nordafrika.

Der *Periplus des Erythräischen Meeres*

In der Antike umfasste das Erythräische Meer das Rote Meer, den Persischen Golf und den Indischen Ozean. Ein bemerkenswertes Dokument aus dem 1. Jh. n. Chr. erzählt noch heute seine Geschichte.

Ein Periplus ist ein Dokument aus der antiken Seefahrt. Es enthielt Häfen und Landmarken an den Küsten sowie die ungefähren Entfernungen dazwischen.

Der *Periplus des Erythräischen Meeres* wurde auf Griechisch verfasst und enthält 66 Kapitel, von denen die meisten nur einen Absatz umfassen. Es listet die Häfen am Roten Meer, Arabien, Persischen Golf, Ostafrika und Indien zur Zeit des Römischen Reiches auf sowie die wichtigsten Umschlaggüter der jeweiligen Region. Historiker datieren den *Periplus* auf Mitte des 1. Jh. n. Chr. und gehen davon aus, dass der Autor ein griechisch sprechender ägyptischer Kaufmann war. Er lebte vermutlich in Berenice Troglodytica, einer ägyptischen Hafenstadt am Roten Meer, denn diese wird im *Periplus* besonders ausführlich beschrieben. Der Autor war zwar weit gereist, aber nicht sonderlich gebildet. Er verwechselte häufig griechische mit lateinischen Wörtern und besaß nur geringe Grammatikkenntnisse.

△ **Apollo mit Chelys**
Die Chelys war die Laute der Griechen. Ihr runder Klangkörper bestand aus einer Schildkrötenschale. Der *Periplus des Erythräischen Meeres* erwähnt, dass der Panzer der Echten Karettschildkröte dafür am besten geeignet war.

Arabien und Afrika

Der *Periplus* berichtet von freundschaftlichen Handelsbeziehungen, die Rom zu dem Königreich Himyar und zu den Sabäern im Jemen unterhielt. Weiter unten an der Arabischen Halbinsel beschreibt er ein »lang sich hinstreckendes Küstenland und ein gegen 2000 und mehr Stadien sich ausdehnender Busen, an dem Nomaden und Ichthyophagen in Dörfern wohnen ... Den sämtlichen Weihrauch aber, der in dieser Gegend erzeugt wird, führt man nach derselben [Metropole Sabbatha] ... auf Kamelen, nach Kane aber auf mit Leder überzogenen und mit Schläuchen umgebenen Flössen und auf Schiffen.« Weihrauch ist jedoch nur eines von vielen Handelsgütern, von denen der *Periplus* berichtet. Der Verfasser widmet sich ausgiebig der somalischen Hafenstadt Opone in Ostafrika, wo heute sehr viel antike römische und ägyptische Keramik gefunden wird. Dort wurde, laut *Periplus,* die größte Menge an Zimt erzeugt sowie »vorzüglichere Sklaven, die mehrenteils nach Ägypten exportiert werden, und auch sehr viel Schildkrot, vorzüglicher als das anderweit vorkommende«. Er erwähnt außerdem Aksum in Äthiopien und die weiter südlich gelegene Hafenstadt Rhapta als bedeutende Umschlagplätze für Elfenbein. Die genaue Lage von Rhapta ist nicht bekannt, man vermutet es jedoch in der Nähe von Daressalam in Tansania.

Indien und die Griechen

Der *Periplus* berichtet auch jenseits des Indischen Ozeans von intensivem

> **» ... wo ein anderer am Meere gelegener Handelsplatz,** Kane, sich findet, der zum Königreich des Elisar, der **weihraucherzeugenden Gegend,** gehört ... **«**

VERFASSER DES *PERIPLUS DES ERYTHRÄISCHEN MEERES*

Arrianum huius Peripli auctorem alium esse ab eo qui Alexandri Magni descripsit expeditionem, videtur Bap. Ramusio in suo ad eundem Commentariolo Italica lingua edito: quia utriusq; nempe stylus dispar sit atq; dissimilis. Idem hunc nostrum Ptolemæi temporibus vixisse autumat: cui quod quodammodo assentiar, facit quod hic ipse in suo Euxini periplo Traianum Imp. alloquitur. Atq; alium multo vetustiorem mihi verisimile, quod ille inter eos quos citat scriptores, vix recentiorem Herodoto aut Euripide nominet. Vtut sit, diuersos facile lector intelliget, qui utriusq; huius nempe Nearchi ab Indo flumine ad Tigridis ostij nauigationem, cum illius contra ab eodem ostio ad dictum Indum, quem Sinthum nuncupat, legendo contulerit: ne uno quidem loci nomine inter hos namq; convenire deprehendet.

△ **Landmarken des *Periplus***

Die Karte der Länder rund um den Indischen Ozean aus dem 17. Jh. zeigt Orte, die im *Periplus des Erythräischen Meeres* erwähnt werden. Am unteren Rand wurde noch eine Karte von Europa hinzugefügt.

Handel mit der indischen Hafenstadt Barygaza (heute Bharuch in Gujarat): »Sehr ergiebig ist diese Gegend an Getreide, Reis, Sesamöl, ... Baumwolle und den aus ihr herkommenden gewöhnlichen indischen Baumwollstoffen.« Besonders faszinierend ist jedoch die Aussage: »daher kommen bis jetzt in Barygaza alte Drachmen vor, die in hellen[ist]ischer Schrift die Typen der nach Alexandros regierenden Könige ... eingeprägt haben.« Ein Hinweis auf das Makedonische Reich von Alexander dem Großen (siehe S. 36–37).

Der *Periplus* beschreibt noch weitere Handelshäfen in Südindien sowie einen jährlich stattfindenden Markt an der indischen Grenze zu Tibet. Er erwähnt den Handel mit Perlen,

Seidenstoffen, Diamanten und Saphiren, die vom Flusstal des Ganges an die Küste gebracht wurden. Zusammen mit vielen weiteren Berichten liefert der *Periplus* einen umfassenden Einblick in den ausgedehnten Handel mit den Ländern im Indischen Ozean. Über Regionen außerhalb der im *Periplus* erwähnten Gebiete sagt der Verfasser, sie seien aufgrund sehr großer Kälte oder göttlicher Einflüsse nur schwer zugänglich.

△ **Weihrauch**

Der aromatische Weihrauch für Parfüms und Räucherwerk wird seit über 5000 Jahren aus Arabien und Somalia exportiert. Das Harz wird hauptsächlich von vier Arten Boswellia-Bäumen gewonnen.

EXKURS
Römisches Handelsschiff

Römische Handelsschiffe besaßen einen bauchigen oder flachbodigen Rumpf mit gebogenem Bug und Heck für eine relativ symmetrische Form. Die beiden Enden, der Kiel und die äußere Beplankung wurden zuerst zusammengefügt, danach folgte zur Verstärkung die innere Beplankung. Die Planken, die von einem Ende zum anderen verliefen, wurden mit Zapfenverbindungen und Kupfernägeln angebracht. Die meisten Handelsschiffe waren 15–37 m lang und wogen 150–350 t. Viele dieser Schiffe beförderten auch Passagiere. Auf den Getreideschiffen zwischen Rom und Alexandria beispielsweise befanden sich oft bis zu 200 Reisende.

RÖMISCHES HANDELSSCHIFF UM 200 N.CHR.

Die Welt des Ptolemäus

Im 2. Jh. n.Chr. veränderte ein Geograf und Astronom aus Ägypten die existierenden Vorstellungen von der Welt und dem Himmel darüber. Sein Einfluss währte viele Jahrtausende lang und hat auch heute noch Gewicht.

Ü ber Ptolemäus ist nicht sehr viel bekannt, außer dass er um 100 n.Chr. im ägyptischen Alexandria geboren wurde und etwa 70 Jahre später auch dort starb. Er war ein römischer Bürger und ein Grieche, vielleicht aber auch ein griechisch erzogener Ägypter, der in zeitgenössischem Griechisch schrieb. Wahrscheinlich war er nicht mit den früheren gleichnamigen ägyptischen Pharaonen verwandt.

In seinem Leben verfasste er drei sehr bedeutende wissenschaftliche Werke. Das erste, der *Almagest,* ist die einzige noch erhaltene Abhandlung über antike Astronomie. Das zweite, die *Tetrabiblos* (griechisch für »vier Bücher«), ist ein Grundlagenwerk über Astrologie. Am bedeutendsten ist jedoch das dritte Werk, die *Geographia* – eine umfassende Darstellung des gesamten geografischen Wissens zur Zeit des Römischen Reichs.

Als Astronom glaubte Ptolemäus, dass die Erde der Mittelpunkt des Univer-sums sei. Dieses geozentrische Weltbild wurde erst im 16. Jh. durch das helio-zentrische Weltbild des Kopernikus abgelöst. Ptolemäus sah das Universum als verschachtelte Sphären, die um die Sonne kreisten. Ausgehend von dieser Prämisse, berechnete er die Dimen-sionen des Universums und erstellte einen Katalog mit 48 wichtigen Kons-

◁ **Die bekannte Welt**
Die ptolemäische Weltkarte, hier als kolorierter Holzschnitt von Johannes Schnitzer aus dem Jahr 1482, zeigt Ptolemäus' Auffassung der *Oikumene* – der gesamten bewohnten Welt: Amerika, Australasien und der Pazifik waren noch nicht entdeckt, und europäische Seefahrer mussten noch um Afrika herumsegeln.

TECHNOLOGIE
Der Sextant

Dieser Stich zeigt Ptolemäus im 2. Jh. mit einem Sextanten in der Hand. In Wirklichkeit wurde der Sextant jedoch erst Anfang des 18. Jh. entwickelt. Seeleute benutzten ihn, um den Winkel zwischen einem astronomischen Objekt, wie Sonne oder Mond, und dem Horizont zu bestimmen und daraus den Breitengrad zu berechnen, auf dem sich das Schiff gerade befand. Durch Messen des Abstands zwischen Mond und anderen Himmelsobjekten konnte auch der Längengrad ermittelt werden.

PTOLEMÄUS WIRD VON URANIA, DER GRIECHISCHEN MUSE DER ASTRONOMIE, ANGELEITET.

» Wenn ich im **Geiste** den ... verschlungenen Kreisbahnen der **Gestirne** nachspüre, berühre ich mit den **Füßen** nicht mehr die **Erde.** «

PTOLEMÄUS, *ALMAGEST*, 150 N.CHR.

tellationen. Er schrieb auch alle Daten auf, die zur Berechnung der Positionen von Sonne, Mond und den Planeten, des Auf- und Untergangs von Sternen sowie von Sonnen- und Mondfinsternissen nötig waren.

Ptolemäus' Liebe zum Detail wird auch in seiner *Geographia* deutlich. Sie basiert auf einer älteren Abhandlung des griechischen Geografen Marinos von Tyros, die leider verloren ging. Ptolemäus' Werk besteht aus drei Abschnitten, die sich auf acht Bücher aufteilen. Buch I thematisiert Kartografie, Buch II bis zum Anfang von Buch VII sind ein Verzeichnis der Längen- und Breitengrade aller Orte der

bekannten Welt. Als Grundlage für die Berechnung der Breitengrade nahm Ptolemäus den Abstand zum Äquator, gemessen in Tageslängen des längsten Tages. Die Längengrade ermittelte er ausgehend vom ersten Meridian, der durch die Glücklichen Inseln im Atlantik (wahrscheinlich die Kanaren) verläuft. Der Rest von Buch VII liefert nähere Details zu den drei

◁ **Die erdzentrierte Sphäre**
Auf diesem Gemälde von Justus van Gent und Pedro Berruguete aus dem 15. Jh. hält Ptolemäus eine Armillarsphäre in der Hand, ein Modell des Himmels mit der Erde im Zentrum, wie es dem damaligen Weltbild entsprach.

unterschiedlichen Projektionen oder Perspektiven, die benötigt werden, um eine Weltkarte zu konstruieren. Buch VIII schließlich enthält regionale Landkarten.

Ptolemäus' Erbe
Die ptolemäischen Karten waren wesentlich genauer als die bis dahin existierenden, auch wenn seine Berechnung der Längengrade die Welt zu weit von Osten nach Westen streckte. Die Berechnung der Längengrade blieb weiterhin ein Problem, bis Galilei im 17. Jh. eine Lösung dafür fand. Die Übersetzung der *Geographia* im 9. Jh. ins Arabische und 1406 ins Lateinische gewährleistete jedoch, dass Ptolemäus' Einfluss rund 1000 Jahre lang erhalten blieb, bis seine Ideen und Vorstellungen im 16. Jahrhundert ersetzt wurden.

HANDEL UND EROBERUNG

400–1400

HANDEL UND EROBERUNG, 400–1400

Einführung

Im Mittelalter waren Fernreisen ein Abenteuer, bei denen man Leib und Leben riskierte. Die Landkarten wiesen damals viele weiße Flecken auf – unbekannte Gebiete, die man sich als Orte mythischer Wunder ausmalte. Für einen Christen war es glaubhaft, dass er außerhalb von Europa auf das irdische Paradies oder Reich des legendären Priesterkönigs Johannes stieß. Reiseberichte gehörten zur beliebtesten Literatur jener Zeit, wobei man jedoch kaum zwischen Wahrheit und Dichtung unterschied.

Trotz geringer geografischer Kenntnisse war die Welt über Handelswege relativ eng miteinander verbunden. Kaiser Karl der Große tauschte Geschenke mit dem Kalifen von Bagdad aus, die römischen Päpste schickten Botschafter zu den mongolischen Herrschern nach Asien. Eine beachtliche Anzahl an Menschen nahm die primitiven Straßen und gefährlichen Seefahrten in Kauf, um anderswo Profit und Eroberungen zu machen oder nach Abenteuern und Erlösung zu suchen.

Glaube und Handel

Im Mittelalter reisten viele Menschen aus religiösen Gründen. Im 7. Jh. machte sich der chinesische Buddhist Xuanzang auf den langen Weg nach Indien, um die Wurzeln seines Glaubens zu finden. Der Islam, der im selben Jahrhundert gegründet wurde, verpflichtete seine Gläubigen zur Hadsch, der Pilgerreise nach Mekka. Fortan kamen jedes Jahr Karawanen mit Gläubigen aus Asien und Nordafrika zum Roten Meer. Auch die Christen unternahmen Pilgerfahrten zu heiligen Orten nah und fern. Der größte Wunsch vieler Christen war die lange Reise nach Jerusalem.

TYPISCHE ARABISCHE DHAU IN EINER HANDSCHRIFT AUS DEM 13. JH.

DAMALS WIE HEUTE WAREN MUSLIME DAZU VERPFLICHTET, EINMAL IN IHREM LEBEN NACH MEKKA ZU PILGERN.

IN *DIE REISEN DES JEAN DE MANDEVILLE* (1357) WURDEN DIE NEUESTEN NAVIGATIONSHILFEN GETESTET.

» Wenn man **Wunder sehen** will, **hilft** es manchmal, einen **Umweg zu machen.** «

DIE REISEN DES JEAN DE MANDEVILLE, UM 1350

Andere Reisende waren nicht so friedlich. Niemand fuhr weiter als die Wikinger, deren Abenteuerlust mit ihrer Freude am Plündern und Erobern übereinstimmte. Dabei segelten sie sogar bis nach Island, Grönland und Amerika. Die europäischen Kreuzfahrer reisten ebenfalls mit dem Schwert in der Hand, um 1099 Palästina von den Muslimen zu befreien. Die Gründung von Kreuzfahrerstaaten im östlichen Mittelmeerraum regte Reisen und Handel in diesen Gebieten an und brachte den italienischen Küstenstädten Venedig und Genua großen Reichtum.

Ein Goldenes Zeitalter

Im 13. Jh. einten die Mongolen unter Dschingis Khan und dessen Nachfolgern ein Gebiet, das sich vom Nahen Osten bis China erstreckte. Für ihre Eroberungsfeldzüge benutzten sie die Handelswege der Seidenstraße. Etwa zur selben Zeit zogen Kamelkarawanen durch die Sahara, um im geheimnisvollen Königreich Mali regen Handel mit Gold zu treiben. Der Seehandel profitierte von Erfindungen wie dem Astrolabium und dem Kompass. Dadurch entstanden neue Verbindungen zwischen den Hafenstädten des Roten Meeres und denen in Ostafrika, Indien, Indonesien und letztendlich auch in China. Der Venezianer Marco Polo war dabei nicht der Einzige, der den Weg von Europa in das mongolisch besetzte Ostasien wagte: Den muslimischen Reisenden Ibn Battuta führte seine unersättliche Neugier von Nordafrika bis nach Peking. Im 14. Jh. ging das Goldene Zeitalter der eurasischen Reisen schließlich aufgrund von Kriegen und anderen Gefahren zu Ende. Die nächsten großen Fahrten würden die Reisenden deshalb über die Ozeane führen.

KÖNIG (UND BALD DARAUF AUCH HL.) LUDWIG IX. VON FRANKREICH STARB 1270 IM ACHTEN KREUZZUG.

DSCHINGIS KHAN EROBERTE UND EINTE EIN GEBIET, DAS SICH VOM NAHEN OSTEN BIS CHINA ERSTRECKTE.

DER VENEZIANER MARCO POLO REISTE AUF DER SEIDENSTRASSE BIS IN DAS MONGOLISCH BESETZTE ASIEN.

Xuanzangs Reise nach Indien

Die Indienexpedition des chinesischen Gelehrten Xuanzang war eine der größten Überlandreisen ihrer Zeit. Er erfuhr viel über ein wenig bekanntes Land und brachte Hunderte von Schriften mit, die dazu dienten, den Buddhismus in China zu verbreiten.

D er buddhistische Gelehrte Xuanzang wurde um 602 in Goushi in der chinesischen Provinz Henan geboren. Schon früh begann er vor allem religiöse Texte zu lesen, und mit 20 Jahren wurde er buddhistischer Mönch. Er war davon überzeugt, dass die buddhistischen Schriften, die es in China gab, entweder unvollständig oder schlecht aus dem Sanskrit über-setzt waren. Deshalb beschloss er 629, durch Asien nach Indien zu reisen, um dort authentische Kopien der buddhis-tischen Schriften zu suchen, die er mit nach China bringen und übersetzen

△ **Der Mahabodhi-Tempel, Bodhgaya**
Das Aquarell aus dem 19. Jh. zeigt den Mahabodhi-Tempel in Indien. Hier meditierte Buddha unter einer Pappelfeige und fand dabei die Erleuchtung und die Antworten auf seine Fragen zum menschlichen Leiden.

▷ **Xuanzang**
Eine Abbildung des Pilger-
mönchs und Gelehrten im
Daci'en-Tempel in der
chinesischen Provinz
Shaanxi. Er beher-
bergt jene Schriften,
die Xuanzang aus Indien
mitbrachte.

» Ich würde **lieber** auf dem **Weg nach Westen sterben,** als zu **leben,** weil ich im **Osten** bleibe. «

ZITAT VON XUANZANG

konnte. Die Tatsache, dass der chinesische Kaiser ein Verbot von Auslandsreisen verhängt hatte und er bei seiner Rückkehr viel- leicht verhaftet werden könnte, vermochte ihn von seinem Vorhaben nicht abzubringen.

Xuanzangs Reise wurde zu einer 17 Jahre langen Expedition. Zuerst musste er Nordchina durchqueren. Er nahm die Seidenstraße durch die Wüste Gobi und folgte dem Verlauf des Tian-Shan-Gebirges in gefährliches Territorium, wo er beinahe ausgeraubt worden wäre. Dann reiste er über den Bedel-Pass nach Kirgisistan, wo er dem großen Khan der Göktürken begegnete. Das Nomadenvolk unterhielt mittler- weile friedliche Beziehungen zu China. Xuanzang setzte seinen Weg nach Süd- westen durch Usbekistan bis zur Haupt- stadt Taschkent fort und reiste dann weiter in den Westen nach Samarkand, wo er viele verlassene buddhistische Tempel vorfand. Auf seinem Weg nach Süden kam er auch nach Termez, wo es ein buddhistisches Kloster mit mehr als 1000 Mönchen gab.

Ankunft in Indien
In Kundus riet man Xuanzang zu einem Umweg über Afghanistan, wo er eine weitere große buddhistische Gemeinde vorfand. Hier begann er buddhistische Texte und Reliquien zu sammeln. Einer der Mönche namens Prajñakara half ihm, einige der ältesten Schriften zu studieren. Gemeinsam besuchten sie Bamiyan mit seinen vielen Klöstern und den berühmten riesigen, in den Fels gehauenen Buddhastatuen.

In Gandhara (Kandahar) nahm Xuan- zang an einer religiösen Debatte teil und traf dabei erstmals auf Hindus und Jains. Hier, an der Grenze des heutigen Pakistan, fühlte sich Xuanzang end- lich seinem Ziel, der indischen Welt, nahe. Er unternahm eine ausgedehnte

Rundreise durch Indien, traf Regenten, hielt sich in Klös- tern auf, sprach mit bud- dhistischen Mönchen und sammelte ihre Schriften. Zu den Höhepunkten von Xuanzangs Aufenthalt in Indien zählten seine Besuche heiliger Orte im Norden des Landes, die mit Buddha persönlich in Verbindung gebracht wurden. In Bangladesch fand er 20 Klöster vor, die sich sowohl dem Hinajana- als auch dem Mahajana-Buddhismus verschrie- ben hatten. Er besuchte das Kloster Nalanda in Ostindien, ein berühmtes Zentrum für das Studium von Schriften des Mahajana-Buddhismus. In Nalanda studierte Xuanzang vor allem Sanskrit, wobei er in dem Klostervorsteher und Philosophen Silabhadra einen inspirie- renden Lehrmeister fand.

645 kehrte Xuanzang nach China zurück. Er hatte 16 000 km zu Pferde und auf Kamelen zurückgelegt, 657 buddhistische Schriften gesammelt, hatte in Debatten mit buddhistischen Mönchen und hinduistischen Lehrern triumphiert und sogar einige Kriminelle

zum Buddhismus bekehrt. Aufgrund seiner Leistungen von Kaiser Taizong wegen der unerlaubten Ausreise begna- digt, widmete sich Xuanzang bis zum Ende seines Lebens der Übersetzung der gesammelten Schriften ins Chinesische und trug so erheblich zur Ausbreitung des Buddhismus in China bei.

◁ **Buddhas in Bamiyan, Afghanistan**
Die größte der Bud- dhastatuen, die im 6. Jh. im afghanischen Bamiyan in den Fels gehauen wurden, war 53 m hoch. 2001 wur- den die Statuen von den Taliban zerstört, doch es gibt Bestre- bungen, sie wieder aufzubauen.

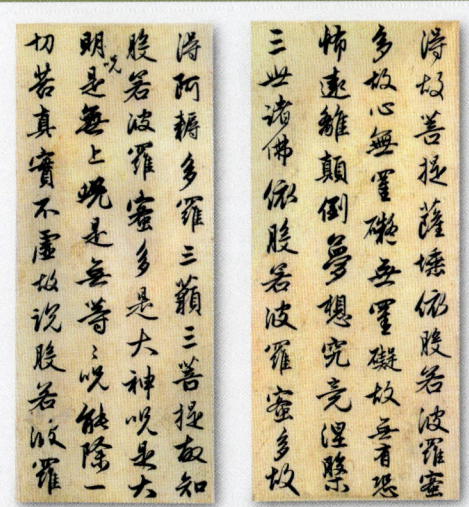

CHINESISCHE ÜBERSETZUNG DER *VOLLKOM- MENEN WEISHEIT* VON ZHAO MENGFU

EXKURS
Buddhistische Schriften

Die ersten buddhistischen Schriften wurden in Indien verfasst. Sie enthielten entweder Buddhas Worte oder die seiner Schüler. Viele in China erhältliche Schriften waren unvollständig oder schlecht übersetzt. Xuan- zang reiste deshalb nach Indien, um dort bedeutende Schriften wie die *Prajñāpāramitā (Vollkommene Weisheit)* zu studieren. Nach seiner Rückkehr half ihm der chinesische Kaiser Taizong, ein Übersetzungszentrum in der Hauptstadt Chang'an einzurichten, wo Xuanzang zusammen mit anderen Gelehrten und Schülern die Texte, die er von seiner Reise mitgebracht hatte, aus dem Sanskrit ins Chinesische übersetzte.

Die Reise nach Westen

Die Reise nach Westen ist ein chinesischer Roman von Wu Cheng'en aus dem 16. Jh. Die Geschichte beruht weitgehend auf Xuanzangs großer Reise durch Asien.

Auch wenn *Die Reise nach Westen* auf der Expedition des buddhistischen Mönchs Xuanzang (siehe S. 58–59) nach Indien basiert, ist sie keine realistische Reisebeschreibung, sondern enthält viele mythologische und religiöse Elemente, die in die Geschichte eingeflochten werden. Buddha persönlich ist der Ausgangspunkt der Handlung. Er ist nämlich so erschüttert über das Verhalten der Menschen in China, dass er Xuanzang dazu auserwählt, buddhistische Schriften aus Indien zu holen, durch die die Menschen wieder zu einem moralischen Leben zurückfinden können.

In der Geschichte hat Xuanzang vier Begleiter. Diese sind mythologische Figuren, die von der buddhistischen Göttin Guanyin dazu angehalten wurden, die Gefahren der Reise auf sich zu nehmen und Xuanzang zu beschützen, um dadurch Vergebung für ihre Sünden zu erlangen. Sie haben zwar Tiergestalten, jedoch menschliche Eigenschaften. Einer von ihnen ist der gewaltbereite und listige Affe Sun Wukong, ein unsterblicher Gestaltwandler, der im Himmel eine Rebellion anzettelte. Die anderen drei sind das habgierige Schwein Zhu Bajie, der ruhige und verlässliche Wasserdämon Sha Wujing sowie Yulong, der Drachenkönig des Westmeeres, der Xuanzang in Gestalt eines weißen Pferdes auf seinen Reisen trägt.

Der Hauptteil der Erzählung beschreibt die Reise durch Asien mit vielen Abenteuern, in denen sich die fünf Reisenden Ungeheuern, bösen Zauberern und Herausforderungen wie brennenden Bergen stellen müssen. Als sie dennoch unbeschadet in Indien ankommen, erwarten sie dort viele weitere gefahrvolle Situationen, ehe sie an ihrem Ziel, dem Geiergipfel, ankommen, wo sie von Buddha selbst die Schriften erhalten und sich auf den Rückweg nach China machen.

Die *Reise nach Westen* verbindet auf einzigartige Weise Komödie mit Abenteuer und religiösen Inhalten und gehört zu den vier klassischen Romanen der chinesischen Literatur.

▷ **Pilgerreise nach Indien**
Auf diesem Wandgemälde reitet Xuanzang auf dem Drachenkönig Yulong, der die Gestalt eines weißen Pferdes annahm. Dahinter gehen der Affenkönig Sun Wukong und Zhu Bajie, der halb Mensch halb Schwein ist.

Reich des Himmels

Das Reisen spielt in den Evangelien eine wichtige Rolle, wie etwa Marias und Josephs Weg zur Volkszählung nach Bethlehem. Reisen trugen aber auch zur Verbreitung des Christentums bei.

△ *Navicella*
Dieses Ölgemälde von 1628 beruht auf dem Mosaik von Giotto di Bondone an der Fassade des Petersdoms in Rom. Es zeigt Jesus, der während eines Sturms auf dem See Genezareth über das Wasser geht, um seinen Jüngern im Boot beizustehen.

Die Evangelien stellen Jesus als jüdischen Wanderprediger dar, der in ganz Palästina unterwegs war. Meistens zu Fuß und in Begleitung seiner Jünger. Um 33 n. Chr. ließen ihn die römischen Behörden kreuzigen, doch seine Jünger verbreiteten seine Lehren weiterhin. Dabei legten sie große Entfernungen über Land und über Wasser zurück.

Die Ausbreitung des frühen Christentums wurde maßgeblich durch das römische Straßensystem unterstützt. Als Rom expandierte und neue Gebiete eroberte, konnte man auf den gut bewachten römischen Straßen weitere Strecken zurücklegen als je zuvor. Kaiser Augustus (reg. 27 v. Chr.–14 n. Chr.) rühmte sich, dass die Welt bis zu seiner Herrschaft nie so viel Frieden kannte.

△ **Konstantin I.**
Unter dem römischen Kaiser Konstantin (reg. 306–337) endete die jahrhundertelange Christenverfolgung. Er erlaubte ihnen, sich überall im Römischen Reich frei zu bewegen.

Zunächst verbreitete sich das Christentum eher in den Städten als auf dem Land. Allerdings war das Praktizieren dieser Religion von Kaiser Nero (reg. 54–68 n. Chr.) verboten worden, und Christen wurden rund 300 Jahre lang, bis zur Herrschaft des ersten christlichen Kaisers Konstantin I., im Römischen Reich verfolgt. Ebenso wie das Judentum war auch das Christentum eine Religion der heiligen Schriften, und viele griechische und römische Autoren verbreiteten Elemente dieser neuen Glaubensrichtung. Trotz äußerer Bedrohungen und innerer Konflikte und Zerwürfnisse breitete sich das Christentum immer weiter aus. 301 n. Chr. erklärte sich Armenien offiziell zur ersten christlichen Nation.

Die Verbreitung des Christentums

Pilgerfahrten wurden bald ein wichtiger Teil des christlichen Glaubens. Konstantin ließ in Rom mehrere Kirchen über Gräbern von Heiligen errichten, die schnell zum Reiseziel von Gläubigen wurden. Sogar seine Mutter Helena unternahm um 325 eine Pilgerfahrt nach Palästina. Eine andere prominente Pilgerin war eine gewisse Egeria, die in einem Brief, bekannt als *Itinerarium Egeriae* (Reisebericht der Egeria), von ihren Besuchen geweihter Stätten im Heiligen Land berichtet.

Das weströmische Reich brach Ende des 5. Jh. nicht zuletzt aufgrund zahlloser Barbarenangriffe zusammen. Ein römischer Kaiser regierte den Osten jedoch weiterhin von Konstantinopel aus. Niemand kümmerte sich mehr um die Straßen, sodass sie ebenso wie die Aquädukte verfielen. Viele Routen waren plötzlich unpassierbar, dazu wurden die Seehäfen von Piraten bedroht.

Christentum in Europa

Nachdem römische Händler das Christentum im 1. Jh. nach Britannien gebracht hatten, breitete es sich dort bis zum 5. Jh. weiter aus. Iroschottische Mönche reisten vom 6. bis 8. Jh. im Sinne ihrer »Pilgerschaft um Christi willen« durch Europa, gründeten Klöster und Studienzentren. Sie kümmerten sich um die religiöse Bildung der Menschen und bezeichneten ihr selbstauferlegtes Exil als »weißes Martyrium«.

Im 8. Jh. hatte das Christentum schließlich ganz Europa erfasst. Viele Länder wurden von christlichen Monarchen regiert. Griechische Missionare wie Method und Kyrill entwickelten das kyrillische Alphabet, um die Bibel zu übersetzen. Dasselbe Alphabet wird heute noch in Russland verwendet.

PROFIL
Der hl. Paulus

Paulus von Tarsos (um 5–67 n. Chr.) legte als einer der ersten christlichen Missionare weite Strecken auf den römischen Straßen zurück, um von Jesus zu predigen. Im Mittelmeerraum wurde hauptsächlich Griechisch, Lateinisch und semitische Sprachen gesprochen. Als Bürger der römischen Provinz Kilikien beherrschte Paulus Hebräisch sowie *Koine*, einen griechischen Dialekt, den die Truppen Alexanders des Großen populär gemacht hatten. In allen größeren Städten gab es außerdem Übersetzer.

Der hl. Paulus berichtet über seine Reisen durch Kleinasien und Europa in der *Apostelgeschichte*. Woran er starb, ist nicht bekannt. Vermutlich wurde er auf Befehl von Kaiser Nero in Rom hingerichtet.

DER HL. PAULUS, MOSAIK IN DER SOPHIENKATHEDRALE, KIEW

◁ **Johannesfragment**
Zur Verbreitung des Christentums wurden die Evangelien und andere christliche Texte abgeschrieben und weitergegeben. Dieser Papyrus aus der Sammlung der Rylands Library in Manchester ist das Fragment einer Kopie des Johannesevangeliums aus dem 2. Jh. n. Chr.

▽ **Hagia Irene**
Etwa ab Mitte des 4. Jh. begannen die Christen Kirchen zu erbauen. Wie die Hagia Irene in Istanbul waren sie rechteckig mit einer Apsis am Ende, ähnlich wie die römischen Basiliken, in denen Gerichtssitzungen abgehalten wurden.

» Denkt an die **Jünger Christi.** Sie **ruderten** ihre **schweren Schiffe** zur Küste und gaben alles auf, um **Christus zu folgen.** «

ÆLFRIC GRAMMATICUS, ABT VON EYNSHAM

Der Weg des Islam

Im 7. Jh. entstand auf der Arabischen Halbinsel eine neue Religion. Innerhalb weniger Jahre hatten die Armeen des Islam ein Reich erobert, das von der Grenze zu Indien im Osten bis zum Atlantik im Westen reichte.

Mohammed, der Begründer des Islam, wurde um 570 in der westarabischen Stadt Mekka geboren. Er wurde früh zur Waise und wuchs bei seinem Onkel auf. Bald begann er sich regelmäßig in eine Berghöhle zurückzuziehen, um zu beten. Um 610 wurde er dort zum ersten Mal vom Engel Gabriel aufgesucht, der ihm die ersten Verse des zukünftigen Korans offenbarte. Nach weiteren Offenbarungen begann Mohammed deren Botschaften zu predigen und sich selbst als Prophet und Gottesboten zu bezeichnen. Nachdem man ihn vor einer Verschwörung zu seiner Ermordung gewarnt hatte, flohen er und seine Anhänger 622 von Mekka nach Medina. Diese Flucht *(Hidschra)* markiert den Beginn des islamischen Kalenders. In Medina einte Mohammed alle Stämme unter seiner Führung und kehrte 630 mit einer Armee aus 10 000 konvertierten Muslimen nach Mekka zurück. Bei seinem Tod im Jahr 632 war fast die gesamte Arabische Halbinsel zum Islam übergetreten.

Weltweit

Mohammeds Nachfolger, Kalif Abu Bakr (reg. 632–634), setzte die religiöse und politische Einigung der verschiedenen arabischen Völker fort, doch unter den nächsten beiden Kalifen – Umar und Uthman – begann eine rasche Expansion, die das Gesicht der Region veränderte. Muslimische Armeen nahmen 635 Damaskus und 638 Jerusalem ein. 642 unterwarfen sie das persische Sassanidenreich. Im Westen eroberten die Muslime 640 Ägypten und 680 Tunesien. 683 hatten sie die Atlantikküste in Marokko erreicht. 711 eroberten sie Spanien. Das Muslimische Reich erstreckte sich nun von der Atlantikküste bis nach Indien. Es war das größte Reich, das die Welt je gesehen hatte.

Dieser Expansion wurden erst Grenzen gesetzt, als die Muslime zwischen

△ **Der Koran**

Muslime glauben, dass Gott den Koran durch den Engel Gabriel an Mohammed übermittelte. Seine Offenbarungen wurden von Mohammeds Nachfolger Abu Bakr 634 in einem Buch zusammengefasst. Der Koran besteht aus 114 Suren (Kapiteln), unterteilt in viele *ayat* (Verse).

670 und 677 und ein weiteres Mal zwischen 716 und 717 vergeblich versuchten, Konstantinopel, die Hauptstadt des Byzantinischen Reichs, zu erobern. Im Norden hielten die Franken 732 den muslimischen Vormarsch bei Poitiers auf. Allerdings verschaffte der Sieg über die

▽ **Islamische Welt**
Nach dem Tod Mohammeds im Jahr 632 verbreitete sich der Islam in Arabien weiter. 634 erreichte er Palästina und 643 Persien. Im Westen fasste er in Ägypten und Nordafrika Fuß und drang 711 bis nach Spanien und Frankreich vor.

Legende
Islamische Territorien

» Ihr Menschen! ... wir **erschufen** euch als **Mann und Frau** und machten euch zu **Völkern und Stämmen,** damit ihr **einander kennenlernt.**«

DER KORAN, SURE 49, VERS 13

Chinesen in der Schlacht am Talas den Muslimen 751 Zugang zu Zentralasien.

Islamische Regierung
Zunächst wurde das Reich von Medina aus regiert. 661 gründete Muawiya das Omaijaden-Kalifat und verlegte die Hauptstadt nach Damaskus. 750 wurden die Omaijaden von den Abbasiden entmachtet und das Reich zerbrach in einzelne Kalifate und Emirate. Die Omaijaden flohen nach Spanien, wo sie das Emirat von Córdoba errichteten.

◁ **Omaijaden-Währung**
Abd al-Malik ibn Marwān war der fünfte Kalif der Omaijaden-Dynastie in Damaskus. Er erhob Arabisch zur Verwaltungssprache des Islamischen Reichs, richtete einen Postdienst ein und ließ Münzen mit arabisch-islamischer Legende prägen.

Reisen in der islamischen Welt
Die Menschen der islamischen Welt, ob vereint oder getrennt, waren ständig unterwegs. Nachdem die Armeen neue Länder erobert hatten, folgten ihnen Verwalter und Gouverneure. Händler und Kaufleute wanderten zwischen den Städten hin und her und segelten die Küsten entlang. Gelehrte kamen zum Studium in die Medresen, die religiösen Hochschulen der Städte. Solche Schulen wurden 859 in Fez (Marokko) und 970 in Kairo (Ägypten) gegründet. Damit sind sie die ältesten Universitäten der Welt.

Die größte Gruppe an Reisenden waren jedoch die Pilger. Der Islam verlangt, dass jeder Gläubige einmal in seinem Leben den Hadsch, die Pilgerfahrt nach Mekka, unternimmt. Um dieser Pflicht nachzukommen, nahmen die Pilger diese oftmals gefährliche Reise auf sich, die bis zu zwei Jahre dauern konnte (siehe S 80–83).

◁ **Invasion Spaniens**
711 fielen die Araber und alliierte Berberstämme aus Afrika in Spanien ein. Ihre Armeen kamen bis nach Poitiers in der Mitte Frankreichs. Dort wurden sie jedoch 732 von den Franken besiegt.

(siehe S 80–83).

EXKURS
Islamische Moscheen

Die erste Moschee wurde um 632 in Mekka rund um die Kaaba (den heiligsten Ort des Islam) erbaut. Später wurden in allen Regionen Moscheen errichtet, die von den islamischen Armeen erobert wurden. Jede besitzt ein Minarett, von denen aus die Gläubigen zum Gebet gerufen werden, eine zentrale Kuppel, einen Gebetsraum, eine Nische (*mihrab*) zur Anzeige der Gebetsrichtung sowie eine Kanzel (*minbar*), von der aus gepredigt wird. Da der Islam die Darstellung von Lebewesen verbietet, sind die Moscheen mit geometrischen Mustern dekoriert.

DAS ACHTECKIGE SCHATZHAUS IN DER OMAIJADEN-MOSCHEE IN DAMASKUS

◁ **Die Kaaba**
Die Kaaba ist ein Sakralbau im Innenhof der Heiligen Moschee in Mekka. Diese persische Illustration zeigt Mohammed, der beim Wiederaufbau der Kaaba um 630 den Schwarzen Stein in der östlichen Ecke anbringt.

Arabische Forscher

Das Abbasiden-Kalifat brachte der arabischen Welt Frieden und sorgte für sichere Reisewege. Bald folgten auch Reisende und Forscher den Händlern auf ihren Routen.

N ach einem Jahrhundert der Expansion und inneren Unruhen übernahm 750 die Dynastie der Abbasiden das Arabische Reich. Die Abbasiden waren Nachfahren von Mohammeds jüngstem Onkel Abbas, von dem sie ihren Namen ableiteten. Ihre erste Hauptstadt war Kufa im Irak, bevor sie sie 762 in das neu erbaute Bagdad verlegten. In einer Zeit, die als Goldene Ära des Islam bezeichnet wird, erwarb sich Bagdad den Ruf eines Zentrums für wissenschaftliche Forschung, Erfindung, Philosophie und Kultur. Im Haus der Weisheit kamen Gelehrte zusammen, um das Wissen der griechischen und römischen Antike ins Arabische zu übersetzen.

Reich des Friedens
Der Frieden im Abbasidenreich ließ Handel und Reisen erblühen. Das fortschrittliche Wissen der Araber und die Verwendung von Karten und rudimentären *kamals* (Sextanten) zur Navigation ermöglichten den Seefahrern die Überquerung des Indischen Ozeans, sodass es zu regen Handelsbeziehungen mit Indien und den afrikanischen Küstengebieten kam. Noch heute existieren viele Reiseberichte aus jener Zeit. Im 9. Jh. unternahm der Geograf Ahmad al-Yaʿqubi weite Reisen nach Nordafrika, Ägypten und Indien. Seine Erkenntnisse beschrieb er in zwei umfangreichen Werken: einem geografischen Bericht und einer kulturgeschichtlichen Chronik.

Fernreisen
Im folgenden Jahrhundert erkundete der Geograf al-Masʿudi Persien, Armenien und Georgien sowie Arabien, Syrien und Ägypten. Er befuhr das Kaspische Meer und das Mittelmeer, segelte über den Indischen Ozean nach Indien und die Ostküste Afrikas entlang. Manche seiner Vorstellungen waren schlichtweg falsch, etwa dass eine Nordpassage von der Arktis zum Schwarzen Meer führen müsse. Sein

◁ **Die Dhau**
Die Dhau war das wichtigste Segelschiff im Indischen Ozean und im Roten Meer. Ob sie von Arabern oder Indern erfunden wurde, ist unklar, doch sie erwies sich als seetüchtiges Gefährt, das sehr viel Fracht sowie eine Besatzung von bis zu 30 Mann aufnehmen konnte.

Hauptwerk, *Die Goldwiesen und Edelsteingruben*, leistete jedoch einen großen Beitrag zur Historiografie der bekannten Welt. In der zweiten Hälfte des 10. Jh. war al-Muqaddasi der bedeutendste muslimische Geograf. In seinem Hauptwerk berichtet er detailliert über die islamischen Orte und Regionen, die er auf seinen Reisen besuchte.

Im 8. Jh. waren muslimische Händler bis zur Malaiischen Halbinsel sowie nach China und Korea vorgedrungen. Eine Geschichte aus der Zeit um 850

◁ **Al-Idrisis Weltkarte**
Muhammad al-Idrisi wurde 1099 in
Nordafrika geboren, verbrachte sein
Leben jedoch als Kartenzeichner am
palermischen Hof von König Roger II.
von Sizilien. Hier die Kopie einer seiner
Karten aus dem 15. Jh.

Abhara, den ein arabisches
Handelsschiff in einem
kleinen Boot vor der Küste
Vietnams treibend auffand
und an Bord nahm. Zu
dessen Kapitän ernannt,
ließ er die gesamte
Fracht des Schiffes
über Bord werfen und
rettete es so vor einem
nahenden Taifun.
Im Westen hinterließ
Ibn Hauqal detaillierte
Berichte über das
muslimisch besetzte
Spanien und Sizilien.
Ahmad ibn Fadlan reiste
im 10. Jh. als Teilneh-
mer einer diplomatischen
Mission des abbasidischen
Kalifen zum König der
Wolgabulgaren – neu kon-
vertierte Muslime am Ostufer
der Wolga in Russland. In seinem Bericht über die Wolgawi-
kinger beschreibt er neben anderen Details eine Schiffsbestattung.

△ **Astronomie**
Die Araber waren exzellente Astronomen, die
den Himmel und die Bewegungen der Planeten
kartografierten. 1577 gründete Taqi ad-Din
Muhammad ibn Ma'ruf das große Galata-
Observatorium in Konstantinopel. Orthodoxe
religiöse Führer opponierten jedoch dagegen,
sodass es 1580 wieder geschlossen wurde.

handelt von einem Kaufmann namens
Sulaiman, der mit den Chinesen Handel
trieb. Al-Masudi berichtet, dass sich auf
der Malaiischen Halbinsel arabische,
persische und chinesische Kaufleute
begegneten. 953 notierte der persische
Reisende ar-Ramhormuzi, dass muslimische Seeleute über Indonesien nach
China segelten und dass es auf den
Andamanen, südlich von Myanmar,
Kannibalen gebe.
Eine von ar-Ramhormuzis bekanntesten Geschichten handelt von Kapitän

EXKURS
Sindbad der Seefahrer

Sindbad ist ein fiktiver Seefahrer, der Anfang
des 9. Jh. in Bagdad lebte. Seine Geschichte
wird in *Tausendundeine Nacht* erzählt. Sie
beginnt damit, dass ein armer Lastträger
vor dem Haus eines Kaufmanns sitzt und
sich laut über die Ungerechtigkeit der Welt
beklagt, die den Reichen ein Leben in Luxus
ermöglicht, während die Armen hart arbeiten
müssen. Der Kaufmann bewirtet ihn daraufhin in seinem Haus und stellt fest, dass sie
beide denselben Namen, Sindbad, tragen.
Er erzählt dem armen Sindbad von seinen
sieben Reisen, auf denen er seinen Reichtum
erwarb. Es sind fantastische Geschichten voll
magischer Orte, schrecklicher Ungeheuer und
übernatürlicher Begegnungen. Allerdings findet man darin auch Elemente, die auf echten
Reisen arabischer Seeleute beruhen.

**SINDBAD AUF EINER ABBILDUNG IN *TAUSEND-
UNDEINE NACHT* AUS DEM 19. JH.**

Das Astrolabium

Das Astrolabium wurde von den Griechen erfunden und von den Muslimen weiterentwickelt. Es half Reisenden zu Wasser oder zu Land ihre Position zu bestimmen.

Die geografische Breite ist die nördliche oder südliche Entfernung eines Punktes vom Äquator. Ist ihre Position bestimmt, weiß man, wie weit im Norden oder Süden man sich befindet. Zusammen mit einer Schätzung der zurückgelegten Distanz lässt sich auch die westliche oder östliche Position ermitteln. Die ersten Reisenden hatten davon noch keine Ahnung. Sie orientierten sich an bekannten Landmarken, Hügeln und Flüssen. Dieses System versagte jedoch, sobald man in unbekannte Gebiete vordrang oder über das offene Meer fuhr. Ein mechanisches Instrument musste her, mit dem man die geografische Breite bestimmen konnte.

▷ **Maurisches Astrolabium**
Dieses wunderschöne Astrolabium fertigte Abū Ishāq Ibrāhīm al-Zarqālī um 1015 in Spanien. Mit den drehbaren Ringen und Platten konnten Breitengrad und Uhrzeit bestimmt werden.

PROFIL
Hypatia von Alexandria

Hypatia (um 350–415) war eine griechische Mathematikerin und Philosophin aus Ägypten (das damals zum Byzantinischen Reich gehörte). Sie führte in Alexandria eine Schule, in der sie Astronomie und Philosophie lehrte. Zu ihren Schülern gehörte auch Synesios von Kyrene, Bischof von Ptolemais in Libyen. Er schreibt ihr die Erfindung des Astrolabiums zu – vermutlich arbeiteten beide aber gemeinsam an der Verbesserung eines bereits existierenden Modells. Hypatia wurde 415 von einem christlichen Mob ermordet, der sie beschuldigte, einen Konflikt zwischen dem Statthalter und dem Bischof der Stadt verschärft zu haben.

PORTRÄT DER HYPATIA VON ALEXANDRIA

◁ Mihrab
Der *mihrab* ist eine halbrunde Nische in der Wand einer Moschee. Sie zeigt die Richtung an, in der sich die heilige Kaaba in Mekka befindet. Dieser reich verzierte *mihrab* gehört zu der Bara-Gumbad-Moschee in Neu Delhi, Indien.

Severus Sebokht in Mesopotamien ebenfalls eine Abhandlung über das Astrolabium. Seine Bemerkung, es sei aus Messing gefertigt, weist darauf hin, dass es sich bereits damals um ein relativ kompliziertes Instrument handelte.

Muslimischer Fortschritt
Um 640 besetzten muslimische Armeen aus Arabien den größten Teil des Byzantinischen Reichs. Damit erlangten auch die Araber Kenntnisse über das Astrolabium. Sie entwickelten es weiter, fügten neue Scheiben und Zeiger hinzu und machten es dadurch genauer, aber auch komplexer. In seiner fortschrittlichsten Form bestand das Astrolabium aus einer *mater* (Grundplatte) mit einer 360-Grad-Skala am äußeren Rand. In die Grundplatte wurden zwei drehbare Scheiben und ein Ring eingelegt, mit denen die Winkel der Sterne ermittelt und die geografische Breite bestimmt werden konnte. Umgekehrt ließ sich anhand der geografischen Breite die Uhrzeit errechnen.

Das Astrolabium diente den Muslimen nicht nur zur Navigation, sie ermittelten damit auch ihre Gebetsrichtung nach Mekka. In jedem Fall erwies sich das Astrolabium für Reisende und Gläubige als gleichermaßen wertvoll.

Erste Modelle
Die ersten Astrolabien waren eine Kombination aus Planisphäre (eine Art Sternenkarte mit einer drehbaren Scheibe, sodass man die derzeit sichtbaren Sterne einstellen konnte) und Dioptra, einem Vermessungsgerät. Mit diesen schlichten Mitteln ließen sich Tages- und Nachtzeit, aber auch die Winkel von Sonne, Mond und Sternen sowie deren Position am Himmel im Verhältnis zum Boden berechnen. Reisende konnten so die geografische Breite bestimmen und herausfinden, wo sie sich gerade befanden. Wer das mechanische Astrolabium erfand, ist unklar. Häufig wird es Hypatia von Alexandria zugeschrieben und als Beweis ein Brief ihres ehemaligen Schülers Synesios von Kyrene angeführt. Das ist jedoch wenig wahrscheinlich, da bereits Hypatias Vater Theon von Alexandria ein (leider nicht erhaltenes) Traktat über die Funktionsweise des Astrolabiums verfasste. Es wird auch behauptet, dass Ptolemäus schon 200 Jahre früher ein Astrolabium für die Berechnungen in *Tetrabiblos,* seinem Werk über Astronomie, benutzte. Angeblich soll der griechische Astronom Apollonius von Perga, der im Süden der Türkei lebte, das Astrolabium schon 350 Jahre vor Ptolemäus erfunden haben.

Zumindest lässt sich feststellen, dass alle Personen, die zur Entwicklung des Astrolabiums beitrugen, Griechen waren, die im Römischen Reich lebten. Auch zur Zeit des Byzantinischen Reichs wurde das Astrolabium von Griechen benutzt und weiterentwickelt. Der byzantinische Philosoph Johannes Philoponos verfasste um 530 das erste Traktat über das Instrument auf Griechisch. Um 650 schrieb der Gelehrte und Bischof

△ Himmelsglobus
Dieser Himmelsglobus, den Ibrahim ibn Said as-Sahli um 1085 im spanischen Valencia anfertigte, gilt als der älteste seiner Art.

▽ Das ptolemäische Weltbild
Diese Illustration von 1708 zeigt das geozentrische Weltbild des Ptolemäus, in dem Sonne, Mond und Planeten um die Erde kreisen.

» Sie bedient sich ... der **Geometrie** und **Arithmetik,** die man als ... **Regel der Wahrheit** betrachten kann. «

SYNESIOS VON KYRENE (UM 373–UM 414) AN SEINEN FREUND PAIONIOS

Fahrten der Wikinger

Kein anderes europäisches Volk im Mittelalter unternahm so weite Fahrten wie die Wikinger. Getrieben von der Gier nach Land und Reichtum, kamen sie bis nach Konstantinopel, Island und sogar Amerika.

▽ **Reisewege der Wikinger**
Die Wikinger segelten über die Nordsee nach Britannien und weiter hinab ins Mittelmeer. Über die Flüsse Russlands und der Ukraine gelangten sie ins Schwarze Meer und über den Atlantik nach Island, Grönland und Amerika.

▽ **Wikingerschild**
Die Krieger der Wikinger trugen in der einen Hand ein rundes, bemaltes Schild aus zusammengenagelten Holzplanken, in der anderen hielten sie Axt, Schwert oder Speer.

Die Wikinger lebten in Dänemark, Schweden und Norwegen. Im 8. Jh. waren das äußerst turbulente heidnische Länder, verglichen mit dem relativ strukturierten christlichen angelsächsischen England oder dem Reich Karls des Großen im heutigen Frankreich und Deutschland. Die skandinavische Gesellschaft wurde von kriegerischen Gruppen dominiert, deren Anführer sich durch Stärke, Mut und Erfolg im Kampf auszeichnete. Diese Kriegerbanden bekämpften sich gegenseitig nicht nur in der Heimat, sondern auch im Ausland. Skandinavische Schiffsbauer hatten das Langschiff entwickelt – ein schnelles, schmales Segelboot mit geringem Tiefgang, das sowohl auf dem Meer als auch auf Flüssen fahren konnte. 793 überquerte eine Wikingerbande auf Raubzug die Nordsee und überfiel das Kloster auf Lindisfarne, einer Insel an der Nordostküste Englands. Zwei Jahre später segelten Wikinger um Schottland herum und plünderten das Kloster auf der Hebrideninsel Iona sowie weitere Klöster an der irischen Küste. Sie besetzten außerdem die Orkney- und die Shetlandinseln, die ihnen von da an

als Basis für weitere Raubzüge zu den Britischen Inseln dienten. Etwa ab 830 verstärkten die Wikinger ihre Aktivitäten dramatisch. In immer größeren Gruppen attackierten sie die Nordwestküste Europas und drangen auf dem Rhein, der Seine oder der Loire sogar ins Landesinnere vor. Eine Wikingersiedlung auf der Insel Noirmoutier, vor der Mündung der Loire gelegen, war der perfekte Ausgangspunkt für eine

berühmte Expedition, die 859 von den Häuptlingen Björn Eisenseite und dessen Bruder Hasting angeführt wurde. Sie segelten mit ihren Langschiffen an der Atlantikküste entlang nach Süden und gelangten durch die Straße von Gibraltar in das Mittelmeer. Dort hielten sie sich längere Zeit auf und plünderten sowohl muslimische als auch christliche Städte in Spanien, Nordafrika, Südfrankreich und Italien. Erst 862 steuerten sie ihre mit Beute schwer beladenen Schiffe an die Loire zurück.

Erweiterung des Horizonts

Etwa um diese Zeit verschob sich der Fokus der Wikinger von Plündern und Brandschatzen auf Eroberung und Besiedelung. 865 landete eine beachtliche Streitmacht in Ostengland und begann mit einem ausgedehnten Eroberungsfeldzug. Nach 14 Jahre andauernden Kämpfen setzte der angelsächsische König Alfred von Wessex dem Vorrücken der Wikinger ein Ende, doch inzwischen waren dänische Siedler in Nord- und Ostengland ein vertrauter Anblick geworden. Wikinger ließen sich auch in Irland, Schottland, auf

▷ **Seetüchtig**
Diese Illustration aus dem 11. Jh. zeigt ein Langschiff der Wikinger. Wegen der Form seines Bugs wurden sie von den Franken auch »Drachenschiffe« genannt.

◁ **Wikingerangriff auf Paris**
Dieser kolorierte Holzschnitt aus dem 19. Jh. zeigt die Belagerung von Paris durch die Wikinger. 845 und 885 segelten sie die Seine hinauf, um die Stadt zu erobern. Es gelang ihnen jedoch nie, sie einzunehmen.

den Färöer und – unter ihrem Anführer Rollo – in Nordfrankreich nieder. Anfang des 10. Jh. wurde das Langschiff von dem breiteren und hochbordigeren Knorr abgelöst, einem Lastboot, mit dem Vieh und andere Handelswaren transportiert wurden.

Die Wikinger, die nach Britannien und Westeuropa fuhren, stammten hauptsächlich aus Dänemark und Norwegen. In Osteuropa waren vor allem die Schweden anzutreffen. Im 9. Jh. hatten sie die Ostsee überquert und kontrollierten nun ein Gebiet vom Ladogasee bis nach Kiew, bekannt als »Rus« oder »Waräger«. Die Rus-Wikinger fuhren auf den großen Flüssen Weichsel, Dnjepr, Dnjestr und Wolga bis zum Schwarzen und Kaspischen Meer hinab. Dabei kamen sie mit zwei Kulturen in Kontakt, die reicher und fortschrittlicher waren als jene in Westeuropa – das christliche Byzantinische Reich und das muslimische Abbasiden-Kalifat. Tausende arabische Silbermünzen, die man in vergrabenen Schätzen in Schweden fand, zeugen von der Bedeutung, die die Wikinger dem Handel mit der muslimischen Welt beimaßen.

» **Nie zuvor** ... hätte man gedacht, dass ein solcher **Angriff vom Meer aus** erfolgen könnte. «

BRIEF VON ALKUIN AN KÖNIG ETHELRED, 793

TECHNOLOGIE
Das Langschiff

Die berühmten Langschiffe der Wikinger, die für weite Fahrten und Raubzüge eingesetzt wurden, besaßen einen schmalen Rumpf in Klinkerbauweise, d. h., die Planken überlappten sich. Die leichten Schiffe hatten wenig Tiefgang, sodass sie auch auf Flüssen und in seichten Gewässern fahren konnten. Sie besaßen ein einzelnes Rahsegel, konnten aber bei Windstille auch gerudert werden. Die Langschiffe für weite Strecken waren etwas breiter und kürzer als solche, die für Plünderfahrten verwendet wurden. Die meisten noch erhaltenen Langschiffe stammen aus Schiffsgräbern, in denen hochrangige Krieger standesgemäß bestattet wurden.

GOKSTAD-LANGSCHIFF AUS DEM 9. JH., WIKINGERMUSEUM IN OSLO, NORWEGEN

△ **Wikingermünze**
Etwa im 10. Jh. übernahmen die Wikinger die Silberwährung von den kultivierteren Ländern, die sie überfielen. Auf dieser hier ist ein Wikingerschiff abgebildet.

▷ **König Knut der Große**
Die Illustration aus dem Mittelalter zeigt König Knut von Dänemark, der den angelsächsischen König Edmund Eisenseite besiegt. Knut wurde 1016 Herrscher über ganz England. Später fügte er seinem Reich auch Norwegen hinzu.

▽ **Lindholm Høje**
Die Steine auf dem Gräberfeld Lindholm Høje in Dänemark sind schiffsförmig gesetzt. Ein Hinweis darauf, welch große Bedeutung die Seefahrt für die Wikinger hatte.

» Die Ambitionen der Wikinger beschränkten sich nicht nur auf den Handel – Plündern und Erobern waren für sie immer eine weitere Option. Im Sommer 860 fuhren 200 Langschiffe der Rus-Wikinger unter Führung der Krieger Askold und Dir den Dnjepr hinab zum Schwarzen Meer und belagerten die byzantinische Hauptstadt Konstantinopel. Gegen die hervorragende Befestigung der Stadt kamen die Wikinger nicht an, doch auch im folgenden Jahrhundert versuchten sie immer wieder ihr Glück.

Eine etwas kooperativere Beziehung zum Byzantinischen Reich entwickelte sich ab 988, als der Anführer der Rus-Wikinger, Wladimir I., zum Christentum konvertierte. Als Geste des guten Willens entsandte er Rus-Krieger zum Kaiser von Konstantinopel. Sie bildeten die gefürchtete Warägergarde – wilde Wikinger im Dienste des Byzantinischen Reichs.

Zu den kühnsten Unternehmungen der Wikinger zählen ihre Fahrten über den Nordatlantik. Als sie dabei einmal von ihrem Kurs in Richtung Färöer abkamen, entdeckten sie zufällig Island, das »Land des Schnees«. Um 860 unternahm der Däne Garðar Svavarsson eine Erkundungsfahrt, bei der er Island umrundete. Die Aussicht auf unbewohntes Land im Norden erschien auch vielen norwegischen Bandenführern verlockend, die sich dort ein freies Leben unbehelligt von Autoritäten versprachen. Den ersten Versuch, Island zu besiedeln, unternahm Flóki Vilgerðarson, aber er scheiterte und erklärte das Land für unbewohnbar. Um 874 gelang es Ingólfr Arnarson jedoch, eine dauerhafte Wikingersiedlung auf Island zu gründen.

Die Entdeckung Nordamerikas
In der zweiten Hälfte des 10. Jh. wurde das Land auf Island knapp. 983 sah Erik der Rote, ein äußerst rebellischer norwegischer Immigrant, vermutlich als erster Mensch die Eisklippen von Grönland. Er kehrte von seiner Erkundungsfahrt nach Island zurück, scharte einige hoffnungsvolle Kolonisten um sich und brach mit 25 schwer beladenen Knorrs zur Besiedelung Grönlands auf.

Um 1000 wurde schließlich das letzte Kapitel der außergewöhnlichen Entdeckungsfahrten der Wikinger aufgeschlagen. Zu dieser Zeit kam ein gewisser Bjarni Herjólfsson auf dem Weg nach Grönland im Nebel vom Kurs ab und segelte plötzlich an einer unbekannten Küste entlang. Bjarnis Bericht über ein

bewaldetes Land inspirierte Leif Erikson, den erstgeborenen Sohn von Erik dem Roten, so sehr, dass er sich mit 35 Männern auf die Suche nach diesem neuen Land begab. Er segelte nach Neufundland zum Sankt-Lorenz-Golf und weiter in Richtung Süden, wo er ein Lager errichtete, das er Vinland nannte, weil dort Weintrauben wuchsen. Man nimmt an, dass Vinland irgendwo zwischen Boston und New York gelegen haben muss. Mehrere Versuche, eine dauerhafte Siedlung in Nordamerika zu errichten, scheiterten jedoch, was möglicherweise am heftigen Widerstand der Ureinwohner lag. Dennoch gelten Leif Erikson und seine Männer heute als die wahren Entdecker Amerikas.

Danach ging die Zeit der Wikingerfahrten zu Ende. In Skandinavien entstanden Königreiche, deren Gesetze dem

◁ **Isländersagas**
Die Fahrten der Wikinger finden sich in den isländischen Sagen aus dem 13. und 14. Jh., die schriftlich oder mündlich weitergegeben wurden.

Plündern und Brandschatzen der Wikingerbanden einen Riegel vorschoben. Anfang des 11. Jh. entwickelte sich unter König Knut von Dänemark ein nordisches Großreich, zu dem auch Norwegen und England zählten. Außerhalb Skandinaviens integrierten sich die Wikinger in die Gesellschaft ihrer Gastländer. Die Rus-Wikinger wurden von den Slawen in Osteuropa absorbiert. In Nordfrankreich übernahmen die Wikinger die französische Sprache und Gebräuche, heirateten in die Bevölkerung ein und wurden zu Normannen. Mit dem Tod von König Knut im Jahr 1035 war die Ära der Wikinger für immer vorbei.

EXKURS
L' Anse aux Meadows

Die Reste der Wikingersiedlung von L' Anse aux Meadows im kanadischen Neufundland wurden 1960 ausgegraben. Sie stützen die Theorie, dass Leif Erikson Amerika entdeckte, wie es in den Isländersagas geschrieben steht. In einer geschützten Bucht gelegen, besaß die Siedlung wahrscheinlich rund 90 Bewohner. Die Gebäude bestanden aus Holzrahmen, die mit Torfrasen bedeckt wurden. Neben Wohnhäusern gab es eine Schmiede sowie mehrere Werkstätten. Die Siedlung stammt aus der Zeit um 1000, was zu den Angaben in den Sagas passt. Offenbar war sie jedoch nur höchstens 20 Jahre lang bewohnt und wurde dann aufgegeben.

LUFTBILD EINES REKONSTRUIERTEN LANGHAUSES IN L' ANSE AUX MEADOWS

◁ **Gotländischer Bildstein**
Auf dem unteren Teil dieses Bildsteins aus Gotland in Schweden ist ein Langschiff abgebildet. Die obere Hälfte zeigt eine Szene aus der nordischen Mythologie – im Kampf gefallene Wikinger betreten Walhall.

» Leif **setzte Segel,** sobald er bereit war ... und **stieß zufällig auf Länder,** die er **nie erwartet hätte.«**

DIE SAGE VON ERIK DEM ROTEN, UM 1265

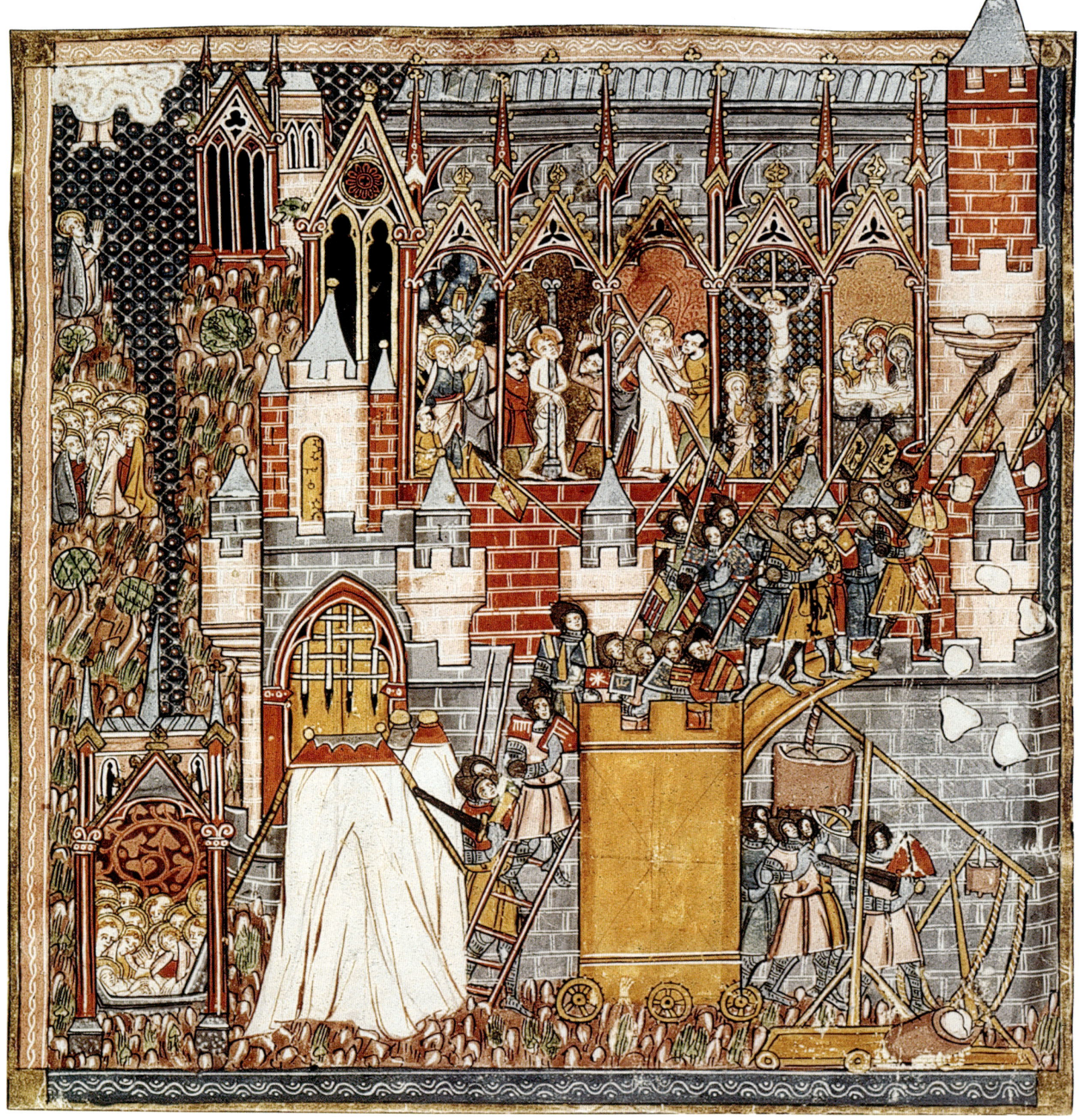

△ **Die Belagerung Jerusalems**
Die Illustration (13. Jh.) zeigt christliche Soldaten, die 1099 bei der Belagerung Jerusalems die Grabeskirche verteidigen, den überlieferten Ort der Kreuzigung und des Grabes Jesu.

Die Kreuzzüge

Zwischen dem 11. und dem 13. Jh. reisten Zehntausende christliche Soldaten aus Europa 5000 km weit in den östlichen Mittelmeerraum, um dort ihren Glauben gegen die Krieger des Islam zu verteidigen.

» Macht euch **auf den Weg zum Heiligen Grab,** rettet jenes Land ... und nehmt es in Besitz ... **zur Vergebung eurer Sünden** ...«

REDE VON PAPST URBAN II. IN CLERMONT (FRANKREICH), 27. NOVEMBER 1095

I m November 1095 rief Papst Urban II. bei einer Synode im französischen Clermont leidenschaftlich zu einem »Kreuzzug« auf, um die Heilige Stadt Jerusalem von der Herrschaft der muslimischen Heiden zu befreien. Die Reaktion, die er damit in der westlichen Christenheit auslöste, hätte niemand vorhersagen können. Eine Welle des religiösen Enthusiasmus trieb Arm und Reich gleichermaßen dazu, »das Kreuz zu nehmen«, das Symbol des Kreuzzugs, und sich auf die lange, gefährliche Reise nach Palästina zu machen. So mancher hoffte dabei zweifellos auf materielle Vorteile, doch die meisten waren beseelt von ihrem Glauben und der Hoffnung auf die Vergebung ihrer Sünden.

Die ersten Kreuzzügler, die sich 1096 auf den Weg machten, waren eine unorganisierte Menge armer Bauern, angetrieben von dem charismatischen französischen Prediger Peter der Einsiedler. In Gruppen von bis zu 10 000 Mann zogen sie den Rhein hinab, durch Ungarn und quer über den Balkan, wobei sie auf ihrem Weg jüdische Gemeinden massakrierten und eine Spur der Verwüstung hinter sich herzogen. Als sie schließlich Konstantinopel erreichten, die Hauptstadt des christlichen Byzantinischen Reichs, wurden sie auf die muslimisch regierte anatolische Halbinsel übergesetzt, wo ein Heer seldschukischer Türken sie in Stücke riss. Der offizielle Erste Kreuzzug des französischen und normannischen Adels war dagegen weit besser organisiert.

△ Wege der Kreuzfahrer

Die Kreuzfahrerarmeen aus Deutschland bevorzugten den Landweg über Ungarn, den Balkan und Anatolien nach Osten. Alle anderen Länder wählten meistens den Weg von Genua oder Venedig aus über das Mittelmeer.

◁ Heraldisches Kreuz

Das Lothringerkreuz war das heraldische Symbol des Kreuzfahrers Gottfried von Bouillon, der nach dem Ersten Kreuzzug über Jerusalem herrschte. Später wurde es den Tempelrittern zugeordnet.

Vier Heere aus rund 40 000 Rittern, Fußsoldaten und Nichtkämpfern zogen über Land oder mit Schiffen über die Adria, um sich im Frühjahr 1097 vor Konstantinopel zu sammeln. Die nächste Etappe ihrer Reise durch Anatolien war mühsam und gefährlich. Die Christen besiegten zwar die Türken im Kampf, aber auf dem beschwerlichen Marsch in der Sommerhitze starben fast alle Pferde und die stolzen Ritter mussten auf Ochsen reiten.

Der Angriff auf Jerusalem

Vor den Mauern Antiochias kam der Kreuzzug zum Stillstand. Als die christlichen Ritter die Stadt eingenommen hatten, vergaßen sie fast ihre Mission über ihren Streitereien um das bereits eroberte Land. Doch die einfachen Soldaten bestanden darauf, den Kreuzzug fortzusetzen, sodass die Kreuzfahrer Jerusalem im Juni 1099 erreichten. Auf inzwischen etwa 15 000 Mann geschrumpft, war es für die Christen schwer, die Heilige Stadt ihren muslimischen Verteidigern zu entreißen. Mit Türmen, Katapulten und Rammböcken griffen sie am 15. Juli an und nahmen die Stadt im Sturm, wobei sie »

» ein schreckliches Gemetzel unter der muslimischen und jüdischen Bevölkerung anrichteten. In Europa bejubelte man die Einnahme Jerusalems als Sieg des christlichen Glaubens, und viele Könige, Adelige und Ritter strebten danach, wenigstens einmal in ihrem Leben einen Kreuzzug ins Heilige Land zu machen, um ihre Seelen zu retten und das Christentum zu verbreiten.

Verschiedene Motive

Die kreuzfahrenden Ritter ließen sich in dem Land nieder, das sie den Muslimen entrissen hatten. Sie schufen ein Königreich Jerusalem und weitere Feudalstaaten, bauten prächtige Burgen und gründeten zwei Militärorden – die Tempelritter und die Malteserritter –, die sich ganz der religiösen Kriegsführung verschrieben. Der Transport von Menschen und Waren in die

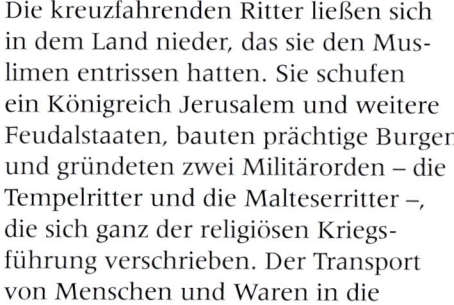

△ **Einschiffung**
Die Miniatur aus dem 15. Jh. zeigt die Einschiffung des französischen Kreuzfahrers Gottfried von Bouillon. Ein Heer über das Meer zu transportieren war eine logistische Herausforderung.

Kreuzfahrerstaaten stand ganz unter der Kontrolle der italienischen Städte Venedig und Genua, deren Händler und Seeleute dadurch immensen Reichtum anhäuften.

Die Geschichte nennt neun große Kreuzzüge im Lauf von zwei Jahrhunderten, doch daneben gab es viele

◁ **Der Tod des hl. Ludwig**
Der fromme französische König Ludwig IX. starb während des Zweiten Kreuzzugs im August 1270 in Tunis. Sein Leichnam wurde per Schiff nach Frankreich zurückgebracht. 1297 wurde er von Papst Bonifaz VIII. heiliggesprochen.

kleinere Unternehmungen. 1107 segelte zum Beispiel König Sigurd von Norwegen mit einer Flotte von 55 Schiffen über Portugal und Sizilien nach Palästina und kehrte von Konstantinopel auf dem Landweg zurück. Die gesamte Reise dauerte vier Jahre. Der größte aller Kreuzzüge war der Dritte. Die Muslime hatten in Saladin einen fähigen Führer gefunden, der die Christen 1187 in der Schlacht von Hattin besiegte und Jerusalem erneut für den Islam in Besitz nahm. Daraufhin machten sich die mächtigsten Herrscher Westeuropas – Richard Löwenherz von England,

> » Du tapferer Ritter, Du Mann des Krieges, jetzt hast Du eine **Fehde ohne Gefahr,** wo der **Sieg Ruhm** bringt und der **Tod Gewinn.** «

BERNHARD VON CLAIRVAUX IN EINEM BRIEF ÜBER DEN ZWEITEN KREUZZUG, 1146

▷ **Kaiserliches Siegel**
Kaiser Friedrich II. konnte Jerusalem durch Verhandlungen mit den Muslimen zurückgewinnen. Als weltoffener Herrscher hatte er großen Respekt vor dem islamischen Glauben.

Philipp II. August von Frankreich und der römisch-deutsche Kaiser Friedrich I. Barbarossa – mit ihren Armeen auf in das Heilige Land. Barbarossa, der den Landweg nahm, ertrank unterwegs in einem Fluss in Kilikien, im Südosten der heutigen Türkei. Die französischen und englischen Herrscher kamen über das Meer nach Palästina. Richard I. blieb am längsten. Er konnte zwar die Kreuzfahrerstaaten vor der Zerstörung durch Saladin bewahren, aber es gelang ihm nicht, Jerusalem zurückzuerobern.

Der Vierte Kreuzzug, der 1202 begann, lief dem Kreuzzugsgedanken gänzlich zuwider. Den Venezianern, die Schiffe für den Transport der Ritter und ihrer Pferde nach Osten zur Verfügung stellten, gelang es, den Kreuzzug in einen Feldzug gegen Konstantinopel zu verwandeln. 1204 wurde die Stadt erobert und ein Großteil seiner Schätze nach Venedig verbracht. Der Sechste Kreuzzug verlief aus anderen Gründen

kontrovers, da der römisch-deutsche Kaiser Friedrich II. – im Streit mit dem Papsttum – bei diesem Kreuzzug mehr auf Verhandlungen mit den Muslimen setzte als auf Kampf. Tatsächlich gelang es ihm, Jerusalem auf friedlichem Weg für die Christen zurückzugewinnen – ein Skandal für all die Anhänger des Heiligen Krieges.

◁ **Kreuzritterburg**
Der Krak des Chevaliers war eine mächtige Festung der Malteserritter in Syrien. Trotz seiner dicken Mauern und Türme fiel die Burg 1271 in die Hände von Sultan Baibars.

Der echte christliche Glaube wurde von dem französischen König Ludwig IX. wieder aufgefrischt. 1249 landete der fromme Monarch in Ägypten, wo er Kairo angriff, das Zentrum der muslimischen Macht. Er erlitt jedoch eine Niederlage, geriet in Gefangenschaft und wurde erst nach Zahlung eines beachtlichen Lösegeldes wieder freigelassen. Zu dieser Zeit begannen die Kreuzfahrerstaaten unter dem Druck muslimischer Militäraktionen zu zerbröckeln. 1270 starb Ludwig auf einem neuen, ebenfalls erfolglosen Kreuzzug, der sich dieses Mal gegen Tunis in Nordafrika richtete. Als 1291 die letzte Hochburg der Kreuzfahrer fiel, war das nicht das Ende die Kreuzzugtradition. 1209 hatte Papst Innozenz III. zum Kreuzzug gegen die Katharer in der Provence aufgerufen, und der Deutsche Orden unternahm einen ab den 1230er-Jahren gegen die heidnischen Völker im Baltikum. Im 14. und 15. Jh. kam es zu Kreuzzügen gegen die osmanischen Türken in Südosteuropa und gegen hussitische Ketzer in Böhmen. Manche Historiker sehen sogar in den Eroberungen der Spanier in Amerika eine Fortsetzung des Kreuzfahrertums, das den christlichen Glauben mit dem Schwert verbreitete.

△ **Saladin**
Der muslimische Krieger kurdischer Herkunft ernannte sich selbst zum Sultan von Kairo und Syrien und kämpfte einen Heiligen Krieg gegen die Kreuzfahrerstaaten. Die Christen respektierten ihn wegen seiner Ritterlichkeit.

EXKURS
Tempelritter

Der Orden der Tempelritter wurde 1119 von Kreuzrittern im Salomontempel in Jerusalem gegründet, um Pilger zu beschützen. Seine Mitglieder, die Armut, Keuschheit und Gehorsam schworen, wurden die Elitekrieger der Kreuzfahrerheere. Die Templer bauten und besetzten mächtige Burgen und zeigten im Kampf mit den Muslimen Mut und Disziplin. Durch Spenden europäischer Christen wurde der Orden sehr reich. 1307 ließ der französische König Philipp IV. aus Neid und wegen seiner Schulden beim Orden Tausende Templer unter einem fadenscheinigen Vorwand verhaften. Hunderte von ihnen ließ er später auf dem Scheiterhaufen verbrennen, sodass der Orden schließlich aufgelöst wurde.

KÖNIG PHILIPP IV. WOHNT DER VERBRENNUNG DER TEMPLER BEI, UNTER DENEN SICH AUCH GROSSMEISTER JACQUES DE MOLAY BEFINDET.

Der Priesterkönig

Die Suche nach dem mythischen Priesterkönig Johannes motivierte das christliche Europa zu Expeditionen nach Asien und Afrika.

Die erste Erwähnung des Priesterkönigs Johannes findet sich 1147 in einer Chronik des Bischofs Otto von Freising. Geistliche aus den Kreuzfahrerstaaten hatten ihm von einem mächtigen christlichen König erzählt, der in einem Land östlich von Persien herrschte und die Muslime in einer Schlacht besiegt hatte. Seine Leser fanden Gefallen an der Vorstellung, dass es im Osten einen christlichen König gab, der den Kreuzfahrern im Kampf gegen den Islam beistehen könnte. Um 1165 tauchte ein mysteriöser Brief auf, der angeblich von Priesterkönig Johannes persönlich geschrieben worden war. Darin bezeichnet er sich als König der »Drei Indien« – ein sehr vage umrissenes Gebiet, das in Asien vermutet wurde. Sein Reich war ein Ort der Wunder, bewohnt von Riesen, Amazonen, Pygmäen und einem hundsköpfigen Volk. In seinem Palast gab es einen Jungbrunnen und einen magischen Spiegel, der dem König zeigte, was in seinem Reich vor sich ging.

Im 13. Jh. berichteten enttäuschte Reisende, dass sie auf ihren Expeditionen nach Asien kein solches Reich entdeckt hatten. Durch den Kontakt mit koptischen Christen in Ägypten hörte man jedoch von einem christlichen Reich in Äthiopien, sodass Bischof Jordanus Catalani in seinem Reisebericht *Mirabilia Descripta* (1330) den König von Äthiopien offiziell als Priesterkönig Johannes identifizierte.

1487 schickte König Johannes II. von Portugal Pêro da Covilhã auf eine Expedition durch Ägypten und Arabien zum Indischen Ozean. 1493 landete Covilhã in Ostafrika und betrat als erster Europäer den äthiopischen Königshof, wo er den Kaiser von Äthiopien mit dem Titel Priesterkönig Johannes ansprach.

> » Ich, Priester Johannes, übertreffe alle unter diesem **Himmel** an **Größe**, **Reichtum** und **Macht**. «

ANGEBLICHER BRIEF DES PRIESTERKÖNIGS, UM 1165

▷ **Frühe moderne Landkarte**
Der *Vallard-Atlas* von 1547 zeigt Priesterkönig Johannes auf seinem Thron in Äthiopien. Das Horn von Afrika ist korrekt dargestellt, Süden liegt jedoch oben auf der Karte.

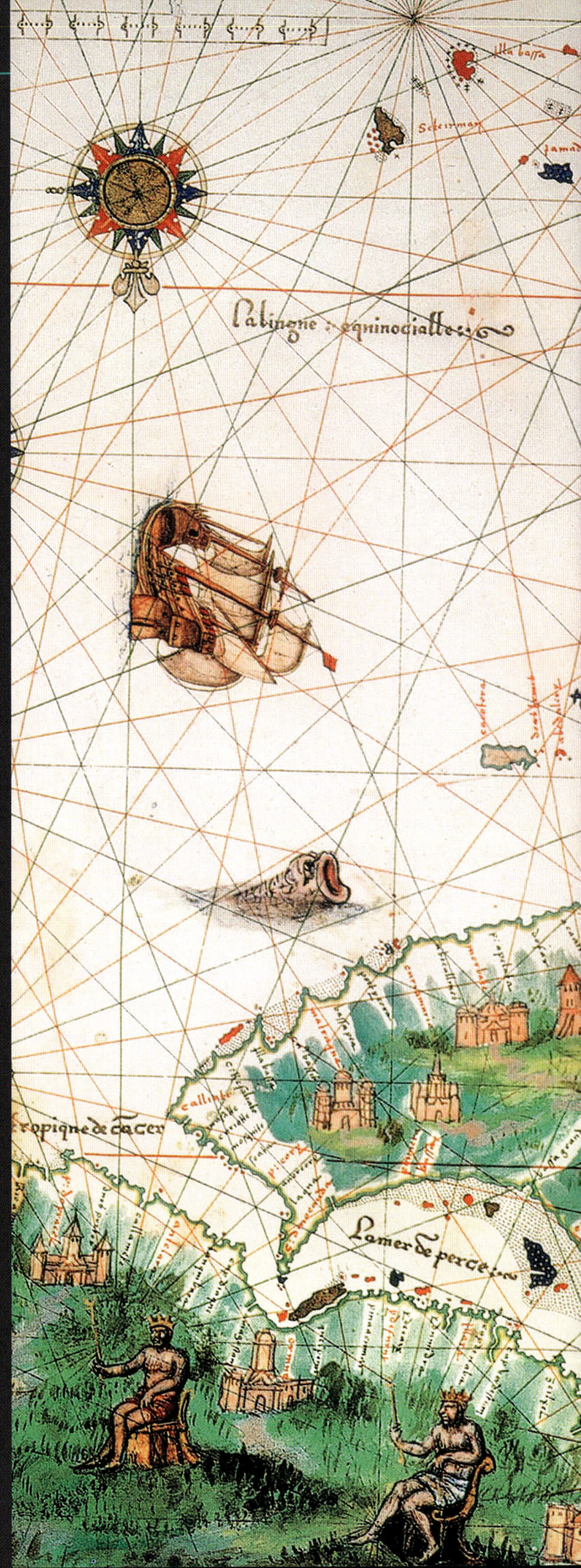

Pilger im Mittelalter

Pilgerfahrten waren der häufigste Grund für Fernreisen im Mittelalter. Jedes Jahr nahmen Tausende Gläubige viele Gefahren und Mühsal auf sich, um zu weit entfernten heiligen Stätten zu reisen.

△ *Empfang der Pilger und Verteilung der Almosen*
Dieses Fresko von Domenico di Bartolo aus dem Jahr 1442 befindet sich in einem Hospital in Siena, das sich um Pilger auf dem Weg nach Rom kümmerte. Es zeigt, wie sie Speisen erhalten und medizinisch versorgt werden.

Zwar gibt es in allen Religionen die Tradition des Reisens zu heiligen Orten, aber vor allem den Christen des Mittelalters hatten es die Pilgerreisen angetan. Ein Besuch in Palästina, dem Ort, an dem Jesus lebte und wirkte, gewann im 4. Jh. an Bedeutung,

als Helena, die Mutter des römischen Kaisers Konstantin, nach Jerusalem fuhr, um dort nach Reliquien von der Kreuzigung Christi zu suchen und an der überlieferten Stelle des Grabes Jesu die Kirche des Heiligen Grabs erbauen zu lassen. Dennoch blieben Pilgerreisen

zunächst eine Seltenheit. Erst im 10. Jh. nahm die Anzahl der Pilgerorte und Pilgerfahrten stark zu.

Jerusalem blieb stets das höchste Ziel für christliche Pilger, doch auch andere heilige Orte wurden im Mittelalter gern besucht. In Rom befanden sich die

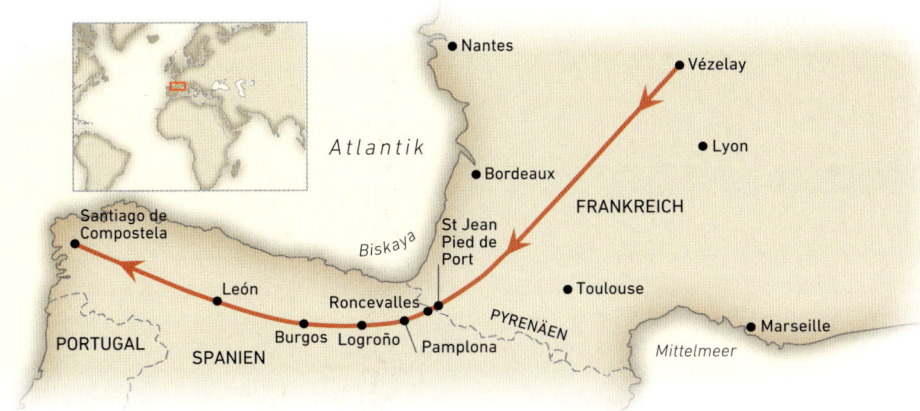

△ Der Weg nach Santiago
Die meisten Pilger nach Santiago de Compostela folgten einer festgelegten Route durch Frankreich und Nordspanien, mit Sammelpunkten in Vézelay, Paris und Le Puy.

angebliche Gräber der Apostel Petrus und Paulus sowie viele unbedeutendere Schreine mit Reliquien oder dem Leichnam eines Heiligen, zu denen immer mehr Gläubige kamen. Pilger strömten in Scharen zum Dreikönigenschrein im Kölner Dom, in dem sich die Gebeine der Hl. Drei Könige aus der Weihnachtsgeschichte befinden sollen, sowie in die spanische Stadt Santiago de Compostela, in der angeblich der Apostel Jakobus bestattet wurde. In England wurde Canterbury zum wichtigsten Pilgerort, nachdem in der Kathedrale 1170 Erzbischof Thomas Becket ermordet und später als Märtyrer heiliggesprochen worden war.

Pilger kamen aus allen Gesellschaftsschichten und hatten die unterschiedlichsten Motive für ihre Fahrten. Manche erhofften sich dadurch Vergebung ihrer Sünden, andere bekamen sie als gesetzliche Strafe für ein Verbrechen auferlegt. Viele versprachen sich eine wundersame Heilung ihrer Leiden oder erfüllten einen Schwur, den sie einem Heiligen in einem Moment der Not geleistet hatten. Die meisten pilgerten aus religiösen Gründen, doch es gab auch einige, die lediglich die Welt sehen wollten. Für fast alle war die Fahrt nach Jerusalem – lang, teuer, beschwerlich

und gefahrvoll – eine einmalige Sache. Sehr fromme Christen reisten jedoch mehrmals im Jahr an heilige Orte.

Verpflegung der Pilger

Pilger werden meist in einem einfachen Gewand, mit Stab, Tasche und Pilgermuschel dargestellt. Die meisten Pilger trugen jedoch ihre gewöhnliche Kleidung und hatten ein zusätzliches Paar Schuhe dabei. Um nicht Räubern oder wilden Tieren zum Opfer zu fallen, reisten sie in Gruppen. Pilger nach Santiago de Compostela z.B. pflegten sich in der Benediktinerabtei im französischen Vézelay zu sammeln. Von dort aus war der Weg über die Pyrenäen und durch Nordspanien von Pilgerherbergen gesäumt, die fromme Grundbesitzer oder Benediktinermönche unterhielten. Sie boten den Pilgern nicht nur Verpflegung und Betten zum Übernachten, sondern auch allerlei Dienste wie medizinische Versorgung, Haarschnitte und Schuhreparatur. Andere Pilger fuhren über das Meer nach Nordspanien. Für die Rück-

△ Kennzeichen der Pilger
Der Mantel dieses Pilgers ist mit Muschelschalen besetzt, dem Symbol des hl. Jakobus, dessen Schrein in Santiago de Compostela viele Pilger anzog.

fahrt mieteten sie Schiffe aus England und Deutschland, so ähnlich wie man es heute mit Charterflügen macht.

Sobald die Pilger an ihrem Zielort ankamen, nahmen sie an einem sorgfältig einstudierten Ritual teil, das sowohl religiöse Bedürfnisse als auch den Wunsch nach Mysterien und Wunder erfüllte. So mussten z.B. Pilger, die sich dem Schrein der Jungfrau Maria in Walsingham im englischen Norfolk nähern wollten, ihre Schuhe ausziehen und die letzte »Heilige Meile« barfuß laufen, während sie dabei fromme Lieder sangen. Am Schrein angekommen, wurden sie zuerst durch die Kapelle ⟫

◁ Dreikönigenschrein
Der Kölner Dom beherbergt ein Reliquiar, das die Gebeine der biblischen Hl. Drei Könige enthalten soll. Noch heute zieht der Schrein viele Pilger an.

» Der Pilger sollte zwei Beutel tragen – einer ist mit **Geduld** gefüllt, der andere mit **200 venezianischen Dukaten.**«

PIETRO CASOLA, *PILGERFAHRT NACH JERUSALEM*, 1494

▷ **Buntglas**
Dieses Fenster in der Kathedrale von Canterbury zeigt Pilger am Schrein von Erzbischof Thomas Becket, der dort 1170 ermordet wurde. Nach seinem Tod machten wundersame Heilungen diesen Ort populär.

△ **Römischer Reiseführer**
Dieser Holzschnitt illustriert die *Mirabilia Urbis Romae*, einen mittelalterlichen Führer zu den Wundern Roms, den viele Generationen an Pilgern in der Papststadt kauften.

Orten erwerben. Die Auswahl reichte von Abzeichen zum Anbringen an der Kleidung bis hin zu Repliken von Reliquien mit angeblichen Heilkräften. Die Kathedralen und Abteien, denen die Pilgerstätten gehörten, aber auch die Städte, in denen sie sich befanden, wurden dank der zahlungskräftigen Pilger immer wohlhabender.

Ein gefährlicher Weg

Die beschwerlichste Pilgerreise war die Fahrt nach Jerusalem. Das lag nicht nur an der Entfernung zum christlichen Europa, sondern auch an den Muslimen, die entweder gerade Jerusalem selbst oder zumindest das umliegende Land beherrschten. Der Weg in die Levante über den Balkan und durch Anatolien war voller Gefahren und wurde aufgrund wachsender Feindseligkeit der Muslime nahezu unpassierbar. Den Pilgern blieb schließlich nur noch der Seeweg, wobei Venedig im 13. Jh. mehr oder weniger das Monopol für Pilgertransporte nach Paläs-

》 geführt, wo sie den Fingerknochen des hl. Petrus küssten, ehe sie sich in einer Kapelle der heiligsten Reliquie, einigen Tropfen Muttermilch der Jungfrau Maria, nähern durften.

Obwohl die Pilger von der Wohltätigkeit der Kirche und frommer Laien profitierten, wurden Pilgerfahrten schnell zu einem einträglichen Geschäft für einfallsreiche Personen, die der frommen Menge allerlei Dienste anboten. Beispielsweise konnten Pilger Reiseführer kaufen, die Tipps für die Reise und Informationen zu den Pilgerorten enthielten. Am bekanntesten sind die Handschriften *Mirabilia Urbis Romae* (Die Wunder der Stadt Rom), ein Führer zu den Monumenten Roms, der vom 12. bis zum 16. Jh. im Umlauf war. Alle Pilger wollten mit Andenken von ihrer Reise zurückkehren. Diese konnten sie bei Straßenhändlern an den religiösen

tina besaß. Aber auch die Fahrt über das Mittelmeer in einer venezianischen Galeere war beschwerlich. Die Schiffe waren überfüllt, voller Ratten, unhygienisch und die Verpflegung war schlecht. Immer wieder kam es zu Zwischenfällen mit muslimischen Korsaren. Endlich am Zielort angekommen, wollten die Pilger

▷ **Der Sultan verlässt Kairo**
Diese Lithographie aus dem 19. Jh. zeigt den Aufbruch des Sultans von Kairo zur Hadsch nach Mekka. Er wird dabei in einer reich verzierten Sänfte *(mahmal)* getragen, die der Mamlukensultan Baibars im 13. Jh. einführte.

die wichtigsten heiligen Stätten besuchen, darunter das Heilige Grab, den Ölberg, Bethlehem, den Teich der Bathseba und den Berg Zion. Solange die Kreuzfahrer das Gebiet kontrollierten, konnten die Pilger auf den Schutz der Tempelritter und die Dienste des Malteserordens zählen. In Zeiten muslimischer Herrschaft mussten sie jedoch mit allerlei Schikanen und hohen Ausgaben für Bestechungsgelder und Gebühren rechnen.

Muslimische Pilger

Muslime besaßen ihre eigene Pilgertradition, die sich von der christlichen unterschied. Die Hadsch nach Mekka war für fromme Muslime Pflicht, Pilgerfahrten zu weniger wichtigen Orten spielten dagegen kaum eine Rolle im religiösen Leben. Die Hadsch war gut organisiert. Karawanen mit Tausenden von Pilgern machten sich jedes Jahr von den Sammelpunkten in Kairo, Damaskus und Basra aus auf den Weg. Unterwegs gab es Unterkünfte, Nahrung und Wasser. Die Gefahren und Mühsal christlicher Pilgerfahrten waren den Muslimen jedoch nicht unbekannt. In der Wüste lauerten den Karawanen räuberische Beduinen auf und in Mekka mussten die Pilger Steuern zahlen.

Im Gegensatz zur muslimischen Pilgerfahrt, die bis heute einer der Grundpfeiler der islamischen Religion ist, verlor das christliche Pilgertum ab dem 16. Jh. immer mehr an Bedeutung. Durch die Gründung des Osmanischen Reichs wurde das Heilige Land für Christen fast unzugänglich, die protestantische Kirche lehnte die Verehrung von Heiligen als Aberglauben ab, und selbst den katholischen Kirchenoberen erschien der Volksglaube an die wundersame Macht von Reliquien und Schreinen zunehmend verdächtig.

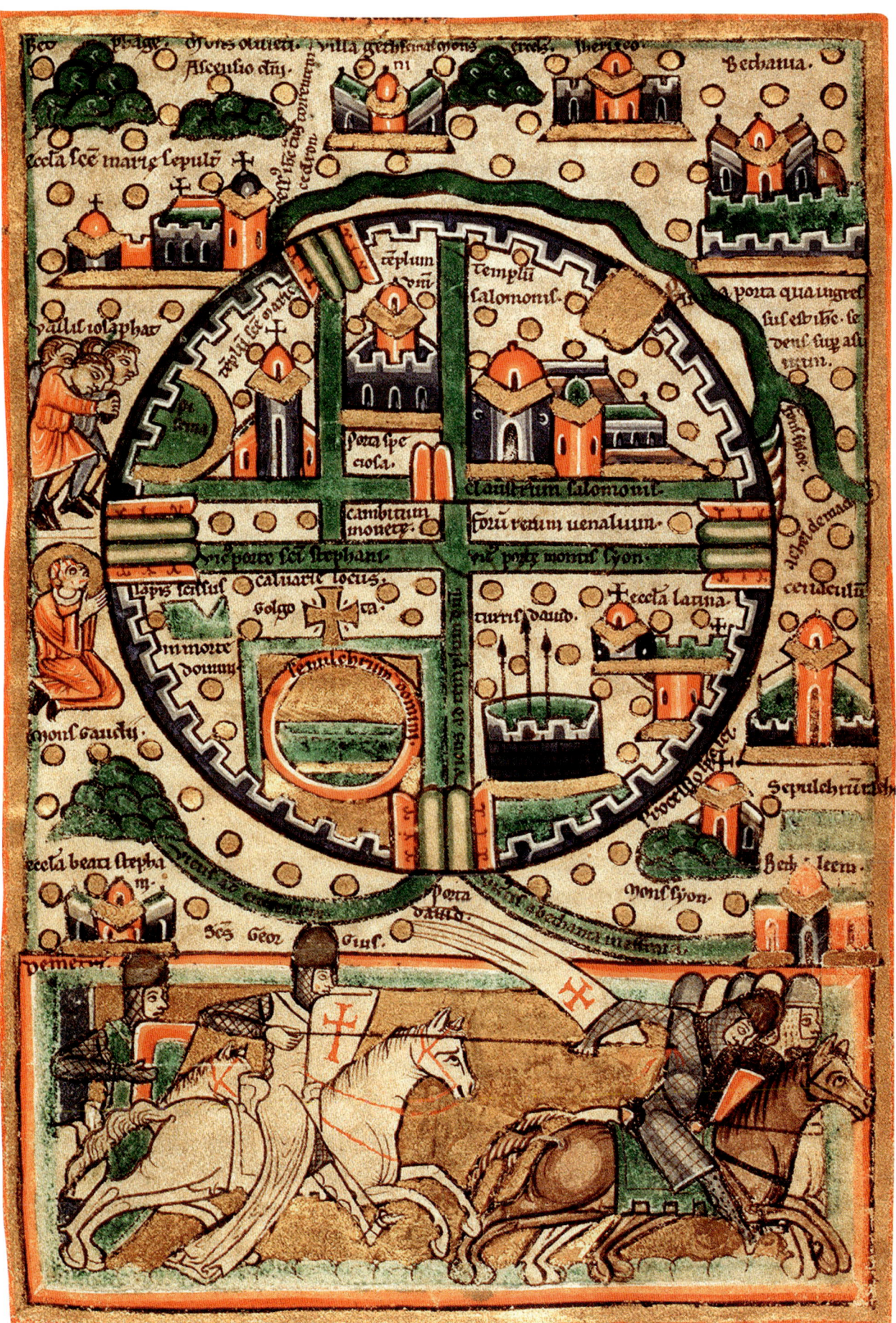

▷ **Stadtplan von Jerusalem**
Dieser stilisierte Plan der Heiligen Stadt von 1200 ist mit einer Kampfszene zwischen Kreuzrittern und Muslimen verziert. Die Kreuzritter sollten u. a. den christlichen Pilgern den Zugang zur Stadt gewährleisten.

Mittelalterliche Reiseberichte

Im Mittelalter ergötzten sich die Europäer an pittoresken Berichten über Reisen in ferne Länder. Gutgläubig und naiv, zweifelten sie nicht an Geschichten über imaginäre Ungeheuer, die ansonsten akurat beschriebene exotische Landschaften bevölkerten.

Der einflussreichste Reiseschriftsteller des Mittelalters war ein Mann, der seine Identität erfand und möglicherweise nie eine Reise unternommen hatte. *Die Reisen des Jean de Mandeville* erschien im 14. Jh. und war eines der meistgelesenen Bücher Europas. Der Autor bezeichnet sich selbst als Ritter aus St. Albans in England, doch es gibt keine Hinweise darauf, dass diese Person wirklich existierte. Spekulationen über den wahren Verfasser des Buches schließen u.a. einen Arzt aus Liège sowie einen Mönch aus Ypern ein, doch bisher konnte Mandevilles Identität

◁ **Irische Ruderer**
Die Illustration in der *Topographia Hibernica* von Gerald von Wales zeigt zwei Iren, die ein Coracle rudern. Er beschreibt die Iren als ein Volk, das Haar und Bärte in unschicklicher Weise sehr lang wachsen ließ.

nicht eindeutig geklärt werden. Es ist durchaus möglich, dass der Autor das Heilige Land besucht hatte, denn er beschreibt Jerusalem bis ins kleinste Detail. Aber niemand hält seine angeblichen Augenzeugenberichte über Indien, Äthiopien und China für authentisch. So beschreibt er die Äthiopier beispielsweise als Menschen mit nur einem Bein, das sie zum Schutz vor der Sonne benutzen. Er behauptet auch, durch Länder gereist zu sein, deren Bewohner Hundeköpfe haben und in denen sich Zwerge vom Geruch von Äpfeln ernähren. Dennoch enthalten Mandevilles Berichte einige nicht gänzlich falsche Beschreibungen – vermutlich aus zweiter Hand – der Sitten anderer Länder. Christoph Kolumbus las das Buch ebenfalls und hatte daraufhin die Idee, dass ein Mensch, der immer geradeaus fährt, wieder an dem Punkt ankommt, von dem aus er startete, da die Welt eine Kugel ist.

> » Ich, **Ritter Jean de Mandeville,** … habe viele **verschiedene Länder gesehen** und viele … **Königreiche** und **Inseln** …«

DIE REISEN DES JEAN DE MANDEVILLE, UM 1350

Annäherung an die Wahrheit

Beliebte Reiseberichte handelten nicht nur von Fernreisen. Die weit verbreitete *Topographia Hibernica* von Gerald von Wales aus dem 12. Jh. war eine Beschreibung Irlands. Gerald hielt die Iren für ein derbes Volk, das wie Tiere lebte, mit zu langen Haaren und zu primitiver Kleidung. Der größte Teil des Berichts ist authentisch, allerdings sind immer wieder fiktive Elemente eingeflochten, wie die Begegnung eines Priesters mit einem Werwolf.

Ebenso wie der berühmte Marco Polo (siehe S. 88–89) verfassten auch andere Europäer mehr oder weniger akurate Berichte über ihre Reisen in den Osten.

◁ **Mittelalterliche Astronomen**
Diese Illustration von Jean de Mandeville zeigt Astronomen auf dem Berg Athos in Griechenland mit verschiedenen astronomischen Instrumenten.

Ch commencer le luire frere audric de lordre des freres meneurs

97

y commence le chemin de la perigrinacion et du voiage que fist vn bon homme de lordre des freres meneurs nomme frere odoric de soc tulij ne de la terre que on appelle port de venise qui par le comandement du pape ala oultre mer pour prechier aux mescreans la foy de dieu. Et sont en ce liure contenu les merueilles que li dis freres vit present et et aussi de plusieurs autres lesquelles il oy compter en ces villes lui dites de gens dignes de foy. Mais celles quil oy raconter et quil ne vit point ne racompte il point pour vraie fors pour oir dire. et tout ne en son langage quant a ce bien. Et fu ce liure fait en latin par ce frere deuant nomme en lan de grace mil. CCC.xxx. pres le xvij. iour de ianuier

△ **Autobiografische Handschrift**
Die Engländerin Margery Kempe berichtet in ihrem autobiografischen Werk über ihre Pilger-reisen im 15. Jh. Es wurde erst 1934 wieder-entdeckt und steht nun in der British Library in London.

◁ **Odorich von Portenau**
Diese mittelalterliche Illustration aus der Erzäh-lung von Oderichs Reisen nach Asien zeigt den Franziskanermönch bei seiner Abreise. 1755, vier Jahrhunderte nach seinem Tod, wurde er heiliggesprochen

Der erste war der Franziskanermönch Giovanni da Pian del Carpine, der von 1245 bis 1247 als päpstlicher Botschaf-ter an den mongolischen Hof in Kara-korum reiste. Ihm folgte ein weiterer Mönch, Willhelm von Rubruck, der von 1253 bis 1255 in die Mongolei und wieder zurück reiste. Er schrieb den authentischsten Bericht über Asien, doch da darin weder Ungeheuer noch menschliche Missgestalten vorkamen, wurde er nicht übermäßig populär.

Ein anderer Franziskaner, Odorich von Portenau, machte sich 1318 auf den Weg nach Asien. Er besuchte Persien, Indien, Indonesien und China und kehrte zwölf Jahre später nach Italien zurück. Sein Reisebericht, der viele zuverlässige Informationen enthielt – etwa dass die Chinesen Kormorane für den Fischfang einsetzten –, wurde größtenteils von Mandeville abgeschrie-ben. Berichte über Indien fanden die Europäer in den *Mirabilia Descripta* von

Bischof Jordanus Catalani, der dort etwa zwischen 1321 und 1330 lebte. Jordanus ist in Bezug auf indische Bräu-che authentisch, bespickt seine Berichte über andere Teile Asiens und Afrika jedoch mit Wundern. Sehr interessant, aber wenig bekannt ist die Autobiogra-fie der englischen Mystikerin Margery Kempe. Die Beschreibung ihrer Pilger-reisen ist wesentlich wahrheitsgetreuer als die Berichte in Mandevilles deutlich populärerem Werk.

aquesta carauana es partida del imp[...]
de sarra panar calcatayo :

fugur schon iachon los monts de [...]

camull

fingui

febur

Filchitup

Die Seidenstraße

Im 13. Jh. schufen die mongolischen Khane in Zentralasien ein riesiges Reich. Unter ihrer Herrschaft blühte der Handel entlang der Seidenstraße, die China mit dem Nahen Osten und Europa verband.

△ **Karawane**
Die Abbildung im *Katalanischen Weltatlas* zeigt Marco Polo auf der Seidenstraße, der mit seiner Karawane das Pamirgebirge überwindet. Die Händler reiten auf Pferden, das Gepäck tragen Kamele.

▷ **Dschingis Khan**
Der Anführer der nomadischen Mongolenstämme war einer der brutalsten Eroberer der Geschichte. Dennoch hinterließ er ein tolerantes Reich, das Handel und Kommunikation in Eurasien sehr erleichterte.

Als das Mongolenreich gegründet wurde, blickte die Seidenstraße bereits auf eine 1000 Jahre alte Vergangenheit zurück. Schon in der Antike trugen wohlhabende Römer Gewänder aus chinesischer Seide, die quer durch Asien herbeigeschafft wurde. Doch seit Jahrhunderten waren aufgrund von Kriegen, Räubern und habgierigen Herrschern nur noch einzelne Abschnitte der Seidenstraße nutzbar. Als Dschingis Khan 1206 die mongolischen Stämme Zentralasiens einte und auf äußerst ambitionierte Eroberungszüge schickte, hatte das zunächst katastrophale Auswirkungen auf den Handel. Berühmte Städte an der Seidenstraße von Bagdad und Balch bis Samarkand und Buchara lagen nach Angriffen der Mongolen in Ruinen. In der zweiten Hälfte des 13. Jh. jedoch hatten die mongolischen Herrscher, deren Reich sich mittlerweile von Persien bis China erstreckte, die Vorzüge gut funktionierender Kommunikationswege und den Wohlstand, den der Handel mit sich brachte, zu schätzen gelernt. Der Frieden und die religiöse Toleranz in ihrem Reich führte dazu, dass die Zahl der ausländischen Händler auf der Seidenstraße drastisch anstieg.

Kaufleute aus dem christlichen Europa begannen ihre Reise nach Osten

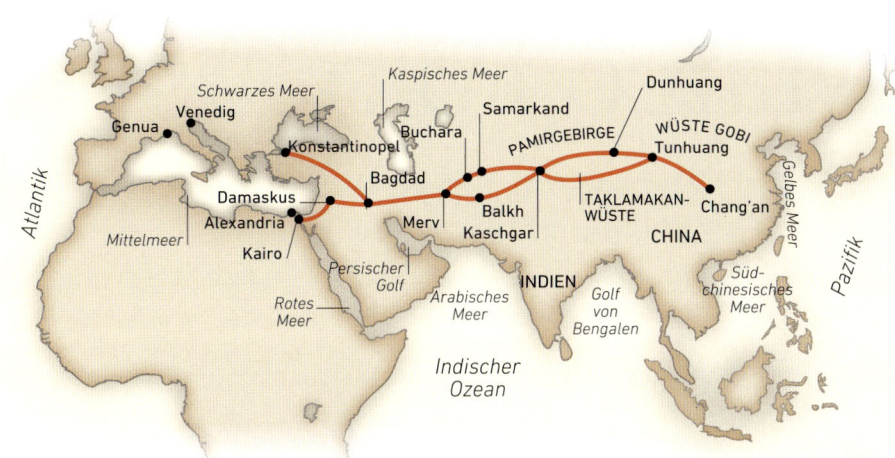

△ Handelswege der Seidenstraße
Die Seidenstraße bestand nicht aus einer einzigen Straße, sondern aus einem ganzen Netz an Wegen quer durch Asien, dessen Gesamtlänge auf etwa 7000 km geschätzt wird.

△ Baktrisches Kamel
Das stämmige baktrische Kamel aus der asiatischen Steppe war das am häufigsten genutzte Packtier auf der Seidenstraße.

für gewöhnlich von Konstantinopel und der Schwarzmeerküste aus. Muslimische Händler starteten in Damaskus oder Kairo. Die Reisenden bildeten Karawanen aus Hunderten oder Tausenden Kaufleuten, Trägern, Führern, Übersetzern und Packtieren. Entlang der Strecke boten Karawansereien(siehe S. 92–93) Übernachtung und Verpflegung für Mensch und Tier, aber dennoch waren diese Unternehmungen beschwerlich. Die Straße von der Schwarzmeerküste rund um das Kaspische Meer, die viele europäische Kaufleute nahmen, lockte auch

viele Räuber an. Es war für Reisende daher nicht ungewöhnlich, bewaffnete Truppen zu bezahlen, die sie auf der Seidenstraße beschützten. Ein Großteil der Strecke führte durch Ödland, sodass genug Proviant für viele Tage mitgeführt werden musste. Besonders gefürchtet war die Überquerung des Pamirgebirges und der Weg durch die Wüste Taklamakan.

Blütezeit und Niedergang
Im 14. Jh. erschienen die ersten Reiseführer für die Seidenstraße. Der italienische Kaufmann Francesco Pegolotti hatte mit *Die Praxis des Handels* großen Erfolg, einem Buch, das Reisenden nach China Ratschläge bot und in dem u.a. Reisezeiten, Kosten, Vorsichtsmaßnahmen und die profitabelsten Handelswaren verzeichnet waren.

Das Goldene Zeitalter der Seidenstraße ging 1368 zu Ende, als ein Aufstand der Chinesen gegen die mongolische Herrschaft zur Gründung der Ming-Dynastie führte. Nach dem Niedergang des Mongolenreichs blockierte das militant-islamische Osmanische Reich für christliche Händler den Zugang zu den Handelswegen über Konstantinopel. Doch erst das Aufblühen des Seehandels, der im 16. Jh. neue Wege von Europa zu den Gewürzinseln und nach Ostasien eröffnete, versetzte der Seidenstraße den endgültigen Todesstoß, von dem sie sich nie wieder erholte.

PROFIL
Der Schwarze Tod

Auf der Seidenstraße wurden nicht nur Waren transportiert, sondern auch Krankheiten weitergereicht. Um 1340 brach die Pest, die es ursprünglich nur in Zentralasien gab, auch in Handelsposten am Schwarzen Meer aus. Von dort gelangte sie auf Schiffen – vermutlich durch Rattenflöhe – in die europäischen Hafenstädte. 1350 hatte die Pest mindestens ein Drittel der gesamten Bevölkerung Europas ausgelöscht, die gegen die exotische Seuche nicht immun war. Auch in Syrien und Ägypten hatte der Schwarze Tod ähnlich verheerende Auswirkungen.

MITTELALTERLICHE DARSTELLUNG EINES ARZTES, DER PESTKRANKE BEHANDELT

» Von Utrar nach Almalik sind es **45 Tage** mit **Packeseln.** Man trifft **täglich** auf Mongolen. «

FRANCESCO PEGOLOTTI, *FÜHRER ZUR SEIDENSTRASSE*, 1335

◁ Wüstenturm
Die chinesische Stadt Dunhuang am Rand der Wüste Taklamakan war auf der Seidenstraße eine wichtige Station. Ihre Türme und Mauern, die heute nur noch Ruinen sind, dürften für erschöpfte Reisende ein willkommener Anblick gewesen sein.

Die Reisen des Marco Polo

Marco Polo war ein Kaufmann aus Venedig, der im 13. Jh. nach China an den Hof von Kaiser Kublai Khan reiste. Die Veröffentlichung seines Erlebnisberichts machte ihn zum berühmtesten Reisenden seiner Zeit.

△ **Reisender aus Venedig**

Marco Polo stammte aus einer reichen venezianischen Kaufmannsfamilie. Er war nicht der einzige Europäer, der nach China und zurück reiste, aber die packende Erzählung seiner Erlebnisse zu Lande und zu Wasser begeisterte die Massen.

Als Marco Polo 1254 zur Welt kam, spielte die Mittelmeerstadt Venedig beim Handel zwischen Europa und dem Osten eine herausragende Rolle. Venezianische Kaufleute erwarben asiatische Luxusgüter wie Seide und Gewürze in den Handelsposten am östlichen Mittelmeer und am Schwarzen Meer und verkauften diese dann mit großem Gewinn auf dem europäischen Markt. Auch Marcos Vater und Onkel, Niccolò und Maffeo Polo, waren solche Händler. Zur Zeit von Marcos Geburt reisten sie zum Schwarzen Meer und drangen immer weiter nach Asien vor, bis sie schließlich am Hof des Mongolenführers Kublai Khan landeten. Für den Herrscher waren die Europäer eine amüsante Abwechslung. Er machte sie zu seinen Botschaftern und beauftragte sie damit, Beziehungen zwischen ihm und dem Papst herzustellen.

Als Niccolò und Maffeo 1269 nach Venedig zurückkehrten, war Marco

bereits ein Jugendlicher. 1271 begleitete er Vater und Onkel auf eine zweite Reise an den Hof des Kublai Khan. Dieses Mal segelten sie nach Akkon, in der von Kreuzfahrern kontrollierten

Levante. Von dort aus folgten sie dem Kompass Richtung Osten, wobei sie oft die Richtung wechseln mussten, um gefährliche Gebiete zu umgehen. Über Bagdad und die persische Hafenstadt

▽ **Einmal China und zurück**

Ihre 24 000 km lange Reise führte die Polos durch viele gefährliche Gebiete, die später unpassierbar wurden. Sie kehrten jedoch mit Juwelen, die sie in ihre Mäntel eingenäht hatten, als wohlhabende Männer zurück.

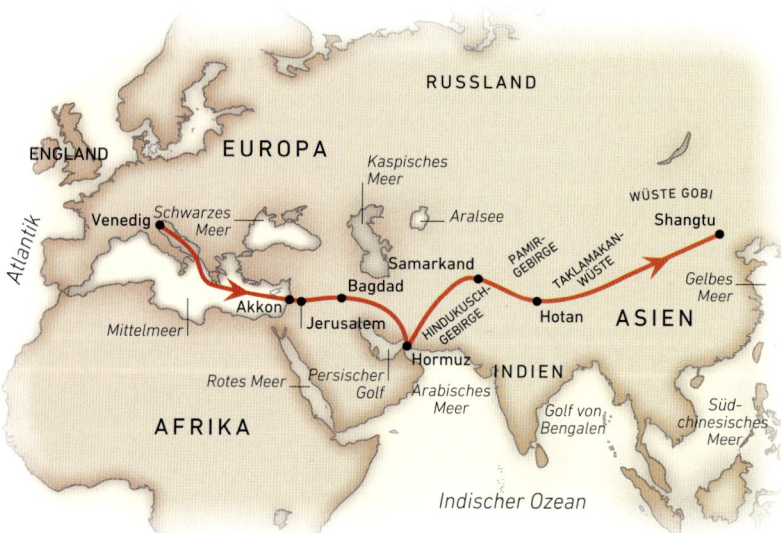

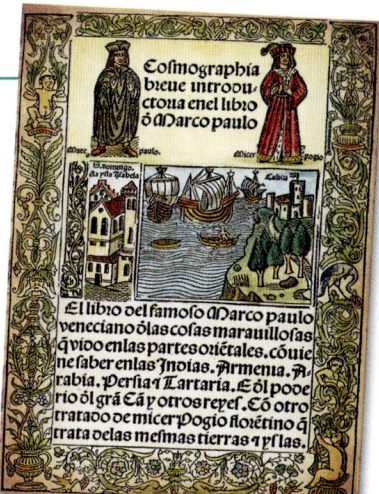

◁ **Il Milione**
Diese Version von Marco Polos *Reisen* erschien 1503. In Italien wurde es allgemein *Il Milione* genannt – vielleicht weil böse Zungen behaupteten, es enthalte eine Million Lügen.

»Ich habe **nicht die Hälfte** von dem **erzählt,** was ich sah, weil keiner mir geglaubt hätte.«

MARCO POLO AUF SEINEM STERBEBETT, ÜBERLIEFERT VON JACOPO D'ACQUI, 1330

Hormuz gelangten sie schließlich auf einen der Hauptwege der Seidenstraße (siehe S. 86–87), der sie über das Pamirgebirge und durch die Taklamakan-Wüste führte. Überall entlang der Strecke stießen sie auf zerstörte Städte, die den eroberungswütigen Mongolen zum Opfer gefallen waren.

Gesandter des Kaisers

Die Reise der Polos von Venedig nach China dauerte dreieinhalb Jahre. 1275 erreichten sie die Sommerresidenz des Kublai Khan in Shangtu, nördlich von Peking, und wurden in die Dienste des Kaisers genommen. Er hoffte, dass die Ausländer für sein eher widerspenstiges chinesisches Volk keine Bedrohung darstellten. Als Gesandter des Kaisers war Marco oft in den Territorien des Khans unterwegs, wo er reichlich Gelegenheit hatte, die fremden Bräuche und Sitten zu studieren.

Marco und seine Verwandten blieben 17 Jahre lang im Dienste des Kaisers, bis sich ihnen 1292 eine Gelegenheit zur Heimkehr bot. Eine mongolische Prinzessin sollte in Persien einen Mongolenprinzen heiraten und die Polos wurden damit beauftragt, die Braut zu ihrem zukünftigen Ehemann zu eskortieren.

◁ **Marco Polo verlässt Venedig**
Die mittelalterliche Illustration zeigt die Abfahrt Marco Polos aus seiner Heimat Venedig an den Hof von Kublai Khan. Es sollte fast 25 Jahre dauern, bis er Venedig wiedersah.

Sie nahmen den Seeweg, wobei sie den maritimen Handelsrouten folgten, auf denen Gewürze aus Südostasien über den Indischen Ozean in den muslimischen Nahen Osten gebracht wurden. Nach ihrer Ankunft in Hormuz übergaben sie die Prinzessin in Tabriz, der mongolischen Hauptstadt von Persien, und reisten auf dem Landweg weiter zum Schwarzen Meer, wo sie ein Schiff nach Venedig bestiegen. 1295 kamen sie endlich wieder in der Heimat an.

Die Reisen des Marco Polo

Die Welt hätte nie von Marco Polos Reisen erfahren, wäre er nicht 1298 in genuesische Gefangenschaft geraten. Im Gefängnis lernte er nämlich den Romanautor Rustichello da Pisa kennen und erzählte ihm die Geschichte seiner Reisen. Rustichello fügte noch ein paar fantastische Elemente hinzu und machte daraus das Buch *Die Reisen des Marco Polo*, das 1300 veröffentlicht wurde. Obwohl viele Leser am Wahrheitsgehalt einiger Fakten zweifelten (etwa dass die Chinesen Papier als Geld verwendeten), wurde das Buch zu einem der meistgelesenen Werke seiner Zeit. Marco Polo starb im Januar 1324 in seinem Bett in Venedig.

CHINESISCHES PORTRÄT VON KUBLAI KHAN, DER MARCO POLO 1275 IN SEINE DIENSTE STELLTE

PROFIL
Kublai Khan

Als Enkel von Dschingis Khan, dem Gründer des Mongolenreichs, gelangte Kublai Khan 1251 in Nordchina an die Macht. Er ließ sich zum Großkhan ausrufen, dem Herrscher über alle Mongolen, tatsächlich jedoch war er eher ein chinesischer Kaiser, der von Peking aus regierte und die Yuan-Dynastie gründete. 1279 eroberte er Südchina und unternahm 1274 und 1281 erfolglose Invasionen nach Japan. Er galt als toleranter Herrscher, doch obwohl er alle chinesischen Verwaltungs- und Regierungstraditionen übernahm, blieb er für seine chinesischen Untertanen immer ein Ausländer.

STREITWAGEN, ROM, 200 V. CHR.

LAUFMASCHINE, DEUTSCHLAND, 1817

PLANWAGEN, USA, 1850

HARLEY DAVIDSON, ENGLAND, 1916

CHARABANC, ENGLAND, 1920

Rollende Räder

Seit 5500 Jahren wird über die Verbesserung des Rades nachgedacht, um den Transport von Waren und Personen zu erleichtern.

Die Idee, einen Wagen mit Scheibenrädern für den Transport einzusetzen, hatten die Mesopotamier um 3200 v. Chr., etwa 1000 Jahre nach der Erfindung der Töpferscheibe. Bis zur Erfindung des ebenso soliden, aber wesentlich leichteren Speichenrades, das die Ägypter an ihren Streitwagen anbrachten, vergingen jedoch weitere 1600 Jahre. Diese ersten Speichen waren aus Holz und damit weit entfernt von den Karbonspeichen unserer Fahrräder heute.

Räder rollen auf ebenen Flächen am besten, deshalb erschienen auch kurz nach den Wagen die ersten rudimentären Straßen. Die Verbesserung von Rädern und Straßen ging Hand in Hand. Zur selben Zeit, als

Speichen erfunden wurden, benutzte man zum ersten Mal Eisenbänder zur Verstärkung der Felgen und Laufflächen. Um 1820 wurden Makadamstraßen aus verdichtetem Schotter gebaut, 1846 erschienen die ersten Luftreifen. Dank des Verbrennungsmotors mussten Räder nicht länger von Pferden bewegt werden. Der Straßentransport weitete sich im 20. Jh. drastisch aus. 1901 wurde Asphalt patentiert. 1903 bauten die Jugendfreunde William S. Harley und Arthur Davidson ihr erstes Motorrad. 1908 brachte Henry Ford die »Tin Lizzie« heraus. Trotz der zögerlichen Anfänge ist und bleibt das Rad heute und in Zukunft für uns unentbehrlich.

SCHULBUS, USA, 1940

BENZ MOTORWAGEN, DEUTSCHLAND, 1886

SPIDER PHAETON, ENGLAND, 1890

FORD MODEL T, USA, 1908

AEC REGENT III RT BUS, ENGLAND, 1938

CUSHMAN AUTO-GLIDE MODEL 1, USA, 1938

BIANCHI PARIS-ROUBAIX, ITALIEN, 1951

VOLKSWAGEN KOMBI, DEUTSCHLAND, 1950–1967

HEVROLET BEL AIR CONVERTIBLE, USA, 1957

NISSAN LEAF, JAPAN/USA, 2010

Karawanserei

Karawansereien boten Reisenden und deren
Tieren an mittelalterlichen Handels- und Pilger-
wegen Unterkunft und Verpflegung an.

Für jeden Pilger oder Händler versprach der Anblick einer Karawanserei Erfrischung und Erholung von den Mühen und Gefah-
ren ihrer Reise. Das Eingangstor war so hoch, dass ein beladenes
Kamel hindurchpasste, und führte in einen nicht überdachten
Innenhof, um den sich Schlafräume gruppierten. Dabei handelte es
sich um kahle Zimmer ohne Bett, Tisch oder Stuhl. Der Reisende
durfte einen beliebigen Raum besetzen, sofern dieser leer war. Die
Karawanserei bot auch gesicherte Lagerräume für Handelswaren,
Ställe für Pferde, Kamele und Esel sowie einen Gebetsraum und ein
Badehaus.
   Von außen sahen die meisten dieser Karawanenhöfe aus wie
Festungen. Eine hohe Mauer schützte sie vor Banditen und Wölfen.
Karawansereien wurden von regionalen Herrschern errichtet und
unterhalten, die entweder die religiöse Verpflichtung verspürten,
die Pilgerfahrt nach Mekka zu erleichtern, oder aber dem kommerziellen Imperativ folgten, den Handel zu fördern. Unterkunft, Verpflegung und Tierfutter waren umsonst. Für ausländische Kaufleute
wurde allerdings oft eine empfindlich hohe Handelssteuer erhoben.
   An stark frequentierten Routen befand sich alle 30 oder 40 km
eine Karawanserei, was etwa der Strecke entsprach, die eine Karawane an einem Tag zurücklegen konnte. Auch in den Städten gab
es ähnliche Herbergen. Als Treffpunkt von Menschen aus vielen
Ländern fand dort ein reger Austausch von Waren, Ideen und
Argumenten statt. Karawansereien spielten fast 1000 Jahre lang,
bis in das 20. Jh. hinein, eine wichtige Rolle im asiatischen Alltag.
Heute sind viele verfallen oder wurden in spektakuläre Touristen-
hotels und Märkte umgewandelt.

◁ **Wikalat Bazar'a**
Wikalat Bazar'a wurde
von einem Jemeniten
namens Bazar'a im
17. Jh. erbaut und ist
eine von 20 verbliebe-
nen Karawansereien in
Kairo. Sie besitzt einen
eindrucksvollen Innen-
hof mit Arkaden.

Einsame Ruinen
Karawansereien gab es in ganz Asien, von der Türkei bis Indien und Kasachstan. Sie waren in abgelegenen Gegenden oft die einzige Anlaufstelle. Diese hier in einem afghanischen Gebirgstal wurde schon vor langer Zeit aufgegeben.

Salzkarawanen durch die Sahara

Vor 700 Jahren führte eine der ergiebigsten Handelsrouten von Timbuktu, der Hauptstadt von Mali, durch die Sahara. Auf Kamelen wurden kostbare Waren wie Gold, Salz, Elfenbein und Sklaven durch die Wüste transportiert.

▷ **Weltatlas**
Im *Katalanischen Weltatlas* aus dem Jahr 1375 ist Mansa Musa, Regent von Mali und »edelster Herr der gesamten Region« südlich der Sahara, auf seinem Thron sitzend abgebildet.

▽ **Karawane**
Weil sie lange Zeit ohne Wasser auskommen, waren Dromedare die idealen Packtiere für den Transport von Waren durch die Sahara.

> »In diesem Land herrscht **völlige Sicherheit.** Kein **Reisender** oder **Einwohner** hat etwas zu **befürchten** …«
>
> DER MAROKKANISCHE ENTDECKER IBN BATTUTA ÜBER MALI, 1354

D as von Land umgebene muslimische Mali am südlichen Rand der Sahara war und ist heute noch ein geheimnisvolles Reich. Die Welt nahm erst von seiner Existenz und seinem unermesslichen Reichtum Kenntnis, als sein Herrscher Mansa Musa 1324 eine Pilgerfahrt nach Mekka unternahm. Seine Ankunft in Kairo, wo er völlig unerwartet mit Tausenden von Begleitern aus der Wüste auftauchte, war eine Sensation. Mansa Musas Kamelkarawane war derart schwer mit Gold beladen, dass sich diese Menge auf die ägyptische Wirtschaft auswirkte – damals die florierendste der islamischen Welt.

Transsaharahandel

Das Königreich Mali wurde im 13. Jh. gegründet und erwarb seinen Wohlstand durch die Kontrolle über den Transsaharahandel. Auf den Märkten von Timbuktu und weiteren malischen Städten wurden Gold und andere Produkte wie Kupfer, Kolanüsse, Elfenbein und Sklaven, die man auf dem Fluss Niger herbeischaffte, gegen Salz und

Berberpferde der Tuareg eingetauscht. Diese Nomaden, die Tuareg, brachten die wertvollen Waren vom Süden quer durch die Wüste zu dem Handelszentrum Sidschilmasa oder zu anderen marokkanischen Städten am Nordrand der Sahara. Von dort aus nahmen die nächsten Händler sie mit in den Nahen Osten oder nach Europa. Übrigens wurden die Goldmünzen des spätmittelalterlichen Europas aus afrikanischem Gold geprägt.

◁ **Traditionelle Kopfbedeckung**
Dieser Targi trägt den indigoblauen Tagelmust, der sowohl Turban als auch Schleier ist und damit optimalen Schutz vor Sand und Sonne bietet.

Das wilde und unabhängige Berbervolk der Tuareg lebte seit der Antike in den typischen blauen Zelten und zog mit seinen Kamel-, Ziegen- und Schafsherden durch die Wüste. Außerdem handelten sie mit Salz aus Taghaza, das fast in der Mitte der 1600 km langen Strecke zwischen Mali und Sidschilmasa lag. Auf dem Rücken ihrer Kamele transportierten sie große Blöcke Steinsalz durch die Wüste und verkauften sie auf den Märkten Malis. Salz war damals so wertvoll, dass man es manchmal auch als »weißes Gold« bezeichnete.

Quer durch die Wüste

Die Handelskarawanen der Tuareg waren beeindruckend groß. Der arabische Reisende Ibn Battuta, der 1352 die Wüste südlich von Sidschilmasa aus durchquerte, berichtet, dass eine typische Karawane aus 1000 oder mehr Kamelen bestand. Gewöhnlich wurde wegen der Hitze nachts gewandert und die Reise in den seltenen Oasen unterbrochen. Die äußerst anstrengende und gefährliche Wüstendurchquerung dauerte zwei Monate und lohnte nur wegen der zu erwartenden hohen Gewinne.

Die Herrscher von Mali erhoben Steuern auf den Saharahandel und nutzten

diese Einkünfte, um ihr Reich zu einem Ort der Bildung, Frömmigkeit und architektonischen Pracht zu machen. Dies traf insbesondere auf die Hauptstadt Timbuktu zu, das Anfang des 15. Jh. 100 000 Einwohner zählte. Studenten aus der ganzen islamischen Welt besuchten die Universität und nutzten eine der weltweit umfangreichsten Bibliotheken, die Zehntausende Handschriften enthielt.

Im 15. Jh. wurde Mali von ihrem Rivalen, dem Songhaireich, übertroffen, aber der Saharahandel blühte weiterhin. In den folgenden Jahrhunderten verloren Nord- und Westafrika durch die Dominanz der europäischen Seehandelsnationen an Bedeutung, bis das gesamte Gebiet im 19. Jh. schließlich den imperialen Ambitionen Frankreichs zum Opfer fiel.

△ **Sankore-Moschee**
Timbuktu ist berühmt für seine Moscheen aus sonnengetrockneten Lehmziegeln. Die Sankore-Moschee ist Teil der Universität aus der Blütezeit des Malireichs.

Ibn Battuta

Niemand im Mittelalter reiste weiter als Muhammed Ibn Battuta. Der gebürtige
Nordafrikaner durchquerte Wüsten, Steppen und Ozeane und sah die Pracht
von Städten wie Bagdad, Samarkand, Peking und Timbuktu.

Ibn Battuta war der Sohn einer
Familie von Richtern und
islamischen Rechtsgelehrten.
Im Alter von 21 Jahren verließ
er seine Heimatstadt Tanger in
Marokko, um sich auf die Pilgerfahrt nach Mekka zu begeben.
Unterwegs fand er so großen
Gefallen am Reisen an sich, dass er
erst 14 Jahre später in die Heimat
zurückkehrte.

Anfang des 14. Jh. stand die Welt
für muslimische Reisende offen.
Vereint durch religiöse Bräuche,
Handel und die Sprache des Korans,
erstreckte sich das Islamische Reich
damals von Spanien bis Indonesien und von der zentralasiatischen
Steppe bis nach Sansibar. Nach
Vollendung der Pilgerfahrt führte
Ibn Battutas erste Überlandreise
durch Irak und Persien. Dann fuhr
er auf dem Meer die Ostküste Afrikas entlang, wo Händler den Islam
bis nach Tansania verbreitet hatten.
Zwischen diesen Reisen schloss er
sein Jurastudium in Mekka ab,

Legende
- Route 1 (1325–1328)
- Route 2 (1330–1331)
- Route 3 (1332–1346)
- Route 4 (1347–1352)

um in jedem Land der islamischen
Welt, das er besuchte, leicht Arbeit
finden zu können.

Bis ans Ende der Welt

1332 beschloss er, sich eine Stelle
am Hof des wohlhabenden muslimischen Herrschers von Delhi
zu suchen. Er nahm jedoch nicht
den direkten Weg von Arabien
aus über das Meer, sondern den
umständlichen Landweg über das
christliche Konstantinopel, entlang der Seidenstraße in das von
Mongolen besetzte Zentralasien
und über die verschneiten Gipfel
des Hindukusch. Der Sultan von
Delhi, Muhammad bin Tughluq,
war sehr erfreut über die Dienste
des Gelehrten, aber Ibn Battuta
fand seinen neuen Arbeitgeber zu
kapriziös. Als dieser ihn auf eine
Mission nach Südindien schickte,
kehrte er nicht mehr nach Delhi
zurück. Stattdessen folgte er den
Seehandelsrouten von Sri Lanka
rund um Südostasien nach China.

◁ Hagia Sophia

Ibn Battuta war beeindruckt von der
Pracht der Hagia Sophia, als er 1332
Konstantinopel, die Hauptstadt des
byzantinischen Kaiserreichs, besuchte
und dort einen Monat lang verweilte.

◁ Wege durch den Osten

Ibn Battuta bereiste
im 14. Jh. beinahe die
gesamte muslimische
Welt. Nur das christli-
che Westeuropa blieb
für ihn als Muslim
verschlossen.

▷ Ibn Battuta in Ägypten

Ein ägyptischer Führer zeigt Ibn
Battuta während seines Besuchs
in Kairo im Jahr 1326 antike
Ruinen. Kairo war damals eine
der größten Städte der Welt.

In der bekannten Welt gab es
beinahe keine Orte mehr, an
die Ibn Battuta hätte reisen
können. 1347 machte er sich
auf den Heimweg, wobei er
mit Entsetzen das Wüten
der Pest beobachtete, der
auch seine Eltern zum
Opfer fielen. Er hielt sich
deshalb auch nicht lange
in Tanger auf, sondern
reiste in das islamisch
beherrschte al-Andalus
und auf dem Kamel durch
die Sahara nach Mali.

Nachdem er in 30 Jahren
120 000 km zurückgelegt
hatte, ließ er sich schließlich in
Marokko nieder und diktierte
die Geschichte seiner Reisen.
Auch wenn nicht alles darin der
Wahrheit entspricht, sind seine
Rihla (Reisen) eine
wichtige Quelle
für die Welt des
Mittelalters.

» Ich hatte **keinen Reise-gefährten ... keine Karawane,** der ich mich **anschließen** konnte. «

IBN BATTUTA, *RIHLA,* 1354

WICHTIGE DATEN

- **1304** Geboren am 25. Februar in Tanger in eine Berberfamilie.
- **1325** Unternimmt die Pilgerfahrt nach Mekka entlang der Küste Nordafrikas.
- **1326** Besucht auf dem Weg nach Mekka und Medina auch Kairo und Damaskus.
- **1327–1328** Bereist Irak und Iran.
- **1330–1331** Segelt über das Rote Meer nach Aden und Kilwa.
- **1332–1334** Reisen nach Indien durch das Byzantinische Reich, Zentralasien und Afghanistan.

DER BYZANTINISCHE KAISER ANDRONI-KOS III. KANNTE IBN BATTUTA.

- **1334–1342** Dient am Hof des Sultans von Delhi.
- **1342–1346** Reise nach China über Südindien, Sri Lanka und Südostafrika.
- **1352** Reise durch die Sahara ins Mali-reich und an den Niger.
- **1354** Rückkehr nach Tanger.
- **1369** Stirbt mit 64 oder 65 Jahren in Tanger.

DAS ANGEBLICHE GRAB VON IBN BATTUTA IN TANGER, MAROKKO

Karten im Mittelalter

Mittelalterliche Landkarten waren ein Kompendium an Mythen, Traditionen und falschen Reiseberichten. Auch als bekanntere Regionen besser kartografiert wurden, blieb ein Großteil der Welt im Dunkeln.

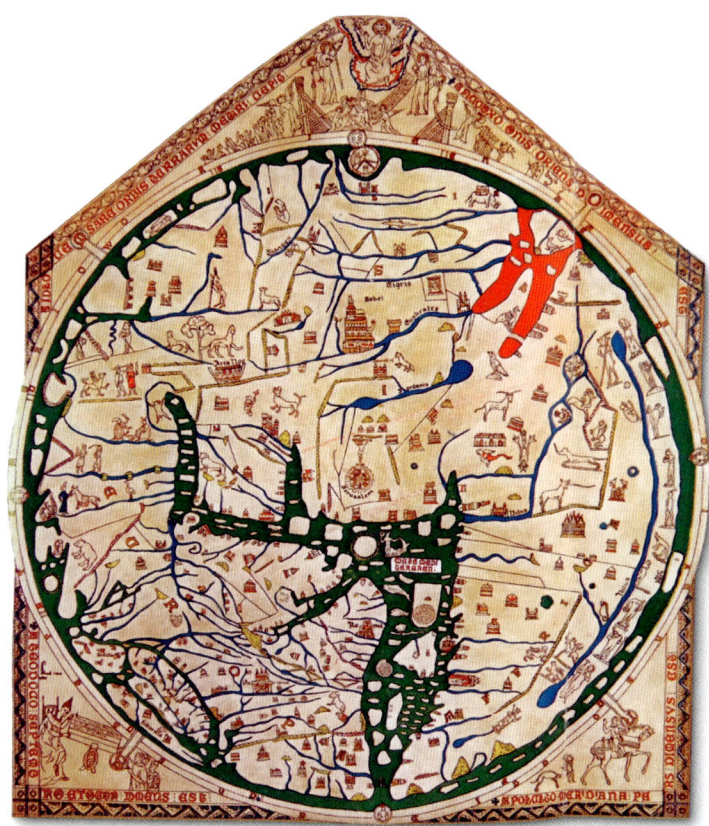

△ **Mappa Mundi von Hereford**
Die Welt wird auf dieser mittelalterlichen Karte eher mythologisch dargestellt. Asien und Afrika sind von Ungeheuern und Figuren aus biblischen Geschichten bevölkert.

Händler, Pilger und Kreuzfahrer, die sich im Mittelalter auf den Weg von Europa in den Orient machten, konsultierten keine Landkarten. Die Karten des christlichen Europa waren nicht dazu gedacht, Reisenden den Weg in ferne Länder zu weisen. Sie sollten vielmehr die allgemeine Vorstellung der mittelalterlichen Christen von der Welt wiedergeben. Ein schönes Bei-

spiel dafür ist die *Mappa Mundi* (Weltkarte) in der Kathedrale von Hereford in England aus der Zeit um 1300. Sie zeigt die Welt in drei Teilen – Europa, Asien und Afrika –, begrenzt durch Nil, Don und Mittelmeer und umschlossen von einem großen Ozean. Osten ist auf der Karte oben, und Jerusalem, jener Ort, an dem Jesus Christus gekreuzigt und begraben wurde, bildet das Zentrum der Welt. Die geografische Darstellung ist mit Bildern aus biblischen Geschichten und alten Legenden unterlegt. Man sieht exotische Tiere und mythologische Ungeheuer, den Garten Eden mit Adam und Eva, Noahs Arche, menschliche Missgestalten und auch das Labyrinth des Minotaurus. Weitere Beispiele für mittelalterliche *Mappae Mundi* sind die *Beatus*-Handschriften von etwa 1050 aus der französischen Abtei Saint-Sever sowie die Ebstorfer Weltkarte, vermutlich aus der Zeit um 1300, die in der Lüneburger Heide gefunden wurde.

Muslimische Kartografen des Mittelalters erstellten viel genauere Karten, denn im Gegensatz zu ihren christlichen Kollegen verfügten sie über zwei wichtige Quellen: die Werke des antiken Geografen Ptolemäus sowie Informationen von muslimischen Händlern und Seeleuten, die die gesamte islamische Welt bereisten. Nur deshalb konnte Muhammad al-Idrisi, ein arabischer Geograf am Hof des glaubenstoleranten Königs Roger II. von Sizilien, im 12. Jh.

eine relativ realistische Karte von Nordafrika, Europa und Asien erstellen.

Wiederentdeckung des Ptolemäus

Ab Mitte des 13. Jh. begann man auch im christlichen Europa praxisbezogenere Karten zu erstellen. Um den Bedürfnissen der Seeleute Rechnung zu tragen, kamen Portolankarten in Umlauf, die die Umrisse von Küsten, Inseln und Riffen nachzeichneten. Sie besaßen eine Windrose zur Angabe

> » Der **Erdkreis** ... ist **dreifach** geteilt: der eine Teil wird **Asien,** der andere **Europa,** der dritte **Afrika** genannt. «

ISIDOR, ERZBISCHOF VON SEVILLA, *ETYMOLOGIAE*, 633

▷ *Carta Pisana*
Die *Carta Pisana* aus dem späten 13. Jh. ist die älteste erhaltene Portolankarte. Sie lieferte italienischen Seeleuten eine akurate Darstellung des Mittelmeerraums.

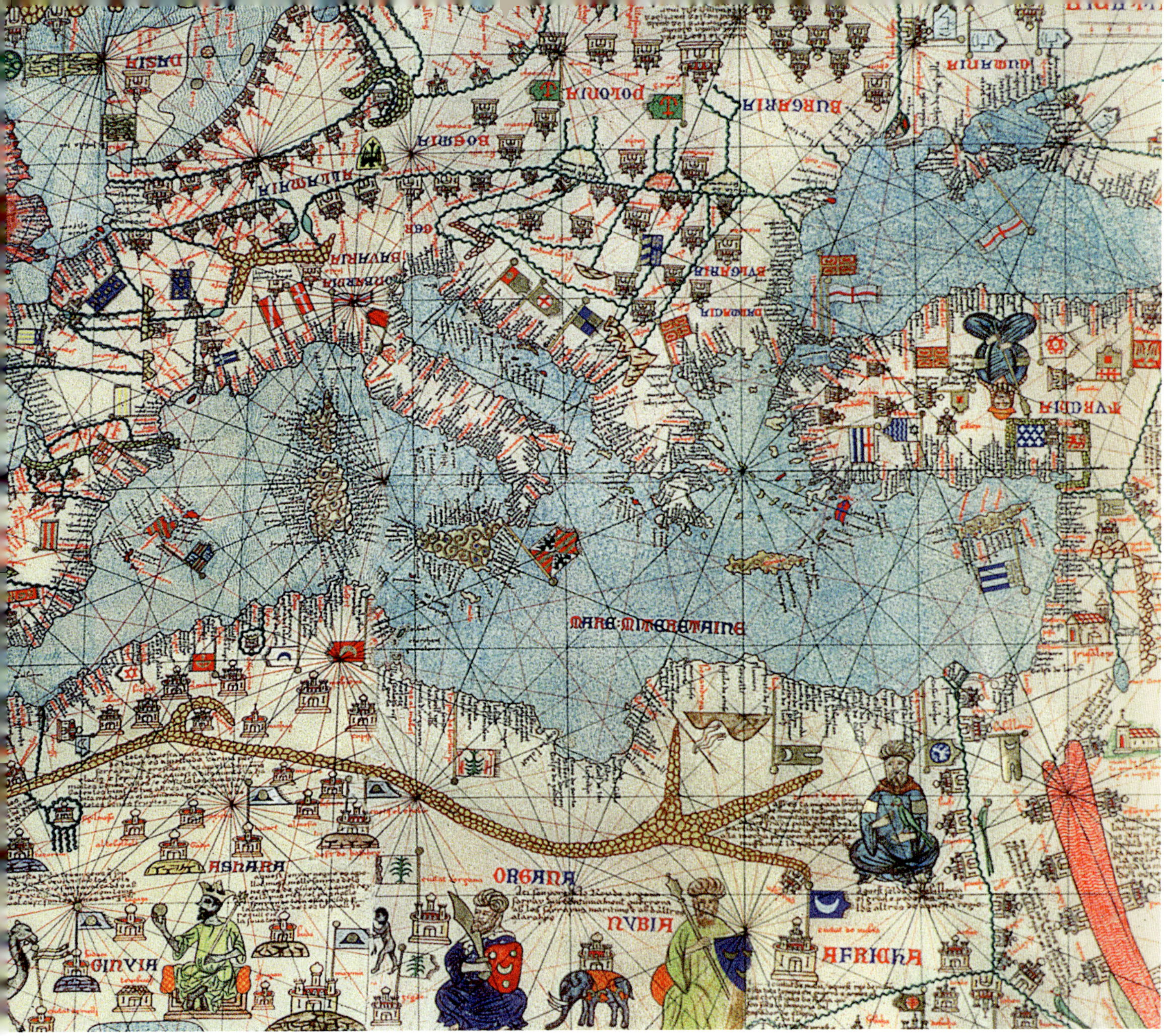

◁ *Katalanischer Weltatlas*
Diese Weltkarte aus Mallorca von 1375 weist Merkmale eines Portolans auf, wie Windrose und Rhombenlinien. Zugleich ist sie jedoch in der Tradition einer *Mappa Mundi* mit Abbildungen von realen und fiktiven Elementen aus mittelalterlichen Reiseberichten bevölkert.

der Himmelsrichtung und waren von einem Liniennetz, sogenannten Rhombenlinien, durchzogen, die den Seeleuten dabei halfen, den Kurs zu bestimmen. Gemessen an der damals verfügbaren Technik, waren diese Karten, die zunächst in Italien, später auch in Katalonien und Portugal erstellt wurden, oft außerordentlich genau.

Portolane beschränkten sich zunächst auf die möglichst exakte Darstellung der Mittelmeerküsten und von Teilen des Schwarzen Meeres. Anfang des 14. Jh. erwarb Pietro Vesconte, ein genuesischer Kartograf, der in Venedig lebte, hohes Ansehen mit seinen Portolankarten. Um 1320 kombinierte er seine Technik mit der Tradition der *Mappa Mundi* und schuf eine Weltkarte, die sehr viel genauer war als herkömmliche Exemplare jener Zeit. Auf ähnliche Weise stellt auch der *Katalanische Weltatlas* von 1375 eine Kombination aus Portolan und *Mappa Mundi* dar. Er

△ **Portolankarte**
Dieser Portolan von 1559 zeigt, welche Fortschritte die Kartografie seit Beginn der Ära der Meeresschifffahrt machte.

wurde von dem jüdischen Kartografen Abraham Cresques auf Mallorca erschaffen, der sich dafür Informationen aus den Reiseberichten Marco Polos und Jean de Mandevilles holte – einschließlich der erfundenen Teile.

Das Schlüsselereignis zur Weiterentwicklung der europäischen Kartografie war jedoch die Wiederentdeckung der ptolemäischen Werke durch islamische Quellen im 15. Jh. Ptolemäus hatte die Bedeutung von Längen- und Breitengraden zur Bestimmung der Standortkoordinaten erkannt. Die europäischen Kartenzeichner wussten zwar bereits, dass die Erde eine Kugel ist, aber erst Ptolemäus lieferte ihnen eine, wenn auch falsche, Einschätzung ihrer Größe: Er gestand ihr nur drei Viertel ihrer tatsächlichen Größe zu. Diese Fehlkalkulation führte letztendlich dazu, dass Christoph Kolumbus sich nach Westen aufmachte, um eine Passage nach China zu finden.

DIE ÄRA DER ENTDECKER
1400–1600

DIE ÄRA DER ENTDECKER, 1400–1600

Einführung

Die Zeit zwischen 1400 und 1600 gilt als Ära der Entdecker, da viele Seefahrer aus Westeuropa Erkundungsfahrten unternahmen, auf denen sie bisher unbekannte Orte entdeckten. Die Folge war, dass Länder wie Spanien, Portugal, Frankreich und England ein weltweites Handelsnetz errichteten und Siedlungen in Afrika, Amerika und Asien gründeten. Auf diese Weise stärkten sie ihren Einfluss nicht nur auf die Länder, die sie besiedelten, sondern auf die gesamte Welt.

Pioniere zur See

Der Hauptgrund für diese oftmals gefahrvollen Seereisen war der Handel. Europäische Kaufleute importierten bereits kostbare Waren wie Gewürze und Seide aus dem Fernen Osten. Doch diese Güter mussten auf dem Landweg über Asien herbeigeschafft werden. Eine Handelsroute über das Meer erschien dagegen zuverlässiger und schneller. Außerdem, so hoffte man, erschlossen sich dadurch auch wertvolle neue Märkte. Deshalb riefen Mitglieder europäischer Königshäuser wie Prinz Heinrich von Portugal (auch bekannt als Heinrich der Seefahrer), Ferdinand und Isabella von Spanien sowie Elisabeth I. von England ihre Untertanen auf, neue Wege nach Asien zu finden.

Zu den bekanntesten Entdeckern jener Zeit zählen Vasco da Gama, der als erster Europäer auf dem Weg nach Indien das Kap der Guten Hoffnung umsegelte, und Christoph Kolumbus, der den Atlantik überquerte und als erster Europäer nach den Wikingern amerikanischen Boden betrat. Diese Pioniere und ihre Nachfolger fanden Seewege, errichteten Stützpunkte an afrikanischen und karibischen Küsten und inspirierten viele Abenteurer, es ihnen gleichzutun.

1492 ERREICHTE CHRISTOPH KOLUMBUS ALS ERSTER EUROPÄER NACH DEN WIKINGERN AMERIKA.

1501 ENTDECKTE AMERIGO VESPUCCI, DASS AMERIKA NICHT MIT ASIEN VERBUNDEN IST.

DER GELEHRTE ANTONIO PIGAFETTA UMRUNDETE MIT FERDINAND MAGELLANS CREW DIE WELT.

> »Indem man alle **Hindernisse ... beseitigt,** wird man zuverlässig sein **gewähltes Ziel erreichen.«**

CHRISTOPH KOLUMBUS

Zur nächsten Generation von Entdeckern gehörte Ferdinand Magellan, dessen Plan einer Weltumsegelung nach seinem Tod von seiner Crew vollendet wurde. Zur selben Zeit massakrierten die spanischen Konquistadoren die Azteken und die Inka, wodurch eine lange Phase europäischer Herrschaft in Mexiko und Südamerika begann. Diese Sorte Abenteurer war weniger am Handel interessiert als an der Suche nach Schätzen – sie gingen davon aus, in Südamerika reichlich Gold und Silber zu finden. Trotzdem verlor der Handel nicht an Bedeutung: Als die Franzosen Kanada erkundeten, profitierten sie nicht nur von der Eroberung neuer Territorien, sondern auch vom Pelzhandel.

Austausch von Waren

Die meisten dieser Expeditionen hatten nicht allzu viele Teilnehmer. Kolumbus unternahm seine erste Reise mit nur drei Schiffen. Pizarro eroberte Peru mit 180 Männern, Cortés hatte 500 Soldaten dabei. Ihr Vorteil war die überlegene Technologie, die sie mit sich führten: Navigationsinstrumente wie Quadrant und Kompass halfen ihnen, den Weg zu finden. Plattenrüstung und Feuerwaffen bescherten ihnen einen leichten Sieg über die schlecht ausgerüsteten Ureinwohner.

Eine Folge dieser Entdeckungsreisen war der rege Austausch von Waren quer über den Atlantik. Die Europäer kosteten zum ersten Mal Mais, Tomaten und Kartoffeln und brachten dafür Schweine, Hühner und Pferde nach Amerika. Dieses Netzwerk führte letztendlich zur Industrialisierung Amerikas, aber auch zur Verbreitung von Krankheiten und zum Sklavenhandel. Die Ära der Entdecker veränderte die Alte Welt genauso tiefgreifend wie die Neue Welt.

1519 BEGANN HERNÁN CORTÉS IM NAMEN SPANIENS MIT DER EROBERUNG MEXIKOS.

UM 1530 BESIEGTE FRANCISCO PIZARRO DIE INKA UND BEANSPRUCHTE IHR LAND FÜR DIE SPANISCHE KRONE.

EINE KARTE DER OSTKÜSTE NORDAMERIKAS, BASIEREND AUF FRANZÖSISCHEN ERKUNDUNGEN VON 1534–1541

Flottenkommandant
Admiral Zheng He, der von 1405 bis 1432 sieben chinesische Erkundungsfahrten anführte, war gebürtiger Muslim – sein Vater war nach Mekka gepilgert. Wie alle Hofbeamte der Ming-Dynastie war er ein Eunuch.

FLOTTENADMIRAL, 1371–1433

Zheng He

Im frühen 15. Jh., vor der Ära der Entdecker in Europa, kommandierte der chinesische Admiral Zheng He die damals weltgrößte Flotte auf mehreren abenteuerlichen Reisen von China nach Indien, Arabien und Afrika.

Zheng He war ein Eunuch im Dienste des Yongle-Kaisers Zhu Di. Zu dieser Zeit war die neu gegründete Ming-Dynastie entschlossen, Chinas internationalen Status zu behaupten. Zhu Di ließ deshalb eine große »Schatzflotte« bauen, die Chinas Macht und Ansehen jenseits der Heimatgrenzen repräsentieren sollte. Zum Kommandeur der Flotte wählte er seinen engsten Vertrauten, den Hofbeamten Zheng He.

Die Flotte umfasste mehr als 1600 der größten Holzschiffe, die je gebaut wurden. Zheng Hes Aufgabe war es, Expeditionen nach Südostasien und im Indischen Ozean zu leiten, um die regionalen Herrscher dazu zu bringen, den chinesischen Kaiser als obersten Herrn anzuerkennen und Tribut an den kaiserlichen Hof zu entrichten. Die Schiffe waren mit 27 000 Soldaten besetzt, für den Fall, dass die geforderten Tribute nicht freiwillig bezahlt wurden.

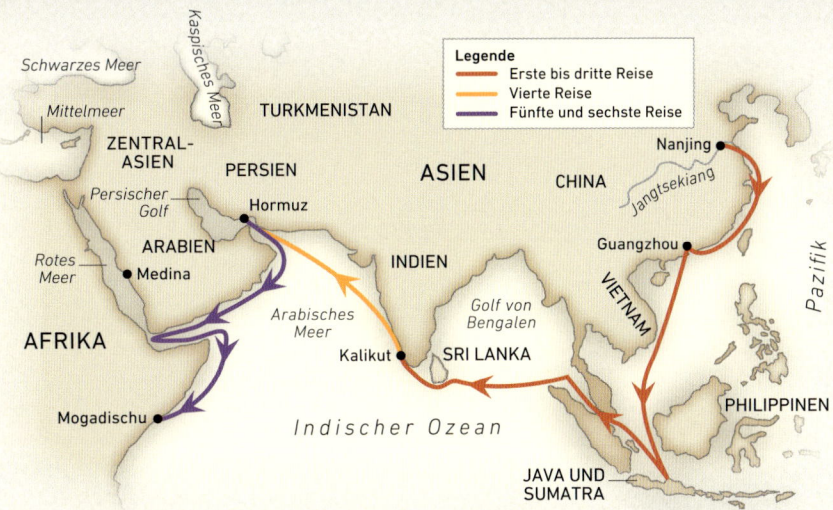

Legende
- Erste bis dritte Reise
- Vierte Reise
- Fünfte und sechste Reise

△ **Karte**
Zheng Hes Fahrten führten ihn auf etablierten Handelsrouten im Indischen Ozean von Malaysia bis nach Ostafrika.

Zwischen 1405 und 1422 unternahm Zheng He von Nanjing aus sechs Reisen, die jeweils zwei Jahre dauerten. Die ersten drei Fahrten führten ihn an der vietnamesischen Küste sowie Java und Sumatra entlang nach Sri Lanka und Südindien. Die vierte Reise ging über Indien hinaus bis zum persischen Hafen Hormuz. Auf der fünften und sechsten Expedition segelte Zheng He nach Arabien, zum Roten Meer und an die Ostküste Afrikas. Von jeder Reise kehrte er mit einer Fülle von Tributgütern zurück, darunter auch exotische Tiere wie Giraffen und Zebras für die kaiserliche Menagerie.

1424 wurden die Reisen eingestellt. 1432 erhielt Zheng He für eine letzte Fahrt der Flotte seine Ernennung zum Admiral, starb jedoch im Folgejahr. Danach verschloss sich China vor der Welt und löschte die Erinnerung an Zheng Hes Reisen. In einigen Teilen Südostasiens errichteten jedoch ausgewanderte Chinesen zu seinen Ehren Tempel.

◁ **Mächtiges Schatzschiff**
Diese moderne Darstellung der Schatzflotte verdeutlicht die Größe der Dschunken, die Zheng He kommandierte. Angeblich war jedes Schiff bis zu 100 m lang.

WICHTIGE DATEN

- **1371** Als Sohn einer muslimischen Familie in der Provinz Yunnan geboren.
- **1381** Sein Vater wird während der Befriedung Yunnans von Ming-Truppen getötet. Er wird kastriert und Diener von Zhu Di, dem Prinzen von Yan.
- **1402** Führt bei Zhu Dis Machtergreifung eine Armee an und wird dafür mit einem hohen Amt am Hof belohnt.
- **1405** Kommandiert die erste Reise der Schatzschiffe nach Südindien.
- **1407–1419** Leitet vier weitere Fahrten der Flotte nach Arabien und Ostafrika.
- **1422** Rückkehr von der sechsten Reise. Auf Befehl des Kaisers werden die Fahrten eingestellt.
- **1422–31** Dient als Militärgouverneur der Stadt Nanjing.
- **1432** Letzte Fahrt in den Indischen Ozean. Er stirbt 1433 und wird auf See bestattet.

EINE GIRAFFE ALS TRIBUT FÜR DEN KAISER

TEMPEL FÜR ZHENG HE IN PENANG, MALAYSIA

SEGELBOOT, ÄGYPTEN, 1900 V.CHR.

HANDELSSCHIFF, ROM, 200 N.CHR.

WIKINGERLANGSCHIFF, NORWEGEN, 800

HANDELSDAMPFER *AGAMEMNON*, ENGLAND, 1865

FRACHTSCHIFF *WENDUR*, SCHOTTLAND, 1884

Schiffe

Seit Jahrtausenden sind Schiffe das wichtigste Verkehrsmittel, um Personen und Waren über weite Strecken zu transportieren.

Viele alte Zivilisationen waren von Flüssen abhängig: die alten Ägypter vom Nil, die Mesopotamier von Tigris und Euphrat, die ersten indischen und pakistanischen Kulturen vom Indus. Die Flüsse lieferten nicht nur Wasser für Menschen, Vieh und Felder, sie boten auch die Gelegenheit zum Transport von Waren und Personen.

Die ersten Boote bestanden aus Tierhäuten und ausgehöhlten Baumstämmen. Die Ägypter bauten Segelboote aus Papyrusschilf, und die Ruderkünste der Griechen erreichten ein Niveau, das niemand übertraf. Später eroberten die Wikinger in ihren robusten, mit Segeln und Ruderern ausgestatteten Holzschiffen die Ozeane. Im

15. Jh. nutzten die Schiffsbauer in Europa alle bekannten Techniken und konstruierten massive, hochseetaugliche Drei- und Viermaster, die sie für die Eroberung anderer Nationen mit Kanonen bestückten. Nicht lange darauf folgten riesige Handelsschiffe – die Ostindienfahrer – für den Austausch von Waren mit Asien.

Die großen transozeanischen Dampfschiffe der industriellen Revolution beendeten die Ära der Segelschiffe. Doch auch der Dampfantrieb wurde heutzutage in den meisten Schiffen durch Diesel- und Benzinmotoren ersetzt. In militärischen Reaktorschiffen wird er jedoch noch zum Antrieb von Propellern und Generatoren genutzt.

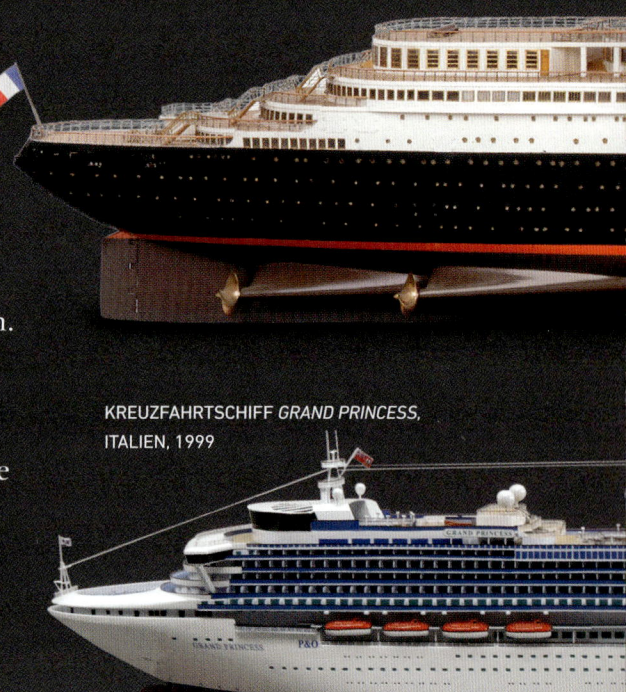

KREUZFAHRTSCHIFF *GRAND PRINCESS*, ITALIEN, 1999

KARACKE *SANTA MARÍA*, SPANIEN, 1492

DAMPFSEGELSCHIFF *SAVANNAH*, USA, 1819

DSCHUNKE, CHINA, 1840

SCHAUFELRADDAMPFER *ROYAL SOVEREIGN*, ENGLAND, 1893

OZEANDAMPFER SS *NORMANDIE*, FRANKREICH, 1932

WASSERBUS *HIMIKO*, JAPAN, 2010

Der Weg nach Indien

Auf der Suche nach einem der wertvollsten Güter der Welt – Gewürze – umrundeten portugiesische Schiffe einer bahnbrechenden Expedition nach Indien das Kap der Guten Hoffnung, die Südspitze Afrikas.

△ **Vasco da Gama**
Nach seiner berühmten Reise von 1497 bis 1499 segelte da Gama 1502 ein zweites Mal nach Indien. 1524 ernannte man ihn zum Vizekönig von Portugiesisch-Indien.

Auf Betreiben von Prinz Heinrich dem Navigator begannen die Portugiesen, die afrikanische Westküste bis nach Sierra Leone bereits Anfang des 15. Jh. zu erkunden. Seine Ziele waren, christliche Verbündete im Kampf gegen die nordafrikanischen Muslime zu suchen und das Gold zu finden, das es südlich der Sahara geben sollte. Als Heinrich 1460 starb, trieb Portugal einen profitablen Handel mit Sklaven und Gold.

Erste Versuche

Nach seiner Thronbesteigung 1481 ordnete der portugiesische König Johann II. neue Erkundungsfahrten an. Die Kenntnisse über Afrika waren damals dürftig, aber man ging davon aus, dass es möglich sein musste, über die Südspitze des Kontinents in den Indischen Ozean zu gelangen. Die Portugiesen versprachen sich dadurch direkten Zugang zu den Gewürzen Asiens, da der Zwischenhandel über muslimische und venezianische Händler die Preise für Gewürze enorm in die Höhe trieb. Als Vorbereitung ließ der König Astronomen und Mathematiker ein Navigationshandbuch erstellen und schickte heimlich Kundschafter nach Ägypten, die die Länder des Indischen Ozeans erkunden sollten.

1482 und 1484 segelte Diogo Cão bis nach Namibia, ohne die erhoffte Biegung nach Osten zu finden. 1487

◁ **Portugiesische Karavelle**
Die kleine, wendige Karavelle war das bevorzugte Schiff für die Erkundung der afrikanischen Küste, denn sie konnte auch seichte Gewässer und Flüsse befahren.

folgte eine zweite Expedition unter der Leitung von Bartolomeu Dias. Anfang 1488 wurde Dias von Wind und Strömung um das Kap der Guten Hoffnung getrieben, ohne es zu merken. Dias ging in Südafrika an Land, segelte dann aber weiter nach Osten, bis seine Mannschaft darauf bestand, heimzukehren. Zurück in Lissabon, verkündete er, der Weg nach Indien sei nun offen.

Da Gamas Triumph

Unter Johanns II. Nachfolger Manuel I. waren die Portugiesen ein Jahrzehnt später bereit für die Fahrt nach Indien. Im Juli 1497 stach eine Flotte aus vier gut bewaffneten Schiffen mit ihrem Kommandeur Vasco da Gama von Lissabon aus in See. Da Gama war kein Seemann, sondern ein adeliger Diplomat. Seine Mission lautete, Handelsbeziehungen in Indien zu knüpfen. Die Flotte segelte über die Kapverden nach Südafrika, wobei 13 Wochen lang kein Land in Sichtweite

lag – eine Meisterleistung der Navigation. Nachdem sie das Kap der Guten Hoffnung umrundet hatten, segelten die Portugiesen an der Ostküste Afrikas entlang nach Malindi. Dort begegneten sie Ahmad ibn Mājid, einem Seemann aus Gujarat, der sich bereit erklärte, die Flotte über den Indischen Ozean nach Kalikut zu führen.

Da Gama wurde von dem dortigen Herrscher nicht gerade herzlich empfangen, aber es gelang ihm, seine Schiffe mit Pfeffer und Zimt zu

◁ **Bartolomeu Dias**
Mit zwei Karavellen und einem Versorgungsschiff umrundete Dias 1488 das Kap der Guten Hoffnung.

» Gott allein ist ... der Steuermann, der sie durch seine Gnade leitet ... «

VASCO DA GAMA, REISEBERICHT, UM 1500

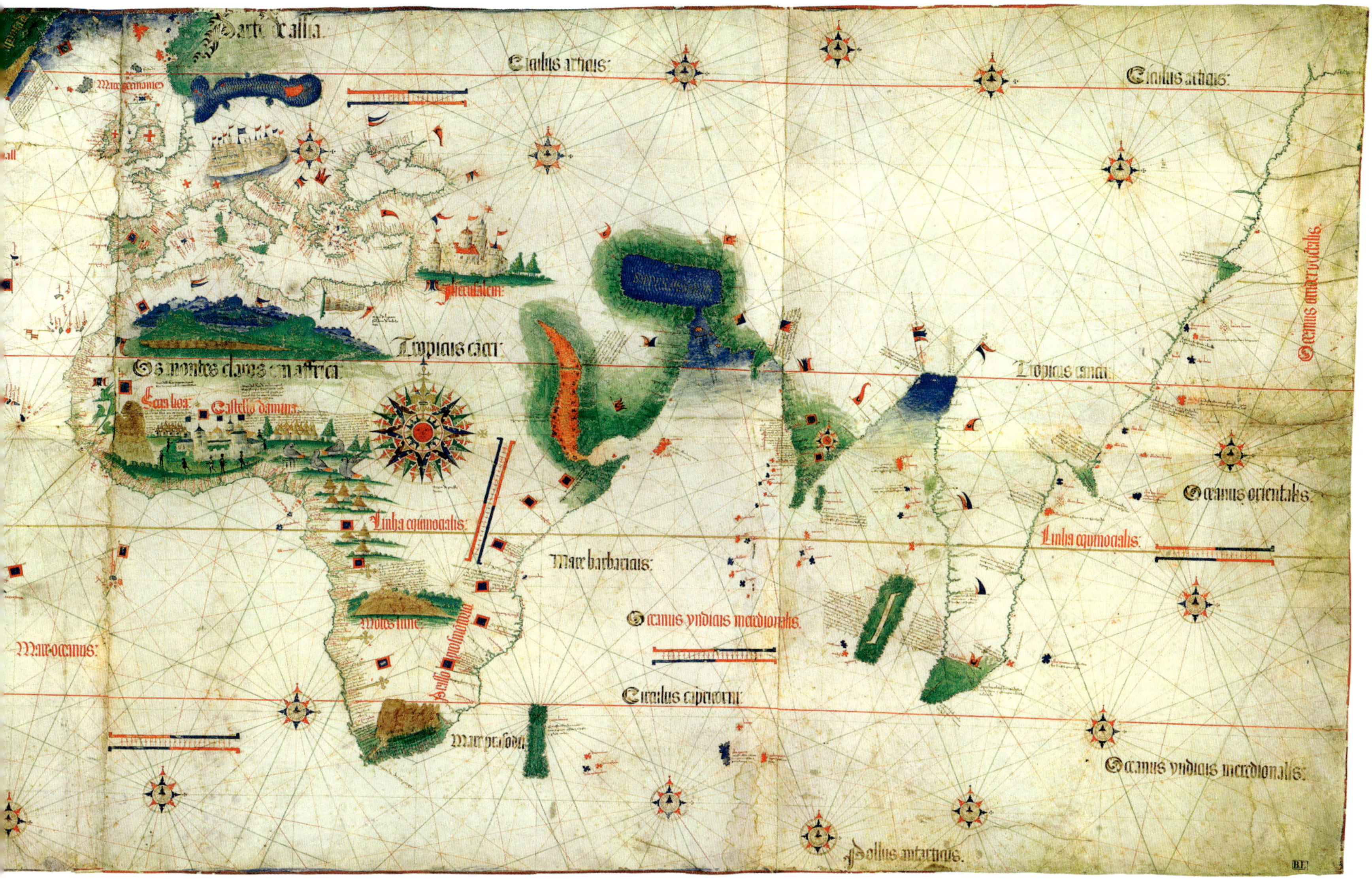

△ **Die Cantino-Planisphäre**
Die Cantino Planisphäre eines unbekannten Kartografen aus dem Jahr 1502 zeigt die Welt, wie die Portugiesen sie nach da Gamas Expeditionen kannten.

beladen, bevor er den Rückweg antrat. Die Heimfahrt wurde durch Stürme erschwert und die Mannschaft durch Krankheiten dezimiert. Da Gama sah sich mit einer Meuterei konfrontiert und musste eines der Schiffe aufgeben. Als er im September 1499 in den Hafen von Lissabon einfuhr, hatte er über die Hälfte seiner Mannschaft verloren. Nachfolgende Expeditionen verstärkten die portugiesische Präsenz in Indien und entdeckten Brasilien. Im 16. Jh. segelten die Portugiesen nach China und Japan und erwirtschafteten durch den Handel mit Gewürzen und anderen asiatischen Waren ein Vermögen.

◁ **Hieronymus-kloster**
Dieses Kloster wurde in Lissabon im Stadtteil Bélem zu Ehren von da Gamas Reise nach Indien erbaut. Finanziert wurde der Bau durch Steuereinnahmen auf den Handel mit Afrika und Asien.

Ankunft auf Hispaniola
Dieser Stich von Theodore de Bry aus dem 16. Jh. hat Kolumbus' Ankunft auf Hispaniola zum Thema. Einige seiner Männer errichten ein Kreuz, ein Hinweis auf ihre Absicht, die Eingeborenen zu missionieren.

Eine neue Welt

Von 1492 bis 1502 unternahm Christoph Kolumbus vier Entdeckungsfahrten über den Atlantik. Sie gelten als Beginn der Kolonialisierung Amerikas und der Einrichtung einer dauerhaften Verbindung zwischen der Alten und der Neuen Welt.

Christoph Kolumbus wurde in Genua geboren, einem italienischen Stadtstaat mit langer Seehandelstradition. Der erfahrene Navigator kam zu der Überzeugung, dass der schnellste Weg von Europa zu den Gewürzinseln in Südostasien nach Westen über den Atlantik führen musste.

Um 1480 versuchte Kolumbus, königliche Sponsoren für eine Transatlantik-Expedition zu finden, aber die Herrscher Portugals, Venedigs, Genuas und Englands lehnten ab. Sie glaubten, dass Kolumbus die Entfernungen völlig falsch einschätzte. Die spanischen Monarchen Ferdinand und Isabella jedoch erhofften sich lukrative neue Handelsmöglichkeiten und überließen ihm drei Schiffe – die *Santa Maria*, eine große Karacke, und zwei kleinere Karavellen, die *Pinta* und die *Niña*, für seine Expedition.

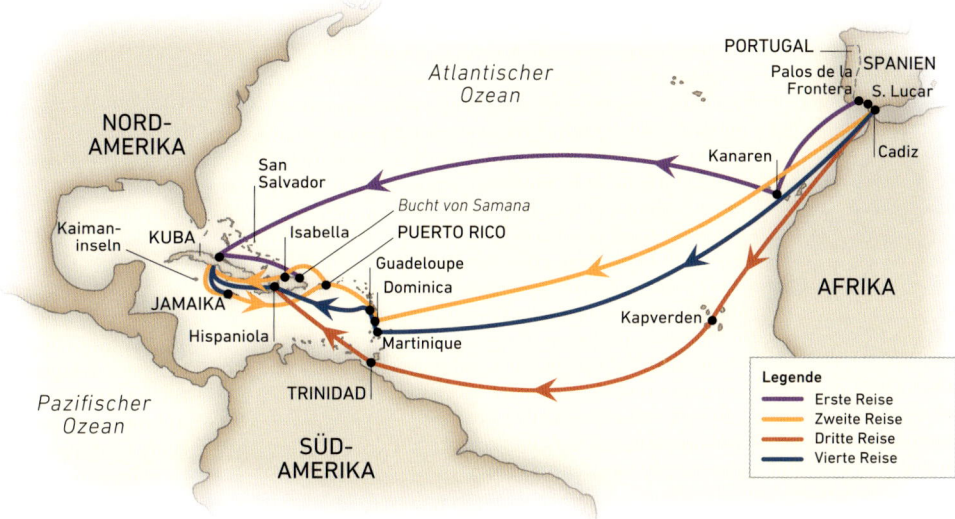

◁ **Die vier Reisen des Kolumbus**
Kolumbus nahm je nach vorherrschendem Wind verschiedene Wege über den Atlantik. Die übliche Route der Spanier nach Westen verlief zuerst nach Süden zu den Kanaren und von dort aus mit den Passatwinden in Richtung Karibik.

Legende
Erste Reise
Zweite Reise
Dritte Reise
Vierte Reise

Die erste Fahrt

Am 3. August 1492 stach die kleine Flotte von Palos de la Frontera an der Südwestküste Spaniens in See. Zunächst segelte sie nach Südwesten zu den spanischen Kanaren, wo Vorräte aufgefüllt und Reparaturen an der *Pinta* ausgeführt wurden. Dann segelten Kolumbus und seine Männer nach Westen in unbekanntes Gewässer und überquerten in fünf Wochen den Atlantik.

Am 12. Oktober verkündete der Ausgucker auf der *Pinta*, er sehe Land – eine Insel der Bahamas, die sie El Salvador nannten. Kolumbus notierte, dass die Einheimischen nur primitive Waffen trügen und leicht zu besiegen seien. Doch fast alle Völker, denen Kolumbus unterwegs begegnete, waren freundlich gesinnt. Er bewunderte ihren goldenen Ohrschmuck

△ **Christoph Kolumbus**
Dieses Porträt entstand etwa 100 Jahre nach seinen berühmten Amerika-Expeditionen.

und nahm einige der Einheimischen gefangen, weil er hoffte, sie würden ihn zur Quelle des Goldes führen. Die Gier nach Reichtum brachte den Kapitän der *Pinta*, Martín Alonso Pinzón, dazu, sich von Kolumbus loszusagen, um nach einer sagenhaften Insel voll Gold zu suchen. Die *Santa Maria* und *Niña* erkundeten weiter die Küste Hispaniolas, bis die *Santa Maria* am Weihnachtstag 1492 auf Grund lief. Kolumbus musste sein Flaggschiff aufgeben und mit nur noch einem Schiff weiterfahren, bis sich ihm die *Pinta* am 6. Januar 1493 wieder anschloss.

Vizekönig der Neuen Welt

Kolumbus ließ 39 Männer zurück, um auf Haiti die Kolonie La Navidad zu gründen, und segelte weiter an der Küste Hispaniolas entlang. Er ging in der Bucht von Rincón an Land, wo er dem Volk der Ciguayos begegnete. Kolumbus wollte mit ihnen handeln, aber stattdessen kam es zum Streit, bei dem einige Spanier verletzt wurden. Kolumbus nahm eine Gruppe Ciguayos gefangen und

EXKURS
Die Karacke

Kolumbus' größtes Schiff, die *Santa Maria*, war eine Karacke. Mit mehreren Masten ausgestattet und viel robuster als die kleineren Karavellen, konnte die raue See ihr nichts anhaben. Außerdem bot sie reichlich Platz für Proviant und Handelswaren. Karacken gab es seit dem 14. Jh. Seeleute aus dem Mittelmeer fuhren damit durch den rauen Atlantik oder die Küste Afrikas entlang. Die Besegelung bestand aus einer Mischung aus (quadratischen) Rah- und (dreieckigen) Lateinersegeln. Letztere ermöglichten es, höher am Wind zu segeln, sodass sich die Fahrtzeit gegen den Wind verkürzte.

MODELL DES DREIMASTERS *SANTA MARIA*

△ **Kolumbus mit König Ferdinand und Königin Isabella**
Nach zweijährigen Verhandlungen willigten die spanischen Monarchen ein, Kolumbus' Reise im Jahr 1492 zu finanzieren. Sie versprachen ihm außerdem zehn Prozent von allen Einkünften aus neu entdeckten Ländern.

Dominica und Guadeloupe, segelte weiter zu den Großen und den Kleinen Antillen und landete schließlich in Puerto Rico. Er musste außerdem feststellen, dass seine Kolonie La Navidad, die er auf der ersten Reise gegründet hatte, bei Streitigkeiten mit den Einheimischen zerstört und viele Kolonisten getötet worden waren. Daraufhin errichtete er auf Hispaniola die neue Siedlung La Isabela. Sie zu erhalten war jedoch schwieriger als gedacht. Nicht alle Einheimischen wollten sich Kolumbus' Herrschaft unterordnen, und viele Kolonisten waren enttäuscht, in der Neuen Welt nicht die Reichtümer vorzufinden, die man ihnen versprochen hatte.

◁ **Wappen**
Das Wappen, das Kolumbus ab 1493 führen durfte, zeigt den Löwen und das Schloss von Léon und Kastilien zusammen mit einer Gruppe von Inseln.

Kolumbus gedemüdigt
Seine dritte Fahrt (1498–1500) unternahm Kolumbus mit sechs Schiffen. Drei davon fuhren mit Vorräten für die Kolonisten direkt nach Hispaniola. Mit den anderen drei erkundete er Trinidad und die südamerikanische Küste. Er wurde jedoch krank und kehrte nach Hispaniola zurück, wo sich die spanischen Siedler, desillusioniert und unzufrieden mit seiner autoritären Herrschaft, gegen ihn auflehnten. Sie legten Kolumbus in Ketten und schickten ihn nach Spanien

» machte sich auf den Rückweg nach Spanien. Die Heimfahrt gestaltete sich schwierig, ein paar der Gefangenen starben. Ein schwerer Sturm zwang Kolumbus, auf den Azoren Schutz zu suchen, wo mehrere seiner Matrosen wegen des Verdachts auf Piraterie verhaftet wurden. Zwar kamen sie nach zwei Tagen wieder frei, aber wegen weiterer Stürme konnte Kolumbus erst am 15. März nach Spanien zurückkehren.

Da er die Entfernung zu den Gewürzinseln falsch berechnet hatte und niemand etwas von Amerika wusste, glaubte Kolumbus, er habe Ostindien erreicht. Auch die spanischen Monarchen waren dieser Ansicht. Sie ernannten Kolumbus zum Admiral der Sieben Meere und zum Vizekönig von Indien und planten eine Reihe weiterer Fahrten nach Indien.

Eine neue Kolonie
Kolumbus' zweite Expedition (1493–1496) war mit 17 Schiffen die größte. Unter den 1200 Männern an Bord befanden sich auch Bauern, Soldaten und Priester, die eine neue Kolonie gründen sollten. Kolumbus erkundete die Küsten von

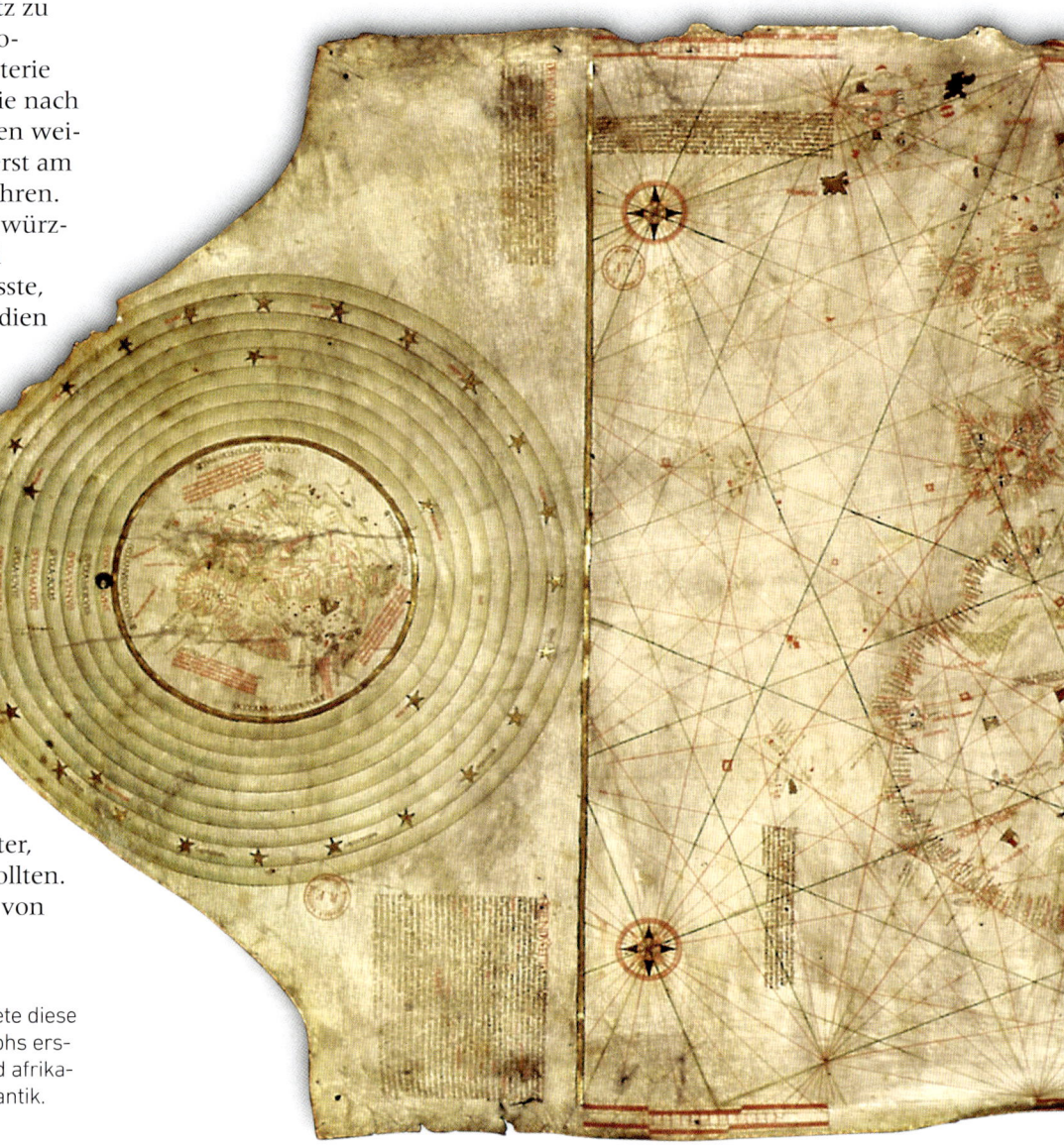

▷ **Kolumbus' Karte**
Kolumbus' Bruder Bartholomeo zeichnete diese Karte um 1490 in Lissabon, vor Christophs erster Fahrt. Sie zeigt die europäischen und afrikanischen Küsten sowie den östlichen Atlantik.

zurück, wo man ihn seines Amtes als Gouverneur enthob.

Die letzte Reise

Nachdem Kolumbus von der spanischen Krone eine neue Chance erhalten hatte, setzte er 1502 die Segel zu seiner vierten und letzten Reise. Er wollte einen Weg von der Karibik in den Indischen Ozean finden. Als er mit vier Schiffen in Hispaniola ankam, stand ein Hurrikan unmittelbar bevor. Der Gouverneur ließ ihn nicht in den Hafen einfahren, deshalb suchte er Schutz in einer nahe gelegenen Bucht. Trotz der Hurrikanwarnung sandte der Gouverneur eine Flotte aus 30 mit Schätzen beladenen Schiffen in Richtung Spanien. Alle bis auf eines wurden im Sturm zerstört, während Kolumbus' Schiffe unversehrt blieben. Kolumbus segelte daraufhin weiter zu

◁ **Kolumbus kämpft gegen Francisco Poraz**

In der Karibik wurde Kolumbus oft angefeindet, weil die spanischen Kolonisten nicht die Reichtümer vorfanden, die er ihnen versprochen hatte. Hier bekämpft er einen Aufstand, der von Francisco Poraz angeführt wurde.

» ... und ich erkannte, dass es Leute waren, die sich besser mit **Liebe** zu unserem **heiligen Glauben** befreien und **bekehren** würden als mit **Gewalt**. «

CHRISTOPH KOLUMBUS, BORDTAGEBUCH, 11. OKTOBER 1492

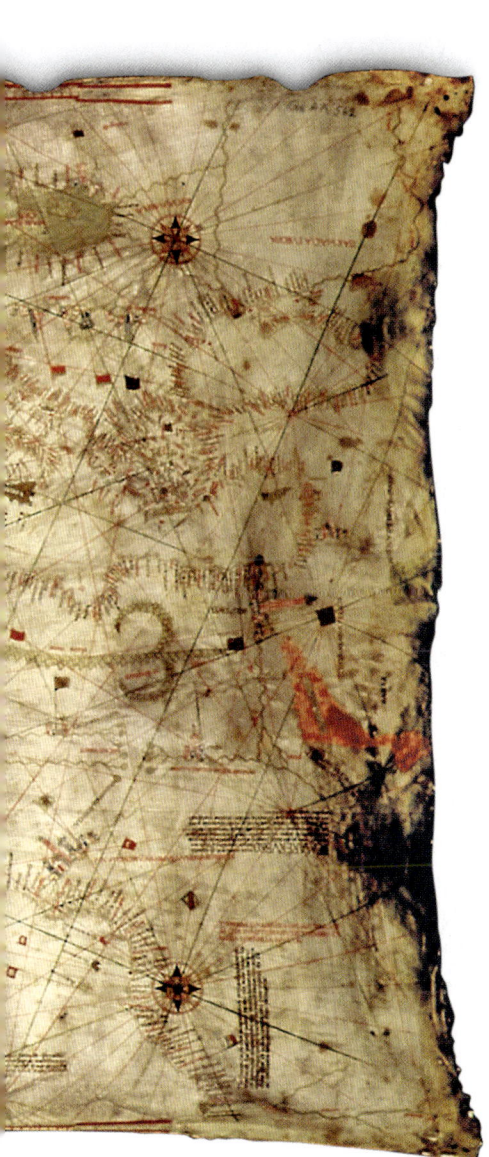

den Küsten Honduras und Panamas, wo er eine Garnison errichtete. Eingeborene verwüsteten diese jedoch und plünderten seine Schiffe. Auf der Rückfahrt in die Karibik passierte er die Kaimaninseln und nannte sie Las Tortugas, weil es dort sehr viele Schildkröten gab. Vor der Küste Kubas geriet er erneut in einen Sturm, der seine Schiffe beschädigte, sodass er in Jamaika strandete. Der dortige Gouverneur verweigerte ihm jede Unterstützung, aber Kolumbus freundete sich mit den Eingeborenen an, die er mit der korrekten Vorhersage einer Sonnenfinsternis beeindruckte. Nach einem Jahr kam endlich Hilfe aus Hispaniola an und der Entdecker konnte nach Spanien zurückkehren.

Kolumbus starb 1506 als verbitterter Mann. Bis zum Lebensende war er der

Ansicht, einen Weg nach Ostindien gefunden zu haben. Er hatte nicht nur Gold nach Europa gebracht, sondern auch Tabak, Kartoffeln und Ananas, und damit einen Handel und kulturellen Austausch angeregt, der bis heute Bestand hat (siehe S. 128–129).

▷ **Die Entdeckung Trinidads**
Auf diesem Stich aus dem 18. Jh. sind die drei Gipfel der Insel Trinidad abgebildet, die Kolumbus 1498 entdeckte.

Die Zeit nach Kolumbus

Nach Kolumbus versuchten viele Reisende, über den Atlantik nach Asien zu gelangen.
Doch erst durch Entdecker wie Amerigo Vespucci erkannten die Europäer, dass sie
jenseits des Ozeans nicht Teile Asiens erkundeten, sondern eine »Neue Welt«.

Die Entdeckungen von Christoph Kolumbus weckten bei vielen Menschen die Neugier auf einen westlichen Weg nach Indien. Händler, Herrscher und Seefahrer wollten seinen Routen folgen und Zugang zu den kostbaren Seidenstoffen und Gewürzen Asiens erhalten. Einer der bekanntesten von ihnen war Amerigo Vespucci, ein florentinischer Geschäftsmann und Reisender, der in Spanien arbeitete. 1499 wurde er Mitglied einer spanischen Transatlantikmission unter der Leitung von Alonso de Ojeda, der Kolumbus auf seiner zweiten Reise begleitet hatte, und des Navigators Juan de la Cosa.

Von Venezuela zum Amazonas

Im Mai 1499 segelten sie zunächst von Spanien aus zu den Kanaren und von dort überquerten sie den Atlantik in nur 24 Tagen. Nach der Ankunft an der Küste von Guyana in Südamerika teilte sich die Expedition auf. Vespucci segelte die Küste Brasiliens hinab, Ojeda und Cosa fuhren an der Küste Venezuelas hinauf. Im Golf von Paria erhielten Ojeda und Cosa Perlen und etwas Gold. Als sie auf die Insel Curaçao stießen, nannten sie sie Insel der Riesen, weil

ihnen deren Bewohner so groß vorkamen. Ojeda verärgerte die Einheimischen und es kam zu Kämpfen, die mehreren seiner Männer das Leben kostete.

Ojeda und Cosa traten den Rückzug an und stießen wieder zu Vespucci, der inzwischen die Mündung des Amazonas erreicht hatte. Die Häuser der Einheimischen, die auf Stelzen über dem Wasser standen, erinnerten Vespucci an

◁ **Amerigo Vespucci**
John Ogilbys Stich zeigt Vespucci, einen Geschäftsmann aus Florenz, der in Spanien die Interessen der Familie Medici vertrat. Dort lernte er Kolumbus kennen, der sein Interesse an Entdeckungsreisen weckte.

Venedig. Deshalb nannte er die Region Venezuela, was auf Deutsch »Klein-Venedig« bedeutet – zumindest lautet so eine der Theorien zur Herkunft des Namens Venezuela. Die wiedervereinte Flotte machte sich über Hispaniola auf den Heimweg und kehrte im Juni 1500 mit Perlen, Gold, einer Ladung Brasilholz sowie 200 amerikanischen Ureinwohnern als Sklaven nach Spanien zurück.

Auf dem Weg nach Süden

Vespuccis zweite Expedition fand unter portugiesischer Flagge statt. Im Mai 1501 schloss er sich auf den Kapverden dem portugiesischen Entdecker Pedro Álvares Cabral an und segelte mit ihm über den Atlantik. Sie fuhren die Küsten Brasiliens und Argentiniens entlang, wie weit sie kamen, ist jedoch nicht bekannt. Vespucci stellte wertvolle astronomische Betrachtungen über den Sternenhimmel der südlichen Hemisphäre an. Ebenso hielt er informative Notizen über die Einheimischen

◁ **Alonso de Ojeda**
Der fähige Navigator und militärische Anführer Alonso de Ojeda profitierte von seiner Teilnahme an Kolumbus' zweiter Transatlantikreise. Seine Fahrten entlang der Küsten von Guyana, Trinidad und Venezuela sind ein wichtiger Teil der Entdeckergeschichte.

DIESER HOLZSCHNITT VON 1505 BASIERT AUF INFORMATIONEN AUS *MUNDUS NOVUS*. ER ZEIGT VESPUCCIS SCHIFFE UND EINHEIMISCHE.

EXKURS
Vespuccis Schriften

Unser Wissen über Vespuccis Reisen stammt aus zwei Werken, die zu seinen Lebzeiten veröffentlicht und ihm lange Zeit zugeschrieben wurden: *Mundus Novus* (Neue Welt), ein Bericht über eine Reise von 1501 bis 1502, und *Lettera di Amerigo Vespucci* (Brief von Amerigo Vespucci), der vier seiner Reisen beschreibt. Heute hält man sie für Fälschungen, allerdings mit zumindest teilweise akkuraten Fakten. Im 18. Jh. wurden drei echte Briefe Vespuccis entdeckt, die über zwei Reisen von 1499 und 1501 berichten. Aus ihnen geht klar hervor, dass Vespucci davon überzeugt war, einen neuen Kontinent entdeckt zu haben.

fest, denen er begegnete, bevor er im Juli 1502 nach Europa zurückkehrte.

Ein neuer Kontinent

Vespucci studierte die Berichte von Ptolemäus und Marco Polo über Asien und erkannte, dass es sich bei den Gebieten, die er erkundete, nicht um Ostasien handelte, sondern um einen bisher unbekannten Kontinent. Einige seiner Zeitgenossen sahen in seiner Behauptung, einen neuen Kontinent entdeckt zu haben, zunächst nur den Versuch, Kolumbus' Reputation als Entdecker der Länder im Westatlantik zu untergraben. Doch schon bald wurde Vespucci als erster Europäer anerkannt, der die Küsten Brasiliens und Argentiniens erkundet hatte. Im Jahr 1507 erschienen zum ersten Mal Landkarten, in denen der neue Kontinent mit dem Namen »Amerika« bezeichnet wird, eine lateinische weibliche Version von Vespuccis Vornamen.

◁ **Weltkarte von Juan de la Cosa**
Diese Weltkarte von 1500 ist die älteste erhaltene Karte, auf der die Karibik eingezeichnet ist. Sie enthält auch Informationen, die Vasco da Gama 1498 auf seiner Reise nach Indien sammelte.

▽ **Feindselige Begegnungen**
Ojeda und Vespucci gerieten manchmal in Konflikt mit den Einheimischen. Dieser sehr alte Stich zeigt das Aufeinandertreffen von Vespucci und den Bewohnern einer Insel, die er in einem Brief »Ity« nannte.

Die erste Karte der Neuen Welt

Auf der Waldseemüller-Karte ist Amerika als eigener Kontinent eingezeichnet. Damit kommt sie unseren modernen Karten schon sehr nahe.

Der deutsche Geograf Martin Waldseemüller erstellte diese Weltkarte im Jahr 1507. Ihre Gesamtlänge von etwa 2,3 m ist in zwölf einzelne Holzstiche aufgeteilt. Waldseemüller beabsichtigte mit dieser Karte, neuere Informationen von Entdeckern wie Amerigo Vespucci mit dem älteren Wissen über die Länder und Ozeane aus der Zeit des alexandrinischen Gelehrten Ptolemäus aus dem 2. Jh. (siehe S. 52–53) zu verbinden.

Waldseemüllers Karte sollte das Buch *Cosmographiae Introductio* (Einführung in die Kosmografie) begleiten, das ebenfalls 1507 erschien. Der Autor war vermutlich Matthias Ringmann, der zusammen mit Waldseemüller in Saint-Dié, einem Ort in den französischen Vogesen, arbeitete. Zweck des Buches und der Karte werden auf der Titelseite erläutert: »Eine vollständige Beschreibung der Welt in ptolemäischer Tradition sowie nach dem Augenschein Amerigo Vespuccis und anderer«.

Die Karte kombiniert das konventionelle Bild von Europa, Afrika und Asien mit Darstellungen der von Kolumbus entdeckten karibischen Inseln sowie den Küsten Mittel- und Südamerikas, wie von Amerigo Vespucci beschrieben. Wie Vespucci war auch Waldseemüller der Überzeugung, dass Amerika ein eigener Kontinent sei. Er versuchte, dessen Form zu erraten, und leitete daraus ab, dass sich dahinter ein großer Ozean befinden müsse, der Amerika von Ostasien trennt. Waldseemüller war der Erste, der den Kontinent »Amerika« nannte, eine lateinische, weibliche Version von Vespuccis Vornamen.

Von den rund 1000 Kopien der Karte ist heute leider nur noch eine erhalten. Sie erwähnt nicht nur zum ersten Mal den Namen Amerika, sondern bricht auch mit der traditionellen Vorstellung einer dreigeteilten Welt (Europa, Afrika und Asien), indem sie Amerika als weiteren Kontinent hinzufügt sowie den unbekannten Ozean, dem spätere Entdecker den Namen Pazifik geben sollten.

▷ **Neu kartografierter Westen**
Ein Großteil der östlichen Hemisphäre wurde von Ptolemäus übernommen. Die westliche Halbkugel wurde jedoch aufgrund jüngster geografischer Erkenntnisse neu gezeichnet.

Rund um die Erde

Der portugiesische Seefahrer Ferdinand Magellan unternahm die erste Weltumsegelung. Er selbst überlebte die Fahrt nicht, aber ein paar seiner Männer gelang es, nach Hause zurückzukehren und die Mission zu vollenden.

Die Transatlantikfahrten von Christoph Kolumbus, Amerigo Vespucci und anderen hatten bewiesen, dass es auf der Westseite des Atlantiks Land gab. Kolumbus glaubte, es handele sich dabei um die Gewürzinseln Südostasiens, aber Vespucci erkannte, dass es ein neuer Kontinent war, den die Kartografen Amerika nannten (siehe S. 116–117). Dennoch waren einige Seefahrer noch immer davon überzeugt, eine Passage durch

Amerika finden zu können, durch die sie nach Asien und zu den Reichtümern der Gewürzinseln gelangten. Einer von ihnen war der Portugiese Ferdinand Magellan.

Magellan wechselt die Seiten
Magellan war ein sehr erfahrener Seemann. Von 1505 bis 1514 verbrachte er mehrere Jahre in Indien, wo er aufseiten der Portugiesen kämpfte. Danach segelte er mit dem ersten portugiesi-

schen Botschafter nach Malakka und diente seinem Land in Marokko, bis man ihn des illegalen Handels mit den Mauren beschuldigte und er in Ungnade fiel. Als er versuchte, die portugiesische Krone für eine Expedition nach Westen zu den Gewürzinseln zu gewinnen, lehnte König Manuel I. ab. Magellan wandte sich daraufhin an den portugiesischen Rivalen Spanien. Die Spanier wollten unbedingt eine Westpassage nach Asien finden,

◁ Ferdinand Magellan
Obwohl Ferdinand Magellan seiner Heimat Portugal jahrelang treu gedient hatte, fiel er bei Hof in Ungnade und beschloss daraufhin, unter der Flagge des Erzfeindes Spanien zu segeln.

verden weitersegelten. Schwere Stürme erschwerten zunächst die Fahrt, doch schließlich wurde Kurs nach Südwesten gesetzt. Am 6. Dezember 1519 kam Brasilien in Sicht, aber das Land war in portugiesischem Besitz, also segelte man weiter nach Argentinien und ging etwa dort, wo sich heute Rio de Janeiro befindet, zum ersten Mal vor Anker.

Ärger im Südatlantik
Auf der Weiterfahrt in südliche Richtung beschloss die Expedition, in einem natürlichen Hafen in Patagonien, den Magellan Puerto San Julián nannte, zu überwintern. Hier kam es Ostern 1520 zu ernsten Problemen: Drei der fünf Kapitäne meuterten gegen Magellan. Teils lag es an den ständigen Spannungen zwischen Spaniern und Portugiesen, teils an der allgemeinen Unwilligkeit, weiter nach Süden in die eisigen Atlantikgewässer vorzudringen. Magellan schlug den Aufstand schnell nieder. Einige Anführer der Meuterei wurden hingerichtet, einer

EXKURS
Wilde Tiere

Magellan und seine Männer segelten als erste Europäer an der Ostküste Südamerikas entlang in den Pazifik. Unterwegs begegneten ihnen viele Tiere, die sie noch nie zuvor gesehen hatten. In seinem Reisetagebuch, der Hauptquelle für Informationen über diese Expedition, notierte Antonio Pigafetta z.B., er habe ein Kamel ohne Höcker gesehen. Vermutlich handelte es sich dabei um ein Lama, Alpaka oder Guanaco. Besonders seltsam erschienen ihm Pinguine. Er bezeichnete sie als »Gänse«, die man besser häuten als rupfen sollte. Später nannten Wissenschaftler zu Ehren des großen Entdeckers eine Pinguinart Magellanpinguin.

MAGELLANPINGUIN

◁ Juan Sebastián Elcano
Wie Magellan war auch Elcano bei seinem Herrscher in Ungnade gefallen, als er ein spanisches Schiff den Genovesern überließ, um seine Schulden zu bezahlen. Er schloss sich Magellans Expedition an, um von Karl I. Vergebung zu erhalten.

denn durch den Vertrag von Tordesillas (1494) war die Ostroute (und damit auch der Gewürzhandel) an Portugal gefallen. Deshalb autorisierte der spanische König Karl I. (der spätere Heilige Römische Kaiser Karl V.) Magellan 1518 zu einer Expedition nach Westen. Magellan wurden dafür Geldmittel und gewisse Vorteile gewährt, wie ein zehnjähriges Monopol auf den Handel, der sich zwischen Spanien und den von ihm neu entdeckten Ländern ergab.

Überquerung des Atlantiks
Magellan stach mit fünf Schiffen und etwa 237 Männern in See. Mit an Bord waren der spanische Handelsschiffskapitän Juan Sebastián Elcano, der venezianische Gelehrte Antonio Pigafetta, dessen Reisebericht heute eine wertvolle Informationsquelle für Historiker ist, sowie Juan de Cartagena, der für den kaufmännischen Teil der Reise verantwortlich war. Die unterschiedlichen Nationalitäten sorgten an Bord für Spannungen, denn viele spanische Matrosen weigerten sich, einem portugiesischen Kapitän zu gehorchen.

Magellans fünf Schiffe verließen Spanien am 20. September 1519. Daraufhin sandte der portugiesische König Manuel I. Schiffe aus, die ihn verfolgen sollten – Magellan galt als Verräter, der mit dem Feind Spanien kooperierte. Den Portugiesen gelang es jedoch nicht, Magellans Schiffe einzuholen, sodass diese nach einem Zwischenstopp auf den Kanaren unbehelligt zu den Kap-

» ... strebe nach dem **Sieg** über die **Dinge,** die **unmöglich scheinen.** «

FERDINAND MAGELLAN

◁ Magellans Weg
Indem er den Atlantik überquerte und die Passage in den Pazifik fand, bewies Magellan, dass Südostasien von Westen aus erreichbar ist. Die Überlebenden der Expedition kehrten durch den Indischen Ozean nach Hause zurück.

>> der aufständischen Kapitäne wurde zusammen mit dem Geistlichen der Expedition an einer unbewohnten Küste ausgesetzt. Ihren Anhängern wurde vergeben und die Reise ging weiter nach Süden. Am 21. Oktober 1520 fanden sie endlich den Weg nach Westen in Richtung Asien. Ende November hatten alle Schiffe die 600 km lange Passage durchfahren und waren in den vergleichsweise ruhigen Gewässern auf der anderen Seite Amerikas gelandet. Aus Dankbarkeit für die Erholung nach den Stürmen nannte Magellan den Ozean *Mar Pacifico* (ruhiges Meer).

Die Philippinen

Die Expedition segelte nach Nordwesten durch den Pazifik, besuchte Guam (wo Einheimische eines der Rettungsboote stahlen) und legte am 16. März 1521 auf den Philippinen an. Magellan hatte einen malaysischen Diener, über den er sich mit den Einheimischen verständigte. Zunächst verlief alles friedlich. Geschenke wurden ausgetauscht, und einer der örtlichen Herrscher, Humabon von Cebu, ließ sich sogar zum Christentum bekehren. Lapu-Lapu, ein anderer Anführer und zugleich Humabons Rivale, verweigerte die Bekehrung jedoch. Daraufhin überredete Humabon Magellan zu einem bewaffneten Angriff auf seinen Erzfeind. Am 27. April 1521 landeten 49 Europäer auf der Insel Mactan und sahen sich einer wesentlich größeren Anzahl Einheimischer gegenüber. Magellan wurde von einem Bambusspeer getroffen und getötet. Die anderen Europäer konnten in ihren Booten entkommen.

△ **Antonio Pigafetta**
Die Notizen des venezianischen Gelehrten über Pflanzen, Tiere, Menschen, Sprachen und geografische Eigenarten waren für zukünftige Navigatoren von großem Wert.

◁ **Schlacht von Mactan**
Die Illustration von Lenvinus Hulsius (1626) zeigt den Kampf zwischen Spaniern und Einheimischen auf der Insel Mactan, bei dem Magellan den Tod fand.

Die Rückkehr

Die Besatzung war nicht zuletzt durch den Kampf auf Mactan so stark dezimiert, dass nur zwei Schiffe, die *Trinidad* und die *Victoria*, weitersegeln konnten, das dritte Schiff wurde verbrannt. In Brunei sah die Expedition den prächtigen Herrscherhof und zahme Elefanten. Am 6. November erreichte sie endlich die Gewürzinseln und machte Geschäfte mit dem regionalen Herrscher, der bisher noch keine Handelsallianz mit den Portugiesen geschlossen hatte.

>> ... **sofort** warfen sich alle über ihn ... so nahmen sie ... unserem **Trost** und **treuen Führer** das Leben. «

ANTONIO PIGAFETTA ÜBER MAGELLANS TOD IN *BERICHT*, 1525

CARTAGENA WIRD ZUR STRAFE FÜR SEINE MEUTEREI AN DEN PRANGER GESTELLT

PROFIL
Juan de Cartagena

Juan de Cartagena nahm an Magellans Expedition als Generalinspekteur teil. Seine Aufgabe war die Überwachung aller Handelsaktivitäten und die direkte Berichterstattung an König Karl. Obwohl Cartagena nur ein Beamter und kein Seemann war, ernannte ihn Magellan als Zeichen seiner hohen Stellung zum Kapitän der *San Antonio*. Doch als Cartagena Magellan wegen einer Entscheidung kritisierte, nahm dieser die Ernennung kurzerhand zurück. Cartagena war so verärgert, dass er im April 1520 eine – erfolglose – Meuterei anzettelte. Zur Strafe wurden er und der Bordpriester Pedro Sanchez de la Reina an der nächsten Küste ausgesetzt.

Auf der Rückfahrt nach Spanien – beladen mit Gewürzen – geschah ein weiteres Unglück: Die *Trinidad* hatte ein Leck und musste repariert werden. Deshalb blieb ein Teil der Mannschaft bei der *Trinidad* (die später an die Portugiesen fiel), die anderen kehrten auf der *Victoria,* unter dem Kommando von Kapitän Elcano, durch den Indischen Ozean und um das Kap der Guten Hoffnung herum am 6. September 1522 nach Spanien zurück. Damit war Elcano der erste Europäer, der erfolgreich die Welt umsegelte. Er brachte nicht nur eine Ladung Gewürze mit, sondern lieferte auch den Beweis, dass es einen Weg nach Westen zu den Gewürzinseln gab. Der Preis dafür war allerdings hoch: 219 der 237 Seeleute mussten unterwegs ihr Leben lassen.

◁ **Magellanstraße**
Magellan nannte die Passage vom Atlantik in den Pazifik *Estrecho de Todos los Santos* (Meerenge Aller Heiligen). Sieben Jahre später wurde sie in Magellanstraße umbenannt.

▽ **Magellans Tod**
Der Stich aus dem 19. Jh. zeigt, wie Magellan von den Einheimischen getötet wird. Sie erkannten ihn als Anführer und attackierten ihn mit Speeren, bevor sie ihn mit Messern erstachen.

Begegnung mit Moctezuma
Cortés trifft den Aztekenherrscher Moctezuma am 8. November 1519 in Tenochtitlán.
Die Azteken überreichen Geschenke, weil
sie Cortés für einen Gott halten. Ein Diener
achtet darauf, dass Moctezumas Füße nicht
den Boden berühren.

Cortés und der Unter-gang des Aztekenreichs

Der spanische Entdecker und Soldat Hernán Cortés unterwarf die Azteken und eroberte deren Reich. Dieses Ereignis war ein Wende-punkt in der Geschichte Mexikos und der umliegenden Regionen.

△ **Hernán Cortés**
Cortés war ein spanischer Konquistador aus niederem Adel. Um 1520 eroberte er das Aztekenreich und läutete damit die spanische Kolonialisierung Mittel- und Südamerikas ein.

Nach den Reisen von Christoph Kolumbus und der Gründung erster spanischer Siedlungen in Amerika und in der Karibik (siehe S. 118–121) ermächtigte die spanische Krone Abenteurer, Glücksritter und Soldaten als sogenannte Konquistadoren zur Erkundung und Eroberung von Ländern in der Neuen Welt. Einer von ihnen, Diego Velázquez, eroberte im Namen Spaniens Kuba. Daraufhin wurde er nicht nur zum Gouverneur von Kuba ernannt, sondern erhielt auch eine Vollmacht für weitere Expeditio-nen auf dem amerikanischen Festland. Ein anderer Konquistador war Hernán Cortés. Er zog 1504 in die Karibik und nahm dort an der Eroberung Kubas teil. 1518 gab Velázquez Cortés die Erlaub-nis, Mexiko zu erkunden. Doch dann kamen ihm Zweifel an Cortés' Motiven und er widerrief die Erlaubnis. Cortés fuhr trotzdem nach Mexiko und setzte dort eine Reihe von Ereignissen in

Gang, die das mexikanische Festland für immer verändern sollten.

Verbündete und Verräter

Cortés landete auf der Halbinsel Yucatán und unterwarf dort die Ein-

◁ **Der Weg der Konquistadoren**
Auf dieser Karte ist der Weg eingezeichnet, den Cortés und seine Männer während der Eroberung Mexikos zurücklegten. Er beginnt auf der Halbinsel Yucatán im Osten und endet in der Aztekenstadt Tenochtitlán im Westen.

EXKURS
Das Aztekenreich

Das Aztekenreich war eine Allianz dreier Stadtstaaten (Tenochtitlán, Texcoco und Tlacopan), die das Tal von Mexiko und die umliegenden Gebiete von 1428 bis zur Eroberung durch die Spanier 1521 beherrschten. Tenochtitlán war am mächtigsten und zugleich die Hauptstadt des Aztekenreichs. Die aztekischen Herrscher expandierten durch Eroberungsfeldzüge, sodass der letzte von ihnen, Moctezuma, fast ganz Zentralmexiko sowie Teile von Honduras, El Salvador und Guatemala regierte. In den großen Aztekenstädten wurden die Götter in Tempelpyramiden angebetet, allen voran Huitzilopochtli, der Sonnengott. Die Azteken bauten Tomaten und Kakao an, die den Europäern damals noch unbekannt waren.

MASKE MIT DEM ABBILD DES AZTEKISCHEN MAISGOTTES

heimischen. Unter ihnen war eine Frau mit Namen Malintzin, die sowohl die Sprache der Maya als auch der Azteken sprach und zu Cortés' Dolmetscherin wurde. Cortés ging eine Allianz mit den Totonaken an der Ostküste Mexikos ein, die ihm halfen, die neue Stadt Veracruz zu errichten. Einige seiner Männer wollten jedoch heimlich nach Kuba zurückkehren und planten, ein Schiff zu stehlen. Als Cortés davon erfuhr, ließ er die Verschwörer hängen und alle Schiffe versenken. Damit saßen die Spanier in Mexiko fest und es blieb ihnen nichts anderes übrig, als Cortés zu folgen.

Nach einer weiteren Allianz mit den Tlaxcalans marschierte Cortés nach Cholula im mexikanischen Hochland, wo die Einheimischen keinen Widerstand leisteten. Er ließ sie dennoch alle massakrieren und ihr Dorf niederbrennen – entweder zur Einschüchterung der Azteken, die er zu unterwerfen gedachte, oder als Antwort auf erneute Verschwörungsgerüchte. Es gab viele Todesopfer, auch wenn keine genauen Zahlen dazu existieren.

Tenochtitlán
Im November 1519 war Cortés bereit, nach Tenochtitlán zu ziehen, der Hauptstadt des mächtigsten mexikanischen Volkes, der Azteken. Es war ein harter Marsch durch unwegsames Gelände zu der damals wahrscheinlich größten Stadt der Welt – vermutlich lebten dort rund 300 000 Menschen. Angeblich war den Azteken prophezeit worden, dass ein hellhäutiger Gott aus dem Osten kommen werde, deshalb empfingen sie die Spanier mit kostbaren Geschenken. Doch dann kam

es zu Spannungen und Cortés nahm den Aztekenherrscher Moctezuma als Geisel. Als die Nachricht kam, dass Velázquez ein Heer ausgesandt hatte, um Cortés gefangen zu nehmen, verließ dieser die Aztekenstadt und stellte sich der Armee entgegen. Während Cortés' Abwesenheit rebellierten die Azteken, und als er zurückkam, wurde Moctezuma von Aufständischen getötet und die Spanier aus der Stadt vertrieben. Sie kehrten jedoch 1521 nach Tenochtitlán zurück und belagerten die Stadt drei Monate lang, ehe sie sie zerstörten.

1523 wurde Cortés Statthalter und für einige Zeit lang auch General-

kapitän des spanischen Territoriums Neuspanien nördlich des Isthmus von Panama. Nach dem Untergang des Aztekenreichs waren ganz Mexiko und ein Großteil Mittelamerikas in den Händen der Konquistadoren und bescherten Spanien großen Reichtum. Die Urbevölkerung dagegen wurde unterdrückt und durch eingeschleppte Krankheiten dezimiert, gegen die sie keinerlei Abwehrkräfte besaß.

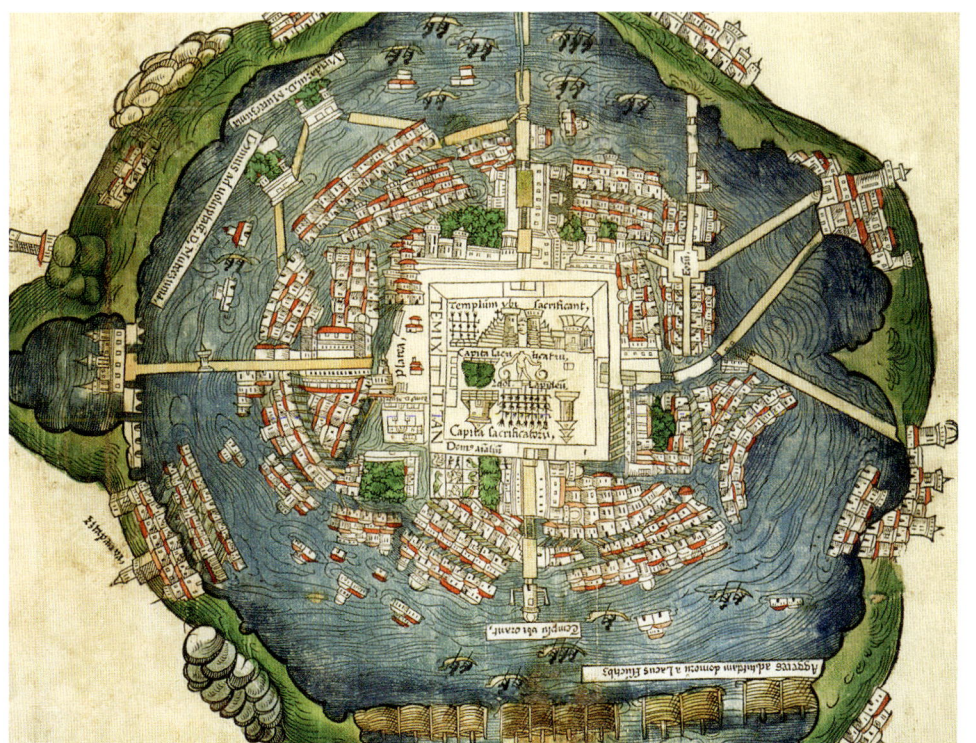

◁ **Stadt aus Inseln**
Auf dieser Karte von Tenochtitlán aus dem 16. Jh. erkennt man in der Mitte den Tempelbezirk mit den zwei Türmen des Templo Mayor, umgeben von zahlreichen Palästen, Häusern, Straßen und Kanälen.

Die Eroberung Perus

Die Eroberung Perus durch die Spanier ist eine Geschichte beschwerlicher Reisen durch raues Terrain, gefolgt von einem der überraschendsten Siege aller Zeiten, der den Lauf der südamerikanischen Geschichte veränderte.

△ **Francisco Pizarro**
Dieses Porträt des spanischen Eroberers von 1835 malte Amable-Paul Coutan. Pizarro stammte aus ärmlichen Verhältnissen und reiste als junger Mann auf der Suche nach Abenteuern in die spanische Kolonie Hispaniola.

Francisco Pizarro war ein spanischer Abenteurer, der 1509 mit dem Navigator Alonso de Ojeda in die Neue Welt aufbrach. 1513 nahm er an einer Expedition unter der Führung von Vasco Núñez de Balboa teil und überquerte den Isthmus von Panama, um als einer der ersten Europäer einen Blick auf den Pazifischen Ozean zu werfen. Beflügelt durch die Eroberung Mexikos und die Gerüchte über die Reichtümer Perus, unternahm er Mitte der 1520er-Jahre zwei Expeditionen in diesen Teil Südamerikas.

Die erste Reise nach Peru

Pizarros erste Expedition scheiterte an unzureichender Vorbereitung und schlechtem Wetter. Die zweite, von 1526 bis 1528, erwies sich als aussichtsreicher, obwohl auch dabei zunächst nicht alles glattlief. Abermals hinderten schlechtes Wetter, zu wenig Vorräte und das sumpfige Terrain an der Küste Kolumbiens Pizarro am Vorwärtskommen. Ein Teil der Truppe sollte zurückgehen und Verstärkung holen, stieß jedoch mit feindseligen Einheimischen zusammen. Schließlich wurde die Expedition von Pedro Arias Dávila, dem Statthalter von Panama, zurückbeordert. Pizarro weigerte sich und drängte seine Kameraden, mit ihm auszuharren – doch nur 13 von ihnen leisteten seinem Aufruf Folge.

Diese kleine Gruppe sowie eine weitere Truppe, die Pizarro vorgeblich zurückbringen sollte, drangen weiter nach Süden in die peruanische Region Tumbes vor. Dort trafen sie auf freundlich gesinnte Einheimische, sahen zum ersten Mal Lamas und entdeckten verlockende Hinweise auf reiche Silber- und Goldvorkommen. Das ließ Pizarro alle vorangegangenen Mühen vergessen und er beeilte sich, eine dritte Expedition zu planen, um die Inkaherrscher zu unterwerfen und Zugang zu den Reichtümern Perus zu erhalten.

Die Eroberung

1531 kehrte Pizarro mit einer neuen Lizenz für Eroberungszüge, die ihm von der spanischen Krone erteilt wurde, zurück nach Peru. In Tumbes fand er die Siedlungen jener Einheimischen, die ihn beim letzten Mal freundlich aufgenommen hatten, von rivalisierenden Stämmen zerstört vor. Pizarro drang also ohne indigene Verbündete ins Innere Perus vor und gründete dort eine Siedlung, die er San Miguel de Piura nannte. Im November 1532 gewährte ihm der Inkaherrscher Atahualpa eine Audienz in Cajamarca.

◁ **Gold der Inka**
Gold ist sehr weich und war deshalb von den Inka leicht zu bearbeiten. Das Gefieder des Vogels auf diesem Ornament wird durch eingravierte Winkel und Linien angedeutet.

Allerdings weigerte sich Atahualpa, Pizarros Aufforderung nachzukommen und Spanien Tribut zu zahlen. Er hatte 6000 Männer bei sich (und Zehntausende anderswo in Peru), während Pizarro nur 200 Männer befehligte. Trotzdem griffen die Spanier die Armee der Inka an und dank ihrer überlegenen Waffen und einer hinterhältigen Taktik gelang es ihnen, Atahualpa als Geisel zu nehmen. Der Inkaherrscher zahlte das geforderte Lösegeld – einen Raum voll Gold und

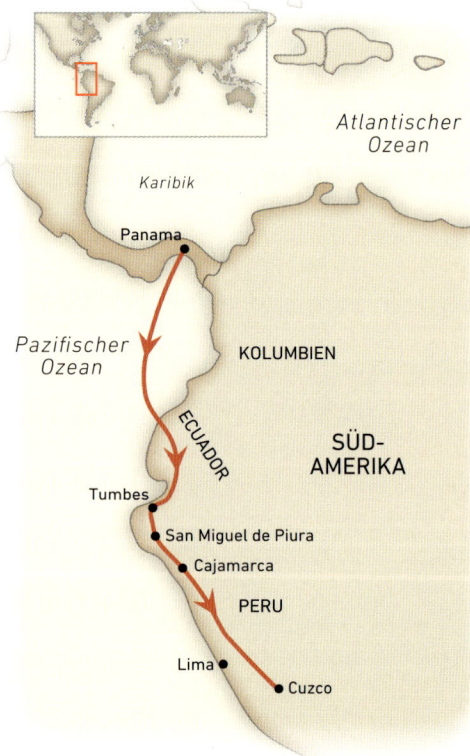

▷ **Pizarros Weg in Südamerika**
Von 1531 bis 1532 segelte Pizarro über den Pazifik an die Küste Ecuadors und zog auf dem Landweg Richtung Süden nach Tumbes. Danach folgte eine lange Reise durch vorherrschend bergiges Gebiet.

Atlantischer Ozean

Karibik

Panama

Pazifischer Ozean

KOLUMBIEN

ECUADOR

SÜD-AMERIKA

Tumbes

San Miguel de Piura

Cajamarca

PERU

Lima

Cuzco

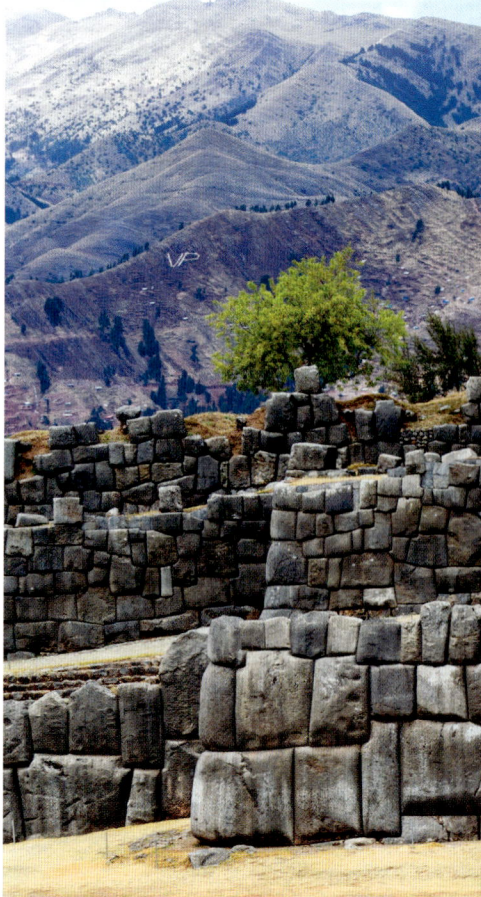

▷ **Saqsaywaman-Festung, Cuzco**
An den Ruinen der alten Inkafestung am Stadtrand von Cuzco erkennt man die Architektur, die Pizarro in Peru vorfand. Die Inka schnitten riesige Steinblöcke so zurecht, dass sie ohne Mörtel perfekt aufeinander passten.

◁ **Pizarro und der Inkakönig**
Der Peruaner Felipe Guaman Poma de Ayala schrieb ein Buch über die Eroberung seines Landes. Die Illustration von 1600 stellt Pizarros erste Begegnung mit Atahualpa dar.

EXKURS
Waffen und Rüstung

Einer der Gründe, warum die Spanier die Eingeborenen Südamerikas mit relativ kleinen Armeen besiegten, waren ihre überlegenen Waffen und Rüstungen. Die Konquistadoren trugen Plattenrüstung und Helme, die sie vor Speeren und Pfeilen schützten. Sie besaßen schwere Lanzen mit Eisenspitzen und scharfe Schwerter – die Klingen aus Toledo gehörten zu den besten, die in jener Zeit produziert wurden. Sie hatten auch Feuerwaffen, die zwar langsam und nicht sehr zielgenau waren, aber ausreichten, um den Feind zu überraschen und ihm gehörig Angst einzujagen.

FRANCISCO PIZARRO IN VOLLER RÜSTUNG

Silber –, aber er wurde dennoch hingerichtet. Pizarro führte seine Armee nach Cuzco und errichtete dort im November 1533 eine vorläufige Hauptstadt, ehe er 1535 Lima gründete.

Spanisches Südamerika
Pizarros Erfolg war beachtlich. Er überwand große Entfernungen und Hindernisse und besiegte mit seinem kleinen Heer eine riesige Inkaarmee. Damit legte er das Fundament für die Herrschaft der Spanier in Südamerika, die noch heute die Geschichte der Region prägt.

» Dort liegt **Peru mit seinen Reichtümern,** hier **Panama mit seiner Armut.** Wähle ein jeglicher, was **einem braven Kastilianer** am meisten ziemt; **ich gehe nach Süden.** «

FRANCISCO PIZARRO, KONQUISTADOR, 1526

Die Entdeckung des Amazonas

Francisco de Orellana war Mitglied einer Expedition auf der Suche nach Gewürzen östlich von Quito in Ecuador. Die Gruppe musste sich trennen und er befuhr als erster Europäer den Amazonas.

Der Anführer der spanischen Expedition nach Ecuador 1541, die Francisco de Orellana als Kapitän begleitete, war Francisco Pizarros (siehe S. 124–125) jüngerer Bruder Gonzalo. Sein Hauptziel war es, kostbare Gewürze, vor allem Zimtbäume, zu finden. Von den spanischen Teilnehmern der Expedition, der sich auch viele südamerikanische Indianer angeschlossen hatten, dürften die meisten jedoch auf der Suche nach Gold und dem legendären Land Eldorado gewesen sein.

Die Expedition stand unter keinem guten Stern. Nach 400 km hatte sich die Teilnehmerzahl durch Krankheiten und Fahnenflucht stark verringert. Als alle Vorräte aufgebraucht waren, begannen die Überlebenden ihre Hunde zu essen. Schließlich stießen sie auf den Rio Coca, wo sie ein Boot bauten und Orellana mit 60 Männern zur Nahrungssuche flussabwärts schickten.

Die Flussfahrt

Orellana und seinen Männern erging es auf dem Fluss nicht besser als vorher. Bald mussten sie ihre Schuhsohlen und die Wurzeln unbekannter Pflanzen essen, von denen einige giftig waren. Die Flussströmung wurde so stark, dass sie nicht mehr umkehren konnten und die Hoffnung aufgaben, Pizarro und ihre Kameraden je wiederzusehen. Zum Glück begegneten ihnen unterwegs Einheimische, mit denen sie Waren gegen Nahrung eintauschen konnten. Als sie – inzwischen mit zwei Booten – den Rio Negro (in der Nähe des heutigen Manaus) erreichten, entdeckten sie Menschenköpfe auf Pfählen aufgespießt: eine grausige Warnung, sich von den Einheimischen fernzuhalten.

Schließlich mündete der Fluss, auf dem sie fuhren, in einen größeren Strom, den sie nach ihrem Kapitän Orellana benannten. Sie ernährten sich von Schildkröten, die sie aus den Pferchen der Einheimischen stahlen, und stießen auf einen Stamm hellhäutiger Kriegerinnen, die offenbar bis zur Taille nackt waren. Sie nannten sie »Amazonen«, wie die Kriegerinnen aus der griechischen Sage (später benannten Geografen auch den Fluss nach ihnen), obwohl es sich auch um Männer in Röcken gehandelt haben könnte. Es kam zum Kampf, aber die meisten Spanier überlebten. Der Fluss war so groß, dass es darin Inseln gab, auf denen sie anlegten, um ihre Boote zu reparieren. Dann frischte der Wind auf – ein Zeichen, dass der Ozean nicht mehr fern war.

Als sie den Atlantik erreichten, segelten Orellana und seine Gefährten die Küste hinauf nach Guyana. Die Boote

◁ **Orellanas Boot auf dem Amazonas**
Die Radierung aus dem 19. Jh. zeigt Orellanas Boot, bestückt mit Segeln und Rudern, das den Amazonas hinabfährt. Die felsigen, mit Bäumen bewachsenen Ufer machten die Landung schwierig.

wurden getrennt, trafen jedoch bei der Insel Cubagua vor der Küste Venezuelas wieder aufeinander. Orellana entschloss sich, von dort aus direkt nach Spanien zurückzufahren. Er hoffte auf eine Genehmigung für eine neue Expedition und auf den Titel des Statthalters der Amazonasregion.

Die Konsequenzen

Orellana unternahm tatsächlich im Mai 1545 eine weitere Expedition. Sie endete jedoch mit vielen Toten, unter ihnen auch Orellana selbst. Trotzdem machte sich Orellana einen Namen als erster Europäer auf dem Amazonas, dem längsten Fluss der Welt. Ein Dominikanermönch namens Gaspar de Carvajal hatte ihn begleitet und seine Eindrücke auf der Reise schriftlich festgehalten. Er berichtet von den Einheimischen, die ihnen begegneten, deren Bräuchen, Ritualen und Kriegsführung – ein wahrer Schatz an Informationen über die Amazonasregion, die vorher noch nie ein Europäer betreten hatte.

△ **Francisco de Orellana**
Ein Porträt von Orellana (16. Jh.), nachdem er in Peru im Kampf an Pizarros Seite ein Auge verloren hatte

◁ **Südamerika im 16. Jh.**
Joan Martines, der Kosmograf Philipp II. von Spanien, erstellte 1587 anhand von Orellanas Informationen über die Amazonasexpedition diese Karte von Südamerika.

EXKURS
El Dorado

Die Geschichte von *El Dorado* (»Der Goldene«), oder Eldorado, kam im 16. Jh. nach Europa. Sie basierte auf der Legende von einem südamerikanischen König, der sich bei einem Ritual an einem heiligen Bergsee mit Goldstaub bedeckte und Gold im See versenkte. Später bezeichnete man mit dem Namen Eldorado das sagenhaft reiche Land, in dem dieser König gelebt haben soll. Viele Abenteurer und Konquistadoren versuchten, Eldorado zu finden und mit Schätzen beladen heimzukehren. Ein möglicher Entstehungsort dieser Geschichte ist Guatavita in den kolumbianischen Anden, wo man in einem See goldene Artefakte fand.

GOLDENE GRABMASKE AUS PERU, ETWA 9.–11. JH.

Der Kolumbuseffekt

Die Ankunft der Europäer in Amerika bedeutete, dass Tiere, Pflanzen, Waren, aber auch Krankheiten ausgetauscht wurden. Die Auswirkungen bezeichnet man als Kolumbuseffekt.

Der Kolumbuseffekt veränderte das Leben auf beiden Seiten des Atlantiks. Durch den Austausch von Pflanzen und Tieren erschlossen sich den Europäern bisher unbekannte Nahrungsquellen, und in der Neuen Welt veränderte er die Landwirtschaft. So brachten die Europäer u. a. den Pflug nach Amerika, der Ackerbau in weit größerem Ausmaß als zuvor ermöglichte. Feuerwaffen, die bis zur Ankunft von Christoph Kolumbus 1492 in Amerika unbekannt waren, beeinflussten die Kriegsführung der Einheimischen, aber auch die Jagd, denn nun ließen sich auch größere Tiere leichter erlegen.

Kolumbus transportierte neben Schweinen, Rindern, Schafen und Ziegen auch Pferde über den Atlantik, sodass die Indianer zum ersten Mal neben Nutzvieh auch Reit- und Lasttiere erhielten. Da die Europäer eifrig bestrebt waren, das Christentum zu verbreiten, brachten sie den Einheimischen Lesen bei, damit sie die Bibel studieren konnten. Ebenso verbreiteten sie ihre Sprachen, wie Englisch, Spanisch und Portugiesisch, die heute noch in Amerika gesprochen werden. Leider weiteten sie auch den Sklavenhandel enorm aus, vor allem in den Regionen, in denen Zuckerrohr angebaut wurde. Dafür brachten sie bei ihrer Rückkehr nach Europa neue Nahrungsmittel wie Bohnen, Tomaten, Avocados, Ananas, Mais und Kartoffeln mit.

Mit den Siedlern kamen auch Infektionskrankheiten wie Masern, Pocken und Grippe nach Amerika. Die Einheimischen besaßen dagegen keine Abwehrkräfte und starben in Scharen. Im Austausch wurden bisher unbekannte Krankheiten wie Syphilis (die besonders in den Zeiten des Kolumbuseffekts vorherrschte) und Polio (Kinderlähmung) nach Europa eingeschleppt.

▷ **Roger Williams landet in der Neuen Welt**
Dieser Stich nach einem Gemälde von Alonzo Chappel zeigt amerikanische Ureinwohner, die dem britischen Theologen und künftigen Gründer von Rhode Island, Roger Williams, bei seiner Landung die Friedenspfeife anbieten.

> »Die **Eingeborenen** sind fast alle an den **Pocken gestorben,** so hat **der HERR** unseren **Besitzanspruch geklärt.**«
>
> JOHN WINTHROP, ERSTER STATTHALTER VON MASSACHUSETTS

Cartiers Nordamerika
Diese Karte der nordamerikanischen Ostküste entstand um 1540 anhand von Jacques Cartiers Informationen. Vor allem die Mündung des Sankt-Lorenz-Stroms ist sehr detailliert dargestellt. Man beachte, dass sich Norden auf dieser Karte unten befindet.

Neufrankreich

Mitte der 1520er- und 1530er-Jahre begannen die Franzosen im Auftrag ihres Königs Franz I., die nordamerikanischen Küsten und Flüsse zu erkunden. Die Expeditionen leiteten Giovanni da Verrazzano und Jacques Cartier.

N ach den Wikingern im 10. Jh. war Giovanni da Verrazzano der erste Europäer, der die Ostküste Nordamerikas erkundete. Der italienische Seefahrer aus Florenz hatte sich im französischen Dieppe niedergelassen und bereits mehrere Reisen im Atlantik und im Mittelmeer unternommen. Als sich die Spanier und Portugiesen im 16. Jh. am lukrativen Gewürzhandel mit Asien bereicherten und Magellan den Globus umrundete, wollte Frankreich nicht hintanstehen. Deshalb beauftragte Franz I. Verrazzano mit der Suche nach einem Weg durch den Nordatlantik in den Pazifischen Ozean.

Die Ostküste

Nach der Landung in Cape Fear, in North Carolina, im März 1524, segelte Verrazzano entlang mehrerer Buchten wie dem Pamlico Sound, den er zunächst für die Einfahrt zum Pazifik hielt. Auf der Weiterfahrt nach Norden versäumte er offenbar die Chesapeake Bay und die Mündung des Delaware, aber er passierte Long Island und fuhr in die Narragansett Bay ein, wo er etwa dort, wo sich heute Newport in Rhode Island befindet, vor Anker ging. Hier trieb er Handel mit den Wampanoag, demselben Indianerstamm, dem 100 Jahre später die Pilgerväter begegneten.

Danach segelte Verrazzano weiter nach Norden und erreichte Neufundland, von wo aus er im Juli 1524 nach Frankreich zurückfuhr. Er hinterließ

△ **Giovanni da Verrazzano**
Verrazzano war Seemann, Geograf, Astronom und Mathematiker. Auf seinen Reisen versuchte er so viel wie möglich über Amerika und dessen Ureinwohner zu lernen.

einen lückenlosen Bericht über seine Reise und unternahm noch zwei weitere Expeditionen nach Brasilien und in die Karibik, wo er sein Leben verlor (Gerüchten zufolge fiel er Kannibalen auf Guadeloupe zum Opfer). Die Informationen, die er über Nordamerika gesammelt hatte, waren für spätere französische Entdecker wie Jacques Cartier eine große Hilfe.

Der Sankt-Lorenz-Golf

Jacques Cartier wurde 1491 in eine Seefahrerfamilie im französischen Saint-Malo geboren. Er arbeitete als Steuermann und nahm an mehreren Fischfangfahrten nach Neufundland teil, bis er 1534 den königlichen Auftrag erhielt, über den Atlantik zu segeln und eine Nordpassage nach Asien zu suchen. Mit zwei Schiffen erkundete er die Küste Neufundlands und den Sankt-Lorenz-Golf, wo er vielen der dort entdeckten Inseln einen Namen gab und mit den ansässigen Indianern Handel trieb. Auf einer der Îles aux Oiseaux töteten seine Männer auf der Suche nach Nahrung rund 1000 Vögel, darunter viele Riesenalks. In der Gaspé-Bucht nahm Cartier das Land für Frankreich in Besitz, indem er ein Kreuz aufstellte. Im September 1534 kehrte er mit zwei Indianern in die Heimat zurück, unter der Bedingung des Häuptlings, dass die Franzosen sie zusammen mit europäischen Handelswaren zurückbringen würden.

Der Mythos von Saguenay

Franz I. schickte Cartier im folgenden Jahr, im Mai 1535,

▽ **Jacques Cartier**
Cartier unternahm drei Erkundungsfahrten nach Nordamerika und fand den Sankt-Lorenz-Strom als Weg ins Landesinnere für europäische Händler.

erneut zum Sankt-Lorenz-Strom. Dieses Mal sollte er außer der Durchfahrt nach Asien auch wertvolle Mineralien finden. Unter seinen Begleitern waren die beiden Indianer von seiner letzten Reise. Sie erzählten ihm (vielleicht, um ihn in die Irre zu führen) von einem geheimnisvollen Königreich namens Saguenay, in dem es sagenhafte Reichtümer geben sollte. Am Sankt-Lorenz-Strom hielt Cartier vergeblich Ausschau nach Saguenay, deshalb fuhr er flussaufwärts bis zum Irokesendorf Stadacona, das ungefähr dort lag, wo sich heute die Stadt Quebec befindet.

Von da an erschwerten Felsen, Eis und Stromschnellen das Vorwärtskommen, sodass die Expedition erst zwei Wochen später in dem nur 250 km entfernten Hochelaga (heute Montreal) ankam. Am Ende ihrer Kräfte, zogen sie sich nach Stadacona zurück und bauten ein Fort, um dort den Winter zu verbringen. Von November 1535 bis April 1536 steckten ihre Schiffe im Eis des Flusses fest, das bis zu 2 m dick war. Viele der Männer starben in dieser Zeit an Skorbut, sodass im Frühjahr nicht mehr genügend Matrosen für drei Schiffe zur Verfügung standen und Cartier eines davon versenken musste, ehe er nach Frankreich zurücksegelte. Wieder nahm er einige der ansässigen Indianer mit, darunter auch deren Häuptling Donnacona.

Die erste Siedlung

Die Gerüchte um Saguenay und die potenziellen Reichtümer Kanadas befeuerten die Fantasie von Franz I. Deshalb plante er schon bald eine dritte Expedition, wobei auch eine permanente Siedlung gegründet werden sollte. Cartier sollte zwar daran teilnehmen, aber dieses Mal wurde dem Höfling und Freund des Königs Jean-François de La Rocque de Roberval das Oberkommando übertragen. Da Roberval am Tag der Abreise unpässlich war, fuhr Cartier mit fünf Schiffen voraus und überließ es Roberval, ihn mit drei Schiffen einzuholen.

Cartier landete am 23. August 1541 in Stadacona und begann einige Kilometer flussaufwärts sofort mit dem Bau einer Siedlung, die er Charles-bourg nannte (nach dem ältesten Sohn des Königs). Dann segelte er weiter flussaufwärts, in der Hoffnung, Saguenay zu finden. Doch genau wie bei der ersten Expedition zwangen ihn unüberwindbare Stromschnellen zur Umkehr.

Wieder zurück in Charlesbourg, musste Cartier feststellen, dass Unruhen zwischen den Siedlern und den ansässigen Huronen ausgebrochen waren. Wer damit angefangen hatte, war unklar, aber einige Franzosen waren getötet worden, deshalb entschied Cartier im Sommer 1542, Charlesbourg aufzugeben. Er segelte nach Neufundland, wo inzwischen auch Roberval und seine drei Schiffe angekommen waren. Roberval befahl Cartier, nach Charlesbourg zurückzu-

kehren. Aber Cartier, dem die Aussichtslosigkeit dieses Unterfangens bewusst war, segelte stattdessen in seine Heimat Saint-Malo, wo er im Oktober 1542 ankam. Die Siedler von Charlesbourg hielten noch einen Winter lang durch, wobei so viele von ihnen an Kälte, Krankheit oder durch die Übergriffe der Indianer starben, dass die letzten Überlebenden die Kolonie im Frühling 1543 verließen.

Katzengold

Cartier kehrte mit einer Ladung, die er für Gold und Diamanten aus der Gegend um den Sankt-Lorenz-Strom hielt, nach Frankreich zurück. Leider erwies sich das Gold als billiger Pyrit und die Diamanten als Quarzkristalle. Zwar war es Cartier weder gelungen, Reichtümer zu finden, noch, eine Kolonie zu gründen. Dennoch ging er als mutiger Entdecker in die Geschichte ein, der den Weg für die französische Besiedelung Kanadas ebnete.

▷ **Cartier und Donnacona**
Cartier lernte auf seinen Reisen Stammesmitglieder der Mi'kmaq, der Beothuk und der Irokesen kennen. Hier ist eine Begegnung in Hochelaga dargestellt, etwa dort, wo sich heute Montreal befindet.

▽ **Cartier am Sankt-Lorenz-Strom**
Cartiers Entdeckungsreisen öffneten den Franzosen den Weg nach Kanada. Noch 300 Jahre danach befassten sich Maler wie Jean Antoine Théodore de Gudin mit Cartiers Reisen auf dem Sankt-Lorenz-Strom.

EXKURS
Handel und Erkundung

Die ersten französischen Entdecker überlebten, weil sie ihre eigenen Waren gegen Nahrung tauschten. Dadurch legten sie den Grundstock für andere französische Reisende (oft ehemalige Atlantikfischer), die mit Metall, Stoffen und anderen Waren nach Kanada kamen und mit Pelzen nach Frankreich zurückkehrten. Viele schlossen dauerhafte Handelsbeziehungen mit Indianern, die sich spätere Siedler zunutze machten. Ende des 16. Jh. kamen Mützen aus Biberpelz in Mode und die Nachfrage nach Biberfellen war groß. Anfang des 17. Jh. ließen sich die ersten Händler dauerhaft in Kanada nieder.

INDIANER MIT BIBERPELZEN AUF DEM WEG ZU WEISSEN HÄNDLERN

NAVIGATOR, 1574–1635

Samuel de Champlain

Der französische Navigator Samuel de Champlain spielte bei der Erkundung Kanadas und der Gründung französischer Kolonien eine große Rolle. Er erstellte erste Landkarten der Region und notierte alles, was er erlebte, in seinen Berichten.

Samuel de Champlain entstammte einer französischen Seefahrerfamilie und diente in jungen Jahren am Hof des französischen Königs Heinrich IV. als Kartograf. Er sah viele Häfen und hörte zu, wenn die Seeleute von ihren Transatlantikreisen erzählten.

Mit Ende zwanzig begleitete er seinen Onkel, den Pelzhändler François Gravé du Pont, nach Nordamerika. Inspiriert von Cartiers Reiseberichten, wollte Champlain unbedingt den Sankt-Lorenz-Strom erkunden und kartografieren. Unterwegs suchte er Kontakt zu den Einheimischen und freundete sich mit ihnen an. Zurück in Frankreich, veröffentlichte er einen Bericht seiner Reise mit Porträts von den Montagnais-Indianern, die am Sankt-Lorenz-Strom lebten.

Im Jahr darauf kehrte Champlain nach Kanada zurück. Dieses Mal hatte er sich der Expedition von Pierre Dugua de Mons angeschlossen, der dort eine Kolonie gründen wollte. Als Kartograf hatte Champlain die Aufgabe, nach einem geeigneten Gebiet dafür zu suchen. Er erkundete die Bay of Fundy, den Saint-John-River und segelte die Atlantikküste bis Cape Cod hinab (wo er als Erster diesen Küstenabschnitt detailliert beschrieb). 1608 entschied de Mons, dass der Sankt-Lorenz-Strom der beste Ort für eine Siedlung sei, und schickte Champlain flussaufwärts, um ein Fort zu errichten. So entstand die erste dauerhafte Siedlung am Standort von Quebec.

Von seiner Basis in Quebec aus knüpfte Champlain ein weit gespanntes Handelsnetz und ging

◁ **Champlains Karte von Neuengland**
Die Karte zeigt die neuenglische Küste zwischen Cape Cod (unten links) und Nova Scotia. Sie ist zwar nicht so akkurat wie moderne Karten, aber für das Jahr 1607 schon erstaunlich detailgetreu.

Allianzen mit verschiedenen Indianerstämmen ein, insbesondere mit den Montagnais am Ottawa River und den Wendat (auch Huronen genannt), die an den Great Lakes lebten. Champlain erkundete dabei viele neue Gebiete, vor allem rund um die Great Lakes und um den Lake Champlain.

Vater von Neufrankreich

Champlain wollte Quebec nicht nur zu einem blühenden Handelszentrum ausbauen, sondern auch das Potenzial der Region für Ackerbau und Industrie nutzen. Er war einer der hundert Investoren der Compagnie des Cent-Associés, einer Handelsgesellschaft, die vom französischen Minister Kardinal

Richelieu das Handelsmonopol für das gesamte Gebiet erhalten hatte, das man damals als Neufrankreich bezeichnete.

Ab etwa 1625 begannen jedoch auch die Briten ein Auge auf Kanada zu werfen. 1629 wurde Quebec von einer bewaffneten Truppe unter Führung schottischer Händler – den Gebrüdern Kirke – angegriffen und zur Aufgabe der Kolonie gezwungen. Bis 1632 gehörte Quebec den Briten, doch dann fiel es wieder in die Hände der Franzosen. Champlain kehrte 1633 mit dem Rückhalt von Kardinal Richelieu, der ihn zum Kommandanten Neufrankreichs ernannt hatte, dorthin zurück.

Er leitete und förderte die Kolonie, erkrankte jedoch bald an einer Lähmung und starb 1635. Champlain gilt heute als »Vater von Neufrankreich«, als meisterlicher Navigator (auf 25 Atlantikfahrten verlor er kein einziges Schiff) und als wagemutiger Erforscher der nordamerikanischen Küste und der Great Lakes.

◁ **Kampf gegen die Irokesen**
Champlains Allianz mit den Huronen führte zu Konflikten mit deren Feinden, den Irokesen. Der Entdecker nahm an mehreren Kämpfen gegen sie teil, darunter auch an dem hier abgebildeten am Ufer des Lake Champlain.

» Diese **Kunst** trieb mich dazu,
die See schon von **Jugend** an zu
lieben und mich ihren **tückischen**
Gewässern zu stellen ...«

SAMUEL DE CHAMPLAIN ÜBER DIE KUNST DER SEEFAHRT

◁ **Herrscher Neufrankreichs**
Die Illustration zeigt Champlain in
späten Jahren, als er Kommandant
von Neufrankreich war und
kaum noch Entdeckungs-
reisen unternahm.

WICHTIGE DATEN

■ **1574** In der Provinz Aunis im Südwesten Frankreichs in eine Familie von
Seefahrern geboren.

■ **1603** Unter-
nimmt die erste
Transatlantikfahrt.

■ **1604** Begleitet die
Expedition von
Pierre Dugua de
Mons, auf der er die
Küste Neuenglands
kartografiert.

CHAMPLAINS
VOYAGES DE
LA NOUVELLE
***FRANCE*, 1632**

■ **1608** Gründet die
Siedlung Quebec
an der Stelle eines
Forts, das Jacques
Cartier errichtet
hatte.

■ **1609** Fährt den Richelieu River hinauf
und entdeckt den Lake Champlain.

■ **1615–1516** Erkundet den Huronsee
und entdeckt die Great Lakes.

■ **1632** Durch den Vertrag von Saint-
Germain-en-Laye erhalten die Fran-
zosen Quebec von den Briten zurück.
Champlain kehrt als Kommandant von
Neufrankreich in die Kolonie zurück.

**CHAMPLAIN BERECHNET SEINEN STAND-
ORT MIT EINEM ASTROLABIUM.**

Die ersten Missionare

Nach Öffnung der Handelswege zwischen Amerika und Europa fuhren auch viele christliche Missionare über den Atlantik, um das Evangelium in Amerika und später auch in Teilen Asiens zu verbreiten.

△ **Jesuiten in Indien**
Diese Lithografie aus dem 19. Jh. von Théophile Fragonard aus dem Buch *Die dramatische Geschichte der Jesuiten* zeigt einen Jesuitenpriester in schwarzer Robe, der hinduistischen Brahmanen predigt.

Die ersten katholischen Missionare waren vor allem Dominikaner- und Franziskanermönche. Sie gründeten »Missionen« oder Gemeinden an Orten in der Karibik und in Nordamerika, an denen sich europäische Siedler niedergelassen hatten. 1493 wies der spanische Papst Alexander VI. die Mönche an, die Einheimischen dieser Regionen zu konvertieren. Im Jahr darauf teilte er die Neue Welt zwischen Spanien und Portugal. Durch den Vertrag von Tordesillas, der am 7. Juni 1494 unterzeichnet wurde, erhielt Spanien das Land westlich des Meridians, der vertikal durch Südamerika verläuft, und Portugal das Land östlich davon. Deshalb wird in Brasilien heute Portugiesisch gesprochen, während der Rest Lateinamerikas Spanisch spricht.

Katholiken und Protestanten

Die größten Missionen wurden im Norden an der kalifornischen Küste gegründet – Städte wie San Francisco, Los Angeles und Santa Cruz nahmen so ihren Anfang. Im Lauf des 16. Jh. versuchten auch andere Orden, das Christentum in Südamerika zu verbreiten. Sie lehrten die Einheimischen das Wort Gottes auf Spanisch und Portugiesisch und lernten dafür deren Sprachen. Mitte des 16. Jh. waren Teile der Bibel in 28 südamerikanische Sprachen übersetzt worden. Inzwischen kamen auch Protestanten in die Neue Welt, allen voran die französischen Hugenotten, die sich um 1550 in Brasilien ansiedelten.

Die Missionare passten sich zwar den lokalen Sitten an, behielten jedoch fast immer ihre europäischen Vorurteile. Nur wenige versuchten z. B., gegen die Sklaverei vorzugehen, auch wenn es einige Ausnahmen gab, wie den Dominikanermönch Bartolomeo de las Casas. Die Invasion der Konquistadoren massakrierte Kulturen, die jahrhundertelang unbehelligt existiert hatten, und sie säte Feindseligkeit unter den Einheimischen (siehe S. 122–125). 1562 ließ Diego de Landa, der spanische Erzbischof von Yucatán, die Bibliotheken der Maya – und damit Jahrhunderte an Traditionen und Gedankengut dieser alten Kultur – zerstören. Aus diesen Gründen waren Missionare nicht immer willkommen. 1583 wurden fünf jesuitische Missionare in Goa, einer portugiesischen Kolonie an der Westküste Indiens, hingerichtet, und mehrere von ihnen wurden 1649 von den Mohawks in Nordamerika getötet.

Nachhaltiges Erbe

Die ersten Missionare predigten nicht nur das Wort Gottes. Sie gehörten zu den Ersten, die zwischen europäischen, amerikanischen und asiatischen Kulturen vermittelten. So entstand 1603 das erste japanisch-portugiesische Wörterbuch. 1638 verhängten die japanischen Shogune jedoch die Todesstrafe über jeden, der zum Christentum konvertierte, und alle weiteren Missionstätigkeiten kamen zum Erliegen.

◁ **Missionskirche auf Samoa**
Die ersten Missionare errichteten Kirchen, wo es nur ging. Ihre Bauweise orientiert sich an europäischen Vorbildern, weist aber auch einige Elemente der regionalen Architektur auf.

PORTRÄT VON FRANZ XAVER AUS DEM 18. JH.

PROFIL
Franz Xaver

Der spanische Adelige Francisco de Xavier, bekannt als hl. Franz Xaver, lernte 1529 an der Universität von Paris Ignatius von Loyola kennen. Zehn Jahre später gründeten sie mit fünf anderen Freunden den Jesuitenorden, der 1540 von Papst Paul III. genehmigt wurde. Auf Geheiß Johanns III. von Portugal begab sich Franz Xaver auf eine Missionsreise nach Indien, wo er drei Jahre lang an der Küste von Goa das Evangelium auf Tamil predigte. Obwohl er mit der Sprache kämpfte, hielt er es für wichtig, sich an lokale Sitten anzupassen. Später bereiste er Ceylon, die Molukken, Malaysia und Japan. Er starb mit 46 Jahren auf einer Insel vor China.

Jesuitischer Missionar in China
Der italienische Jesuit Matteo Ricci lebte ab 1582 fast 30 Jahre lang in China, um dessen Beziehungen zum Westen zu fördern. Er sprach Mandarin und stand beim Kaiser in hohem Ansehen.

Die Nordwestpassage

Im 16. Jh. versuchten Entdecker, eine nördliche Durchfahrt von Europa zu den Gewürzmärkten Asiens zu finden. Sie versprach schneller zu sein als der Weg um Afrika, aber nicht ungefährlicher.

Zu den ersten Europäern, die im Atlantik nach einer Nordwestpassage suchten, gehörte der britische Navigator Martin Frobisher (um 1535–1594). 1576 überquerte Frobisher den Ozean, wobei er zwei seiner drei Schiffe in einem Sturm verlor, ehe er die Küste von Labrador erreichte. Er erkundete die Gewässer um Baffin Island und entdeckte dort eine große Bucht, die heute Frobisher Bay heißt. Es kam zu einem Gefecht mit Inuit, in dem fünf seiner Männer gefangen genommen wurden. Frobisher gelang es nicht, sie zu befreien, und musste mit nur einem Inuit-Gefangenen nach England zurückkehren. Er nahm außerdem eine Probe eines schwarzen Gesteins mit, das er für Kohle hielt.

Frobisher leitete 1577 und 1578 zwei weitere Expeditionen, beide jeweils mit zwei Schiffen und vielen Teilnehmern, darunter auch Bergarbeiter. Sie sollten auf Baffin Island nach potenziell wertvollen Mineralien Ausschau halten. Frobisher befuhr danach die Gewässer rund um Grönland und Baffin Island und sammelte viele neue Erkenntnisse über diese Gebiete, die letztendlich zur Entdeckung der Nordwestpassage beitrugen. Er brachte auch eine große Menge Steine mit zurück nach England, darunter einige, die er für Gold hielt, die sich dann aber als wertloses Eisenpyrit erwiesen. Nach dieser Enttäuschung unternahm Frobisher keine weiteren Versuche, die Nordwestpassage zu finden, sondern diente als Freibeuter unter Sir Francis Drake.

▽ **Wegkarte**
Martin Frobisher und Henry Hudson erkundeten die östlichen Ränder des arktischen Archipels. Die Karte zeigt die Wege, die sie zurücklegten.

Legende

Martin Frobisher	Erste Reise
	Zweite Reise
Henry Hudson	Erste Reise
	Zweite Reise

▷ **Weltkarte der Mercator-Projektion**
Ein Ausschnitt der Karte des Niederländers Jodocus Hondius von 1608. Nur die Küste Grönlands ist sichtbar sowie einige Details rund um Nova Scotia und der Baffin Bay.

Henry Hudson

Einer der wagemutigsten Entdecker in nördlichen Gewässern war Henry Hudson (um 1565–1611). 1609 beauftragte ihn die Niederländische Ostindien-Kompanie, eine Nordostpassage nördlich von Russland zu suchen. Doch bald versperrte ihm dickes Eis den Weg und er musste umkehren. Anstatt zurückzufahren, überquerte er den Atlantik und begann, nach einer Nordwestpassage in den Pazifik Ausschau zu halten. Von Nova Scotia aus segelte Hudson nach Süden. Er entdeckte einen Fluss, der nach ihm benannt wurde, und kam bis zu dem Punkt, an

▷ **Scharmützel mit den Inuit**
Das Verhältnis zwischen europäischen Entdeckern und indigenen Völkern war oft angespannt, wie man auf dem Aquarell von John White sieht, der Frobisher auf seinen Reisen begleitete. Hudson gelang es aber, Handelsbeziehungen mit den Einheimischen zu knüpfen.

dem heute die Stadt Albany steht. Er handelte mit den Einheimischen, kaufte Pelze und nahm diesen Teil Nordamerikas für die Niederländer in Besitz.

Hudsons letzte Fahrt

1610 unternahm Hudson eine neue Entdeckungsreise, dieses Mal mit Unterstützung der Britischen Ostindien-Kompanie und der Virginia Company. Er überquerte den Nordatlantik und landete an der nördlichen Spitze von Labrador. Von dort aus folgte er der Meeresstraße nach Nordwesten – heute heißt sie Hudsonstraße, in die riesige Bucht, die ebenfalls nach ihm benannt wurde. Hudson brauchte so lange, um sie und die angrenzende James Bay zu erforschen und zu kartografieren, dass die Expedition vom Winter überrascht wurde und in der James Bay im Eis festsaß. Die Männer überwinterten dort, aber im Frühling kam es zu einer Meuterei, bei der Hudson ums Leben kam.

Obwohl es Frobisher und Hudson nicht gelang, die Nordwestpassage zu finden, erweiterten sie das Wissen der Europäer über die Gewässer nördlich

von Kanada. Die Geschichte der beiden Entdecker lebt noch heute in vielen Orten weiter, die ihren Namen tragen, von der Frobisher Bay bis zum Hudson River.

PROFIL
Henry Hudson

Der britische Entdecker Henry Hudson unternahm mehrere Versuche, die Nordwestpassage nach Asien zu finden. Zweimal verfolgte er einen Weg nordöstlich von Russland und zweimal in den Gewässern Kanadas. Seine letzte Fahrt endete jedoch in einer Tragödie. Gefangen in dickem Eis, mussten Hudson und seine Mannschaft den Winter 1610/11 in der Hudson Bay verbringen. Als das Eis im Frühling schmolz, plante Hudson, die Bucht weiter zu erkunden, in der Hoffnung, die Nordwestpassage zu finden. Seine Männer wollten jedoch heimkehren, und als Hudson sich weigerte, meuterten sie und überließen ihren Anführer mit seinem minderjährigen Sohn und ein paar treuen Anhängern in einem offenen Boot ihrem Schicksal.

DAS GEMÄLDE ZEIGT HUDSON UND SEINEN SOHN AUSGESETZT IN EINEM OFFENEN BOOT.

DIE

ÄRA DER
IMPERIEN

1600–1800

DIE ÄRA DER IMPERIEN, 1600–1800

Einführung

Nachdem die Welt erkundet war, ging es darum, von den Entdeckungen zu profitieren. Mitte des 17. Jh. beendeten die Künste der holländischen und britischen Seefahrer die maritime Vorherrschaft Spaniens und Portugals. Mit der Gründung der Britischen und Niederländischen Ostindien-Kompanien – die sich zu riesigen Handelsgesellschaften entwickelten – etablierten diese beiden Nationen Außenposten und Kolonien in der ganzen Welt, von den Ostindischen Inseln und Indien bis Nordamerika. Die Niederländer sicherten sich Teile Südostasiens und überließen den Briten die Kontrolle über einen kleinen Außenposten auf einer Insel namens Manhattan. Dies war der Beginn einer Ära des weltumspannenden Seehandels, der Tee, Kaffee, Tabak, Gewürze und Zucker nach Europa brachte sowie etwa 12 Mio. afrikanische Sklaven nach Amerika.

Neuer Geschmack, neue Mode

Mit den neuen Waren entstanden neue Orte der Begegnung wie Kaffeehäuser und Salons. Die Menschen wollten etwas über die Länder wissen, aus denen die neuen Produkte stammten. Unter den Reichen wurde es Mode, Souvenirs aus diesen Ländern zu sammeln. Diese kleinen, privaten Sammlungen, auch »Wunderkammern« genannt, waren nicht nur Statussymbole, sondern Zeichen der wachsenden Neugier auf die natürliche Weltordnung und den Platz des Menschen darin.

Bald wurde die Wissenschaft zu einem neuen Motiv für Entdeckungsfahrten. Der russische Zar Peter I. sandte den Seemann und Kartografen Vitus Bering in den Nordpazifik, um die sibirische Küste zu erfassen und eine Landbrücke nach Alaska zu suchen. Zarin Anna Iwanowna schickte ihn als Mitglied der 3000 Mann starken Großen

BRITISCHE OFFIZIERE DER OSTINDIEN-KOMPANIE SICHERTEN SICH LUKRATIVE RESSOURCEN IN INDIEN.

IN DEN KAFFEEHÄUSERN WURDEN AKTUELLE THEMEN GEHÖRT UND DISKUTIERT.

KAPITÄN COOK ÖFFNETE SEEHANDELSWEGE IN ALLE WELT, VON DER ANTARKTIS BIS POLYNESIEN.

» Mach nur einmal das, **von dem andere sagen, dass du es nicht schaffst,** und du wirst nie wieder auf deren Grenzen **achten** müssen. «

KAPITÄN JAMES COOK

Nordischen Expedition nach Sibirien zurück. Sie war die größte wissenschaftliche Unternehmung ihrer Zeit und markierte den Beginn der russischen Expansion in den Osten.

Bildungsreisen

Nicht ganz so groß, dafür umso ausgedehnter waren die Expeditionen von Kapitän James Cook im Auftrag der britischen Royal Society. In drei sehr langen Reisen fuhr Cook kreuz und quer über den Pazifik, umrundete die Antarktis und kartografierte bislang unbekannte Teile Australiens und Neuseelands. Bedeutsam wurden diese Fahrten jedoch erst durch Wissenschaftler wie Joseph Banks. Sie entdeckten Tausende neuer Arten, die sie sorgfältig sammelten, katalogisierten und zur näheren Untersuchung mit nach Großbritannien nahmen. Auf Cooks Expeditionen entstanden außerdem atemberaubende Zeichnungen und Gemälde von Orten, Flora und Fauna, die einen erheblichen Beitrag zu naturkundlichen Studien leisteten.

Man musste jedoch nicht unbedingt so weit in die Ferne schweifen wie Kapitän Cook, um sein Wissen zu erweitern. Eine Fahrt nach Rom tat es auch. Die italienische Hauptstadt war das bevorzugte Ziel für eine Vielzahl von Reisenden, die sich auf Bildungsfahrt, die sogenannte Grand Tour, begaben. Im 18. Jh. war man der Ansicht, dass es für junge Männer keinen besseren Bildungsabschluss gab als ein Besuch der großen Hauptstädte Europas. Ende des 18. Jh. kam die Grand Tour durch den Krieg in Europa außer Mode. Dennoch hatte die Neigung, aus keinem anderen Grund als zur Selbstverwirklichung zu reisen, bereits Wurzeln geschlagen.

VITUS BERING ERKUNDETE ZWEIMAL FÜR RUSSLAND DEN NORDPAZIFIK UND LANDETE IN ALASKA.

VIELE BEENDETEN IHRE GRAND TOUR IN NEAPEL MIT EINEM BLICK AUF DEN VESUV.

DIE ERSTE BALLONFAHRT 1783 IN PARIS WAR DER VORBOTE EINES NEUEN TRANSPORTMITTELS.

Der Gewürzhandel

Bei der Erkundung der südostasiatischen Gewässer stand vor allem ein Motiv im Vordergrund. Es war die Suche nach der Quelle eines der damals am meisten geschätzten Güter – Gewürze.

▷ **Handelsposten am Hugli, Bengalen**
Das Gemälde von 1665 zeigt einen der vielen niederländischen Handelsposten in Asien. Die zwei Schiffe auf dem Fluss sind bereit, Waren in die Niederlande zu bringen.

Als das letzte noch existierende Schiff der Magellan-Expedition nach der ersten Weltumsegelung in den Heimathafen einlief, befanden sich unter den wenigen Schätzen, die es mitbrachte, 381 Beutel mit Gewürznelken aus dem Fernen Osten. Selbst wenn man den Verlust von vier Schiffen, die Vorschüsse für 237 Mann Besatzung, die Lohnnachzahlung für die 18 überlebenden Matrosen sowie all die anderen Ausgaben und Kosten während der drei Jahre dauernden Expedition berücksichtigt, brachte der Verkauf der Gewürznelken noch immer einen kleinen Profit.

Gewürze waren damals ein unermesslich wertvolles Gut. Zimt, Nelken, Ingwer, Muskat und Pfeffer verbesserten nicht nur den Geschmack des Essens, sie galten auch als Heilmittel gegen alle möglichen Leiden, als Aphrodisiakum und als Schutz vor Dämonen. Nur wenige wussten, woher die Gewürze stammten. Den meisten war nur bekannt, dass sie über komplizierte Wege nach Europa kamen und vorher in Asien und im Nahen Osten durch die Hände vieler Mittelsmänner gingen, die den Preis in die Höhe trieben.

Übernahme durch die Portugiesen

Ende des 15. Jh. hatte Portugal seine Vormachtstellung an der Westküste Afrikas gefestigt – der nächste Schritt war, im Osten nach einer Quelle für Gewürze zu suchen. Vasco da Gama erreichte 1498 Kalikut an der südostindischen Küste und war entzückt, dort einen blühenden Markt vorzufinden, auf dem die Chinesen Gewürze an arabische und italienische Händler verkauften. Innerhalb eines Jahres nach da Gamas Rückkehr erhielt Pedro Álvares Cabral den Auftrag, den Gewürzhandel in Kalikut im Namen der portugiesischen Krone an sich zu reißen.

Tatsächlich verwandelte Cabral den Indischen Ozean in einen »portugiesischen See«. Immer weiter drangen die Portugiesen in asiatische Gewässer vor. 1505 erzwangen sie Tributzahlungen von Sri Lanka. Sechs Jahre später kreuzten sie mit ihren Galleonen in der Bucht von Bengalen und übernahmen die Kontrolle von Malakka, dem damals reichsten Hafen des Fernen Ostens. Mit ihm als Basis gelang es ihnen schließlich, das Herz der berühmten Gewürzinseln auszumachen – die Molukken, ein kleines Archipel vor der Küste des heutigen Indonesiens.

Die Portugiesen verloren zwar keine Zeit, die Reichtümer der Inseln auszubeuten, doch ihr Imperium war bereits im Untergang begriffen. Als Ende des Jahrhunderts die ersten niederländischen und britischen Schiffe in den Gewässern Asiens auftauchten, war die Herrschaft der Portugiesen endgültig vorbei.

Die Niederländer landeten 1599 auf den Molukken und kehrten mit Gewürznelken beladen nach Amsterdam zurück. Zwei Jahre später, 1601, schlossen sich ihnen Schiffe an, die unter

▷ **Firmenschilder**
Links wird das Wappen der Niederländischen Ostindien-Kompanie von Neptun und einer Meerjungfrau flankiert. Auf dem rechten Schild flankieren holländische Löwen das Wappen von Batavia.

» Nach dem Jahr **1500** war in Kalikut kein **Pfeffer** mehr erhältlich, der nicht **rot gefärbt von Blut** war. «

VOLTAIRE ÜBER DIE EROBERUNG INDIENS DURCH DIE PORTUGIESEN, 1756

◁ **Porzellan aus China**
Außer Gewürzen wurden Tee, Stoffe und Porzellan aus Asien nach Europa importiert.

der Flagge der neu gegründeten Britischen Ostindien-Kompanie segelten.

Rivalitäten in Ostindien

1602 gründeten die Niederländer ihre eigene Handelsgesellschaft, die Vereenigde Oost-Indische Compagnie, oder kurz VOC. Sie errichtete eine befestigte Basis in Batavia (heute Jakarta, die Hauptstadt Indonesiens) sowie Hunderte von Außenposten in der ganzen Region. Die Marine und die Handelsflotte der Niederländer war viel größer als die der Briten, sodass es der VOC gelang, die Britische Ostindien-Kompanie mehr oder weniger aus dem Gewürzgeschäft zu verdrängen. Doch Mitte des 17. Jh. änderten sich die Machtverhältnisse, denn England hatte in großem Umfang in seine Marine investiert. Es kam zu einer Reihe von englisch-niederländischen Seekriegen. Der zweite von ihnen wurde 1667 durch den Frieden von Breda beendet, in dem die Engländer ihren Anspruch auf die Gewürzinseln aufgaben. Dafür erhielten sie die Hoheit über die vormals niederländische Kolonie Neu-Niederlande, die sie später in New York umbenannten.

Die VOC wurde zur größten Handelsgesellschaft der Welt. Auf dem Höhepunkt ihrer Macht und ihres Reichtums gehörten ihr über die Hälfte aller seegängigen Schiffe. Trotzdem wurde sie 1799 für Bankrott erklärt.

◁ **Britische Beamte in Indien**
Von den Niederländern in Südostasien ausgebootet, gaben sich die Briten mit dem Handelsmonopol in Indien und in den neuen amerikanischen Territorien zufrieden.

Wunderkammern

Bestückt mit exotischen Artefakten aus fernen Ländern, waren die Kuriositätenkabinette die Vorgänger moderner Museen.

Bevor es Museen gab, waren sogenannte Kunst- und Wunderkammern in Mode. Diese Privatsammlungen entstanden im 16. Jh. und enthielten die wundersamsten und exotischsten Objekte aus unbekannten Ländern, typischerweise aus der »Neuen Welt«. In der Regel war eine solche Sammlung in drei Bereiche eingeteilt: *Naturalia* (Dinge aus der Natur wie Fossilien, Muscheln, präparierte exotische Tiere), *Artificialia* (Produkte aus Menschenhand wie Kunsthandwerk von Einheimischen) sowie *Scientifica* (mechanische Objekte wie Astrolabien, Uhren und wissenschaftliche Instrumente). Einige Wunderkammern widmeten sich ganz bestimmten Themen, wie die des niederländischen Anatoms Frederik Ruysch (1638–1731), der neben exotischen Vögeln, Schmetterlingen und Pflanzen auch Körperteile und konservierte Organe sammelte.

Die Kollektionen wurden in Schränken und Vitrinen ausgestellt und so angeordnet, dass sie dem Betrachter einen Einblick in die Zusammenhänge aller Dinge vermittelten und welchen Platz der Mensch dabei einnimmt. Im Lauf der Zeit gingen die kleinen Privatsammlungen in größeren Kollektionen auf. Diese wiederum wurden von Adeligen und sogar von Königen aufgekauft und wuchsen so sehr heran, dass sie eigene Räume benötigten. Frederik Ruyschs Wunderkammer z.B. wurde von Zar Peter dem Großen erworben und ist heute Teil der Kunstkammer, eines Museums in St. Petersburg, während das Kabinett des Londoner Apothekers James Petiver (um 1665–1718) den Grundstock für das British Museum bildete. Aus der Wunderkammer *The Ark* des Naturalisten John Tradescant Senior (um 1570–1638) entstand das Ashmolean Museum in Oxford.

»Eine Sammlung ... vieler ausländischer und indischer Kuriositäten und Dingen der Natur.«

DER ENGLISCHE AUTOR JOHN EVELYN IN MAILAND, 1646

▷ **Kuriositätenkabinett** von Andrea Domenico Remps
Remps Gemälde zeigt die Objekte, die am häufigsten gesammelt wurden. Die meisten stammen aus den Bereichen Archäologie, Wissenschaft und Religion.

Neuholland

Als sich die großen europäischen Handelsgesellschaften im Osten etablierten, unternahmen sie erste Vorstöße nach Terra Australis incognita – dem unbekannten Kontinent im Süden.

△ **Abel Tasman**
Als erfahrener Kapitän im Dienste der Niederländischen Ostindien-Kompanie wurde Tasman damit beauftragt, unbekanntes Terrain auf der Südhalbkugel zu erkunden.

Im Jahr 1606 wurde Kapitän Willem Janszoon von der Niederländischen Ostindien-Kompanie damit beauftragt, von Bantam in Java aus die Küste Neuguineas nach rentablen Ressourcen abzusuchen. Auf dem Weg nach Süden verpasste er jedoch die Torresstraße und fuhr immer weiter an einer Küste entlang, die er für den südlichen Ausläufer Neuguineas hielt. Tatsächlich handelte es sich jedoch um die Westküste der Halbinsel Cape York von Queensland. Er ging an Land, aber nach einem feindseligen Empfang durch die Ureinwohner, bei dem mehrere seiner Männer getötet wurden, kehrte er nach Java zurück. Ohne es zu wissen, hatten er und seine Crew als erste Europäer Australien betreten.

In den folgenden 160 Jahren landeten noch viele weitere Schiffe auf dieser unerforschten Landmasse. Die meisten waren Handelsschiffe der Niederländischen Ostindien-Kompanie, sodass das neue Territorium 1622 zum ersten Mal auf einer der Karten der Kompanie erschien, allerdings fälschlicherweise als »Neuguinea« bezeichnet. Ein besonderer Besucher war Jan Carstensz, der im Auftrag der Niederländischen Ostindien-Kompanie auf Janszoons Spuren in den Süden segelte. Carstensz nannte das flache Gewässer, das er 1623 durchquerte, Golf von Carpentaria, zu Ehren von Pieter de Carpentier, dem Generalgouverneur von Niederländisch-Ostindien. Vier Jahre später segelte ein weiterer Niederländer nach Süden und kartografierte einen Teil der Südwestküste Australiens in der Nähe des heutigen Albany.

◁ **Keule der Maori**
Die Maori, denen Tasman begegnete, waren mit Steinen und kunstvoll geschnitzten Keulen wie dieser bewaffnet, die wie der Kopf eines Vogels geformt ist.

Abel Tasman

Danach vergingen fast 20 Jahre, ehe die Niederländische Ostindien-Kompanie im August 1642 Kapitän Abel Tasman auf eine Erkundungstour der Region, die inzwischen Terra Australis genannt wurde, entsandte. Er segelte von Batavia (heute Jakarta) aus mit dem Wind nach Südosten, verpasste Australien jedoch und landete stattdessen auf einer Landmasse, die er Van Diemen's Land nannte, nach dem Generalgouverneur von Niederländisch-Ostindien. Erst 100 Jahre später erkannte man, dass es sich dabei um eine Insel handelte, und nannte sie zu Ehren des niederländischen Seemanns Tasmanien.

Tasman segelte weiter nach Osten und erreichte als erster Europäer Neuseeland. Er ging im Norden der Südinsel vor Anker, legte jedoch schnell wieder ab, als er und seine Männer von den Maori angegriffen wurden. Danach kehrte er über verschiedene Pazifik-Inselgruppen (heute bekannt als Fidschi, Tonga und die Salomon-Inseln) und Neuguinea nach Batavia zurück.

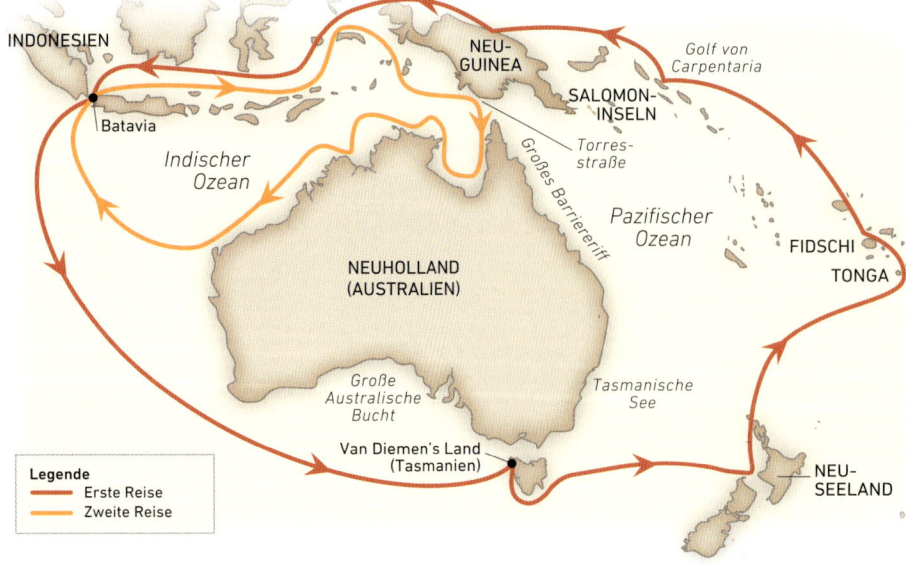

▷ **Die Reisen von Abel Tasman**
Tasman unternahm zwei Erkundungsfahrten. Auf der ersten entdeckte er Van Diemen's Land und Neuseeland, auf der zweiten kartografierte er die Nordwestküste Australiens.

Legende
— Erste Reise
— Zweite Reise

INDONESIEN
Batavia
Indischer Ozean
NEU-GUINEA
Golf von Carpentaria
SALOMON-INSELN
Torres-straße
Großes Barriereriff
Pazifischer Ozean
FIDSCHI
TONGA
NEUHOLLAND (AUSTRALIEN)
Große Australische Bucht
Tasmanische See
Van Diemen's Land (Tasmanien)
NEU-SEELAND

A.. Zijn onze Schepen

B.. Zijn de pracuwen die om ons boort quamen

C.. is des Zeehaens pracutien dat na ons boort quam Schepen tr van Inwon des des lands vermeestert en dad naer doort Schicten weldrom Platy heeft doen wij Zagen dat Zij de Praciw Velactet haddey is onze Schip met onze Shaloup weldrom gehaelt

D.. is de Vethooningh van hae pracuwen en het fatzon Vant

E.. Zijn onze Schepen die onder Zeyle gan

F.. is onze Schaloup die de Pracuwen weldrom hactde

◁ **Die Mörderbucht**
Die Zeichnung eines Künstlers aus Tasmans Crew zeigt ein Scharmützel zwischen Niederländern und Maori-Kriegern. Die Bucht wurde danach Murderer's Bay (heute Golden Bay) genannt.

Neuholland

1644 unternahm Tasman eine zweite Reise. Er folgte der Südküste Neuguineas nach Osten und dann nach Süden, verfehlte aber auch dieses Mal die Torresstraße, durch die er direkt ostwärts nach Südamerika hätte fahren können, wie es sich die Niederländer wünschten. Stattdessen segelte er an der Nordküste von Terra Australis zurück nach Westen. Er kartierte die Küste des Kontinents und stellte Beobachtungen zu Geografie und Bewohnern an. Außerdem gab er ihm den Namen Neuholland.

Aus Sicht der Niederländischen Ostindien-Kompanie waren Tasmans Entdeckungen jedoch eine große Enttäuschung. Tasman hatte keinen neuen Seeweg gefunden und Neuholland bot keinerlei Möglichkeiten zum Handeln. Das Interesse an Australien verebbte, bis es von William Dampier und James Cook 55 respektive 126 Jahre später erneut angesteuert wurde (siehe S. 172–175).

▷ **Coronelli-Globen**
Die zwei Globen des Venezianers Vincenzo Coronelli stellen die Welt Ende des 17. Jh. dar. Neuholland ist eingezeichnet, aber die Ostküste weist noch keine Details auf. Sie wurde erst 1770 von James Cook erkundet.

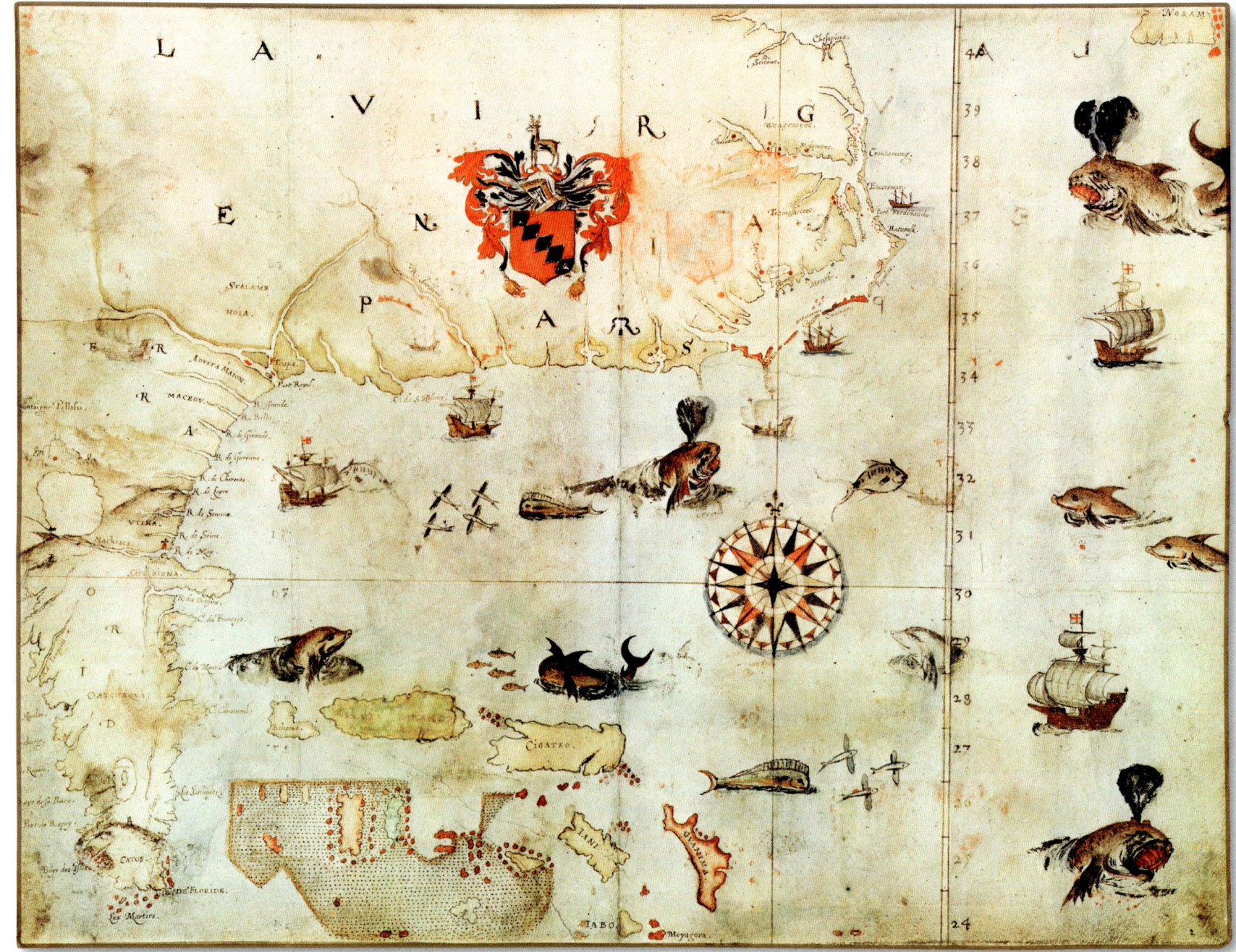

△ **Achtung, Monster!** John White erstellte diese Karte (mitsamt Schiffen und Seeungeheuern) der amerikanischen Küste von Chesapeake Bay bis zu den Florida Keys während einer Expedition nach Virginia mit Sir Walter Raleigh im Jahr 1585.

Die Besiedelung Amerikas

Nachdem Portugal und Spanien den größten Teil Mittel- und Südamerikas für sich beanspruchten, mussten sich andere nordeuropäische Mächte mit der kälteren und scheinbar weniger profitablen nordamerikanischen Küste zufriedengeben.

Ende des 16. Jh. war Nordamerika vollständig »entdeckt«. Nach Christoph Kolumbus (siehe S. 110–113) war der Spanier Juan Ponce de León 1513 an der Küste des heutigen Florida gelandet, und der Portugiese Estêvão Gómes war die

Küste von Maine hinabgefahren und vermutlich 1525 durch den Naturhafen von New York bis zum Hudson vorgedrungen. Der Konquistador Hernando de Soto hatte ebenfalls das Binnenland erkundet und als erster Europäer den Mississippi überquert, wo er 1542 starb.

Bis dahin hatte sich die Besiedelung dieser Neuen Welt als zu mühsam und der Lohn dafür als zu gering erwiesen. Im Jahr 1600 war Saint Augustine in Florida, das 1565 von den Spaniern gegründet worden war, die einzige dauerhafte Kolonie in Amerika.

Die Kolonialisierung Nordamerikas

Die Engländer hatten 1585 versucht, eine Kolonie auf der Insel Roanoke vor North Carolina zu errichten, aber sie verschwand spurlos – ein Rätsel, das bis heute nicht gelöst wurde. 1606 gründete eine Gruppe unerschrockener Kaufleute die Virginia Company of London und sammelte Geld für eine Expedition nach Amerika. Sie hegten die Hoffnung, dass eine neue Kolonie ihnen Reichtümer in Form von Gold, Silber und Edelsteinen bescherte. Im Mai 1607 erreichten 104 Siedler auf drei Schiffen der Kompanie die Ostküste und gründeten eine Siedlung, die sie nach dem englischen König Jamestown nannten.

Leider gab es kein Gold, und auch der Versuch, potenziell lukratives Getreide anzubauen, schlug fehl. Von den 500 Männern, die sich im Oktober 1609 in der Kolonie aufhielten, waren im nächsten Frühjahr nur noch 60 am Leben. In den darauffolgenden Jahren überlebte die Kolonie nur durch Lebensmittellieferungen aus England. Doch das Blatt wendete sich, als es der Kolonie 1612 gelang, Tabak anzubauen und zu exportieren. 1619 war aus Jamestown eine dauerhafte Siedlung geworden,

◁ **Jamestown**
Diese Rekonstruktion von Jamestown zeigt die erste dauerhafte englische Siedlung in Amerika um 1615.

die als familienfreundlich genug galt, um ein Schiff mit »respektablen jungen Frauen« dorthin zu senden.

Die Pilgerväter

Profit war nicht das einzige Motiv für die Besiedelung. Der Anspruch des modernen Nordamerikas, das Land der Freiheit zu sein, liegt darin begründet, dass es von Anfang an ein Zufluchtsort für alle war, die unter religiöser Verfolgung litten. Schon 1564 entkamen

300 Hugenotten dem sicheren Tod in ihrer Heimat, indem sie in der Nähe des heutigen Jacksonville in Florida eine Siedlung namens Fort Caroline errichteten. Im Jahr darauf wurden sie allerdings von einer spanischen Armee aus Saint Augustine massakriert, denen daran gelegen war, alle territorialen Ambitionen der Franzosen bereits im Keim zu ersticken.

Die englischen Puritaner hatten mehr Erfolg. Sie fühlten sich der Kirche in ihrer Heimat wegen deren Nähe zu katholischen Lehren nicht länger zugehörig und machten sich auf in ein neues, unbeflecktes Land, in dem sie eine »reine« Form des Glaubens leben konnten. Im November 1620 landeten sie mit ihrem Schiff *Mayflower* an der Küste von Cape Cod, im heutigen Massachusetts, und ließen sich schließlich im Dezember in Plymouth Harbour nieder. Obwohl im Februar 1621 die Hälfte der sogenannten Pilgerväter nicht mehr am Leben war, konnte die Gruppe im ersten Sommer eine Ernte erzielen und ihre Nahrungsvorräte durch reichlich vorhandenen Fisch ergänzen.

Da in den folgenden Jahren das Leben für die Puritaner in England **»**

▽ **Secotan-Indianer**
Als die ersten englischen Siedler ein Fort in Roanoke errichteten, malte John White die Krieger der Secotan. Kein Engländer hatte je zuvor etwas in Nordamerika gemalt.

▷ **Kirche von Jamestown**
Eine Turmruine aus Ziegelstein ist alles, was von der Kirche von Jamestown übrig blieb, die Siedler 1639 errichtet hatten. Sie ist heute eines der ältesten Bauwerke der USA.

▷ *Gezicht op Nieuw Amsterdam*, 1664
Das Gemälde von Johannes Vingboons zeigt den Hafen von Neu-Amsterdam im selben Jahr, in dem die Siedlung an die Engländer übergeben und in New York umbenannt wurde.

▽ *Die Ankunft der Pilgerväter*
Diese Radierung aus dem 19. Jh. von John C. McRae zeigt die Pilgerväter bei ihrer Landung an der nordamerikanischen Küste am 21. November 1620. Im Hintergrund sieht man ihr Schiff, die *Mayflower*.

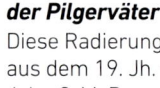

immer schwieriger wurde, wagten viele von ihnen die Fahrt über den Atlantik. 1630 waren etwa 10000 Puritaner angekommen, um neue Kolonien in Massachusetts zu gründen. Die Zahl erhöhte sich noch im selben Jahr durch die Ankunft von vier weiteren Schiffen mit etwa 1000 Menschen und deren Vieh. Diese Gruppe errichtete eine Siedlung, aus der später Boston entstand.

Neu-Niederlande
In der Zwischenzeit ließen sich auch andere europäische Siedler in Amerika nieder: die Franzosen in Kanada, Finnen und Schweden an der mittelatlantischen Küste, die Spanier in Florida und im Südwesten (heute Mexiko), die Niederländer in einem Gebiet an der Ostküste, das sie Neu-Niederlande nannten. 1609 segelte Henry Hudson, ein Brite im Dienst der Niederländischen

Ostindien-Kompanie, an der nordamerikanischen Küste entlang, um eine Nordwestpassage nach Südostasien zu finden. Er fuhr einen Fluss hinauf, der heute seinen Namen trägt, und nahm das Territorium für seine Arbeitgeber in Besitz. Er fand keine Nordwestdurchfahrt, aber das Territorium erwies sich als ausgezeichnete Quelle für Pelze – damals eine wertvolle Ware.

Die Niederländer kamen kurz nach Hudsons Reise nach Nordamerika. 1614 gründeten sie die Neuniederland-Kompanie und im Jahr darauf den Handelsposten Fort Orange in der Nähe von Albany, wo sie mit den Indianern Alkohol, Feuerwaffen und Schmuck gegen Biber- und Otterpelze tauschten. Sechs Jahre später begann die neu gegründete Niederländische Westindien-Kompanie eine permanente niederländische Siedlung zu organisieren und schickte 1624 das Schiff *Nieu Nederlandt* mit den ersten Siedlern los.

New York
In Amerika verteilten sich die neuen Siedler auf mehrere Siedlungen im Territorium der Kompanie. Einige der Außenposten waren zu abgelegen, andere erwiesen sich wegen der Indianer als zu gefährlich. Deshalb kauften die Niederländer im Frühsommer 1626 den Indianern die Insel Manhattan für Schmuck ab, der etwa 60 Gulden wert

◁ Pilgerhut
Biberpelze waren für die Siedler eine gute Einkommensquelle. Sie wurden zu Filzhüten wie diesem verarbeitet, der angeblich Pilgervater Constance Hopkins gehörte.

war. Dort errichteten sie Fort Neu-Amsterdam, das zum Zentrum einer Provinz wurde, die 1655 bereits 2000 bis 3500 Einwohner zählte. Neu-Niederlande unterschied sich vor allem in demografischer Hinsicht von den britischen Kolonien im Norden. Fast die Hälfte der Bevölkerung waren

◁ **Neu-Amsterdam**
Der *Castello-Plan* aus dem Jahr 1660 (hier in einer Kopie von 1916) ist eine der ersten Karten der niederländischen Siedlung Neu-Amsterdam an der Südspitze Manhattans, die 1664 den Namen New York erhielt.

keine Niederländer, sondern Deutsche, Schweden, Finnen, Franzosen, Schotten, Engländer, Iren und Italiener, die allesamt unter niederländischer Herrschaft lebten.

Der Wohlstand von Neu-Niederlande weckte Begehrlichkeiten bei den Briten. 1498 hatte der Genueser Giovanni Caboto im Dienste Britanniens die amerikanische Küste von Neufundland bis zum Delaware erkundet. Aus dieser Reise, die über 100 Jahre vor Hudsons Fahrt stattfand, leiteten die Briten nun ihren älteren Besitzanspruch auf das Land ab. 1664 sandten sie unter dem Kommando des Herzogs von York, dem

> » Auf der **Insel Manhate** leben gut **vier-** oder **fünfhundert** Männer unterschiedlichster ... Nationen. «
>
> PATER ISAAC JOGUES, LEBTE 1643–1644 IN NEU-AMSTERDAM

Bruder des Königs, eine Flotte zur Belagerung der Kolonie aus. Die Niederländer mussten schließlich kapitulieren und so wurden sowohl Neu-Amsterdam als auch die gesamte Kolonie in New York umbenannt. Spanien und Frankreich besaßen viel größere Teile Nord-

amerikas. Die Siedlungen der Engländer beschränkten sich hingegen auf einen schmalen Streifen an der Atlantikküste, doch weil dort die meisten Immigranten ankamen, setzten sich die englische Sprache und Gesetze in Amerika mit der Zeit durch.

سليمانيه جامعی

حصارلر

آياصوفيه

اولی يالجی

ENTDECKER, 1611–1682

Evliya Çelebi

Auch wenn er außerhalb der Türkei kaum bekannt ist, verbrachte der osmanische Entdecker Evliya Çelebi den größten Teil seines Lebens auf Reisen und hinterließ eines der schönsten Werke der Reiseliteratur.

E vliya Çelebi (*çelebi* ist ein osmanischer Ehrentitel und bedeutet so viel wie »edler Herr«) war ein Höfling des Sultans in der Blütezeit des Osmanischen Reichs. Er wurde 1611 geboren und verbrachte von seiner ersten Expedition im Jahr 1640 bis zu seinem Tod um 1682 fast sein ganzes Leben auf Reisen. Als er starb, hatte er 18 Monarchien von Russland bis zum Sudan besucht, 22 Schlachten beigewohnt und 147 verschiedene Sprachen gehört. All das beschreibt er minutiös in seinem *Seyahatname* (Reisebuch), einer Mischung aus Tagebuch und Biografie, die zehn Bände umfasst.

Kindheitstraum
Seiner Erzählung nach begann alles mit einem Traum, in welchem der Prophet Mohammed die Bestrebungen des 20-jährigen Evliya guthieß, die Welt zu bereisen. Der erste Band seines Reisebuchs beginnt zu Hause mit einer

◁ **Karte von Piri Reis**
Karten des osmanischen Admirals Piri Reis, so wie diese hier von Kairo, wurden oft von Reisenden im 17. Jh. und sicher auch von Evliya genutzt.

Beschreibung von Istanbul und der Umgebung. Im zweiten Band reist er nach Anatolien, Aserbaidschan, Kreta und in den Kaukasus.

Als wohlhabender Erbe einer einflussreichen Familie (sein Vater war ein kaiserlicher Goldschmied)

konnte Evliya es sich leisten, zu reisen. Dennoch zog er es vor, dafür zu arbeiten, indem er z. B. diplomatische Delegationen begleitete. So war er 1665 Mitglied einer Gesandtschaft, die in Wien den Friedensvertrag mit den Habsburgern unterzeichnete. Obwohl er ein frommer Muslim war und den Koran aus dem Gedächtnis rezitieren konnte, zeigte er sich vom Stephansdom in Wien sehr beeindruckt, dessen Chor ihm »Tränen in die Augen« trieb. Evliya notierte jedoch auch skurrile Anmerkungen über andere Kulturen wie diese: »Ungarn sind ehrenwertere und sauberere Ungläubige. Sie waschen ihr Gesicht nicht jeden Morgen mit ihrem Urin wie die Österreicher.«

Auf seinen Reisen begegnete Evliya Buddhisten, Zauberern, Schlangenbeschwörern und Seiltänzern, aber er scheute sich auch nicht, sein Werk fantasievoll auszuschmücken. So beispielsweise mit einer Geschichte über eine Bulgarin, die sich und ihre Kinder in Hühner verwandelte. Dennoch ist sein Buch heute eine wichtige Quelle für das Leben im Osmanischen Reich des 17. Jh.

WICHTIGE DATEN

- **1611** Geboren in Istanbul in eine reiche Familie aus Kütahya.
- **1631** Träumt, dass ihm der Prophet Mohammed befiehlt zu reisen.
- **1640** Unternimmt die ersten Reisen nach Anatolien, Aserbaidschan, Kreta und in den Kaukasus.
- **1648** Besucht Syrien, Palästina, Armenien und den Balkan.
- **1655** Besucht Irak und Iran.
- **1663** Zu Besuch in Rotterdam, behauptet, er hätte dort Indianer gesehen.
- **1671** Unternimmt den Hadsch nach Mekka.
- **1672** Besucht Ägypten und den Sudan, lässt sich in Kairo nieder.
- **1682** Stirbt in Kairo oder Istanbul.
- **1742** Manuskript des *Seyahatname* in Kairo entdeckt und nach Istanbul gebracht, wo es berühmt wird.

REISENDE ÜBERNACHTEN IN EINER KARAWANSEREI DES 17. JH.

◁ **Bei der Arbeit**
Diese moderne Miniatur zeigt Evliya beim Schreiben seines Reiseberichts.

▷ **Reise zur See**
Vermutlich unternahm Evliya seine Seereisen mit einem typischen osmanischen Passagierschiff wie diesem hier.

Kaffee

Wenige Güter versinnbildlichen die wachsende globale Vernetzung im 17. Jh. besser als die Kaffeebohne.

Um die Entdeckung des Kaffees ranken sich viele Legenden, doch man ist sich einig, dass es in Äthiopien oder im Jemen gewesen sein muss. Ebenso rühmt jeder die belebende Wirkung dieses bitteren braunen Getränks aus aufgekochten, gerösteten Kaffeebohnen. Von seinen Anfängen weiß man, dass es bereits 1511 in Mekka genossen wurde und Ende des Jahrhunderts zum Lieblingsgetränk im Nahen Osten und der Türkei avancierte. Zu seiner Verbreitung trugen zweifelsohne die Tausenden von Pilgern bei, die jedes Jahr die heilige Stadt der Muslime besuchten.

Kaffee wurde zu Hause getrunken, vor allem aber in den neuen öffentlichen Kaffeehäusern. Hier pflegte man neben dem Kaffeegenuss die Konversation, man lauschte Musikanten, Geschichtenerzählern oder spielte Schach. In die Kaffeehäuser ging, wer den neuesten Klatsch und Tratsch hören wollte. Vielerorts hielten die Behörden die Kaffeehäuser bald für Brutstätten des Aufruhrs und verboten infolgedessen das Kaffeetrinken. Als der absolutistische Herrscher Murad IV. 1623 den Thron beanspruchte, verbat er Kaffee im Allgemeinen. Wer beim Aufbrühen oder Trinken erwischt wurde, erhielt Schläge – beim zweiten Mal wurde man in einen Sack genäht und in den Bosporus geworfen.

Dennoch dauerte es nicht lange, bis der Kaffee nach Europa kam. Zunächst stand man ihm dort wegen seiner Verbindung zum Islam misstrauisch gegenüber, doch das legte sich schnell, vor allem, nachdem kein Geringerer als Papst Clemens VIII. das Getränk segnete. Etwa ab 1650 schossen Kaffeehäuser in ganz Europa wie Pilze aus dem Boden. Genau wie in der arabischen Welt waren sie Orte des Gesprächs, an denen Neuigkeiten und Pamphlete ausgetauscht wurden. Ihre Rolle in der intellektuellen Debatte war so einflussreich, dass sie in London scherzhaft »Penny-Universitäten« genannt wurden, denn ein Kaffee kostete einen Penny. 1675 gab es in England etwa 3000 Kaffeehäuser, die in Anlehnung an die Herkunft des Kaffees oft Namen trugen wie »Türkenkopf«, »Sarazenenkopf« oder »Der Sultan«.

▷ **Kaffeehaus in Konstantinopel**
Auf diesem Aquarell von Amadeo Preziosi aus dem Jahr 1854 sind verschiedene Nationalitäten dargestellt, darunter zwei Griechen mit roten Kappen, ein Derwisch mit konischem Hut, ein Perser in violettem Gewand und ein afrikanischer Diener, der sich um die Pfeifen kümmert. In der Ecke stehen zwei Kaffeekannen auf dem Ofen.

Sklavenschiffe

Zu den größten Massenbewegungen der Geschichte zählt die Verschleppung von bis zu 12 Mio. Afrikanern, die gewaltsam versklavt und in Ketten gelegt über den Atlantik nach Amerika verschifft wurden.

» **D**er erste Gegenstand, der sich meinen Augen darstellte, als ich an die Küste kam, war die See und ein Sklavenschiff, das gerade vor Anker lag und auf seine Ladung wartete. Dieser Anblick erfüllte mich mit Erstaunen, das bald in Schrecken verwandelt wurde … als man mich an Bord brachte.« Diese Worte schrieb Olaudah Equiano, der mit elf Jahren in Nigeria gefangen und auf einem Sklavenschiff nach Barbados transportiert wurde. Sein Bericht, der 1789 erschien, zählt zu den einflussreichsten Büchern aus der Feder ehemaliger afrikanischer Sklaven und half mit, Befürworter für die Kampagne zur Abschaffung der Sklaverei zu gewinnen.

Koloniale Arbeitskräfte

Zur Zeit von Equianos Buch handelte Europa seit über 250 Jahren mit afrikanischen Sklaven. Genauer gesagt, seit die Portugiesen 1526 zum ersten Mal erfolgreich Sklaven von Afrika nach Amerika transportiert hatten. Danach stiegen auch andere Nationen in das Geschäft ein, insbesondere Briten, Franzosen, Spanier und Niederländer. Sie waren nicht die Erfinder der Sklaverei, diese wurde in Afrika selbst schon seit Jahrhunderten praktiziert, aber sie übten sie mit einer noch nie da gewesenen Effizienz aus. Ein Sklave in Afrika konnte darauf hoffen, eines Tages nach Hause zurückzukehren – Sklaven, die über den Atlantik verschifft wurden, hatten diese Hoffnung nicht.

△ **Sklavenauktion**
Das Original dieser Abbildung erschien 1861 in den *Illustrated London News*. Sie zeigt eine Sklavenauktion in Richmond, Virginia.

Die Europäer bezogen ihre Sklaven meistens von Händlern, die im Landesinneren Gefangene machten und diese zu den Häfen an der Küste brachten. Dort warteten mit Waren beladene Schiffe aus Europa darauf, ihre Ladung gegen Sklaven zu tauschen. Dann segelten sie mit ihrer menschlichen Fracht, die unter Deck zusammengepfercht und in Eisen gelegt war, über den Atlantik. In den Anfangszeiten starb einer von fünf Sklaven während der zweimonatigen Überfahrt. Später sorgten Bordärzte dafür, dass die Verluste an Leben und Profit möglichst gering waren.

Der Handel wurde durch die Siedler befeuert, denen es in der Neuen Welt

an Arbeitskräften fehlte. Die ersten versklavten Afrikaner wurden in die spanischen und portugiesischen Kolonien Südamerikas gebracht, später auch in die Karibik und nach Nordamerika. 1619 kamen die ersten Sklaven in die englische Kolonie Jamestown.

▽ **Handschellen**
Ein bezeichnendes Symbol für den Sklavenhandel sind die Handschellen, mit denen die Sklaven gefesselt wurden. Sie wurden in Amerika bis Anfang der 1860er-Jahre benutzt.

▷ **Sklavenschiff** *Brookes*
Das Modell des Sklavenschiffs *Brookes* verdeutlicht die haarsträubende Situation der 609 Männer, Frauen und Kinder an Bord. Es wurde überall verbreitet, um das Bewusstsein für die Schrecken des Sklavenhandels zu wecken.

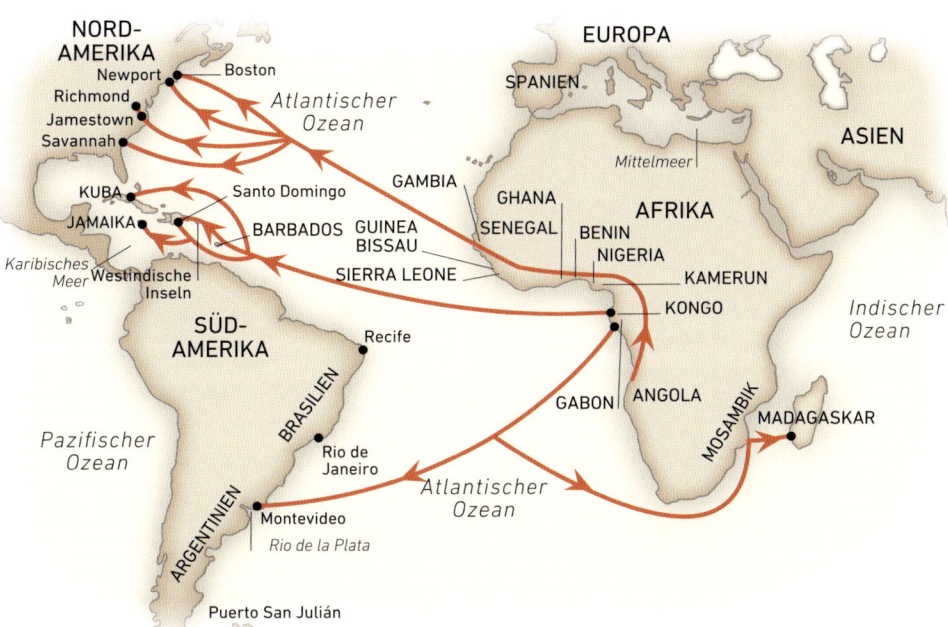

◁ **Todbringende Fahrten**
Der transatlantische Sklavenhandel war die größte Deportation der Geschichte und kostete wahrscheinlich die meisten Menschenleben. Rund 12 Mio. Afrikaner wurden verschleppt, aber nur etwa 11 Mio. kamen in Amerika an.

▽ **Plantagenarbeit**
Sklaven arbeiteten auf Zuckerrohrplantagen in der Karibik sowie auf Tabak- und Baumwollplantagen in Nordamerika. 1860 gab es in den USA 4 Mio. Sklaven, davon etwa 60 Prozent in der Baumwollindustrie.

Dreieckshandel

Im 17. Jh. wurden bereits fünfmal mehr Sklaven über den Atlantik transportiert als in den 150 Jahren davor, wobei die Briten bis zum 18. Jh. die meisten Sklaven verschifften.

Nachdem die Kapitäne ihre menschliche Fracht in Amerika abgeladen hatten, kehrten sie mit Waren aus der Neuen Welt nach Europa zurück. Auf diese Weise unternahmen sie drei profitable Fahrten: Sie brachten Waren von Europa nach Afrika, Sklaven von Afrika nach Amerika und erneut Waren von Amerika nach Europa – ein Handelsmodell, das unter dem Namen »Dreieckshandel« bekannt wurde.

Olaudah Equiano war einer der wenigen Sklaven, der am Ende seine Freiheit erhielt. Als er 1797 starb, war die Bewegung zur Abschaffung der Sklaverei bereits in Gang, aber es sollten noch weitere 3,5 Mio. Afrikaner versklavt werden, ehe diese Praxis endgültig beendet wurde.

> »Ich erwartete **stündlich** das **Schicksal** meiner **Kameraden** zu teilen, von denen täglich einige **dem Tode** nahe an Deck gebracht wurden.«

OLAUDAH EQUIANO, EHEMALIGER SKLAVE

Unter Beschuss
Dieses Gemälde des flämischen Künstlers Lorenzo Castro zeigt eine Seeschlacht zwischen Niederländern und Korsaren. Es entstand Ende des 17. Jh. zur Blütezeit der Piraterie.

Piratenleben

Die meisten Piratengeschichten handeln von Raub und Plünderung,
aber einige illustre Piratenpersönlichkeiten unternahmen auf der
Suche nach Beute auch außergewöhnliche Reisen.

Eine Person zu sein, die nie die Heimat verlässt und die der Rest der Welt wenig kümmert, erscheint mir einzig für eine Frau angemessen.« Sieht man vom Sexismus einmal ab, ist es schon bemerkenswert, auf welche Weise der Franzose Raveneau de Lussan seine weltenbummlerischen Ambitionen in die Tat umsetzte: Er wurde Pirat.

Legaler Diebstahl

Die zweite Hälfte des 17. Jh. kann man als das Goldene Zeitalter der Piraten bezeichnen, vor allem, wenn man darunter das Anhäufen von Reichtümern versteht. Für einen gebildeten Mann wie Lussan bot die Piraterie außerdem die Möglichkeit, zu reisen und Abenteuer zu erleben. Dazu musste er nicht zwangsläufig kriminell werden. Piraten (auch Korsaren oder Freibeuter genannt) agierten oft mit dem Rückhalt der Regierung, die ihnen Lizenzen zum Entern und Plündern von Schiffen und Häfen feindlicher Staaten ausstellte.

Francis Drake, der die zweite Weltumsegelung durchführte, überfiel Ende des 16. Jh. spanische Siedlungen an der Küste Amerikas und wurde dafür von Königin Elisabeth I. von England zum Ritter geschlagen. Henry Morgan plünderte Panama City und wurde daraufhin zum Statthalter von Jamaika ernannt.

Lussan, der 1663 geboren wurde, landete mit 16 Jahren auf der Karibikinsel Hispaniola, wo er sich der Mannschaft des niederländischen Piraten Laurens de Graaf anschloss. Mit Anfang 20 führte er bereits seine eigene Mannschaft an. Nachdem er einige Jahre lang im Pazifik Städte überfallen und der spanischen Marine aufgelauert hatte, beschlossen er und seine Männer, dass sie genug

Gold angehäuft hatten, um nach Hause zurückzukehren. Dazu mussten sie Guatemala durchqueren. Sie benötigten hierfür 59 Tage, in denen 84 der 480 Männer an Krankheiten starben oder im Dschungel verloren gingen. Schließlich erreichten sie die Karibik und segelten zurück nach Hispaniola, wo sie vom Gouverneur, der ihre Abenteuer als »größte und beste Reise unserer Zeit« bezeichnete, herzlich empfangen wurden.

Die Barbareskenküste

Neben der Karibik war die Barbareskenküste in Nordafrika eine weitere berüchtigte Piratenregion, in der muslimische Seeräuber das Mittelmeer, Westafrika und den Nordatlantik terrorisierten. Sie hatten es vor allem auf Christen abgesehen, die sie im Osmanischen Reich als Sklaven verkauften. Eine der schillerndsten Figuren unter ihnen war allerdings ein Niederländer namens Jan Janszoon van Haarlem, der sich auch Murat Reis nannte. Janszoon hielt fünf Jahre lang die Insel Lundy vor der Westküste Englands besetzt. Von dort aus unternahm er Raubzüge nach Island und verschleppte 1631 etwa 108 Menschen aus der Kleinstadt Baltimore in Westirland, von denen nur zwei ihre Heimat je wiedersahen. In Anerkennung seiner Leistungen ernannte man ihn zum Großadmiral der Korsarenrepublik Salé, einer Piratenenklave im heutigen Marokko.

△ **Golddublone**
Diese Goldmünze von 1714 war eine von Tausenden, die Piraten aus den spanischen Kolonien stahlen.

△ **Überfall auf die Spanier**
Für die Engländer war Francis Drake ein Held – für die Spanier nur ein Pirat. 1585 überfiel er mehrere spanische Stützpunkte in der Karibik, darunter Santiago, dessen Belagerung auf dieser Karte zu sehen ist.

DIE PIRATINNEN ANNE BONNY UND MARY READ TRUGEN MÄNNERKLEIDUNG

EXKURS
Piratinnen

Frauen waren auf Piratenschiffen nicht erlaubt. Die irischstämmige Anne Bonny kleidete und benahm sich deshalb wie ein Mann, als sie erster Maat auf dem Schiff von Calico Jack war – und darüber hinaus auch seine Geliebte. Ähnlich hielt es die Engländerin Mary Read, die sich der britischen Armee als Mark Read anschloss. Auf dem Weg zu den Westindischen Inseln wurde ihr Schiff von Piraten gekapert und sie wechselte die Seiten. 1720 segelte sie mit Anne Bonny und Calico Jack auf dessen Schiff *Revenge*, als sie dem Piratenjäger Kapitän Jonathan Barnet in die Hände fielen. Bonnys letzte Worte zu Jack waren: »Hättest du gekämpft wie ein Mann, würdest du jetzt nicht gehenkt wie ein Hund.«

Reisen im Mogulreich

Als Indien im 16. und 17. Jh. für Europäer leichter zugänglich wurde, berichteten immer mehr Reisende von der Schönheit, der Feinsinnigkeit und der architektonischen Pracht des Mogulreichs.

V or Marco Polos Reisen im 13. Jh. (siehe S. 88–89) bestand das Wissen der Europäer über Indien größtenteils aus Mythen und Fabeln. Das änderte sich jedoch in den darauf folgenden 200 Jahren, als immer mehr europäische Reisende nach Indien kamen, um das Land zu sehen, das Polo als »die reichste und prachtvollste Provinz der Welt« beschrieben hatte.

Erste Eindrücke

Einer der ersten Europäer, der einen detaillierten Reisebericht über Indien schrieb, war Niccolò de' Conti, ein italienischer Kaufmann, der sich 1419 auf den Spuren Marco Polos kurze Zeit in Indien aufhielt. Ein halbes Jahrhundert später reiste der russische Kaufmann Afanassi Nikitin über Aserbaidschan und Persien nach Indien. Er verbrachte dort drei Jahre und schrieb seine Beobachtungen in einem Buch mit dem Titel *Die Reise hinter die drei Meere* nieder, das uns heute einen Einblick in Sitten und Bräuche der Inder zu jener Zeit gewährt.

De' Contis Reisen dienten Fra Mauro 1450 als Informationsquelle für seine Karte, die bereits einen Seeweg von Europa um Afrika herum nach Indien andeutete. Nachdem die Portugiesen bewiesen, dass dieser Weg existierte, mehrten sich Handel und kultureller Austausch zwischen Europa und Indien. Doch leider waren Ausbeutung und Eroberung noch immer oberstes Ziel der Europäer, sodass die Portugiesen bald große Bereiche Südindiens für sich beanspruchten. Alte Handelsrivalitäten veranlassten Briten, Niederländer und Franzosen im folgenden Jahrhundert dazu, Außenposten in Indien zu errichten. Aber nicht jeder kam aus Profitgier nach Indien.

Der Italiener Cesare Federici reiste 1563 nach Indien, um »östliche Teile der Welt« zu sehen. Er verbrachte 18 Jahre in Asien und veröffentlichte 1587 in Venedig einen Bericht seiner Reisen. Jean-Baptiste Tavernier (1605–1689) war ein französischer Edelsteinhändler, der das Geschäftliche mit seiner Reiselust verband und auf diese Weise u. a. Persien und Indien besuchte. Seine Berichte erschienen unter dem Titel *Die sechs Reisen des Jean-Baptiste Tavernier* (1675). Am interessantesten ist vielleicht der Franzose François Bernier (1625–1688), der sich zur Zeit des Großmoguls Shah Jahan, des Erbauers des Tadsch Mahal, in Indien aufhielt.

▽ **Tagebücher eines Edelsteinhändlers**
Jean-Baptiste Tavernier war ein französischer Händler, der für seine sechs Reisen in den Osten berühmt wurde. Seine Reiseberichte enthalten Zeichnungen der Diamanten, die er in Indien fand.

△ **Elefantenkampf in Lucknow**
Diese Radierung aus François Berniers *Reisen im Mogulreich* zeigt einen Elefantenkampf in Indien. Elefanten wurden im Mogulreich zur Jagd, im Krieg und für den Sport eingesetzt.

» Man darf nicht **vergessen,** dass **Gold und Silber** ... in großem Maß in **Hindustan verloren gehen.** «

FRANÇOIS BERNIER ÜBER DIE REICHTÜMER INDIENS

EXKURS
Inder in Europa

Als die ersten europäischen Schiffe in Asien eintrafen, eröffneten sich auch für die Inder neue Handelswege nach Europa. Ab etwa 1600 kamen viele von ihnen in den Westen, aber erst viel später schrieben sie darüber. Die ersten drei veröffentlichten auf Arabisch oder Persisch, aber der vierte, Sake Dean Mahomed, schrieb auf Englisch. Mahomed wurde im Nordosten Indiens geboren und war Wundarzt im Dienst der Britischen Ostindien-Kompanie. 1782 reiste er nach England, wo er das erste indische Restaurant und ein »Shampoo«-Bad eröffnete. 1794 veröffentlichte er *The Travels of Dean Mahomed* als erster indischer Autor auf Englisch.

SAKE DEAN MAHOMED

Hofarzt

Als Sohn eines Bauern, der in Paris aufgewachsen war, gelang es Bernier, seinen Abschluss als Arzt zu machen und als Hofarzt in die Dienste des indischen Moguls zu treten. Nach Shah Jahans Tod übernahm ihn dessen Nachfolger Großmogul Aurangzeb. Bernier war ein scharfsinniger Beobachter aller Vorgänge und Geschehnisse bei Hof, einschließlich der erbitterten Feindschaft zwischen Shah Jahans Söhnen, die sich um den Thron des Vaters stritten. Als Höfling reiste Bernier kreuz und quer durch Nordindien, den Pandschab und Kaschmir. Seine Erlebnisse schildert er in *Reisen im Mogulreich, AD 1656–1668*.

▷ **Der junge Aurangzeb**
Dieses Gemälde von 1635 zeigt die drei jüngeren Söhne von Shah Jahan. Aurangzeb (Mitte) war der letzte große Mogulherrscher. Er regierte 49 Jahre, von 1658 bis 1707.

» Wie ich beim **Reisen in der Postkutsche** feststellte, ist es oft eine Erleichterung, die Position zu ändern und **anderswo blaue Flecken** zu erhalten. «

WASHINGTON IRVING, AMERIKANISCHER AUTOR

Die Kutsche

Im 16. Jh. begannen Kutschen zwischen den Städten zu verkehren, sodass die Menschen nicht mehr zu Fuß oder zu Pferde reisen mussten.

In früheren Zeiten hatten Reisende nur die Wahl, zu laufen oder zu reiten. Kutschen waren dem Königshaus vorbehalten und dabei vor allem den edlen Damen. Für gewöhnlich wurden Bedienstete vorausgeschickt, um die angenehmste Strecke auszukundschaften und, wenn nötig, die ausgefahrenen, löchrigen Wege zu säubern und zu reparieren, die man damals Straßen nannte. Elisabeth I. von England gab während ihrer Herrschaft (1558–1603) ein Vermögen für Kutschen aus. Vielleicht ist das der Grund, dass Kutschen allmählich bei der Oberschicht in Mode kamen – auch wenn es für einen Mann noch immer als weibisch galt, die Kutsche dem Pferd vorzuziehen.

Kutschen wurden nicht nur in England populär. Mitte des 17. Jh. begannen sie zwischen vielen europäischen Städten zu verkehren. Zu dieser Zeit kam auch der Name Postkutsche auf, denn sie fuhren von einem Stationsposten zum nächsten, an denen die Pferde gewechselt wurden. Die Abstände zwischen diesen Posten betrugen nur 16 bis 24 km, was das Reisen sehr verlangsamte. So dauerte 1657 die Fahrt von London in das 292 km entfernte Chester sechs Tage. Da die Kutschen nicht gefedert waren und oft bis zu acht Passagiere beförderten, war die Fahrt auch nicht sehr angenehm. Reisende zweiter Klasse mussten in einem Außensitz am Heck der Kutsche Platz nehmen, und als Passagier dritter Klasse riskierte man auf holperigen Strecken vom Dach zu fallen.

Im 18. Jh. verbesserten sich die Reisebedingungen durch den Ausbau der Landstraßen und ein Netzwerk an Reiseherbergen, in denen die Passagiere speisen und übernachten konnten. Diese Entwicklungen wurden dadurch beschleunigt, dass man inzwischen auch die Post mit Kutschen beförderte. Um die Fahrt für die Reisenden bequemer zu machen, wurden Kutschen wie die sogenannte Berline eingesetzt, die eine Metallfederung, einen Kutschkasten mit vier Sitzen sowie zwei Türen besaßen. Später wurden die Jalousien, die Wind und Wetter abhalten sollten, durch Glasfenster ersetzt. Die Kutsche blieb bis zur Erfindung der Eisenbahn um 1830 das beliebteste Beförderungsmittel für längere Strecken.

◁ *Reisekutsche bereit zur Abfahrt*
Zu ihrer Zeit war die Kutsche das bevorzugte Verkehrsmittel für lange Strecken. Dieses Gemälde aus dem frühen 19. Jh. von Charles Cooper Henderson zeigt Passagiere, die sich nach einer Pause im Gasthaus zur Abfahrt bereit machen.

Der eisige Osten

Russland konnte Ende des 16. Jh. nicht weiter nach Westen expandieren. Unerschrockene Entdecker machten sich deshalb daran, die eisigen Weiten Sibiriens im Osten zu erkunden.

Zur Zeit von Iwan dem Schrecklichen, Russlands erstem Zaren (reg. 1547–1584), setzten Polen und Schweden im Westen und die Krimtartaren im Süden den Expansionswünschen Russlands deutliche Grenzen. So blieb ihm auf der Suche nach neuen Gebieten, die es erobern konnte, nur der Osten mit dem Uralgebirge und den sibirischen Weiten dahinter. Während die Kolonialisierung Nordamerikas von Küste zu Küste rund 250 Jahre dauerte, brauchten russische Entdecker nur 65 Jahre, um vom Ural im Westen bis zum Pazifik im Osten zu gelangen.

Das Vordringen nach Sibirien wurde von den russischen Kosaken forciert, die dort Hermeline, Füchse und Zobel jagten. Wie in Amerika folgten die ersten Entdecker meist Flussläufen. Tobolsk, eine der ersten russischen Siedlungen, wurde 1585 am Zusammenfluss von Irtysch und Tobol gegründet. Ebenfalls wie in Amerika trafen die Kolonialisten immer wieder auf einheimische Völker. Manche waren hilfsbereit und teilten z. B. ihr geografisches Wissen, andere waren eher feindlich gesinnt. Doch ob freundlich oder nicht, die Russen sahen es als ihr koloniales Recht an, das gesamte Land für sich zu beanspruchen und die »Wilden« zu zivilisieren. Die meisten von ihnen wurden jedoch entweder massakriert oder durch Krankheiten und Alkohol dahingerafft.

Ankunft am Pazifik

1627 erreichten die Russen unter Führung des Kosaken Pjotr Beketow die Region Burjatien in Mittelsibirien. Fünf Jahre später gründeten sie den einsamen Stützpunkt Jakutsk, der über 4880 km von

Baikalsee
1643 erreichte der Kosak Kurbat Iwanow als erster Russe den Baikalsee. Im Winter sinken die Temperaturen dort bis auf frostige -19 °C, sodass der See zwischen Januar und Mai gefroren ist.

▷ **Sibirische Straße**
Der *Sibirische Trakt*
war eine Straße, die
das europäische
Russland mit China
verbinden sollte.
Wenn sie im Winter
gefroren war, wurde
sie mit Hundeschlitten
befahren.

Moskau entfernt im Osten lag. Zu diesem Zeitpunkt waren sie nur noch 800 km von der Ostküste Sibiriens entfernt, doch es sollte noch sieben Jahre dauern, bis der Entdecker Iwan Moskwitin im August 1639 als erster Russe den pazifischen Ozean erreichte. Ihre Berichte dienten als Grundlage für die erste Landkarte des russischen Ostens, die Kurbat Iwanow 1642 erstellte.

Iwanow war selbst ein Entdecker, der unbedingt die weißen Flecken auf seiner Karte füllen wollte. In einer eigenen Expedition führte er im folgenden Jahr 74 Männer den Fluss Lena hinauf. Er war auf der Suche nach einem großen Gewässer, das sich angeblich dort befin-

den sollte. Tatsächlich stieß er auf den Baikalsee, der nicht nur das größte Süßwasserreservoir der Welt bildet, sondern zugleich auch der tiefste See der Erde ist. Iwanow war der erste Russe, der ihn kartografierte und beschrieb.

In kurzer Zeit hatte Russland ein neues, rund 13 Mio. Quadratkilometer großes Territorium gewonnen, das sich von der Arktis bis Zentralasien sowie vom Ural bis zum Japanischen Meer erstreckt. Doch es gab für die Russen noch viel mehr zu erkunden.

Jenseits des Stanowoigebirges
Nur ein kleiner Teil des bisher entdeckten Territoriums eignete sich für die

Landwirtschaft. Deshalb wurde 1643 Wassili Pojarkow, ein Verwalter aus Jakutsk, zur Erkundung der Länder an der Grenze zu China ausgesandt. Er folgte mit 133 Männern verschiedenen Flussläufen nach Süden bis zum Stanowoigebirge. Dahinter entdeckte er Sibiriens großen südlichen Fluss Amur sowie eine fruchtbare Ebene, die für den Ackerbau geeignet schien. Doch die Expedition wurde von den Chinesen zurückgedrängt. Erst 1859 gelang es Russland, das Gebiet zu annektieren. Mitte des 17. Jh. verliefen Russlands Grenzen in etwa schon so wie heute. Lediglich die Küste der Arktis und die nordöstliche Halbinsel Kamtschatka waren noch nicht kartografiert. Dies geschah erst durch die Große Nordische Expedition ein Jahrhundert später.

EXKURS
Russisches Exil

Fast zeitgleich mit seiner Kolonialisierung wurde Sibirien ein Ort der Verbannung. Für das europäische Russland war es ein bequemer Weg, sich gleichzeitig »unerwünschter Subjekte« zu entledigen und die Wildnis im Osten zu bevölkern. »So wie wir schädliche Substanzen aus dem Körper entfernen müssen, damit der Körper nicht stirbt, so verhält es sich auch mit der bürgerlichen Gemeinschaft«, erklärte 1708 der Bischof von Tobolsk. »Was schädlich ist, muss herausgeschnitten werden.«

Exilanten mussten in Ketten gelegt nach Sibirien laufen, was bis zu zwei Jahre dauerte. Erst in Tobolsk, 1770 km von Moskau entfernt, wurden die Ketten abgenommen, denn ab da gab es keinen Ort mehr, an den sie fliehen konnten. Die lange Anreise wurde übrigens nicht von der Strafdauer abgezogen.

GEFANGENE WERDEN IN KETTEN GELEGT, SACHALIN, RUSSLAND, UM 1890.

Die Große Nordische Expedition

Während der Kolonialisierung Sibiriens beauftragten die russischen Zaren zwei große Expeditionen damit, die Nord- und Ostgrenzen des Reichs zu sondieren. Die zweite ist unter dem Namen Große Nordische Expedition bekannt.

△ **Vitus Bering**
Bering war ein Däne im Dienste des russischen Zaren, der die nach ihm benannte Beringstraße entdeckte. Ihm ist es zu verdanken, dass die Russen auf dem nordamerikanischen Kontinent Fuß fassen konnten.

Zar Peter der Große (reg. 1682–1725) verwandelte Russland in ein bedeutendes europäisches Imperium. Der territoriale Zugewinn für Russland – meist auf Kosten der Osmanen und der Schweden – war während seiner Regierungszeit eher bescheiden, aber er sorgte u. a. dafür, dass Russland eine moderne Marine erhielt. Um effektiv operieren zu können, benötigte sie detaillierte Karten der russischen Küste, doch zu Zeiten Peters des Großen war diese nur lückenhaft kartografiert.

Der Mann, der dieses Problem lösen sollte, hieß Vitus Bering, ein dänischer Kartograf und Seemann, der 1704 der russischen Marine beigetreten war und darin seit 20 Jahren Dienst tat. Peter der Große erteilte ihm 1725 den Auftrag, herauszufinden, ob es im nördlichen Pazifik eine Landverbindung zwischen Sibirien und Alaska gab.

Die ersten beiden Jahre der Mission verbrachte Bering damit, Männer und Material von der neuen Hauptstadt Sankt Petersburg quer durch Sibirien zu transportieren. Erst im Juli 1727 erreichte er die kleine Siedlung Ochotsk am Pazifik. Aus Holz und dem mitgebrachten Material wie Seile, Segel und Eisenteile (inklusive Anker) wurden zwei kleine Schiffe gebaut, mit denen die Expedition zu der abgelegenen Halbinsel Kamtschatka im Nordosten Russlands fuhr. Dort baute sie ein weiteres Schiff, die *St. Gabriel*, mit dem sie von dort an weitersegelte. Da sich Bering sehr nah an der russischen Küste hielt, bemerkte er nicht, dass Alaska

▷ **Schiffbruch**
Berings Schiff kenterte an einer der kargen Kommandeurinseln, 175 km vor der Küste von Kamtschatka. Er selbst und 30 seiner Männer kamen dort ums Leben, deshalb wurde die Insel später nach ihm benannt.

◁ **Russische Entdeckungen**
Diese englische Karte basiert auf einer russischen Karte von 1754. Auf ihr sind die Routen eingezeichnet, die Bering und Tschirikow während der Expedition befuhren.

△ **Stellers Seekuh**
Dieses nach dem Naturforscher Georg Wilhelm Steller benannte Säugetier wurde bis zu seiner Ausrottung 27 Jahre nach seiner Entdeckung gejagt.

nur 110 km entfernt war. Dennoch sah er seine Mission als erfüllt an, denn er hatte keine Landbrücke zwischen Alaska und Russland gefunden. Im Sommer 1730 kehrte er nach Sankt Petersburg zurück und wurde scharf dafür kritisiert,

dass er die amerikanische Küste nicht gesehen hatte. Drei Jahre später beauftragte ihn Zarin Anna (reg. 1730–1740), eine Halbnichte Peters des Großen, mit einer zweiten Erkundungsreise.

Ein tragisches Abenteuer

An der zweiten Reise nahmen etwa 3000 Männer teil und machten sie damit zur größten wissenschaftlichen Expedition ihrer Zeit. Es gab drei Gruppen: Die erste sollte die Nordküste Sibiriens kartografieren, die zweite wissenschaftliche Forschungen in Sibirien anstellen und die dritte (Berings Gruppe) die nordamerikanische Küste kartografieren sowie Russlands Ansprüche im Pazifik sondieren.

Nach zehn Jahren Vorbereitung verließen die Pazifikforscher im Juni 1741 Kamtschatka auf zwei Schiffen, die St. Peter unter Berings Kommando und die St. Paul, die von Berings Leutnant Alexej Tschirikow befehligt wurde. Schon bald wurden die zwei Schiffe im Nebel voneinander getrennt, aber am 16. Juli sichtete Bering die Insel Kayak. Zwei Tage später betraten Bering und seine Männer, darunter der deutsche Naturforscher Georg Wilhelm Steller, als erste Europäer Alaska.

Da die Vorräte knapp wurden und die St. Paul nach wie vor verschollen war, beschloss Bering, zurück nach Wes-

ten zu segeln. Von Stürmen gebeutelt und mit einer an Skorbut erkrankten Mannschaft erreichte die St. Peter am 4. November endlich Land. Doch leider war es nicht wie erhofft Kamtschatka, sondern eine unbewohnte Insel. Die Crew musste in Hütten aus Treibholz überwintern. 31 Männer starben, darunter auch Bering. Als sich die Wetterlage besserte, bauten die 46 Überlebenden aus dem Wrack der St. Peter ein Boot und schafften damit den Rückweg nach Kamtschatka. Auch die St. Paul kehrte zurück. Sie hatte neue Inseln entdeckt, aber die Hälfte der Mannschaft verloren. Trotz aller Verluste hatte die Expedition den Großteil der arktischen Küste Sibiriens kartiert, Alaska, die Aleuten und die Kommandeurinseln entdeckt sowie den Weg für die Expansion Russlands nach Alaska geebnet, das erst 1867 an die USA verkauft wurde.

▽ **Kamtschatka**
Diese Zeichnung des Naturforschers Georg Wilhelm Steller, einem Mitglied von Berings Expedition, zeigt Vulkane auf der Halbinsel Kamtschatka im Nordosten Russlands. Bering nutzte sie für seine beiden Expeditionen als Ausgangspunkt.

» ... wir wären nur gekommen, um amerikanisches Wasser nach Asien zu bringen. «

GEORG WILHELM STELLER, ALS ER ERFUHR, DASS MAN SICH NUR ZUM AUFFÜLLEN DER TRINKWASSERVORRÄTE AUF DER INSEL ST. ELIAS (HEUTE KAYAK ISLAND) AUFHALTEN WÜRDE

Das Längenproblem

Die Bestimmung der geografischen Länge war so schwierig, dass einige große Entdeckungen eher auf Zufall als auf Können beruhten. Erst ein Tischler gab den Seeleuten eine Uhr, die ihr Problem löste.

△ **John Harrison**
Der autodidaktische Tischler und Uhrmacher Harrison erfand eine Schiffsuhr, mit der auf See die geografische Länge bestimmt werden konnte. Dank ihm wussten Seeleute immer, an welchem Punkt der Erde sie sich befanden.

▽ **Katastrophe vor den Scilly-Inseln**
Als 1707 vier Schiffe wegen eines Navigationsfehlers auf Grund liefen und über 1300 Männer starben, lobte das britische Parlament einen Preis für die Lösung des Längenproblems aus.

In Anbetracht der vielen großen Entdeckungsreisen im 15., 16. und 17. Jh. mag man kaum glauben, dass die Seeleute damals, sobald kein Land mehr in Sicht war, nur noch raten konnten, wo sie sich gerade befanden. Ohne die Möglichkeit einer zuverlässigen Bestimmung des geografischen Längengrads waren sogar die erfahrensten Kapitäne trotz Karten und Kompass dem Zufall oder der Gnade Gottes ausgeliefert.

Koppelnavigation

Zur Bestimmung der Position auf See werden sowohl die geografische Breite als auch die Länge benötigt. Die Breite gibt die Nord-Süd-Position an, die Länge die Ost-West-Position. Jeder Seemann konnte die Breite anhand des Sonnenstands oder aus der Höhe der Sterne über dem Horizont errechnen. Um jedoch die Entfernung östlich oder westlich von einem Heimathafen zu bestimmen, mussten sich die Seeleute der sogenannten Koppelnavigation bedienen. Dazu wurde ein Log (Holzbrett) an einer Leine über Bord geworfen und beobachtet, wie schnell sich das Schiff davon entfernte. Aus dieser groben Geschwindigkeitsschätzung, der Fahrtrichtung (vom Kompass abgelesen) sowie der zeitlichen Dauer, die sich das Schiff auf einem bestimmten Kurs befand (plus/minus Meeresströmungen und Winde) errechneten die Seeleute ungefähr die

geografische Länge – also wie weit nach Osten oder Westen sie schon gekommen waren. Diese Methode war jedoch nicht nur äußerst ungenau, sondern allzu oft auch tödlich. Am 22. Oktober 1707 berechneten vier heimkehrende britische Schiffe ihre Position falsch und liefen an der Südwestspitze Englands vor den Scilly-Inseln auf Grund. Ein Navigationsfehler, der 1300 Männern das Leben kostete.

Die Lösung

Das Längenproblem beschäftigte seit Jahrhunderten die klügsten Köpfe. Theoretisch war die beste Lösung, die aktuelle Uhrzeit an Bord mit der Uhrzeit bei der Abfahrt zu vergleichen, da eine Stunde Unterschied beim Sonnenaufgang 15 Längengraden und damit einer Entfernung von etwa 1035 km entspricht. Die Schiffsuhr konnte auf die örtliche Zeit eingestellt werden, wenn die Sonne mittags am höchsten stand. Das Problem war jedoch, dauerhaft die Zeit der ursprünglichen Zeitzone zu messen. Im frühen 18. Jh. gab es noch keine Uhren, die bei einer Fahrt über den Ozean den Tempe-

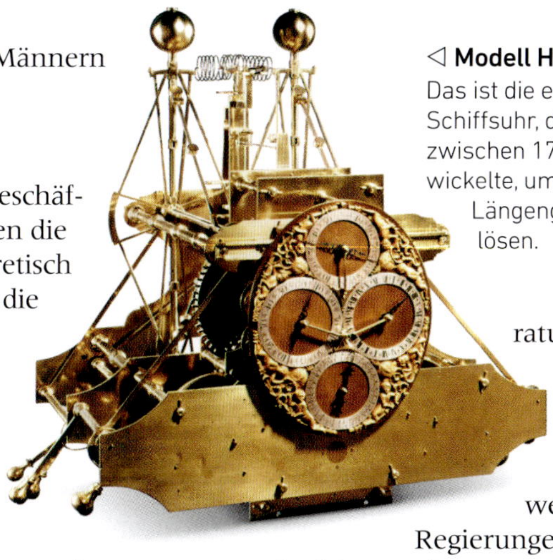

◁ Modell H1

Das ist die erste experimentelle Schiffsuhr, die John Harrison zwischen 1730 und 1735 entwickelte, um das Problem der Längengradbestimmung zu lösen.

raturschwankungen und den Schiffsbewegungen standhielten.

Verständlicherweise suchten die Regierungen der großen Seefahrernationen verzweifelt nach einer Lösung des Problems. Nach dem Schiffsunglück vor den Scilly-Inseln versprach das britische Parlament 1714 im *Longitude Act* sogar eine Belohnung von 20 000 Pfund (heute etwa 3,1 Mio. Euro) für jeden, der einen »praktischen und brauchbaren« Weg zur Bestimmung der Länge fand.

Die Lösung kam aus unerwarteter Richtung – von einem autodidaktischen Tischler aus Yorkshire namens John Harrison. Er besaß auch keine Ausbildung als Uhrmacher, dennoch hatte er schon vor seinem 20. Lebensjahr seine erste Pendeluhr konstruiert. Harrison entwarf und baute eine Reihe von Uhren, die nicht geschmiert werden mussten, nicht rosteten und deren bewegliche Teile auch bei heftigen Meeresbewegungen perfekt ausbalanciert blieben. Er kombinierte verschiedene Metalle so, dass, wenn eine Komponente sich temperaturbedingt ausdehnte oder zusammenzog, die anderen Komponenten entsprechend entgegenwirkten.

Die wissenschaftliche Kommission, die mit der Vergabe des Preisgelds beauftragt war, war jedoch der Ansicht, dass nur ein astronomisches Instrument das Längenproblem lösen könnte. Tatsächlich erhielt Harrison erst nach 40 Jahren und mit der Unterstützung von König Georg III. seine Belohnung. Harrisons Uhren gehörten auf Schiffen bald zur Standardausrüstung und entwickelten sich letztendlich weiter zu der modernen Armbanduhr, die heute jedermann trägt. Als im Oktober 1969 der Astronaut Neil Armstrong nach der Rückkehr zur Erde beim britischen Premierminister Harold Wilson zum Essen eingeladen war, erhob er sein Glas auf John Harrison als denjenigen, »der am Anfang unserer Reise stand«.

△ Harrisons Taschenuhr

Harrison erkannte, dass nicht größere, sondern kleinere Uhren das Längenproblem lösten. 1759 entwickelte er sein bahnbrechendes Modell H4.

▽ Nullmeridian

Zur Bestimmung der geografischen Länge ist ein Nullmeridian nötig. 1851 kam man überein, dass dieser durch das königliche Observatorium von Greenwich in London verlaufen sollte, wo sich auch die Marineakademie befand, die hier dargestellt ist.

> »Nur durch **Gottes allmächtige Vorsehung** und **großes Glück** gibt es nicht noch mehr Missgeschicke ... in der Navigation.«

DER BRITISCHE TAGEBUCHAUTOR SAMUEL PEPYS ÜBER SEINE REISE 1683 NACH TANGER

Die Reisen von Kapitän Cook

Auf drei ausgedehnten Reisen erkundete Kapitän James Cook mehr von der Erdoberfläche als jede andere Person der Geschichte. Seine Entdeckungen und Methoden waren eine Inspiration für alle nachfolgenden Generationen an Forschern.

△ **Nationalheld**
Aus dem ehemaligen Gemischtwaren-Lehrling James Cook wurde einer der größten Entdecker der Welt. Er war nicht nur ein exzellenter Navigator, sondern, vor allem in Zeiten der Not, ein charismatischer Anführer.

Als die britische Admiralität 1699 den ehemaligen Freibeuter William Dampier aussandte, um Neuholland (heute Australien) zu sondieren, schrieb dieser in seinem Bericht, es gäbe dort kaum etwas, dass es wert sei, erforscht zu werden. Erst nachdem wirtschaftliche Rivalitäten zum Krieg zwischen Frankreich und England geführt hatten, begann der Wettlauf um das Ausfüllen der letzten weißen Flecken auf der Karte erneut.

James Cook fuhr mit 18 Jahren zum ersten Mal auf einem Schiff zur See, das für die Handelsmarine Kohle an der englischen Ostküste entlangtransportierte. 1755 ging er zur Royal Navy, mit der er im Siebenjährigen Krieg, in dem Großbritannien und Frankreich um die nordamerikanischen Kolonien kämpften, erste Erkundungsfahrten durchführte. Als wieder Frieden ein-

kehrte, erhielt er das Kommando über ein Schiff und den Auftrag, die Küste Neufundlands zu kartografieren.

Die erste Reise

Cooks Navigationskünste erregten die Aufmerksamkeit der Britischen Royal Society. Sie betraute ihn 1768 mit der Leitung einer wissenschaftlichen Expedition nach Tahiti, die dort das Vorbeiziehen der Venus vor der Sonne beobachten sollte. Dieser sogenannte Venustransit kam in 100 Jahren nur einmal vor und seine Vermessung galt als äußerst wichtig für die Verbesserung der Navigation. James Cook erhielt das Kommando über ein neues Schiff, die HMS *Endeavour*, mit einer Crew, zu der auch der Astronom Charles Green, der Botaniker Joseph Banks (siehe S. 176–177) sowie mehrere wissenschaftliche Assistenten und Künstler gehörten.

△ **Talentierter Navigator**
Auf seiner dritten Pazifikfahrt maß Cook mit diesem Sextanten den Sonnenstand und ermittelte so den Längengrad. Manchmal verwendete er dafür auch eine Uhr.

Zugleich hatte die britische Admiralität Cook mit einer weiteren, geheimen Mission beauftragt. Er sollte von Tahiti aus weiter nach Süden fahren, denn es gab Grund zu der Annahme, dass sich dort »ein Kontinent oder sehr großes Land« befinden könnte. Man glaubte nämlich, dass dieser Kontinent auf der Südhalbkugel benötigt werde, um das Gewicht der Kontinente im Norden auszubalancieren. Und die Admirali-

◁ **Cooks Reisen**
Auf seinen drei Reisen befuhr Cook größtenteils unerforschte Bereiche des Globus. Er kartografierte die Küsten Australiens und Neuseelands, erkundete Hawaii und überquerte als Erster den südlichen Polarkreis.

Karte:

Beringstraße
NORDAMERIKA
Vancouver Island
Von Hawaii
ENGLAND
London
EUROPA
RUSSLAND
Beringstraße
Atlantischer Ozean
ASIEN
Pazifischer Ozean
AFRIKA
Hawaii
Tahiti
Marquesasinseln
SÜD-AMERIKA
Torresstraße
Tonga
Vanuatu
Osterinsel
Nach Tahiti
Rio de Janeiro
Kap der Guten Hoffnung
Indischer Ozean
AUSTRALIEN
Botany Bay
NEUSEELAND
Tierra del Fuego
Südlicher Polarkreis
ANTARKTIS

Legende
— Erste Reise
— Zweite Reise
— Dritte Reise

△ **Kunst der einheimischen Völker**
Cooks Expeditionen sammelten Informationen
über die Pazifikvölker und Artefakte wie diese
Holzschale in Form eines Seehundes, die wahrscheinlich aus Alaska stammt.

tät wollte, dass Cook ihn für die britische Krone in Besitz nahm. Falls Cook
keinen Kontinent fand, sollte er weitersegeln und stattdessen Neuseeland für
Großbritannien beanspruchen.

Cook ließ die *Endeavour* so weit nach
Süden segeln, bis er sicher war, dass
sich dort kein bewohnbares Land mehr
befand. Danach folgte er den Anwei-
sungen und fuhr nach Westen, um die
Küsten Neuseelands zu kartografieren.
Dabei bestätigte sich Abel Tasmans
Theorie, dass das Land aus zwei Inseln
besteht und mit keiner größeren Landmasse verbunden ist.

Danach fuhr die *Endeavour* zu der
noch unerforschten Ostküste Neuhollands (Australiens). Am 19. April
1770 ging die Expedition dort an Land
und Banks war von den Pflanzen, die
er dort fand, so begeistert, dass Cook
die Bucht Botany Bay (Botanikbucht)
nannte. Cook erkundete die gesamte
Ostküste, umschiffte sorgsam das Große
Barriereriff und nahm das Land für die
britische Krone in Besitz. Dann segelte
er durch die Torresstraße, womit er ein
für alle Mal die Frage klärte, ob Neuholland und Neuguinea miteinander
verbunden sind, und kehrte nach Hause
zurück.

Cooks zweite Reise

Die britische Admiralität war jedoch
nicht davon überzeugt, dass es keinen
großen südlichen Kontinent gab. Deshalb
schickte sie Cook 1772 erneut auf die
Reise, dieses Mal auf der HMS *Resolution*
und in Begleitung ihres Schwestern-
schiffs HMS *Adventure*. Die Mission lautete, weiter nach Süden zu fahren
als jemals jemand zuvor. »

▽ **Osterinsel**
Im März 1774
besuchte Cook
die Osterinsel und
bewunderte deren
»kolossale Statuen«
wie die hier darge-
stellte. Er notierte,
dass »jede Statue
einen großen zylin-
derförmigen Stein auf
dem Kopf« trug.

△ **Exotische Fauna**
Auf Cooks zweiter Reise malten Künstler einige der Tiere, die ihnen im Pazifik begegneten, wie z.B. diesen Teufelsrochen.

≫ Auf dieser drei Jahre dauernden Reise segelte Cook bis zur Antarktis. Er konnte das Eis nicht brechen, aber er kam dem Südpol näher als je ein Navigator zuvor. Er fuhr um das vereiste Land herum, um zu beweisen, dass es dort keinen weiteren Kontinent gab. Dann kehrte er zurück nach Norden und kartografierte die Osterinsel, die Marquesasinseln, Tonga und die Neuen Hebriden. Mit einer von John Harrisons Schiffsuhren (siehe S. 170) ermittelte er die Längenkoordinaten und schuf so die Basis für zukünftige Pazifikkarten.

Die letzte Reise

Cook wurde wie ein Held empfangen und erhielt von der britischen Marine eine großzügige Pension. Doch er konnte dem Meer nicht fernbleiben. Mit fast 50 Jahren wollte er es noch einmal wagen und eine Nordwestpassage zwischen Pazifik und Atlantik finden.

◁ **Die dritte Reise**
Das Land, das Cook Sandwichinseln nannte (heute Hawaii), bereitete den Seeleuten einen freundlichen Empfang, wie hier dargestellt. Ein zweiter Besuch endete jedoch alles andere als freundschaftlich.

Im Juli 1776 segelte Cook erneut mit der *Resolution* nach Tahiti und von dort aus nach Norden. Er stieß auf die noch unbekannten Hawaii-Inseln, die er nach seinem Sponsor Sandwichinseln nannte, und wurde mit seiner Crew von den Insulanern herzlich empfangen. Danach fuhr

Cook nach Norden und verbrachte den Sommer damit, die nordamerikanische Küste von Vancouver Island bis zur Beringstraße zu kartografieren, wo er vergeblich eine Durchfahrt suchte.

1779 kehrte Cook nach Hawaii zurück. Eine verhängnisvolle Entscheidung, denn als er am 14. Februar den

▽ **Die Resolution und die Discovery vor Hawaii**
Das Gemälde von John Cleveley d. J. (um 1780) zeigt Cooks Ankunft 1779 auf Hawaii. Rechts liegen die Schiffe *Resolution* und *Discovery* in der Kealakekua Bay vor Anker.

angeblichen Diebstahl eines Bootes durch einen Insulaner untersuchte, wurde er von wütenden Stammesmitgliedern erstochen. Kapitän Charles Clerke übernahm das Kommando und setzte die Expedition fort, aber auch ihm gelang es nicht, die Nordwestpassage zu finden, sodass er im Jahr darauf nach England zurückkehrte.

Bleibendes Vermächtnis

Cooks Expeditionen waren für die Entwicklung von Wissenschaften wie Ozeanografie, Ethnologie und Anthropologie von großer Bedeutung. Er hinterließ ein bleibendes Vermächtnis in Bezug auf das Verhalten von Seeleuten an Bord und an Land und versorgte seine Mannschaft so gut, dass kaum einer an Skorbut starb. Nicht zuletzt verkörperte Cook den Geist der friedlichen wissenschaftlichen Erkundung.

LA PÉROUSE, GEMALT 1785, KURZ VOR SEINER LETZTEN REISE

PROFIL
La Pérouse

1785 befehligte Jean-François de la Galaup, auch bekannt als der Comte de la Pérouse, eine größere französische Expedition, die auf dem Werk von James Cook aufbauen sollte. In Begleitung von Wissenschaftlern und Forschern segelte er die Schiffe *L'Astrolabe* und *La Boussole* über den Atlantik, rund um Südamerika und zur Osterinsel. Danach ging es weiter nach Hawaii und in den Nordpazifik, wo er die kanadische Küste kartografiert und, genau wie Cook, die schwer auffindbare Nordwestpassage verfehlte. Nach einem Besuch in Kamtschatka fuhr La Pérouse in den Süden, um die britischen Aktivitäten in Australien auszukundschaften. Er erreichte Botany Bay im Januar 1788, als die »First Fleet« mit dem ersten Gefangenentransport als neue Siedler anlandete (siehe S. 186–187). Am 10. März nahm La Pérouse Kurs auf Neukaledonien und wurde nie mehr gesehen. 40 Jahre später stellte sich heraus, dass seine Schiffe vor den Santa-Cruz-Inseln gekentert waren.

»**Ehrgeiz** führt mich nicht nur **weiter** als **jeden anderen Menschen,** sondern so **weit,** wie es überhaupt **möglich** ist, **zu gehen.**«

KAPITÄN JAMES COOK, TAGEBUCHEINTRAG VOM MÄRZ 1774

△ *Die Odyssee von Kapitän Cook*
Diese Lithografie von Marian Maguire aus dem Jahr 2005 zeigt eine imaginäre Begegnung zwischen den alten Griechen und den Maori von Neuseeland, die durch die Ankunft der *Endeavour* herbeigeführt wurde.

Die ersten Forscher

Eine Erkundungsfahrt zu wissenschaftlichen Zwecken ist heute selbst-
verständlich, aber im 18. Jh. hatte man davon noch nie etwas gehört –
bis zur Reise der HMS *Endeavour*.

▽ **Hinter Glas**
Joseph Banks
sammelte auf der
Endeavour-Expedition
über 4000 Insek-
ten, darunter diese
Schmetterlinge, die
sich heute im Natural
History Museum in
London befinden.

Bis auf wenige Ausnahmen sollten
Erkundungsfahrten eher die
Staatskassen füllen als wissenschaftliche Erkenntnisse liefern. Aus
diesem Grund war James Cooks Expedition auf der HMS *Endeavour* (siehe
S. 172–175) etwas Besonderes, denn sie
diente rein wissenschaftlichen Zwecken.
Das Hauptanliegen von Cooks Besuch

auf Tahiti war der Venustransit. Des
Weiteren sollte die Tier- und Pflanzen-
welt der Insel untersucht und Proben
davon nach England gebracht werden.
Dafür war Joseph Banks zuständig, ein
leidenschaftlicher junger Naturforscher
aus Lincolnshire, der bereits Studien an
der Flora seines Heimatlandes durchgeführt und später zum selben Zweck

Reisen nach Labrador und Neufundland
unternommen hatte. Er war außerdem
sehr vermögend, sodass er mit seinen
25 Jahren rund 10 000 englische Pfund
zur Ausstattung der *Endeavour* bei-
steuern konnte, etwa dreimal so viel,
wie das Schiff selbst gekostet hatte.
»Sie haben eine schöne Bibliothek
der Naturgeschichte: Sie haben alle
Arten von Maschinen zum Fangen
und Konservieren von Insekten; alle
möglichen Netze sowie Haken zum
Korallenfischen. Sie haben sogar einen
merkwürdigen Teleskop-Apparat, mit
dem man, wenn man ihn in klares Wasser taucht, den Meeresboden in großer
Tiefe sehen kann«, schrieb John Ellis,
einer der Wissenschaftler an Bord der
Endeavour.

Zu Banks' Vorbildern zählte der
Schwede Carl Linnaeus, ein wissenschaftlicher Pionier, der auf seinen Reisen durch Lappland die Einheimischen
sowie deren Verwendung von Pflanzen
zu medizinischen, religiösen und anderen Zwecken studierte. Er unternahm
zwar keine großen Fernreisen, dennoch
waren seine botanischen Studien sehr
bedeutend. Einer seiner Briefpartner
war der junge Joseph Banks, und ein
weiteres Mitglied des *Endeavour*-Teams,
Daniel Solander, war sein ehemaliger
Schüler. Erasmus Darwin, der Groß-
vater von Charles Darwin, übersetzte
später viele von Linnaeus' Werken vom
Lateinischen ins Englische.

Die Welt katalogisieren
Während die Astronomen der *Endeavour* auf Tahiti ihr Observatorium
errichteten, sammelten Banks und
seine Kollegen alles ein, was sie fanden.
Von Vögeln und Pflanzen bis hin zu
Kleidung und Waffen der Ureinwohner. Genauso machten sie es auch in
Neuseeland und in Australien. Als die
Endeavour im Juli 1771 wieder in Dover
anlegte, hatte sie über 1000 Tierarten
an Bord, darunter seltsame Beuteltiere,

»Niemand auf See war für den Zweck der Naturforschung besser oder eleganter ausgestattet.«

JOHN ELLIS, NATURFORSCHER AN BORD DER *ENDEAVOUR*

wie sie in Europa noch niemand gesehen hatte. Dazu kamen 30 000 getrocknete und gepresste Pflanzenarten, von denen 1400 Arten bisher unbekannt waren. Keine andere Expedition hatte je eine so umfangreiche und bedeutende Sammlung mitgebracht.

Banks begleitete Cook auf späteren Reisen nicht mehr, aber in seiner Rolle als Präsident der Royal Society finanzierte er weiterhin Expeditionen. Eine davon sollte untersuchen, ob die Brotfrucht eine geeignete Nahrungsquelle darstellte. Dazu mussten große Mengen dieser Pflanzen von ihrem Herkunftsort Tahiti zu den Britischen Inseln

◁ **Neue Spezies**
Vorlage für dieses Gemälde ist die Skizze eines Kängurus des Expeditionskünstlers Sydney Parkinson.

in der Karibik gebracht werden. Diesen Auftrag sollte die HMS *Bounty* unter Kapitän William Bligh ausführen, doch wegen der berühmten Meuterei, die Fletcher Christian anzettelte, kam es nie dazu.

Generationen kühner Naturforscher führten die Arbeit fort, die mit der *Endeavour* begonnen hatte. Einer von ihnen war Alexander von Humboldt (siehe S. 192–193), der in seiner Jugend nach England fuhr, um Joseph Banks zu treffen. Banks war auch ein Förderer von William Jackson Hooker, der

in Island, Frankreich, Italien und der Schweiz forschte und katalogisierte, ehe er Direktor von Kew Gardens in England wurde. Sein Sohn Joseph Dalton Hooker war einer der großen Botaniker des 19. Jh. und ein enger Freund von Charles Darwin. Es ist durchaus legitim zu behaupten, dass Joseph Banks mit seiner Arbeit den Grundstein für Darwins revolutionäre und weltverändernde Evolutionstheorie legte.

△ **Banksia serrata**
Die Pflanze *Banksia serrata* (Feuerbaum), die an der Ostküste Australiens entdeckt wurde, ist eines von vielen Gewächsen (geschweige denn Inseln), die nach dem englischen Naturforscher Banks benannt wurden.

◁ **Henry Walter Bates' Notizbücher**
Ein weiterer bekannter englischer Naturforscher war Henry Walter Bates. Er verbrachte elf Jahre am Amazonas und kehrte mit über 14 000 Spezies, vor allem Insekten, nach England zurück.

Brillenkaiman und Unechte Korallenschlange
Merian war eine Meisterin der Aquarellmalerei und des Kupferstichs (die Gilde verbot Frauen das Malen mit Ölfarben). Diese exquisite Studie entstand mit Aquarell- und Gouachefarben auf Vellum um 1705–1710.

Künstlerin im Regenwald

Als Forscher auf Entdeckungsreisen gingen, waren auch Amateurkünstler dabei, die sich der Abbildung der Natur verschrieben hatten.

Im 17. und 18. Jh. waren die vielen neu entdeckten Pflanzen und Tiere ein beliebtes Sujet europäischer Künstler. Einige beschlossen sogar, diese wundervollen Lebewesen in ihrer heimischen Umgebung zu malen. Eine der ersten dieser abenteuerlustigen Kreativen war – sehr ungewöhnlich für die damalige Zeit – eine geschiedene Frau in mittleren Jahren.

Maria Sibylla Merian wurde 1647 in Deutschland als Tochter eines Schweizer Kupferstechers geboren. Von klein auf begeisterte sie sich für Insekten und die Malerei. Also malte sie nicht nur Früchte und Blumen, sondern auch die Insekten, die sie selbst fing und züchtete. Sie heiratete mit 18 Jahren und bekam zwei Töchter, um die sie sich kümmerte, ohne ihre Tätigkeiten als Künstlerin und Lehrerin aufzugeben. Schließlich verließ sie ihren Ehemann, um in einer Kommune in Holland zu leben. Später zog sie nach Amsterdam, bis sie, im Alter von 52 Jahren, ihren gesamten Besitz verkaufte, ein Testament verfasste und mit ihrer jüngeren Tochter nach Südamerika in die niederländische Kolonie Surinam ging.

Dort kämpfte sie sich mühsam durch den Regenwald, um Insekten und Pflanzen zu sammeln: »Man könnte viele Dinge im Wald finden, wenn er passierbar wäre; aber er ist so dicht mit Disteln und Dornen verwachsen, dass ich meine Sklaven mit Beilen in der Hand vorwegschicken musste, damit sie für mich eine Öffnung hackten.« Schließlich zwang sie eine Tropenkrankheit zur Rückkehr nach Amsterdam, wo sie ihr Werk in einer Reihe von Portfolios veröffentlichte, darunter *Die Metamorphosen der Insekten von Surinam* (1705). Ihre größtenteils lebensgroßen Bilder sind genauso bunt und wundervoll wie das Leben dieser erstaunlichen Frau.

> » Die **Hitze** in diesem **Land** ist **überwältigend.** Sie **kostet mich** fast das **Leben.** Jeder **staunt,** dass ich überhaupt **noch lebe.** «

MARIA SIBYLLA MERIAN ÜBER IHRE ZEIT IN SURINAM

△ **Bildungsreise**
Die Grand Tour durch Europa unternahmen Söhne aus europäischen Adelsfamilien, um ihre kulturelle Bildung durch das Besichtigen von Kunst- und Baudenkmälern aus der Vergangenheit zu vervollständigen.

Die Grand Tour

Ab dem 17. Jh. begannen wohlhabende junge Männer durch Europa zu reisen, um die Wurzeln der westlichen Kultur zu finden. Diese lagen, da war man sich einig, in Rom.

» Ein Mann, der nie in Italien war, ist sich seiner Minderwertigkeit immer bewusst«, proklamierte der britische Schriftsteller Samuel Johnson, der Italien selbst nie besucht hatte.

Seine Worte entsprechen der damals vorherrschenden Meinung, dass eine ausgedehnte Reise durch Italien für die Bildung eines Mannes von fundamentaler Bedeutung sei. Italien und

insbesondere Rom waren spätestens seit dem 17. Jh. ein beliebtes Reiseziel für Künstler, Intellektuelle und Diplomaten aus ganz Nordeuropa. Zur gehobenen Bildung zählten umfassende Kenntnisse der Antike, inklusive der klassischen Sprachen Lateinisch und Altgriechisch. Sowohl das Rom der Antike als auch das der Renaissance erachtete man als Quelle all dessen, was in der westlichen Kultur von Bedeutung war, und mit einer Reise in diese großartige Stadt verlieh man seiner Bildung den letzten Schliff.

Kulturelle Pilgerfahrt

1670 erschien das Buch *Voyage of Italy, or A Compleat Journey Through Italy* des britischen Schriftstellers Richard Lassels, der das Phänomen der kulturellen Bildungsreise zum ersten Mal als »Grand Tour« bezeichnete. Die Teilnehmer waren fast ausschließlich Männer und, vor allem zu Beginn, größtenteils Briten. Als reichste Nation der Welt verfügte England über eine große Oberschicht mit ausreichend Geld und Zeit zum Reisen. In Begleitung eines Tutors (auch »Bear Leader« – Bärenführer – genannt) verbrachten die jungen Aris-

ANTIKES ROM, GIOVANNI PAOLO PANINI (UM 1691–1765)

EXKURS
Nur mit Einladung

Im 17. und 18. Jh. gab es noch keine öffentlichen Museen. Neben Kirchen, Palästen und anderen kulturellen Orten besichtigten die Reisenden deshalb die privaten Kunstsammlungen der Aristokraten. Man erhielt Zutritt, sofern man die richtigen Papiere bei sich trug, in der Regel handelte es sich dabei um Empfehlungsschreiben. In Frankreich war es sogar möglich, das Schloss von Versailles zu besichtigen, den Wohnsitz der Königsfamilie. Dazu musste man jedoch aussehen wie ein Mann von Stand, also tadellos gekleidet sein und ein Schwert tragen. Wer kein Schwert besaß, konnte sich eines im Schloss ausleihen.

▽ **Die Erfindung der Grand Tour**
Richard Lassels verdiente sein Geld als Reiseführer durch Europa. Er prägte den Begriff »Grand Tour« in seinem Buch über Italien, das 1670 erschien.

tokraten einen Zeitraum zwischen einigen Monaten und mehreren Jahren auf Reisen durch Europa. Diese Erfahrung sollte ihren intellektuellen Horizont erweitern, ihnen etwas über Kunst, Architektur, Geschichte und Politik beibringen und sie so auf eine spätere Karriere im öffentlichen Leben vorbereiten. Fern von der Heimat verloren soziale Regeln und Zwänge jedoch ihren Einfluss, sodass die Bildung vor allem gegen Ende des 18. Jh. nur noch ein Vorwand war, um sich Alkohol, Frauen und dem Glücksspiel hinzugeben.

Wie bei traditionellen Pilgerfahrten standen Route und Ziele der Grand Tour schon im Voraus fest. Für die Briten war der erste größere Halt Paris, dann ging es weiter durch die französischen Provinzen und über die Alpen nach Italien. Dort besuchte man Rom, Florenz, Neapel und Venedig (in der Reihenfolge ihrer

Bedeutung), bevor es über die Schweiz, Deutschland und die Niederlande zurück nach England ging.

Organisation

Zur ihrer Blütezeit Mitte des 18. Jh. war das Reisen auf der Grand Tour

▽ **Reisesouvenir**
Reisende der Grand Tour wie hier Dr. Thomas Penrose ließen sich gern porträtieren. Dieses Gemälde stammt von Louis Gauffier, der davon lebte, britische Touristen in Italien zu malen.

»An der Hand **geführt,** bummelte er **durch Europa** und sammelte jedes **Laster** auf **christlichem Boden.**«

ALEXANDER POPE, DICHTER UND KRITIKER DER GRAND TOUR

>> überraschend gut organisiert. Von London und Paris aus war es zum Beispiel leicht möglich, sich durch fast ganz Europa befördern zu lassen. Es gab sogar Reiseführer wie Thomas Nugents vierbändige *Grand Tour* (1749) mit einer Beschreibung aller großen Städte Europas und Essays, die moralische Ratschläge boten.

Um ihre Reiseziele zu erreichen, hatten die »Touristen« mehrere Möglichkeiten zur Auswahl. Die wohlhabendsten kauften oder mieteten eine private Kutsche samt Pferden. Üblicher war es jedoch, eine Kutsche zu leihen und die Pferde jeweils an den Poststationen entlang der Hauptstrecken zu mieten. So kam man in den Genuss einer privaten Kutsche,

▷ **Andenken**
Nicht jeder Tourist konnte sich ein Porträt leisten oder Antiquitäten kaufen. Einige mussten sich nach preisgünstigeren Reiseandenken umsehen wie diesen handbemalten Fächer aus Ziegenleder.

ohne die Kosten für den Unterhalt der Pferde tragen zu müssen. Als Letztes gab es noch die öffentlichen Postkutschen, die zwar billig, aber sehr langsam waren.

Die Reiseroute

Paris war damals noch eine mittelalterliche Stadt – kleiner und dichter besiedelt als London. Horace Walpole, der Sohn des britischen Premierministers Robert

Walpole, der seine Grand Tour um 1740 unternahm, nannte es gar »die hässlichste, abscheulichste Stadt des Universums«. Dennoch blieben die Touristen einige Wochen, besichtigten Kirchen, Paläste und Kunstsammlungen in Adelshäusern. Die meisten reisten danach ohne einen weiteren Aufenthalt in Frankreich zu den Alpen, wo die Kutschen zerlegt und auf Packtieren über den Mont-Cenis-Pass nach Italien transportiert wurden. Die Passagiere selbst ließen sich in Sänften über die Alpen tragen.

Die erste größere Stadt auf der anderen Seite war Turin, obwohl sie den meis-

> »... man hat außer **Rom** keinen **Begriff,** wie man hier **geschult** wird.«

J.W. VON GOETHE, *ITALIENISCHE REISE,* 1816

▽ **Die Ewige Stadt**
Der Engländer Charles Thompson sprach für viele Bildungsreisende, als er 1744 sagte, er »sehne sich danach, ein so geschichtsträchtiges Land zu sehen« – nämlich Italien. Das Gemälde von Rom schuf Bernardo Bellotto.

◁ **Endstation der Grand Tour**
Neapel, hier auf einem Gemälde des ausgehenden 17. Jh., war die südlichste Station der Bildungsreise. Man besichtigte dort die von Lava umschlossenen Ruinen von Pompeji und Herculaneum und genoss das milde Klima.

ten Grand Tourists zu provinziell für einen längeren Aufenthalt war. Florenz als bedeutendstes Zentrum der Renaissance war dagegen eine der beliebtesten Städte, in denen die Bildungsreisenden gern mehrere Wochen verweilten. Mitte des 18. Jh. gab es dort bereits eine relativ große englische Gemeinde, sodass Besucher aus Großbritannien sich fast wie zu Hause fühlen konnten.

Besuch in Rom

Ein kurzer Stopp in Siena war alles, was danach noch zwischen den Grand Tourists und ihrem ultimativen Reiseziel Rom lag. Ein populärer Reiseführer empfahl mindestens sechs Wochen dort zu verbringen, um alle antiken Ruinen und auch neuere Sehenswürdigkeiten besichtigen zu können. William Beckford, ein Autor, der Rom 1782 besuchte, fand sogar, dass dazu selbst fünf Jahre nicht ausreichten. Den Besuchern bot eine kleine Truppe Fremdenführer ihre Dienste an, die aus Italienern und in Rom lebenden Ausländern bestand. Im Großen und Ganzen erfüllte die Stadt alle Erwartungen. Goethe schrieb dazu: »Der gemeinste Mensch wird hier zu etwas, wenigstens gewinnt er einen

ungemeinen Begriff, wenn es auch nicht in sein Wesen übergehen kann.«

Viele Grand Tourists fanden es schick, sich zur Erinnerung vor einem berühmten Monument malen zu lassen. Manche erwarben Kunst oder Antiquitäten, etwa Statuen und Teile von antiken Bauwerken. So manche große Kunstsammlung begann mit einem Erinnerungsstück von einer Bildungsreise und viele dieser Sammlungen wiederum fanden später ihren Weg in die staatlichen Museen.

Bewusstseinswandel

Die südlichste Station der Bildungsreise war Neapel. Abgesehen von der Besichtigung der archäologischen Grabungsorte Herculaneum und Pompeji (seit 1738

und 1755), erfreuten sich die meisten Besucher dort einfach nur am mediterranen Klima und an den farbenfrohen Küstendörfern. Viele kamen auch in den Genuss der Gastfreundschaft von William Hamilton, dem britischen Botschafter von 1764 bis 1800, dessen schöne Frau Emma später die Geliebte von Admiral Horatio Nelson wurde.

Die Französische Revolution und die Napoleonischen Kriege setzten der Grand Tour ein Ende. Als 1815 wieder Frieden einkehrte, gehörte die Grand Tour der Vergangenheit an. Was blieb, war die Idee, zum Vergnügen und zur Erweiterung des Horizonts zu reisen, die sich im 19. Jh. zum »Tourismus« weiterentwickelte.

EXKURS
Folgen der Grand Tour

Die Grand Tour führte nicht selten zu neuen Ansichten über Geschichte, Kultur, Ästhetik und insbesondere Architektur. Der Aufenthalt in Italien schien die Liebe zu klassischen architektonischen Formen zu wecken, wie man am Werk des venezianischen Architekten Andrea Palladio aus dem 16. Jh. ersehen kann. In seinem Buch *Italienische Reise* beschreibt Johann Wolfgang von Goethe Palladios unvollendeten Konvent Santa Maria della Carità in Venedig als das vollkommenste Bauwerk. In England wendeten die Aristokraten das, was sie in Italien gelernt hatten, auf ihre eigenen Häuser und Gärten an. Aus diesem als Palladianismus bezeichneten Baustil entwickelte sich später der Neoklassizismus. Palladios Einfluss reichte sogar bis nach Amerika: Thomas Jefferson war ein großer Bewunderer und die Architektur des US-Kapitols ist von Palladios Werk inspiriert.

DAS NEOKLASSIZISTISCHE KAPITOL IN WASHINGTON, D.C., USA

Der erste Flug

Mit der Erfindung des Heißluft- und des Gasballons erfüllte sich 1783 der Traum vom Fliegen. Sie befreiten die Menschheit von der »Tyrannei der Schwerkraft«, wie Victor Hugo es nannte.

◁ **Die Geburt der modernen Ballonfahrt**
Der Ballon der Gebrüder Robert, der hier über den Tuilerien schwebt, war mit Gas gefüllt und besaß ein Ventil, mit dem das Gas zum Landen abgelassen werden konnte.

▽ **Erster bemannter Flug**
Jean-François Pilâtre de Rozier und der Marquis d'Arlandes waren die ersten Menschen, die flogen. Ihr Heißluftballon wurde von den Gebrüdern Montgolfier hergestellt.

D er Herbst 1783 war für die Pariser Schafe, Enten und Hähne besonders aufregend. Im September erhob sich nämlich ein Exemplar jeder dieser Gattungen, gut gesichert in einem Korb, mit einem Heißluftballon über dem Schloss von Versailles in die Lüfte. Der Flug dauerte acht Minuten – dann kam der Ballon einige Kilometer entfernt in einem Wald herunter. Die drei verstörten Tiere hatten keine Ahnung, dass sie gerade an dem ersten Passagier-

flug der Geschichte teilgenommen hatten. Da sie dabei keinen Schaden genommen hatten, wagten zwei Monate später, am 21. November 1783, der junge Pariser Arzt Jean-François Pilâtre de Rozier und der Offizier Marquis d'Arlandes den ersten Freiflug mit einem Heißluftballon, bei dem sie eine Strecke von etwa 9 km zurücklegten.

Eine nicht vorhersehbare Fahrt

Beide Ballons waren von den Gebrüdern Joseph-Michel und Jacques-Étienne Montgolfier hergestellt worden, den weltweit anerkannten Pionieren der Luftfahrt. Die beiden entstammten einer Familie von Papierfabrikanten, deshalb ist es kein Zufall, dass ihre ersten Versuchsballons aus Papier und Leinwand bestanden. Die Ballons, in denen die Tiere und die Menschen abhoben, besaßen jedoch eine Hülle aus seidigem Taft, die der Tapetenmaler Jean-Baptiste Réveillon aufwendig verziert hatte.

Nur zehn Tage nach dem bemannten Flug im Heißluftballon der Montgolfiers ließen zwei weitere französische Geschwister, die Brüder Robert, am 1. Dezember 1783 den ersten bemannten Gasballon steigen. 400 000 Zuschauer beobachteten, wie er sich über die Tuilerien in Paris erhob. Unter ihnen befand sich auch Benjamin Franklin, der große Erfinder und diplomatische Repräsentant der USA.

Im Jahr darauf versuchten die Gebrüder Robert einen der großen Nachteile des Ballons zu beheben – die Tatsache, dass er nur dort hinflog, wo der Wind ihn hintrieb –, indem sie eine elliptische Hülle anfertigten, die sich, wie sie hofften, mit Rudern und Schirmen

▷ **Ballonspiel**
Ballons waren Ende des 18. Jh. groß in Mode, wie man an diesem französischen Brettspiel von etwa 1784 sieht. Unter den abgebildeten Ballons befinden sich auch die der Gebrüder Robert und Montgolfier.

steuern ließ. Das Experiment schlug jedoch fehl. Andere Flüge verliefen dagegen sehr erfolgreich. 1785 gelang es einem französisch-amerikanischen Team, bei günstigem Wind den Ärmelkanal zu überfliegen. Leider war Pilâtre de Rozier nur wenige Monate davor bei demselben Versuch ums Leben gekommen und damit zu einem der ersten Opfer der Luftfahrt geworden.

Eine besondere Rolle

Wegen seiner Unvorhersehbarkeit hatte der Ballon keine große Zukunft als öffentliches Verkehrsmittel, doch auf

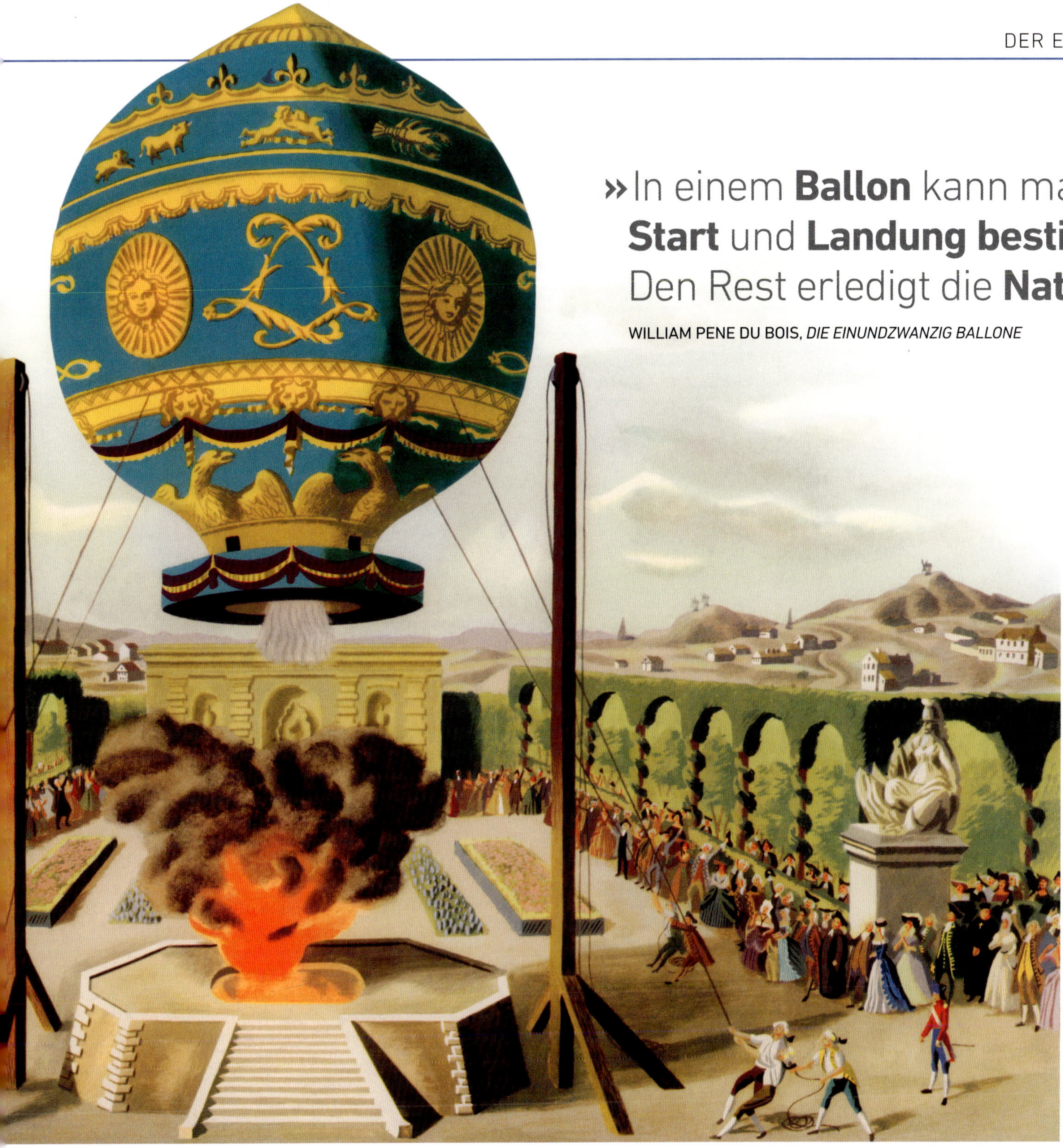

»In einem **Ballon** kann man nur **Start** und **Landung bestimmen.** Den Rest erledigt die **Natur.**«

WILLIAM PENE DU BOIS, *DIE EINUNDZWANZIG BALLONE*

▽ **Tragödie im Eis**
1897 versuchte der schwedische Entdecker S.A. Andrée den Nordpol in einem Gasballon zu erreichen. Der Ballon musste notlanden und die Expeditionsteilnehmer starben im Lauf der folgenden Wochen.

anderen Gebieten erwies er sich durchaus als wertvoll. Im Amerikanischen Bürgerkrieg benutzte die Unionsarmee eine Ballontruppe, um die Position der Feinde auszuspähen, und als die Preußen 1870/71 Paris belagerten, gelang etlichen Bewohnern die Flucht in mehr als 60 Ballons.

Ballonfahrer bereiteten nicht nur den Weg für die Meteorologie, sie testeten auch im Selbstversuch die Grenzen der menschlichen Ausdauer unter Kälteeinwirkung. Nicht selten mit tragischem Ausgang, wie bei dem Versuch, 1897 den Nordpol mit Heißluftballons

zu erreichen. Der Schriftsteller Victor Hugo war sogar von einem politischen Einfluss der Ballons überzeugt. Seiner Meinung nach besaßen sie die Macht, »die gesamte Menschheit zu befreien«.

Trotz seiner begrenzten Einsatzmöglichkeiten erlaubte der Ballon den ersten Blick auf die Welt von oben – auf die Erdkrümmung, die Landschaften und die Spuren, die der Mensch in der Natur hinterließ. Man war stets davon ausgegangen, dass der Ballon die Geheimnisse des Himmels enthüllen werde, doch stattdessen offenbarte er die Geheimnisse der Erde.

Endstation Botany Bay

1787 wagte die britische Regierung ein Experiment. Sie schickte eine
Flotte um die halbe Welt, um aus einem unerforschten Kontinent eine
Strafkolonie zu machen und dadurch ein neues Land zu gewinnen.

Am 13. Dezember 1786 trat
Francis Fowkes vor einen
Richter im Old Bailey, dem
zentralen Londoner Strafgericht. Er
war angeklagt, einen Mantel und ein
Paar Männerstiefel aus einer Taverne
in Covent Garden gestohlen zu haben.
Der Richter sprach ihn schuldig und
schickte ihn für sieben Jahre in die
Verbannung.

▽ **Arthur Phillip**
Der britische Admiral
Arthur Phillip grün-
dete die Strafkolonie,
aus der später Sydney
entstand, und wurde
zum ersten Gouver-
neur von New South
Wales ernannt.

Verbannt nach Übersee
Für Kriminelle wie Fowkes bedeutete
dies die Verbringung in eine Sträflingskolonie, auf Englisch als »Transportation« bezeichnet. In der zweiten Hälfte
des 18. Jh. nahm das Verbrechen in
England überhand, denn es gab noch
keine Polizei. Die Verbannung in eine
ferne Strafkolonie war eine geeignete
Maßnahme, sich lästiger Kleinkrimi-
neller zu entledigen (wer schwere

▽ **Strafkolonie Port Macquarie**
Die Kolonie wurde 1822 auf einer isolierten
Insel (heute Tasmanien) gegründet, um die
schlimmsten Straftäter und Flüchtige aus
anderen Strafkolonien aufzunehmen.

△ **Aborigines**
Die australischen Ureinwohner zeigten den
Marineoffizieren, wo sie Wasser finden konnten.
Danach schwankten die Beziehungen zwischen
Kooperation und Konflikten.

Verbrechen beging, wurde ganz einfach
exekutiert). Bisher hatten die Briten
dafür Nordamerika genutzt, doch seit
dem Unabhängigkeitskrieg (1775–1783)
war das nicht mehr möglich.

Von mehreren Alternativen erschien
die Küste Neuhollands, die erst kurz
zuvor von Cook besucht und kartografiert worden war (siehe S. 172–175), als
am besten geeignet. Also wurde eine
Kolonialisierungstruppe mit einer Flotte
aus elf Schiffen unter dem Kommando
von Admiral Arthur Phillip dort hinge-
schickt. Diese sogenannte »First Fleet«
(erste Flotte) verließ Portsmouth am
13. Mai 1787 und segelte über Rio

» ... Wir kamen vom **rechten Weg** ab, also **fuhren** sie uns über den **Ozean,** um in **Botany Bay** zu brummen. «

AUS EINEM AUSTRALISCHEN VOLKSLIED, *PINK 'UN*, 1886

de Janeiro und Kapstadt zu ihrem 25 588 km entfernten Zielort Botany Bay, wo sie am 20. Januar 1788 ankam. Botany Bay stellte sich schnell als ungeeignet für eine Besiedelung heraus, deshalb fuhr die Flotte weiter nach Norden und gründete die erste dauerhafte europäische Siedlung auf australischem Boden in der Bucht Port Jackson, die von Cook bereits kartografiert worden war.

△ **Handschellen für Sträflinge**
Als die Straftransporte 1868 endeten, waren 164 000 Verurteilte nach Australien verbannt worden.

Verurteilte Siedler

Unter den 732 verurteilten Siedlern, die von 247 Marinesoldaten und deren Familien begleitet wurden, befand sich auch der unglückliche Francis Fowkes. Er war ein talentierter Künstler und fertigte eine Karte der neuen Kolonie an, die die Anfänge eines neuen Staates und seiner zukünftigen Hauptstadt Sydney markierte. Viele der Siedler

starben in der Anfangszeit, als die ersten Ernten noch mager ausfielen, aber sie wurden schnell durch Neuankömmlinge ersetzt. 1790 und 1791 legten zwei weitere Sträflingsflotten an. 1793 folgten die ersten freien Siedler.

Die letzten Sträflinge

Mitte des 19. Jh. wurden Straftäter auch in andere neu gegründete Kolonien in Australien geschickt, etwa nach Port Macquarie und Moreton Bay, nach Van Diemen's Land (heute Tasmanien), Westaustralien und nach Norfolk Island im Südpazifik.

Die Mehrheit aller Sträflingskolonisten in Australien waren Engländer, Waliser und Iren. Einige kamen aber auch aus britischen Außenposten wie Indien, Kanada und Hongkong. Einer von sieben deportierten Sträflingen zwischen 1788 und 1852 war weiblich.

Gute Führung qualifizierte die Verurteilten für ein »Ticket of Leave«, das sie berechtigte, sich in Australien Arbeit zu suchen, zu heiraten und relativ unabhängig zu leben.

Als 1868 das letzte Sträflingsschiff fuhr, waren insgesamt 164 000 Männer und Frauen abtransportiert worden. Die Bevölkerung in den australischen Kolonien war auf rund eine Million angewachsen und versorgte sich selbst. Die Sträflinge hatten ihren Zweck erfüllt.

△ **Port Jackson**
Eine Karte von 1788, gemalt von Francis Fowkes, einem der ersten Bewohner der Sträflingskolonie, zeigt die Anfänge der Stadt Sydney. Das Haus des Gouverneurs (das große rote Gebäude) kann man heute noch besichtigen.

EXKURS
Zehn-Pfund-Poms

Nach dem Zweiten Weltkrieg boomte die australische Industrie. Auf der Suche nach Arbeitskräften führte die australische Regierung die Ten-Pound-Pom-Kampagne durch, mit der man als Brite für nur zehn britische Pfund nach Australien auswandern konnte und obendrein noch eine Beschäftigungsgarantie erhielt. Von 1945 bis 1972 nutzten über eine Million Briten diese Gelegenheit. Später wurde die Kampagne auch auf andere Länder, darunter Italien und Griechenland, ausgeweitet.

POSTER FÜR EINE REGIERUNGSKAMPAGNE ZUR FÖRDERUNG DER IMMIGRATION, 1957

DAS

DAMPF-
ZEITALTER

1800–1900

DAS DAMPFZEITALTER, 1800–1900

Einführung

Im 19. Jh. schienen die Errungenschaften der Menschheit grenzenlos. Eiserne Türme ragten in den Himmel, in riesigen Fabriken dröhnten Maschinen, die Elektrizität erleuchtete die Städte. Doch von all den Erfindungen des Industriezeitalters wirkte sich die Nutzbarmachung des Dampfs am meisten aus. Dampf trieb die Maschinen in den Fabriken an, die den Kolonialmächten den Reichtum bescherten, um sich immer weiter in Afrika, Asien und Australien auszubreiten und dort die Rohstoffe zu holen, mit denen sie wiederum ihre Fabriken fütterten, um noch reicher zu werden. Großbritannien, Frankreich und andere Länder sandten Expeditionen aus, die sich auf der Suche nach noch mehr Schätzen durch Wüsten und Dschungel kämpften und große Flüsse befuhren. Amerika hatte den Unabhängigkeitskrieg gewonnen und die Herrschaft der Briten abgeschüttelt.

Nun war es seinerseits damit beschäftigt, seine Territorien zu erkunden und deren Ressourcen zu erschließen. In Kalifornien z. B. wurde 1849 Gold entdeckt, was Tausende von Amerikanern dazu bewog, an die Westküste zu ziehen.

Eiserne Wege

Dampflokomotiven und Dampfschiffe revolutionierten die europäische Wirtschaft. In Amerika waren die Auswirkungen sogar noch größer. Flussdampfer erschlossen neue Territorien im mittleren Westen zur Besiedelung und die Fertigstellung der ersten transkontinentalen Eisenbahnlinie 1869 schweißte die Nation im wahrsten Sinne des Wortes enger zusammen. Obendrein war das Reisen mit Dampfmaschinen sehr schnell. Früher hatte die Fahrt vom Atlantik zum Pazifik mehrere Monate gedauert, jetzt nur noch ein paar

NAPOLEONS EXPEDITION 1798 NACH ÄGYPTEN VERANLASSTE VIELE EUROPÄER, DEN NIL ZU ERKUNDEN.

DIE *CLERMONT*, DAS ERSTE KOMMERZIELLE DAMPFSCHIFF, FUHR 1807 AUF DEM HUDSON.

DIE ERSTE KOMMERZIELLE DAMPFLOK VERKEHRTE 1830 ZWISCHEN LIVERPOOL UND MANCHESTER.

» Vorurteile, durch **Unwissenheit** erzeugt, werden vom **Dröhnen des Zuges gebrochen,** und das Pfeifen der Lok weckt Tausende aus dem **Dornröschenschlaf.** «

THOMAS COOK, 1846

Tage. In Europa eröffneten sich dadurch für eine immer größer werdende Gesellschaftsschicht mit genügend Geld und Freizeit ganz neue Reisemöglichkeiten. Nur wenige Menschen hatten Zeit für eine Monate dauernde Tour über den Kontinent, aber als die Eisenbahn fast alle europäischen Länder miteinander verband, ließ sie sich in wenigen Wochen bewältigen. Als dann auch noch Napoleon mit seiner Armee Ägypten besetzte und das Land erkundete, wollten viele Europäer mit einem Dampfschiff auf dem Nil den Spuren des französischen Generals folgen.

Die Inspiration zum Reisen lieferten Dichter und Schriftsteller, die von der Romantik antiker Ruinen und wilder Landschaften in südlichen Gefilden schwärmten. Viele der ersten Reisenden, darunter Charles Dickens und Mark Twain, führten unterwegs Tagebücher, mit denen sie nach ihrer Rückkehr die immer umfangreicher werdende Sammlung der Bibliotheken an Reiseliteratur füllten.

Reisen als Geschäftszweig

Mitte des 19. Jh. war die Reiselust der Menschen so groß geworden, dass findige Unternehmer darin das Potenzial für einen neuen einträglichen Geschäftszweig erkannten. In den Großstädten wurden große Hotels und Bahnhöfe gebaut, und 1841 gründete Thomas Cook sein gleichnamiges Reiseunternehmen – anfänglich in der Hoffnung, den Horizont der Leute durch Tagesausflüge zu erweitern. Nur wenig später wurden die Herren Murray und Baedeker wohlhabende Pioniere der Reiseführer-Branche. Ende des Jahrhunderts gab es kaum einen Ort, zu dem einen Thomas Cook & Son nicht hinbrachten oder für den Karl Baedeker keinen Reiseführer veröffentlicht hatte.

DER ROMANTISCHE DICHTER PERCY BYSSHE SHELLEY INSPIRIERTE VIELE ZU EINER TOUR DURCH EUROPA.

ALS BEI SAN FRANCISCO GOLD GEFUNDEN WURDE, KAMEN TAUSENDE EINWANDERER NACH KALIFORNIEN.

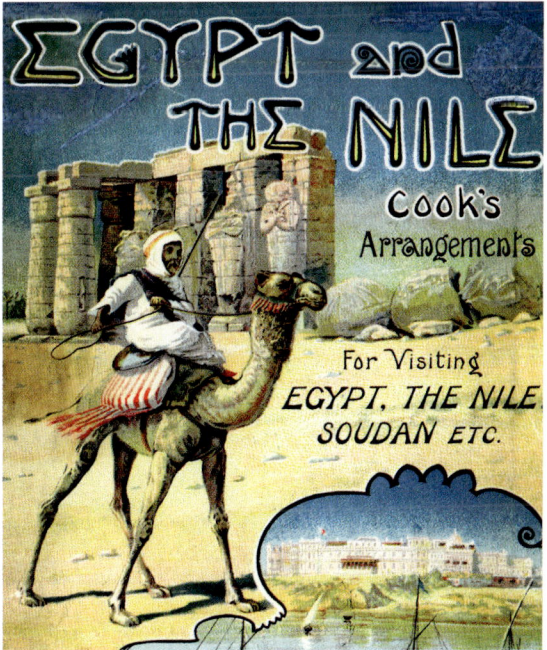

DAS UNTERNEHMEN THOMAS COOK & SON MACHTE URLAUBSREISEN MASSENTAUGLICH.

Humboldt bei der Arbeit
Dieses Porträt stammt von Friedrich Georg Weitsch. Es zeigt den Forscher 1806 im Alter von 37 Jahren, nach seiner Reise nach Südamerika, aber vor der Durchquerung Russlands.

NATURFORSCHER, 1769–1859

Alexander von Humboldt

Charles Darwin nannte ihn den »größten Forschungsreisenden aller Zeiten« und nach ihm wurden mehr Pflanzen, Tiere, Mineralien und Orte benannt als nach jedem anderen, aber Alexander von Humboldt war auch der Erste, der einen Klimawandel prophezeite.

D ie Tatsache, dass es eine Humboldt-Lilie, einen Humboldt-Krater auf dem Mond und einen Humboldt-Tintenfisch im kalten Humboldt-Strom vor der peruanischen Küste gibt, zeigt, wie breit gefächert die Interessen dieses polyglotten Genies waren, der 1769 als zweites Kind einer preußischen Adelsfamilie in Berlin geboren wurde. Als er mit neun Jahren seinen Vater verlor, suchte er Trost im Sammeln von Pflanzen, Insekten und Steinen.

Während seines Studiums der Staatswirtschaft lernte Humboldt den Naturforscher Georg Forster kennen, der Kapitän Cook auf seiner zweiten Reise begleitet hatte (siehe S. 172–175). Auf einer Reise mit Forster durch Europa schloss Humboldt auch Freundschaft mit Sir Joseph Banks, einem weiteren Mitglied von Cooks Expeditionen.

Nach dem Studium wurde Humboldt Inspektor im preußischen Bergdepartment, was seinem Interesse an der Geologie entgegenkam. Doch erst nach dem Tod seiner Mutter 1796, die ihm ein großes Vermögen hinterließ, war er finanziell in der Lage, sich ganz seinen wissenschaftlichen Studien zu widmen.

Expedition nach Lateinamerika

1799 reiste Humboldt mit dem Botaniker Aimé Bonpland nach Südamerika. In einem Gebiet, das heute zu Venezuela gehört, befuhren sie in Kanus die Flüsse, wanderten durch den Regenwald und erklommen einige der höchsten Gipfel der Anden. In ihrer 2015 erschienenen Biografie *Alexander*

◁ **Der Chimborazo**
Humboldt stellte in seiner Zeichnung des Vulkans in Ecuador von 1807 zum ersten Mal die Höhen- und Temperaturunterschiede der einzelnen Vegetationszonen dar.

von Humboldt und die Erfindung der Natur porträtiert Andrea Wulf den Forscher als ausgesprochen waghalsig: Er wanderte barfuß, als seine Schuhe kaputtgingen, er schwamm in krokodilverseuchten Gewässern und er führte mit bloßen Händen Experimente mit Zitteraalen durch.

Humboldt hielt seine Erlebnisse in Reisetagebüchern fest und maß alles, was sich messen ließ – von den Niederschlagsmengen bis hin zu den Blauwerten des Himmels. Er identifizierte 2000 neue Pflanzenarten und entdeckte den magnetischen Äquator. Auf dem Vulkan Chimborazo in Ecuador hatte er die Eingebung, die Erde sei ein einziger lebender Organismus, in dem alles miteinander verbunden ist. Er folgerte daraus, dass es unweigerlich zur Katastrophe kommen müsse, wenn der Mensch diese natürliche Ordnung stört – eine Erkenntnis, die ihrer Zeit so weit vor-

aus war, dass viele sie heute noch nicht akzeptieren können.

Zurück in Europa, verfasste er ein 30-bändiges Werk über seine Expedition, das Charles Darwin dazu anregte, 1831 mit der *Beagle* selbst auf Forschungsreise zu gehen.

Quer durch Russland

Humboldt hätte sich leicht für den Rest seines Lebens dem Studium seiner wissenschaftlichen Ausbeute (er fand 60000 neue Spezies) widmen können, aber er unternahm 1829 mit 59 Jahren eine sechsmonatige Expedition in den Ural und nach Sibirien.

Als er mit 90 Jahren in Berlin starb, folgten Tausende seinem Sarg und sogar amerikanische Zeitungen beklagten das Ende der »Humboldt-Ära«.

◁ **Humboldt-Pinguin**
Dieser südamerikanische Pinguin trägt den Namen seines Entdeckers Alexander von Humboldt.

WICHTIGE DATEN

- **1769** Geboren am 14. September in Berlin.
- **1799** Segelt in Begleitung des Botanikers Aimé Bonpland nach Venezuela.
- **1800** Segelt mit Bonpland nach Kuba, wo sie drei Monate lang wissenschaftliche Forschungen betreiben.
- **1804** Reist in die Vereinigten Staaten und lernt dort Präsident Jefferson kennen.
- **1814** Veröffentlichung des ersten Bandes der amerikanischen Reisetagebücher *Voyage aux régions équinoxiales du Nouveau Continent*.

HUMBOLDTS SKIZZE EINER MELASTOMATACEAE

- **1829** Legt in Russland 16100 km in sechs Monaten zurück.
- **1845** Veröffentlichung des ersten Bandes von *Kosmos*, einem mehrteiligen Werk über Humboldts Idee, dass die Erde ein lebender Organismus sei. James Lovelocks bekannte Gaia-Hypothese aus der Zeit um 1960 weist große Ähnlichkeiten dazu auf.

HUMBOLDT IN SEINEM ARBEITSZIMMER, GEMALT VON EDUARD HILDEBRANDT, 1845

Ägyptomanie

Napoleons fehlgeschlagene Invasion Ägyptens im Jahr 1798 befeuerte die Leidenschaft der Europäer und Amerikaner für die Wunder einer lang vergessenen alten Zivilisation.

▽ **Antike Welt**
Die Illustration aus *Description de l'Égypte*, einer Sammlung von Beobachtungen der Wissenschaftler in Napoleons Ägypten-Expedition, zeigt den Portikus des Isis-Tempels von Philae.

Die Erste Französische Republik befand sich seit 1792 mit Großbritannien und mehreren anderen europäischen Monarchien im Krieg, und kurzzeitig wurde das ägyptische Territorium zu einem Pfand in diesem Spiel der Mächte. Napoleon und seine Berater wussten, dass sie Großbritanniens schnellsten Kommunikationsweg zu seinen indischen Kolonien unterbrechen würden, wenn sie diese entlegene Provinz des Osmanischen Reichs besetzten.

Invasion der Franzosen
Am 1. Juli 1798 gingen etwa 40 000 Soldaten der Armée d'Orient in Alexandria an der ägyptischen Mittelmeerküste an Land. Der Eroberungsversuch war jedoch nicht erfolgreich. Zwar konnten die Franzosen zunächst erste Siege verbuchen, u. a. nahmen sie Kairo ein, doch die Briten versenkten die französische Flotte an deren Ankerplätzen. Die Franzosen saßen nun in Ägypten fest und mussten sich gegen die aufständische Bevölkerung wehren, die von den Briten und den osmanischen Türken angestachelt und unterstützt wurde. Im Oktober 1799 floh Napoleon heimlich zurück nach Frankreich, während seine Armee noch zwei Jahre lang die Stellung hielt, ehe sie endgültig von den Briten besiegt und zurück in die Heimat geschickt wurde.

Man könnte dies als eine wenig ruhmreiche Kriegsepisode betrachten, wären mit Napoleon nicht rund 160 Wissenschaftler, Ingenieure, Kartografen und Künstler nach Ägypten gereist. Ihre Mission war, Ideale der europäischen Aufklärung wie Freiheit und Fortschritt nach Ägypten zu bringen und gleichzeitig ein Land zu studieren, das bisher nur sehr wenig Kontakt mit dem Westen hatte. Sie sollten alles, was sie sahen, untersuchen und dokumentieren, egal ob alt oder neu, sowie Artefakte und Spezies sammeln. Tatsächlich handelte

△ **Ägyptischer Brunnen**
Durch Napoleons Ägyptenfeldzug kam altägyptische Kunst in Europa groß in Mode. Diese neoägyptische Statue in der Rue de Sèvres in Paris ist ein Werk des Bildhauers Pierre-Nicolas Beauvallet aus dem Jahr 1806.

es sich um das größte wissenschaftliche Unterfangen seiner Zeit, denn es ging dabei um die Kategorisierung eines ganzen Landes und dessen Bewohnern.

Description de l'Égypte
Die Resultate wurden in der Enzyklopädie *Description de l'Égypte* gesammelt, die schließlich 23 Bände umfasste und von 1809 bis 1829 erschien. Zur selben Zeit erwies sich eines der in Ägypten gefun-

▷ **Stein von Rosette**
Bei dem 1799 gefundenen Stein von Rosette handelt es sich um eine Stele, in die 196 v.Chr. ein Dekret von Pharao Ptolemäus V. von Ägypten in drei Schriften eingeritzt wurde. Durch den Vergleich der Schriften gelang es, die ägyptischen Hieroglyphen zu entziffern.

denen Artefakte, eine Stele mit einer Inschrift in drei Sprachen, für den jungen französischen Wissenschaftler Jean-François Champollion als Schlüssel zur Entzifferung der altägyptischen Hieroglyphen. Damit legte er den Grundstein für die Wissenschaft der Ägyptologie und löste in Europa und Amerika eine Begeisterung für alles Ägyptische und Orientalische aus.

Ende des 19. Jh. war der heutige Nahe Osten eine der Stationen der Grand Tour geworden. Reisende erhielten die Erlaubnis, von Italien über das Mittelmeer nach Konstantinopel (heute Istanbul), Jaffa in Palästina

▷ **Napoleon vor der Sphinx**
Der französische Feldzug nach Ägypten, hier von Jean-Léon Gérôme um 1858 dargestellt, war ein Versuch Napoleons, Großbritannien den Zugang zu Indien zu erschweren.

und Alexandria in Ägypten zu fahren. Das ehrfürchtige Staunen, das eine solche Reise auslöste, fing der englische Dichter Percy Bysshe Shelley gekonnt in seinem Sonett *Ozymandias* ein, das mit der bekannten Zeile beginnt: »Ein Wandrer kam aus einem alten Land«. Bald folgten noch weitere Entdeckungen, darunter der große Tempel von Ramses II. (Shelleys Ozymandias) in Abu Simbel und im benachbarten

Jordanien die in den Fels gehauene Nabatäerstadt Petra.

In Europa und den USA machten sich bald altägyptische Einflüsse in der Architektur und in der Kunst bemerkbar. Die Amerikaner benannten sogar zwei neue Siedlungen nach alten ägyptischen Städten: Cairo in Illinois, gegründet 1817, und Memphis in Tennessee, gegründet 1819. Ihren Höhepunkt erreichte die Faszination für das alte Ägypten jedoch erst 1922, als das Grab von Tutanchamun entdeckt wurde.

EXKURS
Ware für die Museen

Das Studium alter Artefakte machte mit der Einrichtung von Staatsmuseen im 18. Jh. einen großen Schritt vorwärts. Allerdings wurde in Ägypten rücksichtslos geplündert, um Ausstellungsstücke für diese Einrichtungen zu erhalten. Viele von den Franzosen gesammelten Antiquitäten wurden von der britischen Marine beschlagnahmt und landeten im Britischen Museum, darunter auch der Stein von Rosette. Schatzjäger schafften alles außer Landes, was sich transportieren ließ, und verkauften es mit großem Gewinn an kulturelle Institutionen in Europa und später auch in Nordamerika.

EINE BÜSTE VON RAMSES II. WIRD 1815 NACH GROSSBRITANNIEN TRANSPORTIERT

»Von den **Höhen** dieser **Pyramiden** sehen **vierzig Jahrhunderte** auf uns herab.«

NAPOLEON IN EINER ANSPRACHE AN SEIN HEER, 21. JULI 1798

Orientalismus

Im 19. Jh. waren die exotischen Länder und Szenerien des Orients bei den Künstlern der westlichen Welt ein beliebtes Thema.

Der Orient – dazu zählten die Türkei, Nordafrika und der heutige Nahe Osten – verzauberte die westlichen Künstler, schon lange bevor Napoleon in Ägypten landete (siehe S. 194–195). Zweifellos befeuerte die französische Expedition jedoch die Begeisterung für den Orient. Zu den Künstlern, die sich davon besonders anstecken ließen, gehörten der Schotte David Roberts und der Engländer John Frederick Lewis, deren Sujets um 1830 und 1840 vor allem die Architektur und Archäologie des Orients waren. Andere, wie der französische Romantiker Eugène Delacroix, der 1832 nach Spanien und Nordafrika reiste, kurz nachdem die Franzosen Algerien erobert hatten, waren fasziniert von den Menschen und deren Kleidung. Für Delacroix verkörperten die Araber ein früheres, reineres Zeitalter: »Die Griechen und Römer sind hier vor meiner Tür, bei den Arabern, die sich in eine weiße Decke hüllen und wie Cato oder Brutus aussehen …«

Für andere Künstler war die Verbindung zur Bibel wichtig. William Holman Hunt und David Wilkie z. B. suchten im Orient authentische Szenarien für ihre biblischen Gemälde. Jean-Léon Gérôme, der in der zweiten Hälfte des 19. Jh. oft in den östlichen Mittelmeerraum reiste, malte große, dramatische Ölgemälde voller Sinnlichkeit und Gewalt. Allerdings entstanden sie meistens daheim in seinem Pariser Atelier mithilfe von Modellen und Requisiten, wobei sein realistischer Malstil eine ungerechtfertigte Genauigkeit vorgaukelt. Ganz sicher hatte er nie Frauen im Badehaus beobachtet, ein Thema, das er häufig malte, inklusive der nackten Konkubinen. Doch er war mit solchen Fantasien nicht allein: 1862 schuf der angesehene französische neoklassizistische Maler Jean-Auguste-Dominique Ingres mit *Das türkische Bad* sein erotisches Ideal, obwohl er selbst den Orient nie besucht hatte.

Den Orientalismus – wie diese Kunstrichtung genannt wird – pflegten bis ins 20. Jh. auch Künstler wie Paul Klee, Henri Matisse und Auguste Renoir. Um 1970 prangerte der Kunstkritiker Edward Said diesen Stil als Ausdruck der westlichen Autorität über die arabische Kultur an. Ironischerweise stammen jedoch einige der größten Sammler orientalistischer Werke heute aus der arabischen Welt.

◁ *Das Mittagsmahl, Kairo*
Der Engländer John Frederick Lewis lebte von 1841 bis 1851 in Kairo. Zurück in der Heimat, malte er viele orientalische Szenen wie diese friedvolle Komposition von 1875.

Die Lewis-und-Clark-Expedition

1804 suchten Meriwether Lewis und William Clark einen Weg quer durch die Vereinigten Staaten zum Pazifik und bereiteten damit die Erweiterung der jungen Nation von Ozean zu Ozean vor.

▷ **Flathead-Indianer**
Skizzen in William Clarks Tagebuch zeigen die Praxis einiger Indianerstämme, ihre Schädelform in der frühen Kindheit durch Druck zu verändern.

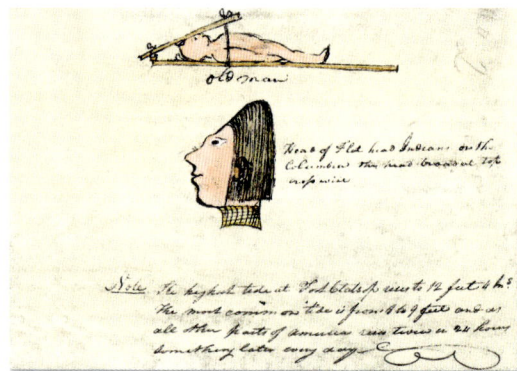

▷ **Clarks Tagebuch**
Eine Reproduktion von Clarks Tagebuch zeigt, wie detailliert er die Expedition dokumentierte. Ihr abenteuerliches Unternehmen wurde zu einer der Gründungsgeschichten der jungen Vereinigten Staaten.

In den ersten Jahren des 19. Jh. war Nordamerika grob dreigeteilt: Im Osten lag das Territorium der noch jungen Vereinigten Staaten, die Mitte war von den Franzosen besetzt und der Westen gehörte, bis auf eine an Kanada und den Pazifik angrenzende, von niemandem beanspruchte Region im Nordwesten, den Spaniern. 1803 handelte Präsident Thomas Jefferson mit Frankreichs Kaiser Napoleon den Kauf des sogenannten Louisiana-Territoriums aus und verdoppelte damit die Größe der Vereinigten Staaten. Jefferson beauf-

tragte umgehend eine Expedition mit der Erkundung des neu erworbenen Gebietes sowie des herrenlosen Landes jenseits der großen »Rock Mountains« im Westen. Seine Hoffnung war, einen Wasserweg zu finden, der vom Mississippi bis zum Pazifik jenseits der Berge führte und damit die Besiedelung der Region ermöglichte.

Unterwegs nach Westen

Jefferson ernannte seinen Privatsekretär Meriwether Lewis, einen gebildeten Mann mit Militärerfahrung, zum Expeditionsführer und gab ihm den ebenfalls kampferprobten William Clark an die Seite. Gemeinsam stellten sie ein »Corps of Discovery« aus 33 Männern zusammen, mit dem sie im Mai 1804 begannen, in drei Booten dem Lauf des Missouris zu folgen. Als im Herbst der erste Schnee fiel, gründeten sie Fort Mandan (im heutigen North Dakota), um dort zu überwintern. Sie befanden sich mittlerweile in potenziell feindseliger Umgebung, in die noch

nie ein Europäer vorgedrungen war. Deshalb heuerte die Expedition den frankokanadischen Fallensteller Toussaint Charbonneau und seine Frau, die Shoshonen-Indianerin Sacagawea, als Dolmetscher und Führer an.

Als im Frühling 1805 das Eis auf dem Missouri schmolz, zog die Expedition weiter. In der letzten Maiwoche sah die Truppe zum ersten Mal die Rockies, das große Gebirge, das sie überqueren musste. Am 13. Juni erreichten sie, was Lewis als »die großartigste Aussicht, die ich je erblickte« bezeichnete – die großen Wasserfälle des Missouris, ein Hindernis, dessen Überwindung einen Monat dauerte. Am Fuße der Rockies trafen sie auf Shoshonen, von denen sie durch Tauschhandel die Pferde erhielten, die sie für die Überquerung der Berge benötigten. Dieser Teil der Reise war äußerst beschwerlich und zwang die Gruppe sogar dazu, drei der Pferde zu essen. Schließlich gelangten sie aber an das Ufer des Clearwater Rivers. Die Rockies lagen hinter ihnen, der Pazifik vor ihnen.

Einmal Pazifik und zurück

Am 7. November 1805 schrieb Clark in sein Tagebuch »Ozean in Sicht! O! die Freude«, obwohl sie sich in Wirklichkeit noch im Mündungsgebiet des Columbia Rivers befanden, etwa 32 km von der Meeresküste entfernt. Mitte November hatte die Expedition jedoch

» **Ozean in Sicht!** ... Dieser große **pazifische Ozean,** dessen Anblick wir **so lange** herbeisehnten.«

WILLIAM CLARK, ALS ER AM 7. NOVEMBER 1805 DEN PAZIFISCHEN OZEAN ERBLICKTE

▷ **US-Odyssee**
Lewis und Clark legten 12 000 km zu Fuß, im Boot und zu Pferde zurück. Auf dem Rückweg teilten sie sich manchmal auf, um ein noch größeres Gebiet zu erkunden.

△ **Lachsforelle**
Diese Skizze einer Lachsforelle von Clark zeigt, wie detailgenau die Expedition ihre Funde katalogisierte. Die Zeichnung ist von einem von Lewis' Tagebucheinträgen umgeben.

den Pazifik erreicht. Sie errichtete Fort Clatsop, benannt nach dem ortsansässigen Stamm der Clatsop, und überwinterte dort, bis sie sich in der dritten Märzwoche auf den langen Rückweg quer über den Kontinent machte.

Am Morgen des 23. Septembers 1806 trafen Lewis und Clark wieder in St. Louis ein, wo sie sich zwei Jahre, vier Monate und zehn Tage zuvor auf den Weg gemacht hatten. Im Gepäck hatten sie Aufzeichnungen über ihre Begegnungen mit Indianern, über mehr als 300 Tier- und Pflanzenarten und von Clark gezeichnete Landkarten. Bald folgten Tausende Amerikaner ihren Spuren nach Westen, wo sie die Landschaft veränderten, Tiere ausrotteten und die Indianer in Reservate sperrten.

▽ **Unterwegs nach Westen**
Das Corps of Discovery schlägt ein Lager am Columbia River auf. Hinter Lewis und Clark stehen Charbonneau und Sacagawea, die ihren Sohn Jean-Baptiste trägt.

EXKURS
Der Lewis and Clark Trail

Heute werden eine Reihe markierter Highways entlang der Flüsse Missouri und Columbia offiziell als »Lewis and Clark Trail« bezeichnet. Etwas näher am Original ist jedoch der Lewis and Clark National Historic Trail, der zum National Trails System gehört und sich rund 6000 km vom Wood River in Illinois bis zur Mündung des Columbia Rivers in Oregon erstreckt und vom National Park Service verwaltet wird. Man kann sich auf ihm zu Fuß, zu Pferd oder im Boot fortbewegen. Der am wenigsten veränderte Abschnitt sind die unter Naturschutz stehenden White Cliffs des Missouri Rivers in Nordmontana, die nur per Boot erreichbar sind. Für Lewis boten die Sandsteinformationen dort »Szenen visionärer Verzauberung«.

FORT MANDAN, IN DEM DAS CORPS OF DISCOVERY DEN WINTER 1804/05 VERBRACHTE

Der Weg nach Westen

Nach Lewis und Clark machten sich noch mehr Amerikaner auf den Weg nach Westen. Sie folgten dabei einer beschwerlichen und oft tödlichen Route, die als Oregon Trail in die Geschichte einging.

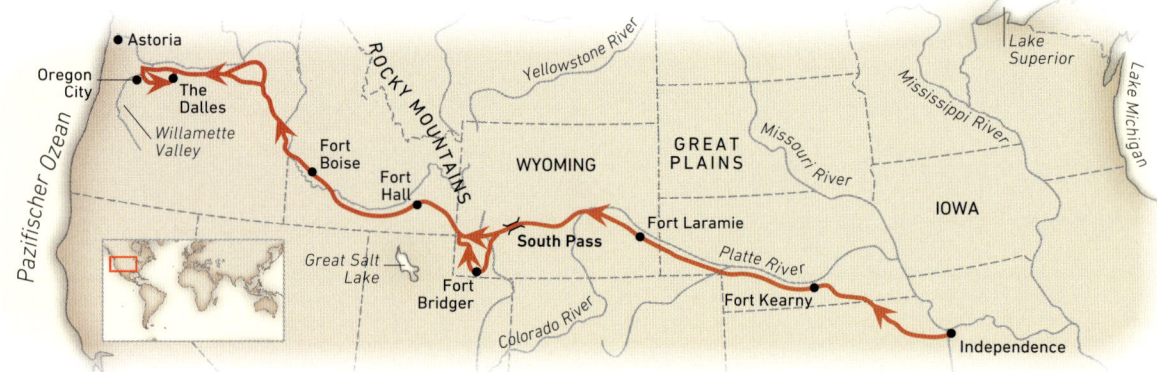

Im Mai 1843 startete in Independence (Missouri) ein großer, organisierter Wagenzug mit rund 1000 Siedlern, die im August im Willamette Valley in Oregon ankamen. Ihnen folgten noch Hunderttausende mehr, vor allem, nachdem 1848 in Kalifornien Gold entdeckt wurde.

Der Oregon Trail

Der erste Abschnitt der 3490 km langen Strecke führte durch die flache Prärielandschaft der Great Plains. Zwei Tage starker Regen konnten das Land in ein Sumpfgebiet verwandeln und Flüsse in unüberwindbare Ströme. Im Sommer trockneten die Wasserstellen aus, im Winter machten Eis und Schnee die Bergpässe unpassierbar. Manche Pioniere verhungerten, weil sie zu wenig Vorräte dabeihatten, doch die größte

△ **Der Oregon Trail**
Der Weg, den die meisten Siedler in den Westen nahmen, war 3490 km lang. Er begann in der Stadt Independence in Missouri und endete im Westen in Oregon im Willamette Valley.

In der Mitte des 19. Jh. prägte der Zeitungsverleger Horace Greeley die berühmte Aufforderung »Go west, young man!« (Auf nach Westen, junger Mann!). Viele folgten ihr auf einer Route, die bereits zwischen 1810 und 1820 von Fallenstellern und Händlern zwischen den Siedlungen im mittleren Westen und den Tälern von Oregon eingerichtet wurde. So gründete John Jacob Astor, der erste Multimillionär der USA und Besitzer vieler Immobilien in New York City, 1811 an der Westküste den Pelzhandelsposten Astoria, und sein Agent Robert Stuart entdeckte mit dem South Pass einen passierbaren Weg durch die Rocky Mountains.

Erste Einwanderer

Um 1830 gesellten sich zu den Fallenstellern und Händlern Missionarsgruppen, die in ihren Briefen nach Hause von der landwirtschaftlichen Eignung des Nordwestens berichteten.

Die USA besaßen damals nicht die Landeshoheit in Oregon, aber viele US-Bürger im Osten litten unter der wirtschaftlichen Depression und unter Krank-

heiten wie Malaria. 1839 machte sich deshalb eine Gruppe von Peoria in Illinois aus auf den Weg, um das Oregon Country für die USA zu beanspruchen. Im Jahr darauf zogen zwei Familien in Planwagen nach Westen. 1841 und 1842 folgten die ersten Siedlertrecks auf der von da an als Oregon Trail bezeichneten Route.

◁ **Schuhe eines Kindes**
Guilford und Catherine Barnard reisten 1852 auf dem Oregon Trail. Diese handgefertigten Schuhe gehörten ihrem zweijährigen Sohn Landy, der unterwegs starb und in Kansas beerdigt wurde.

Gefahr war die Cholera, die viele Leben forderte. Insgesamt starben auf dem Oregon Trail mindestens 20 000 Menschen. Der Historiker Hiram Chittenden schrieb dazu: »Der Trail war übersät mit aufgegebener Habe, den Skeletten von Pferden und Ochsen und mit frischen Grabhügeln, die eine bedauernswerte Geschichte erzählen.«

Der Weg durch die Berge mit steilen Auf- und Abstiegen war jedoch noch schwieriger. Es kam zu Unfällen durch umstürzende oder wegrollende Planwagen. Das Erreichen des South Pass, der über den Kamm der Rocky Mountains in die Pazifikregion führte, wäre ein Anlass zum Feiern gewesen, wenn

▽ **Erholungspause**
Reisende um 1890 bei einer Rast vor ihren Planwagen irgendwo auf dem Oregon Trail.

»Fahrt weiter!
Selbst wenn es nur **wenige Meilen** am Tag sind.«

MARCUS WHITMAN, AMERIKANISCHER MISSIONAR UND ARZT

◁ **Ende der Reise**
Für viele Pioniere war der Anblick des Mount Hood in Oregon das Zeichen, dass sie bald am Ziel waren. Diese Ansicht des Berges von Barlow Cutoff aus malte W. H. Jackson 1865.

nicht noch Hunderte von Meilen zwischen den Siedlern und ihrem endgültigen Ziel gelegen hätten.

Mit der Eröffnung der Transkontinentalen Eisenbahn im Jahr 1869 (siehe S. 236–237) verlor der Oregon Trail an Bedeutung, doch insgesamt hatten 300 000 bis 500 000 Menschen die vier bis sechs Monate lange Reise gewagt. Noch heute sind die Spuren, die ihre Wagen und Pferde hinterließen, an manchen Stellen im weichen Sandstein zu sehen.

EXKURS
In Stein verewigt

Die Reisenden auf dem Oregon Trail orientierten sich an natürlichen Landmarken wie Courthouse Rock, Chimney Rock und Scotts Bluff. Ein besonders beliebter Lagerplatz der Pioniere, die dem Sweetwater River in Wyoming folgten, befand sich neben einem riesigen Granitfelsen. Er heißt Independence Rock, weil die meisten Wagentrecks zeitlich so organisiert waren, dass sie um den 4. Juli, den amerikanischen Unabhängigkeitstag, dort ankamen. Viele Siedler ritzten ihre Namen oder Initialen in den Fels, von denen etliche heute noch deutlich lesbar sind.

INDEPENDENCE ROCK AM SWEETWATER RIVER AUF DEM OREGON TRAIL IN WYOMING

Volle Kraft voraus!

Nach dem Rad war der Dampfantrieb die zweite bedeutende Erfindung, die das Reisen revolutionierte. Der Mensch konnte sich damit schneller, weiter und in größeren Gruppen als je zuvor fortbewegen.

△ **Charlotte Dundas**
Die Lithografie von C.F. Cheffins zeigt die *Charlotte Dundas* – ein geistiges Produkt des Dampfmaschinenpioniers William Symington.

Am Nachmittag des 17. August 1807 legte ein merkwürdig aussehendes, lang gestrecktes und tief liegendes Boot von seinem Ankerplatz am East River bei Greenwich Village in New York ab. Aus einem Schornstein in der Mitte des Bootes stiegen Rauchwolken auf und an beiden Seiten wirbelten zwei große Schaufelräder durch das Wasser. An Bord befanden sich der Ingenieur Robert Fulton, der das Boot entworfen hatte, sein Geldgeber Robert Livingstone sowie eine Gruppe von Freunden. Das seltsam keuchende Boot fuhr mit einer Geschwindigkeit von etwa 8 km/h den Hudson River hinauf und erreichte zwei Tage später das 240 km entfernte Albany. Dort nahm es zwei zahlende Passagiere an Bord und fuhr wieder zurück nach New York.

◁ **Wettfahrt auf dem Mississippi**
George F. Fuller hielt auf einem Gemälde das Kopf-an-Kopf-Rennen der Dampfboote *Baltic* und *Diana* 1858 auf dem Mississippi fest.

◁ **Historische Fahrt**
Robert Fultons *Clermont* auf Jungfernfahrt – einer 240 km langen Strecke von New York nach Albany. Das Schiff, das von Robert Livingstone finanziert wurde, war das erste je gebaute kommerzielle Dampfboot.

Die Anfänge

Das Boot trug den Namen *Clermont,* doch es war nicht das erste Dampfschiff, das je gebaut wurde. Schon 1787 fuhr der Amerikaner John Fitch mit einem Dampfboot auf dem Delaware River, und 1803 erbaute der schottische Ingenieur William Symington die *Charlotte Dundas* und erprobte sie auf dem Forth and Clyde Canal, indem er mit ihr zwei Frachtkähne schleppte. Fulton bewies jedoch als Erster, dass das Dampfschiff eine kommerziell rentable und technisch überlegene Alternative zum Segelschiff war.

Mit 21 Jahren ging Fulton nach London und Paris, um dort etwas über den Kanalbau und die kürzlich erfundene Dampfmaschine zu lernen. In Frank- reich entwarf er das erste funktionsfähige Unterseeboot, die *Nautilus*, und in England präsentierte er der Royal Navy Entwürfe für erste Torpedos. Als er in die USA zurückkehrte, befand sich eine englische Dampfmaschine in seinem Gepäck, die er für die *Clermont* modifizierte. Nach der ersten erfolgreichen Testfahrt verkehrte Fultons Dampfboot regelmäßig alle vier Tage zwischen New York und Albany, manchmal mit mehr als 100 Passagieren an Bord.

Die Mississippi-Flussdampfer

Gemeinsam mit Livingstone und Nicholas Roosevelt konstruierte Fulton ein neues Dampfboot, das den Namen *New Orleans* erhielt. 1811/12 fuhren sie damit auf dem Ohio River und dem Mississippi von Pittsburgh in Pennsylvania nach New Orleans am Golf von Mexiko. Eine Fahrt mit enormen Auswirkungen. Dampf befähigte die Siedler, die seit dem Louisiana-Kauf von 1803 die Western Plains überschwemmten, sowohl flussauf- als auch flussabwärts zu fahren. Die *New Orleans* war das erste von Hunderten von Dampfbooten, die die Flusstäler des Mississippis und des Ohios für den Handel öffneten und neue Regi- onen des Kontinents zur Besiedelung erschlossen.

Im Mai 1819 beeinflusste der Dampf abermals den Lauf der amerikanischen Geschichte, als die *Savannah*, ein Segelschiff mit einer zusätzlichen Dampfmaschine, den Atlantik überquerte. Zwar war die Dampfmaschine nur 80 von den 633 Stunden bis Liverpool im Einsatz, aber schon im Jahr darauf fuhr das erste echte Dampfschiff von Liverpool nach Südamerika, und 1825 legte die *Enterprise* den ganzen Weg von England nach Kalkutta in Indien zurück. Damit war auch die Fluss- und Seeschifffahrt im Dampfzeitalter angekommen.

PROFIL
Mark Twain

Samuel Langhorne Clemens, der unter dem Pseudonym Mark Twain einer der beliebtesten amerikanischen Schriftsteller wurde, verließ mit 17 Jahren seine Zuhause in Hannibal, Missouri, wo er 1835 geboren wurde. Mehrere Jahre lang reiste er als wandernder Schriftsetzer durch das Land. 1857 buchte er eine Schiffspassage von Cincinnati nach New Orleans und lernte an Bord den Lotsen Horace Bixby kennen. Clemens, der schon als Kind Lotse auf einem Dampfboot werden wollte, überredete Bixby daraufhin, ihn zum Lotsen auszubilden. Sein Pseudonym Mark Twain ist übrigens ein Ausdruck aus der Lotsensprache und bedeutet »zwei Faden Tiefe«. Diese Wassertiefe benötigte ein Dampfboot für eine sichere Fahrt.

MARK TWAIN IM JAHR 1890

Die Romantiker

Die Epoche der Romantik äußerte sich vor allem in Kunst, Dichtung und Philosophie, aber sie veränderte auch die Weltanschauung und ermunterte die Menschen zu reisen, um neue Erfahrungen zu sammeln.

Für die Mehrheit der Reisenden im 18. Jh., vor allem für diejenigen, die eine Grand Tour unternahmen (siehe S. 180–183), waren die Alpen ein Ärgernis. In jener Zeit schätzte man Symmetrie, Ordnung und die Bezwingung der Natur. Die Berge waren lediglich eine lästige Barriere, die einem den Weg nach Italien versperrte. Gegen Ende des Jahrhunderts begannen jedoch immer mehr Reisende an genau solchen Orten wie den Alpen nach Ästhetik und spiritueller Inspiration zu suchen.

△ **William Gilpin,** *Landschaft*
Ungewöhnlich für seine Zeit, fokussierte sich Gilpin in seinem Werk nicht auf die Vermittlung moralischer Prinzipien, sondern einzig auf die Schönheit der Natur. Gilpin beschrieb diesen Stil als »pittoresk«.

Suche nach pittoresker Schönheit
Die neue Geisteshaltung wurde von einer Gruppe Intellektueller beeinflusst, allen voran der Schweizer Philosoph und Schriftsteller Jean-Jacques Rousseau. Die schwärmerische Beschreibung der Schweizer Landschaft in seinem Roman *Julie oder Die neue Héloïse* (1761) entfachte im 19. Jh.

▽ **Byron in Italien**
Der englische Dichter Lord Byron unternahm viele Reisen in Europa und lebte sogar sieben Jahre in Italien.

▷ **Allein mit der Natur**
Caspar David Friedrichs *Wanderer über dem Nebelmeer* (um 1818) symbolisiert die Einsamkeit des Menschen angesichts der überlegenen Kräfte der Natur.

> » Der Mensch ist **frei geboren,** und überall liegt er in **Ketten.** «
>
> JEAN-JACQUES ROUSSEAU, *DER GESELLSCHAFTSVERTRAG*, 1762

die Begeisterung für alpine Szenerien. In England trugen die Werke des Geistlichen, Schriftstellers und Malers William Gilpin dazu bei, dass man begann, die Schönheit der ungezähmten Natur wertzuschätzen. Seinem Buch *Observations on the River Wye* (1782) folgten zwei weitere Werke über den Lake District und Schottland, die Horden von Touristen in die beschriebenen Regionen strömen ließen. Gilpin prägte den Ausdruck »pittoresk« als die Art von Schönheit, die »in einem Bild gefällig ist«.

Die Erhabenheit

Thomas Wests *Guide to the Lakes* (1778) war ein Bestseller über die schönsten Plätze in Englands berühmtem Lake District. Es profitierte von der wachsenden Begeisterung für das »Erhabene«, das die Menschen z. B. beim Anblick grandioser Landschaften mit einem Gefühl von Staunen und Ehrfurcht erfüllte. Das Erhabene (Sublime) wurde schließlich zu einem Schlüsselbegriff der romantischen Strömung, in der Merkmale der Aufklärung, wie beispielsweise Vernunft und Ordnung, zugunsten von starken Gefühlen und verklärter Wirklichkeit in den Hintergrund traten.

Ein wesentlicher Bestandteil des Sublimen war die Idealisierung rauer, ungezähmter Landschaften wie Berge, Moore und wogendes Meer. Der englische Dichter William Wordsworth, der im Lake District aufwuchs und später dorthin zurückkehrte, betont in seinen Landschaftsbeschreibungen nicht nur die Schönheit der Natur, sondern auch ihre Macht und Rätselhaftigkeit.

Byron und Shelley auf Reisen

Ein Grund, warum britische Künstler sich so stark mit ihren heimischen Landschaften befassten, war, dass der

Krieg mit Frankreich sie 20 Jahre lang davon abgehalten hatte, den Ärmelkanal zu überqueren. Als 1815 endlich Frieden einkehrte, begaben sich auch die Dichter Byron und Shelley, zwei der bedeutendsten britischen Romantiker, auf Reisen durch Europa. Byron verfasste dabei eines der ungewöhnlichsten Reisetagebücher des frühen

19. Jh. in Versform. *Childe Harolds Pilgerfahrt* (1818) handelt von einer Reise zur Selbstfindung, basierend auf Byrons eigenen Reisen durch Portugal, Spanien, Griechenland und Albanien. Das Werk machte Byron zu einem der berühmtesten Dichter Europas. Reisende benutzten *Childe Harold* wie einen Führer, dessen hochdramatische Passagen die Orte, die sie besuchten, noch romantischer erscheinen ließen.

Grandioses Italien

Sowohl Byron als auch Shelley machten Italien zu ihrer Heimat. Ihre Begeisterung für die antiken Ruinen, für die Schönheit der Natur und das angenehme Klima (bei Byron außerdem auch für Frauen) ist in ihren Werken spürbar. Obwohl ihre Eskapaden ihnen einen schlechten Ruf bescherten (es heißt, Byron sei »verrückt, böse und gefährlich« gewesen), war es letztendlich ihr Glaube an die Bedeutung der Natur, der sich in den Köpfen der Nachwelt einprägte.

△ *Childe Harolds Pilgerfahrt*
Dieses Frontispiz ziert Canto I der 1825/26 erschienenen Ausgabe von Byrons *Childe Harolds Pilgerfahrt*. Der Stich stammt von I. H. Jones.

◁ **Shelley in Italien**
Percy Bysshe Shelley schrieb viele große Gedichte wie *Der entfesselte Prometheus* in Italien. Rastlos zog er von einer italienischen Stadt zur nächsten, bis er schließlich in Rom seine letzte Ruhestätte fand.

Die Fahrten der *Beagle*

1831 verließ ein kleines Schiff Plymouth in England mit einem jungen Naturforscher an Bord, der dem Kapitän Gesellschaft leisten sollte. Seine Beobachtungen während der Reise veränderten unser Verständnis von der Menschheit.

▷ **Charles Darwin**
Dieses Aquarell von
George Richmond
zeigt Charles Darwin
1840 mit 31 Jahren.
Seine Fahrt auf der
Beagle machte ihn
zu einem berühmten
Naturwissenschaftler.

D ie HMS *Beagle,* die im Mai 1820
vom Stapel lief, war nur eines
von Hunderten ihrer Art, ein
mittelgroßes zweimastiges Kriegsschiff.
Obwohl mit zehn Kanonen bestückt,
kam sie im Krieg nie zum Einsatz und
wurde schließlich 1826 als Erkundungs-
schiff zur Sondierung der südamerikanischen Küste ausgesandt. Unterwegs
befiel den Kapitän eine Depression,
vermutlich aufgrund der Einsamkeit
während der langen Fahrt, und er
beging Selbstmord. Sein Stellvertreter
Robert FitzRoy übernahm daraufhin
das Kommando und brachte das Schiff
zurück nach England. Dort beauftragte man ihn, die Mission der ersten
Sondierungsfahrt zu Ende zu bringen.
FitzRoy beschloss, einen Forscher an
Bord zu nehmen, der bei der Erkundung helfen konnte und ihm während
der langen Reise Gesellschaft leistete.

Überraschende Einladung

Charles Darwin (1809–1882) war ein
mäßig begeisterter Theologiestudent mit
großer Leidenschaft für Naturwissenschaften, der gerade in Cambridge seinen
Abschluss gemacht hatte. Ein Brief von
einem seiner Professoren, der ihn auf
die Fahrt mit der *Beagle* einlud, veränderte jedoch alles. Darwin besaß weder
naturwissenschaftliche Erfahrung noch
Referenzen, lediglich einen analytischen
Verstand und großen Enthusiasmus,
aber seine Anwesenheit an Bord machte
die *Beagle* zu einem der berühmtesten
Schiffe der Geschichte. Die Expedi-

▽ **Die *Beagle* in Murray Narrow**
Das Gemälde des Bordkünstlers Conrad
Martens von 1836 zeigt die HMS *Beagle* vor der
Insel St. Helena. Darwin formulierte dort eine
Theorie über die Entstehung von Vulkaninseln.

»Die **Reise mit der** *Beagle* war das **wichtigstes Ereignis** meines Lebens. Sie **bestimmte mein Schaffen.**«

CHARLES DARWIN, *DIE AUTOBIOGRAFIE VON CHARLES DARWIN*, 1887

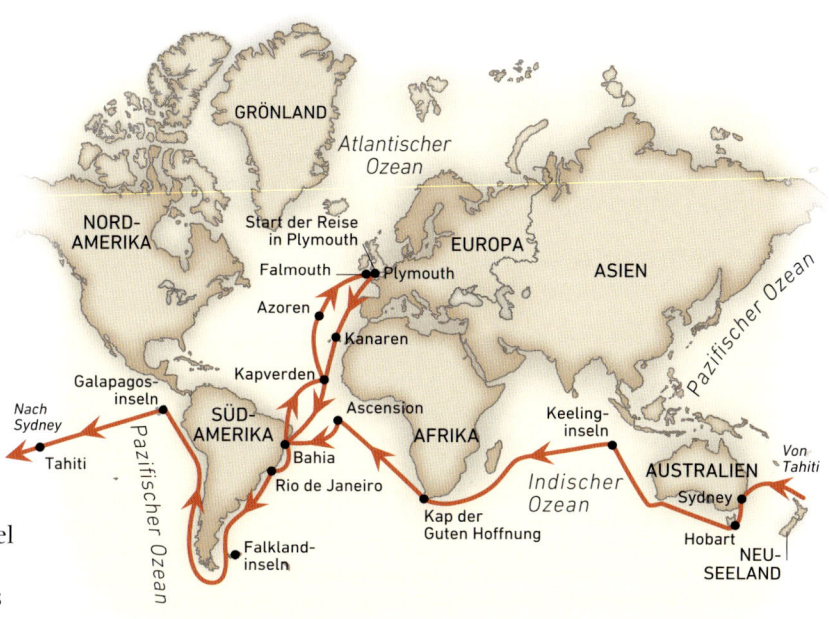

▷ **Entdeckung neuer Arten**
Darwin konservierte Exemplare vieler bisher unbekannter Spezies – darunter diesen Papageifisch aus dem Pazifik.

tion verließ England am 27. Dezember 1831 und erreichte Südamerika im darauffolgenden Februar. Darwin verbrachte sehr viel Zeit an Land, sammelte Proben und hielt seine Beobachtungen in Notizbüchern fest. Anfangs gefiel es dem Freizeitjäger Darwin, die Vögel und Tiere, denen er begegnete, zu erlegen. Doch bald erkannte er, dass »das Vergnügen zu beobachten und zu schlussfolgern ein viel höher stehendes sei als das der Geschicklichkeit und des Jagens«.

Hinweise auf Evolution

Im September 1835 erreichte die *Beagle* die Galapagosinseln, wo Darwin feststellte, dass man an den unterschiedlich gemusterten Panzern der Riesenschildkröten erkennen konnte, auf welcher der Inseln sie lebten. Auch bei den Finken fiel ihm auf, dass diese Vögel sich je nach Insel geringfügig voneinander unterschieden.

Die Expedition setzte ihren Weg mit Riesenschildkröten als Reiseproviant fort. Im November 1835 ankerte die *Beagle* in Tahiti und Ende Dezember in Neuseeland. Im Januar 1836 erreichte sie Australien, wo die Expedition die großen Korallenriffe erkundete, und Ende Mai 1836 umrundete sie das Kap der Guten Hoffnung an der Südspitze Afrikas. Anstatt auf direktem Weg nach Europa zurückzufahren, beschloss Kapitän FitzRoy, auf der anderen Seite des Atlantiks, im brasilianischen Bahia, weitere hydrografische Studien vorzunehmen. Aus diesem Grund kehrte die *Beagle* erst am 2. Oktober 1836 nach Falmouth in Cornwall zurück.

»So weit ich über mich selbst zu urteilen im Stande bin, habe ich während der Reise bis zum äußersten aus bloßer Freude an der Forschung und aus meiner starken Sehnsucht, einige wenige Tatsachen der großen Masse von Tatsachen in den Naturwissenschaften hinzuzufügen, gearbeitet«, notierte Darwin. In den Folgejahren verfasste er viele Werke über seine Reisen. Sein Buch *The Narrative of the Voyages of H.M. Ships Adventure and Beagle* wurde mehrmals neu veröffentlicht, zunächst als *Journal of Researches* (1839) und später als *The Voyage of the Beagle* (1905). Die Beobachtungen in diesem Buch führten zur Formulierung der Evolutionstheorie, die er 1859 in seinem Meisterwerk *Über die Entstehung der Arten* darlegte.

△ **Erkundung der Welt**
Die Karte zeigt die Route der *Beagle*. Eine Reise rund um die Welt, die fast fünf Jahre dauerte.

EXKURS
Darwins Notizbücher

Charles Darwin führte genau Buch über seine Reisen auf der *Beagle*. Seine detaillierten Schilderungen füllen 15 kleine Notizbücher, mit etwa 116 000 Worten und 300 Zeichnungen. Es handelt sich jedoch nicht um trockene wissenschaftliche Aufzeichnungen. Darwin beschreibt lebendig und charmant die Orte und Menschen, denen er begegnete, manchmal sogar gewürzt mit einer Prise Humor.

Er dokumentierte auch sorgfältig alle Tier- und Pflanzenarten, die er vorfand, und leistete damit wichtige Vorarbeit für sein späteres Werk über die Evolution. In Südamerika zeichnete Darwin einen Nandu und erkannte dessen Ähnlichkeit mit anderen Straußenvögeln. Aus solchen Beobachtungen schloss er, dass sich »eine Spezies zu einer anderen entwickelt«.

ZEICHNUNG DES DARWIN-NANDUS

Reiseerzählungen

Im 19. Jh. begannen viele Forscher, neben der wissenschaftlichen Dokumentation ihrer Entdeckungen auch informelle Reiseerzählungen in einem gefälligeren Stil zu verfassen.

Selbst wenn Charles Darwin sein bahnbrechendes Werk *Über die Entstehung der Arten* nie verfasst hätte, wäre er wahrscheinlich als Reiseschriftsteller in Erinnerung geblieben. Nach seiner Fahrt mit der *Beagle* leistete er seinen Beitrag zur offiziellen wissenschaftlichen Literatur, aber er verfasste auch einen privaten Bericht voller scharfsinniger Schilderungen der Orte, die er besuchte, und der Menschen, denen er begegnete. Dieser Bericht war typisch für die Reiseliteratur seiner Zeit, die größtenteils auf den Tagebüchern von Forschern beruhte. Manchmal entstand daraus auch eine recht spannende Erzählung.

Ein Beispiel dafür ist John Franklins *Reise an die Küsten des Polarmeeres* (1823) über seine Mission, die Nordküste Kanadas zu kartografieren. Bei dieser Expedition, die von 1819 bis 1822 dauerte, kam die Hälfte der 20 Teilnehmer ums Leben. »Zum ersten Mal seit unserem Aufbruch genossen wir den Komfort eines großen Feuers«, schreibt er. »Es gab kein *Tripe de roche,* also tranken wir Tee und aßen ein paar unserer Schuhe zu Abend.«

Ähnlich spannend schildert Francis Parkmans in *The Oregon Trail* (1849) den Weg der Pioniere durch die Rocky Mountains. »Vor einem Monat«, kommentiert er, »hätte es mich sehr verstört, wäre ein Bekannter morgens losgeritten und hätte noch vor dem Abend seinen Skalp verloren, aber hier ist das offenbar die natürlichste Sache der Welt.«

Noch lebhafter sind die Berichte des Entdeckers Henry Morton Stanley. Seine Schilderungen *Im dunkelsten Afrika* (1890) strotzen nur so vor Gewalt. Es geht u. a. um brutale Kämpfe mit einheimischen Stämmen, um zu Tode gepeitschte Träger und um Deserteure, die am nächsten Baum erhängt werden.

Verlockungen des Orients

Während Stanley noch dabei war, einen Kontinent zu unterwerfen, formierte sich eine Riege intellektueller Reiseschriftsteller, die ihre Auslandsaufenthalte dazu nutzten, die Zivilisation, deren Werte und kulturelle Identität zu hinterfragen – die Themen vieler Reiseerzählungen der viktorianischen Zeit. Man interessierte sich stark für Ägypten und die islamische Welt, was in vielen Büchern seinen Ausdruck fand, wie in Alexander Kinglakes *Eothen* (1844), in dem er in anmutigem Stil eine Reise von Belgrad nach Kairo schildert. Gérard de Nervals *Reise in den Orient* (1851) ist dagegen ein reichlich skurriler, von Haschischdämpfen geschwängerter Bericht über den Nahen Osten – aber schließlich war sein Autor auch ein Exzentriker, der gern mit seinem Haustier, einem Hummer, in den Pariser Parks spazieren ging.

Im Gegensatz zu dem Genussmenschen Nerval trieb der christliche Glaube die britische Forscherin Isabelle Bird zum Reisen an. Sie zog – oft allein – zu Pferde durch Persien, Japan, Korea und viele andere Länder und fotografierte, was sie sah. Obwohl sie den »falschen Glauben« verachtete, der in diesen Ländern herrschte, zeigte sie dennoch Mitgefühl für die Menschen, denen sie begegnete, was für die damalige Zeit äußerst ungewöhnlich war.

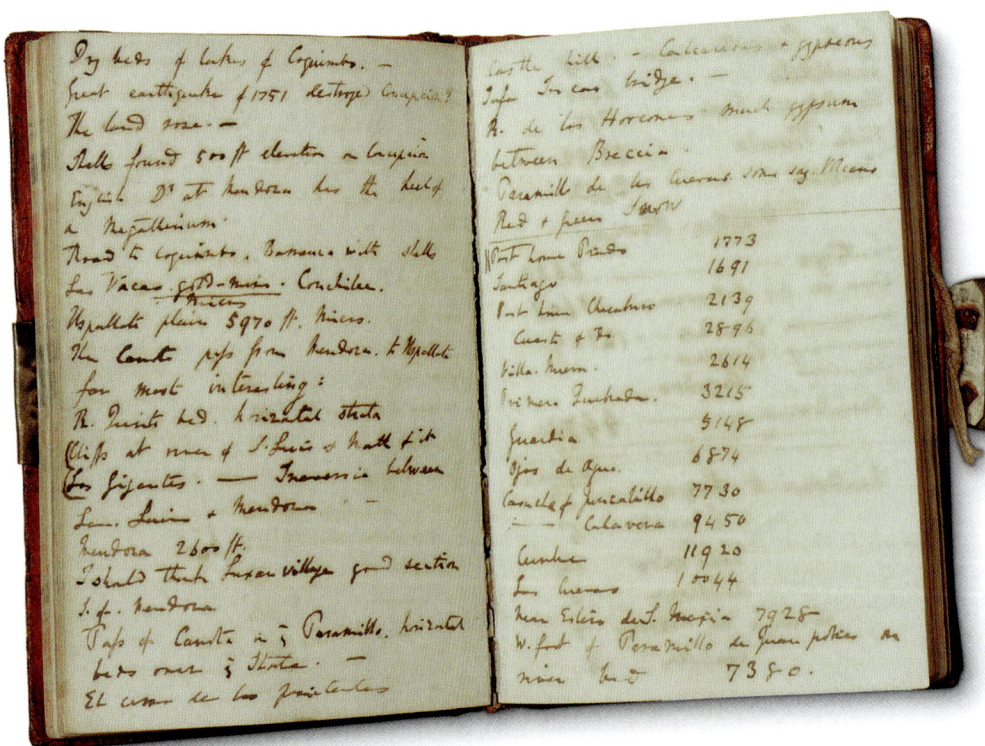

▷ **Buchführung**
Während der Fahrt mit der *Beagle* schrieb Charles Darwin seine Beobachtungen in kleine Notizbücher wie dieses. Jeden Abend kopierte er seine Notizen in ein Tagebuch, das schließlich 750 Seiten umfasste und als Basis für seine veröffentlichten Werke diente.

◁ **Imperialistischer Abenteurer**
Zu seiner Zeit waren Henry Morton Stanleys Leser von seinen Taten in Afrika begeistert. Später jedoch fiel er in Ungnade und galt als rücksichtsloser Imperialist, der sich seinen Weg durch Afrika mit Gewehr und Säbel bahnte.

◁ **Raues Terrain**
Dieser Stich aus John Franklins *Reise an die Küsten des Polarmeeres* veranschaulicht die unwirtlichen Regionen, die der Autor bereiste.

Reiseschriftsteller

Reiseberichte waren Mitte des 19. Jh. so beliebt, dass viele bekannte Schriftsteller sich bemüßigt fühlten, ebenfalls in dieses Genre einzutauchen. 1844 unternahm Charles Dickens eine vergnügliche Reise nach Südeuropa und erzählte davon in *Bilder aus Italien* (1846). Henry James wurde für *Eine kleine Frankreichtour* (1884) zum Touristen, und der Autor der *Schatzinsel*, Robert Louis Stevenson, erwies sich mit seiner ironischen Schilderung einer *Reise mit einem Esel durch die Cevennen* (1879) als Pionier der Outdoor-Literatur.

Am unterhaltsamsten ist jedoch vielleicht Mark Twains *Die Arglosen im Ausland* (1869), eine humorvolle Schilderung seiner Reise auf dem Schiff *Quaker City* zu den Sehenswürdigkeiten Europas und des Heiligen Landes. »Der geneigte Leser wird niemals, niemals erfahren«, heißt es darin, »was für ein ausgemachter Esel er geworden, bevor er nicht ins Ausland gereist ist.«

▷ **Brettspiel nach Mark Twain**
Angeregt durch den großen Erfolg von *Die Arglosen im Ausland*, erschien 1888 bei Parker Bros. dieses gleichnamige Brettspiel. Es geht dabei um Aktivitäten, die Touristen auf dem Weg durch Europa unternehmen.

»**Umfassende Ansichten** erlangt man nicht, indem man in einer **Ecke der Welt** vor sich hin vegetiert.« MARK TWAIN, *DIE ARGLOSEN IM AUSLAND*

△ **Mark Twain**
Mark Twains Erzählung über eine Reise nach Europa und ins Heilige Land war sein meistverkauftes Buch. Es war noch beliebter als *Die Abenteuer von Tom Sawyer* und *Die Abenteuer von Huckleberry Finn*.

Die Welt in Bildern

Kurz nach Erfindung der Fotografie kauften die Menschen Kameras und begaben sich mit nur einem Ziel auf Reisen – diesen unglaublichen neuen Apparat zu benutzen.

△ **Altes Ägypten**
Der Tempel von Abu Simbel war nur einer von Hunderten von Orten, die Maxime Du Camp und Gustave Flaubert auf ihrer zweijährigen Reise durch den Orient fotografierten.

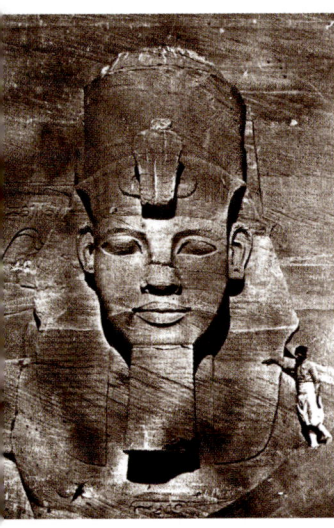

Die beiden führenden Pioniere der Fotografie, der Franzose Louis Daguerre und der Engländer Henry Fox Talbot, schossen die ersten fotografischen Bilder Ende der 1830er-Jahre. Der Prozess, den sie dazu anwendeten, wurde 1839 kommerziell verfügbar. Im Jahr darauf eröffnete in Indien die erste Foto-Ausstellung und 1841 entstand durch Kapitän Lucas in Sydney das erste Foto von Australien. Mit dieser erstaunlichen Geschwindigkeit verbreitete sich die neue Technologie auf der ganzen Welt.

Orientalische Landschaften

Einer der berühmtesten ersten Fotografen war eigentlich besser bekannt für seine Romane. Es war Gustave Flaubert, der zukünftige Autor von *Madame Bovary*. 1849 machte er sich auf den Weg, um zusammen mit seinem wohlhabenden Freund Maxime Du Camp die antiken Bauwerke des Nahen Ostens zu besichtigen und zu fotografieren. Die beiden reisten durch Ägypten und Palästina und veröffentlichten ihre Ergebnisse in *Reise in den Orient* (1852) – der ersten Reiseerzählung mit Fotografien. Ägyptens Motive interessierten aber auch den Fotografen Francis Frith, der dreimal dorthin fuhr, und Francis Bedford, den offiziellen Hoffotografen des Prince of Wales, auf dessen royaler Reise 1862 durch den Nahen Osten.

Das Unbekannte einfangen

Mitte des 19. Jh. war das Fotografieren eine reichlich umständliche Angelegenheit. Die Ausrüstung eines Fotografen bestand aus einer sehr großen und schweren Kamera, einem Dreifuß-

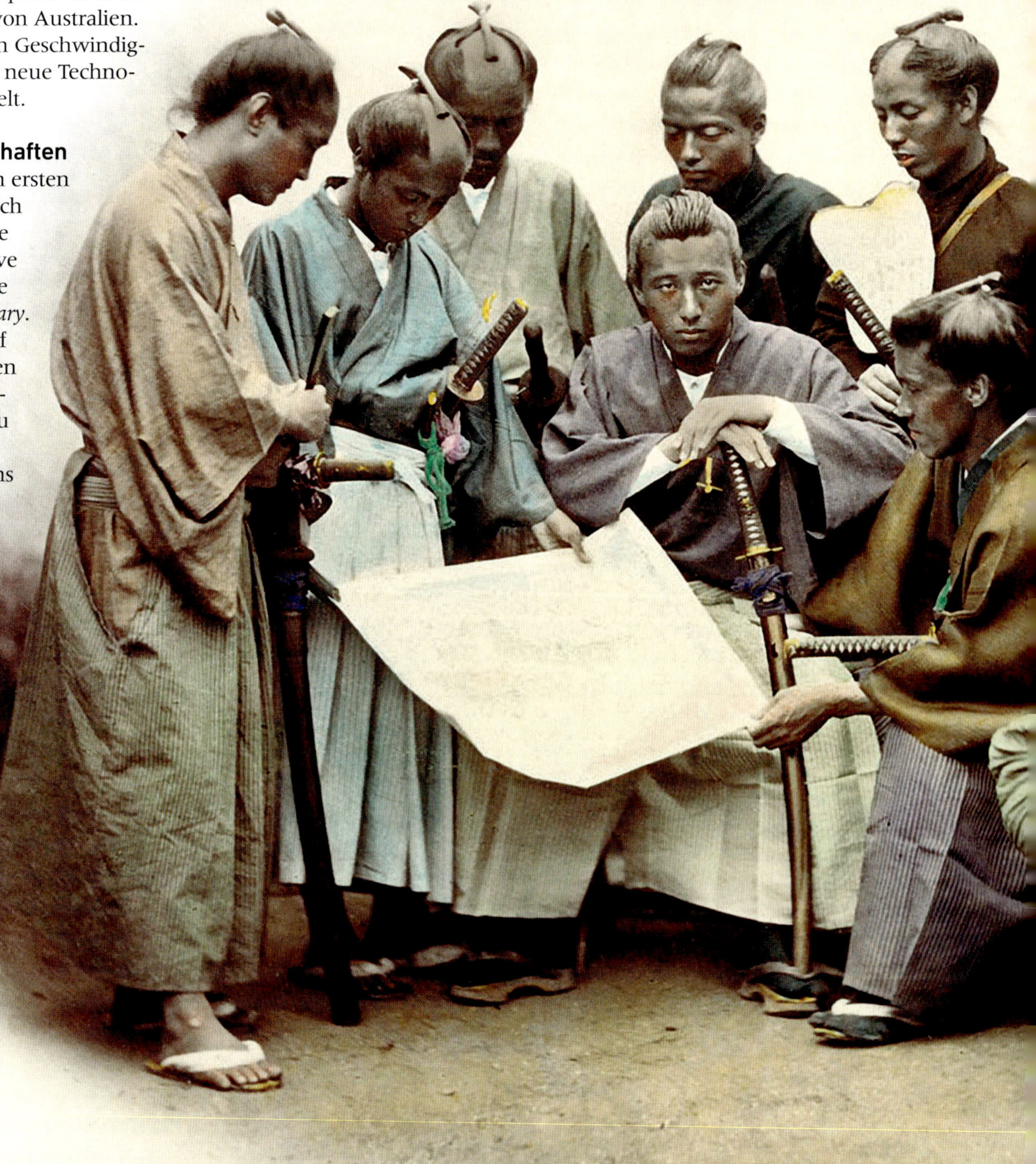

▷ **Seltener Einblick**
Die Samurai, hier von Felice Beato um 1860 fotografiert, waren Japans Elitekrieger. Beato hatte Zugang zur japanischen Gesellschaft, über die man damals im Westen nicht viel wusste.

◁ **Riesige Kamera**
Anfangs waren die Fotos nur so groß wie die Negative. Deshalb ließ sich Carleton E. Watkins 1861 diese Kamera bauen, um der Schönheit des amerikanischen Westens gerecht zu werden.

Stativ, Glasplatten, Plattenhaltern, einer zeltähnlichen tragbaren Dunkelkammer sowie Chemikalien und Wannen, um die Bilder zu entwickeln. Doch die Technik schritt schnell voran und bald gab es, vor allem in Europa, Studios, die den Fotografen das Entwickeln der Bilder abnahmen, sodass diese keine eigene Dunkelkammer mehr benötigten.

1857 entsandte die französische Regierung Claude-Joseph Désiré Charnay nach Mexiko, wo er vier Jahre verbrachte und als Erster die Maya-Ruinen ablichtete. Ein weiterer Franzose, Émile Gsell, machte die ersten Aufnahmen von Angkor Wat in Indochina (heute in Kambodscha). Der italienisch-britische Fotograf Felice Beato arbeitete in China. Er schoss Fotos vom Zweiten Opiumkrieg und im abgeschotteten Japan der Edozeit – Aufnahmen, die nicht nur von großem wissenschaftlichem Interesse sind, sondern kostbare Einblicke in eine längst vergangene Ära liefern.

Der amerikanische Westen

In den Vereinigten Staaten erhielten viele Bürger durch die Erfindung der Fotografie die Gelegenheit, zum ersten Mal den Rest des Landes zu sehen. Der Grenzgänger John Charles Frémont unternahm mehrere vergebliche Versuche, auf seinen frühen Expeditionen eine Kamera zu benutzen, deshalb ließ er sich bei seiner fünften Kontinentdurchquerung von Solomon Nunes Carvalho begleiten, der wahrscheinlich als Erster den amerikanischen Westen und seine Ureinwohner auf Platte bannte. Viele folgten seinem Beispiel und produzierten so schöne Aufnahmen, dass sie die Regierung zur Einrichtung von Nationalparks inspirierten.

△ **Cathedral Rocks**
Dieses Foto eines der Landmarken im Yosemite Valley schoss Carleton E. Watkins 1865, als er für die kalifornische Kartografiebehörde arbeitete.

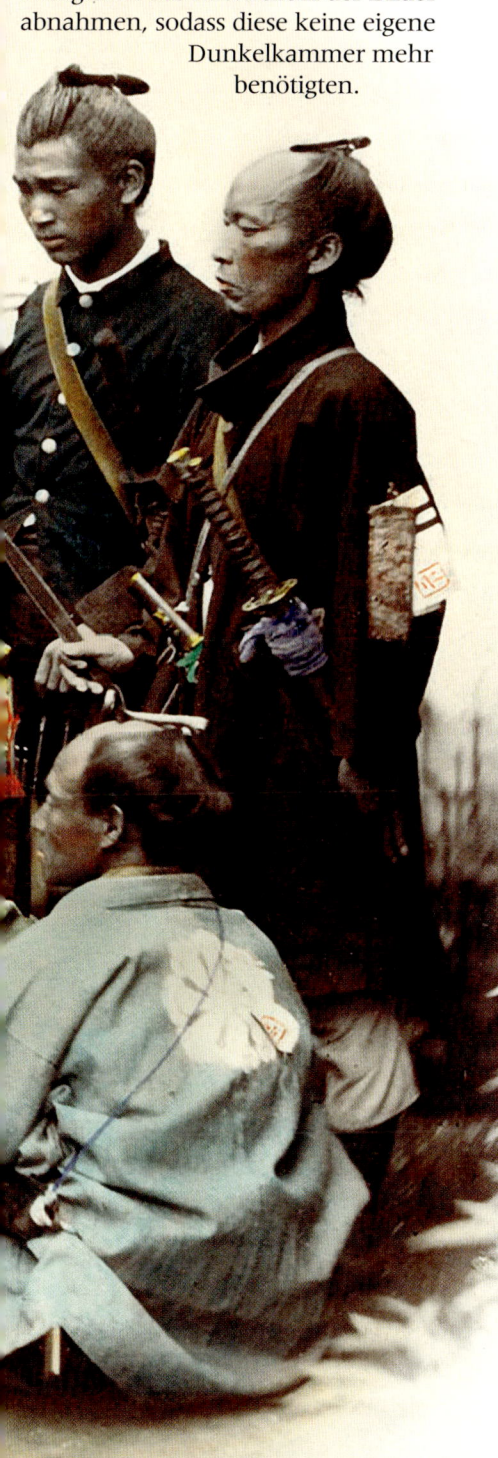

» Es gibt keinen **echten Ersatz** für das **Reisen,** aber ich habe den **Ehrgeiz,** für diejenigen zu sorgen, die sich diesen **Luxus** nicht leisten können. «

FRANCIS FRITH, FOTOGRAF

EXKURS
Fotografen unterwegs

Anfangs war die Reisefotografie eine Gruppenunternehmung. Francis Frith zum Beispiel reiste mit einer großen Entourage an Führern und Assistenten in einer Karawane aus Karren und Wagen durch Ägypten. Als einer der Ersten experimentierte er mit Glasnegativen, die 1851 eingeführt wurden, doch sie mussten vor Ort entwickelt werden, entweder in einem stickigen, dunklen Zelt oder in einem antiken Grab – trotz der Explosionsgefahr durch flüssigen Äther und Schießbaumwolle. Der englische Kriegsfotograf Roger Fenton nutzte eine ähnliche Technik, entwickelte seine Fotos aber in einer eigens gebauten, von Pferden gezogenen mobilen Dunkelkammer.

ROGER FENTONS ASSISTENT MARCUS SPERLING MIT DER MOBILEN DUNKELKAMMER

Ins tiefste Afrika

Zu Beginn des 19. Jh. beschränkten sich die geografischen Kenntnisse der Europäer von Afrika fast nur auf die Küste. Dieses Wissensdefizit wurde erst nach und nach von kühnen Entdeckern beglichen.

Schon im 15. Jh. hatten die Portugiesen im Zuge der Ausdehnung ihrer Seewege nach Osten die Umrisse Afrikas kartografiert. Es waren ebenfalls die Portugiesen, die den Transatlantikhandel mit Sklaven begannen, dem sich bald viele europäische Mächte anschlossen. Im Zeitalter der Aufklärung und ihrer Prinzipien der Freiheit, Demokratie und Vernunft wurde der Sklavenhandel jedoch unpopulär. Stattdessen wandte man sich der wissenschaftlichen Forschung zu. Afrika, von dem man wusste, dass es zweimal so groß wie

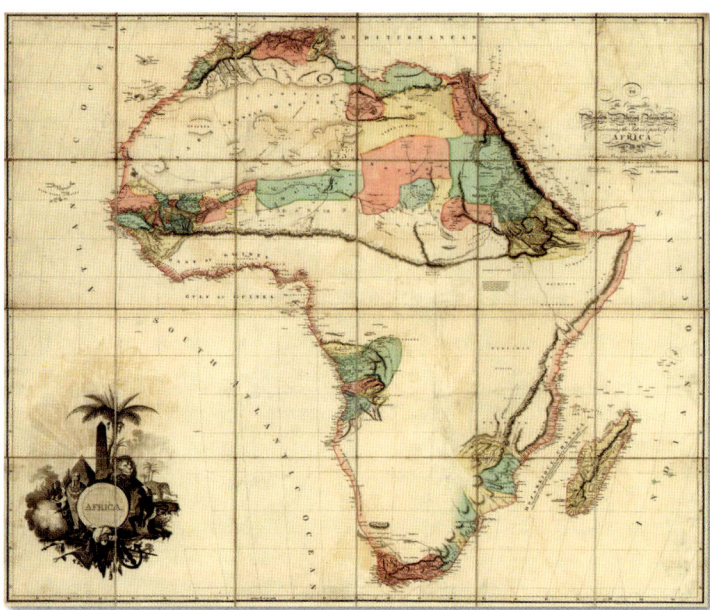

▷ **Unerforschtes Territorium**
Diese Karte von Aaron Arrowsmith aus dem Jahr 1802 zeigt, dass Zentralafrika den europäischen Entdeckern völlig unbekannt war.

▷ **Mungo Park**
Der Schotte Park sollte ursprünglich Geistlicher werden, aber sein Interesse an der Natur führte ihn auf die Suche nach dem Fluss Niger in Afrika.

Europa war, rückte ins Zentrum der Aufmerksamkeit. Man wollte unbedingt die Quellen von zwei der großen afrikanischen Handelswege aufspüren: die des Nils und des Nigers.

Unterwegs zum Niger

Die African Association war 1788 in London mit dem Ziel gegründet worden, die Quelle des Nigers zu lokalisieren. Zu diesem Zweck sandte sie einen jungen Schotten namens Mungo Park, der eine medizinische Ausbildung besaß und Protegé des einflussreichen Botanikers Joseph Banks (siehe S. 176–177) war, im Mai 1795 nach Afrika. Nachdem er in Pisania in Gambia an Land gegangen war, machte sich Park allein in Begleitung eines ortsansässigen Führers, eines Trägers, eines Pferdes und zweier Maultiere auf den Weg landeinwärts. Einmal musste er vier Monate als Gefangener eines muslimischen Herrschers verbringen, ehe ihm die Flucht mit Pferd und Kompass gelang.

Schließlich stieß er auf den Niger und wurde damit der erste Europäer, der den mittleren Abschnitt des Flusses erblickte. Danach kehrte er zur gambischen Küste und von dort aus nach England zurück, wo er seine Tagebücher unter dem Titel *Reisen ins innerste Afrika* veröffentlichte.

◁ **Unterwegs ins Landesinnere**
Im Dezember 1795 verließ Park Gambia auf der Suche nach dem Niger, den er im Jahr darauf tatsächlich fand. Die Rückreise dauerte abermals elf Monate.

1805 unternahm er eine zweite Expedition zum Niger, dieses Mal mit mehr als 40 Teilnehmern. Tragischerweise war die Gruppe während der Regenzeit unterwegs, sodass nur Park und vier andere Männer den Niger erreichten – alle anderen starben vorher an Krankheiten. Die fünf Überlebenden versuchten, den Niger in einem Boot zu befahren, doch sie wurden von feindseligen Einheimischen angegriffen und Park ertrank, als er versuchte, sich schwimmend in Sicherheit zu bringen.

1818 wurde der britische Marineoffizier George Francis Lyon damit beauftragt, den Flusslauf des Nigers zu kartografieren und die legendäre Stadt Timbuktu zu finden, die man bisher nur aus historischen Berichten kannte. Die Expedition wählte mit Tripoli im Norden (heute Libyen) einen schlechten Ausgangspunkt, denn das bedeutete, dass sie zuerst die Sahara durchqueren musste, sodass die Mission schon früh scheiterte.

◁ **Timbuktu**
Réné Caillé erreichte 1828 als Erster Timbuktu, gefolgt von Heinrich Barth im Jahr 1853. Diese Illustration von Johann Martin Bernatz beruht auf einer Zeichnung von Barth.

▽ **Mungo Parks zweite Expedition**
Eine zweite Expedition zum Niger, die dessen Eignung zur Besiedelung durch Europäer prüfen sollte, endete mit dem Tod der ganzen Gruppe, einschließlich Parks.

Endlich am Ziel

Der Niger wurde erst 1830 erfolgreich kartografiert. Richard Lander war der geborene Abenteurer. Mit neun Jahren lief er angeblich zu Fuß 373 km von Truro in Cornwall nach London. 1825 begleitete er Hugh Clapperton als Diener bei dessen Handelsmission nach Sokoto im heutigen Nigeria. Fast alle Missionsteilnehmer starben.

»

Lander musste sich sieben Monate lang allein durchschlagen, bis er die Küste erreichte und nach Hause fahren konnte. Dennoch kehrte er 1830 mit seinem Bruder John nach Afrika zurück. Gemeinsam gelang es ihnen, das Niger-Delta zu finden und den Verlauf des Flusses zu kartografieren. Den Preis von 10 000 Francs, den die Pariser Société de Géographie demjenigen bot, der als Erster Timbuktu besuchte, hatte sich bereits zwei Jahre zuvor der Franzose René Caillié gesichert. Der Schotte Alexander Gordon Laing hatte die Stadt zwar schon 1826 gefunden, war jedoch auf der Heimreise von Einheimischen getötet worden. Möglicherweise hatte auch Mungo Park die Stadt erreicht, aber er starb, bevor er jemandem davon erzählen konnte. Caillié, der allein und als Muslim verkleidet reiste, kehrte als Einziger unversehrt in die Heimat zurück und erntete nicht nur all den Ruhm, sondern auch das Preisgeld.

Suche nach den Nilquellen

In Ostafrika lockte viele Entdecker die Aussicht, die Quellen des Nils zu finden. Die Royal Geographical Society in London beauftragte Richard Burton und John Hanning Speke damit, sie zu suchen. Burton war ein verwegener

▷ **Captain John Hanning Speke**
Auf diesem Gemälde steht Speke vor dem Viktoriasee, den er für die Quelle des Nils hielt. 1875 bekräftigte Henry Morton Stanley diese Theorie.

» ... sollte ich je wieder **reisen,** werde ich nur den **Einheimischen** vertrauen, denn das Klima in Afrika ist für **Ausländer** zu **anstrengend.** «

JOHN HANNING SPEKE ÜBER DAS KLIMA IN AFRIKA

△ **Spekes Skizzenbücher**
John Hanning Speke füllte seine Skizzenbücher mit zahllosen Zeichnungen der fremden Flora und Fauna, die ihm unterwegs begegnete.

Abenteurer und brillanter Linguist, der als Araber verkleidet die *Hadsch* nach Mekka unternommen hatte. Später übersetzte er das *Kama Sutra* und *Märchen aus 1001 Nacht.* Speke war zwar etwas konventioneller, aber als Entdecker genauso erfahren. Er hatte bereits eine Afrika-Expedition mit Burton unternommen. Die beiden starteten im Juni 1857 mit der Durchquerung Tansanias. Die Reise war beschwerlich und die Männer litten unter tropischen Infektionen: Speke wurde auf einem Ohr taub, Burton konnte nicht mehr laufen und beide wurden vorübergehend blind. Trotzdem erreichten sie im Juni 1858 den Tanganjikasee. Sie zogen sich in die Stadt Tabora zurück, um sich zu erholen und ihre Vorräte aufzustocken, aber Burton war zu krank, um weiterzureisen. Also zog Speke allein mit einer

Erkundungstruppe in den Norden, um dort nach einem weiteren großen See zu suchen, dem Speke zu Ehren seiner Königin den Namen Viktoriasee gab. Er war überzeugt, die Quelle des Nils gefunden zu haben. Burton war anderer Meinung und die beiden zerstritten sich öffentlich. Zurück in England, wurde Speke 1864 bei einem Jagdunfall getötet.

David Livingstone

Der vielleicht berühmteste Afrikaforscher war David Livingstone, der als erster Europäer den Kontinent von West

WHITE RHINOCEROS. *R. simus*
R. simus *S.Africa*

AFRICAN RHINOCEROS.
B. bicornis
of S.Africa
Shot male & female in Ngogo
like this is
no other sort seen
R. cucullatus
of N.Africa

PROFIL
Mary Kingsley

Fasziniert von den Erlebnissen ihres Vaters als Leibarzt in Übersee, begab sich Mary Kingsley 1892 mit 30 Jahren selbst auf die Suche nach Abenteuern und nach neuen Tierarten. Sie reiste nach Angola und von dort aus in den Kongo, wo sie den Fluss Gabon befuhr. 1893 kehrte sie mit einer Sammlung tropischer Fische für das Britische Museum nach England zurück.

Bei ihrer zweiten Afrikareise verbrachte sie einige Zeit bei einem Kannibalenstamm und stürzte in eine Tierfalle, doch ihre vielen Unterröcke bewahrten sie davor, aufgespießt zu werden. Ihr Buch *Reisen in Westafrika* (1897) wurde ein Bestseller. Kingsley starb 1900 in Südafrika an Typhus.

nach Ost durchquerte. 1841 kam er als Missionar nach Südafrika, doch er war vor allem daran interessiert, das afrikanische Binnenland zu erkunden. Seine erste Reise führte ihn nach Norden zum Ngamisee im heutigen Botswana und von dort aus zum Sambesi. Nach einem Abstecher nach Luanda an der Küste Angolas befuhr er den Sambesi nach Osten, um herauszufinden, ob der Fluss navigierbar war. Dabei stieß er als erster Europäer auf das größte natürliche Hindernis des Flusses, die Viktoriafälle.

Nach 1866 war er die letzten sieben Jahre seines Lebens besessen davon, die Nilquellen zu finden. Er verlor so lange

◁ **David Livingstones Mütze**
In seiner Funktion als britischer Konsul trug Livingstone diese Mütze – u. a. auch an dem Tag, als er Stanley begegnete.

den Kontakt zur Außenwelt, dass eine amerikanische Zeitung den Korrespondenten Henry Morton Stanley aussandte, um ihn zu suchen.

Livingstone starb 1873 nach langer Krankheit an Malaria. Zwei afrikanische Diener trugen seinen Leichnam 1000 Meilen zur Küste, damit er in England bestattet werden konnte. Das Begleitschreiben lautete: »Ihr könnt seinen Körper haben, aber nicht sein Herz.« Dieses war ihm nach dem Tod entfernt und dort begraben worden, wo er starb, in Afrika.

FOTO VON MARY KINGSLEY IN IHREM ZWEITEN BUCH *WESTAFRIKANISCHE STUDIEN* (1899)

Die Ära der Eisenbahn

Bis zum 19. Jh. verbrachten die meisten Menschen ihr ganzes Leben an ihrem Geburtsort, und das schnellste Transportmittel war ein galoppierendes Pferd. Doch die Eisenbahn veränderte alles.

△ **Erste Fahrt auf Schienen**
Dieser Holzschnitt von etwa 1830 zeigt einen von Pferden gezogenen Wagen auf Schienen zwischen Baltimore und Ohio.

Vor dem 19. Jh. waren Dampfmaschinen sperrige Objekte, die nur in der Industrie und später in Booten (siehe S. 202–203) eingesetzt wurden. Nach 1800 wurden sie jedoch klein genug, um auf Räder montiert zu werden. Experimente mit Dampfmaschinen auf Schienen gipfelten in der ersten Fahrt mit einer Dampflok zwischen Liverpool und Manchester, eine Linie, die 1830 eröffnet wurde. Der Ingenieur George Stephenson benutzte dazu eine Maschine namens *Rocket*, die sein Sohn Robert entwickelt hatte. Später richtete Robert

Stephenson noch eine längere Strecke zwischen London und Birmingham ein sowie Linien in Belgien, Spanien und Ägypten. Als die Linie 1980 ihren 150. Geburtstag feierte, bemerkte der damalige Direktor der britischen Eisenbahn Peter Parker: »Die Welt

◁ Dampf vs. Pferd
Die *Tom Thumb* trat 1830 gegen einen Pferdewagen an. Sie verlor wegen eines mechanischen Defekts, bewies aber, dass die Dampflokomotive ein rentables und schnelles Transportmittel ist.

Die Eisenbahn in Amerika

Die Vereinigten Staaten empfingen die Eisenbahn mit offenen Armen, denn das Land war riesig und das Reisen langsam. Dampfboote waren das beste Transportmittel, aber sie ermöglichten nur den Zugang zu bestimmten Gegenden. In die übrigen Regionen gelangte man nach wie vor allein mit Pferd und Wagen. Der Pionier der amerikanischen Eisenbahn, Colonel John Stevens, war ursprünglich Dampfbootingenieur. Die ersten Wagen auf Schienen wurden in den USA, genauso wie in England, von Pferden gezogen. Erst nach einem legendären Rennen von 1830 zwischen einer Lokomotive namens *Tom Thumb* und einem Pferd waren auch Skeptiker überzeugt, dass die Zukunft in der Dampflok lag. Bald fuhren die ersten Züge zwischen Baltimore und Ohio und noch im selben Jahr auch zwischen Charleston und

> » Eine Glocke gibt das Zeichen zur Abfahrt, die **Lokomotive fängt an zu stöhnen,** die **Stöße werden immer schneller,** und dahin fliegt der Zug. Welche **Lust** gewährt das **Reisen!** «

VERLEGER KARL BAEDEKER ÜBER SEINE ERSTE BAHNFAHRT, 1838

Hamburg. Innerhalb von zehn Jahren durchzog die USA ein 4425 km langes Schienennetz. In erster Linie sollten Waren befördert werden, doch auch Passagiere profitierten von dem neuen Transportmittel. Jede Stadt wollte eine Anbindung an die Eisenbahn, weil man sich davon künftigen Wohlstand versprach.

Schienenwege in Europa

Europa folgte kurz darauf dem Beispiel der Briten und der USA. 1832 wurde in Frankreich die erste Eisenbahn zwischen Saint-Étienne und Lyon eingesetzt. Ursprünglich sollte damit Kohle abtransportiert werden, doch schnell wurde die Strecke für den Reiseverkehr erweitert. 1834 begann der Eisenbahnbau in Belgien, und in Deutschland fuhr die erste Eisenbahn 1835 von Nürnberg nach Fürth. Die Strecke war zwar nur 6,5 km lang, aber dafür ausschließlich für die Beförderung von Passagieren gedacht. Den gleichen Zweck erfüllte die Strecke zwischen Amsterdam und Haarlem, die 1839 in Holland eröffnet wurde.

Die Eisenbahn in Europa und in den USA machte das Reisen nicht nur schneller und bequemer, sondern auch deutlich preiswerter. Auf diese Weise war es nun auch Leuten aus der Mittel- und Unterschicht möglich, Reisen zu unternehmen. In dieser Hinsicht kam die Ankunft der Eisenbahn einer kleinen Revolution gleich.

ist nur eine Nebenstrecke der Linie Liverpool–Manchester.«

◁ Veränderte Landschaft
Dieses Viadukt wurde für die Eisenbahnlinie Liverpool–Manchester unter der Leitung von George Stephenson erbaut. Die 15 m breiten Bögen wurden aus Ziegelstein gemauert und mit Sandstein verkleidet.

▽ Die *Adler*
Die Pioniere George und Robert Stephenson konstruierten die *Adler*, die als erste deutsche Eisenbahn 1835 zwischen Nürnberg und Fürth verkehrte.

Lokomotiven

Die Idee war einfach – Dampf treibt Räder an, die auf Schienen laufen –, doch sie veränderte das gesamte Transportwesen.

ROCKET, GB, 1829

Die Dampfmaschine war die große Erfindung der industriellen Revolution, und eine ihrer besten Einsatzmöglichkeiten war als Antrieb von Zügen. Robert Stephensons *Rocket* (1829) war nicht die erste Dampflokomotive, aber mit ihrem Standrohr die fortschrittlichste. Nachdem sie die Rainhill Trials gewann, die von der ersten Eisenbahngesellschaft der Welt (der Liverpool and Manchester Railway) abgehalten wurden, diente ihr Design als Vorlage für andere Lokomotiven. Ihre Höchstgeschwindigkeit betrug damals rasante 56 km/h.

Während der mehr als 130 Jahre, in denen Dampf die Lokomotiven antrieb, wurden diese immer größer und stärker. Ihr Aussehen passte sich den Gegebenheiten an. So hatten die amerikanischen Loks zum

Beispiel große Schlote, die Funkenflug verhinderten, sowie »Kuhfänger«, um Hindernisse von den Schienen zu schieben. Ihren Höhepunkt erreichte die Dampflok vielleicht mit der stromlinienförmigen *Mallard* von 1938, die maximal 203 km/h erreichte und damit jahrzehntelang den Geschwindigkeitsrekord hielt.

Obwohl kleinere Loks schon seit etwa 1880 mit Strom betrieben wurden, bot dieser erst seit etwa 1950 einen vollwertigen Ersatz für den Dampf. Seitdem wurden Lokomotiven immer windschnittiger – allen voran die japanische *Bullet* mit ihren Designelementen aus der Luftfahrt. Durch diese und andere Innovationen entstanden schnelle Züge, die viele Passagiere befördern und dennoch sparsam im Betrieb sind.

PIONEER ZEPHYR, DIESEL-LOKOMOTIVE, USA, 1934

MALLARD, DAMPFLOKOMOTIVE, GB, 1938

SNCF CC 65 000 DIESELLOKOMOTIVE, FRANKREICH, 1957

BULLET, ELEKTRISCHER HOCHGESCHWINDIGKEITSZUG, JAPAN, 1964

DAMPFLOKOMOTIVE, USA, 1880

N.E.R., ELEKTRISCHE LOKOMOTIVE, GB, 1905

KING EDWARD II, DAMPFLOKOMOTIVE, GB, 1927

EMD GP9, DIESELELEKTRISCHE LOKOMOTIVE, USA, 1949

THALYS PBKA,
ELEKTRISCHER HOCH-
GESCHWINDIGKEITSZUG,
FRANKREICH, 1996

WUPPERTALER SCHWEBEBAHN,
DEUTSCHLAND, 2015

Der Goldrausch

Als 1848 in Kalifornien Gold gefunden wurde, strömten
Tausende von Einwanderern aus anderen Staaten der USA
und aus dem Ausland an die Westküste.

◁ **Goldene Zukunft**
»Mein Herz klopfte laut, denn
das war mit Sicherheit Gold.«
1848 fand der kalifornische
Tischler James Marshall das
erste Nugget. Während des
Goldrauschs wurde Gold
im Wert von etwa 2 Mrd.
US-Dollar geschürft.

A m Morgen des 24. Januar 1848
prüfte ein Schreiner den Wasser-
zulauf des Sägewerks Sutter's
Mill am Ufer des American River in
Kalifornien, als er plötzlich etwas im
Flussbett glitzern sah. Er griff ins Wasser
und stellte zu seiner Überraschung
fest, dass er ein kleines Goldnugget
in der Hand hielt. Die Nachricht von
dem Goldfund verbreitete sich wie ein
Lauffeuer.

Bald berichtete eine Zeitung in der
ehemaligen mexikanischen Kleinstadt
Yerba Buena, die erst seit Kurzem zu

▽ **Goldwäscher**
Goldsucher Peter
Moiss mit Eseln und
kärglicher Ausrüs-
tung in der Burro
Mine im kaliforni-
schen Death Valley.

Amerika gehörte und nun San Francisco hieß, von weiteren Goldfunden
an verschiedenen Stellen in der Region.
Die Goldsucher, die daraufhin her-
beiströmten, benötigten keine teure
Ausrüstung. Ein pfannenförmiges Sieb,
mit dem man das kostbare Metall von
Schmutz und Steinen trennen konnte,
reichte aus.

Der Unternehmer Samuel Brannan
kaufte alles auf, was er an Ausrüstung
für die Goldsucher finden konnte, und
füllte damit seinen Laden in Sutter's
Fort. Dann lief er mit einer Flasche voll

Goldnuggets durch San Francisco und
rief: »Gold, Gold, Gold im American
River!« Mit dieser Masche verdiente
er mehr Geld als jeder Goldsucher
und wurde zum ersten Millionär von
Kalifornien.

Der California Trail
Mitte 1848 erreichte die Nachricht von
den Goldfunden die Ostküste. Zunächst
machten sich die Goldsucher aus Oregon auf den Weg nach Kalifornien, dann
die aus dem gesamten Mittleren Westen.
In Planwagen rumpelten sie über den

▷ **Geschäftiges Treiben**
Diese Lithografie von 1926 zeigt die aufstrebende Stadt San Francisco im Jahr 1849. Zwischen den Geschäftshäusern ankern zwei Schiffe, die Vorräte und Ausrüstung für die »Forty-Niners« im Vordergrund anliefern.

California Trail, eine Nebenstrecke des Oregon Trails (siehe S. 200–201). Viele kamen auch per Schiff aus New York und Boston und nahmen dafür den langen Weg um die Spitze von Südamerika herum in Kauf. 1849 strömten 80 000 Goldsucher nach Kalifornien, »Forty-Niners" genannt.

Der Lockruf des Goldes

Um 1850 suchten auch viele Menschen aus Südamerika, Europa und China ihr Glück in Kalifornien. Sie zogen in die Wildnis und gründeten Goldgräberstädte, in denen es weder Komfort noch Gesetze gab. Gold waschen und schürfen von morgens bis abends war Knochenarbeit. Mangelernährung und schlechtes Wetter trugen das ihre zur Verbreitung von Krankheiten bei. Doch die Geschichten von anderen, die durch Gold reich wurden, trieben die Glücksritter an. Der Goldrausch erreichte 1852 seinen Höhepunkt. Danach wurde

» Viele, **sehr viele,** die hierherkommen, haben **keinen Erfolg** & **Tausende** werden **ihre Gebeine** hierlassen ...«

GOLDGRÄBER SHELDON SHUFELT IN EINEM BRIEF AN SEINE FAMILIE, MÄRZ 1850

Jahr für Jahr weniger Gold gefunden, obwohl immer mehr Menschen ihren Anteil am schwindenden Vorkommen beanspruchten.

Orangen statt Gold

Tausende Goldsucher kehrten mit leeren Händen in die Heimat zurück, aber noch mehr verloren ihr Leben. Viele blieben und wurden Farmer. Auf diese Weise hatte Kalifornien In kürzester Zeit die nötige Anzahl von 60 000 Einwohnern erreicht, um 1850 zum 31. US-Bundesstaat zu werden.

Der Goldrausch war 1858 offiziell beendet, doch er hatte Kalifornien zu einem der US-Staaten mit der größten ethnischen Vielfalt gemacht. Die Einwanderer fanden Gefallen an dem milden Klima und dem fruchtbaren Boden. Letztendlich verdankt Kalifornien seinen Wohlstand nicht dem Gold, sondern seiner Landwirtschaft, insbesondere dem Anbau von Orangen.

▽ **Land der unbegrenzten Möglichkeiten**
Das Gold machte das kaum bekannte Kalifornien praktisch über Nacht zum Land der unbegrenzten Möglichkeiten. 1870 war die Einwohnerzahl von San Francisco von 850 auf knapp 150 000 angestiegen.

▷ **Chinesischer Goldgräber**
Der Goldrausch lockte viele Einwanderer, insbesondere aus China, an die Westküste. Chinesische Goldgräber versteckten ihr Gold oft, indem sie es einschmolzen und in Haushaltsgeräte verwandelten.

Thomas Cook

Der überzeugte Abstinenzler, der Ausflüge mit der Eisenbahn ursprünglich nur organisierte, um die Menschen vom Alkohol abzubringen, wurde letztendlich zum Begründer des Massentourismus und der Pauschalreise.

Thomas Cook, der am 22. November 1808 im englischen Derbyshire geboren wurde, war erst vier Jahre alt, als sein Vater starb. Um seine Mutter zu unterstützen, brach er mit zehn die Schule ab und verdingte sich als Gärtnergehilfe, ehe er bei einem Drechsler und schließlich bei einem Buchdrucker in die Lehre ging, der für die Baptistengemeinde arbeitete. Dort fand er seine Berufung als jugendlicher Missionar, der von Ort zu Ort reiste und religiöse Traktate verteilte sowie bei der Einrichtung von Sonntagsschulen half. 1833 heiratete er und wurde im Jahr darauf Vater eines Sohnes, was ihn dazu veranlasste, ein geregelteres Leben zu führen. Fortan

◁ **Die Welt sehen**
Thomas Cooks erster organisierter Ausflug war 1841 die 18 km lange Zugfahrt von Leicester nach Loughborough und zurück. Cooks Ziel war, die Menschen vom Alkohol zu entwöhnen, indem er ihnen die Umgebung zeigte, ihren Horizont erweiterte und sie zu Abstinenzlertreffen brachte.

richtete er seine ganze Energie auf die Linderung eines der damals schlimmsten sozialen Missstände aus – den Alkoholismus. 1841 schloss er sich einer nationalen Abstinenzlerbewegung an, die es als ihre Hauptaufgabe ansah, der Arbeiterklasse den verschwenderischen Umgang mit Bier und Schnaps abzugewöhnen.

Cooks Hingabe für Gottes Werk wurde nur durch seinen starken Glauben an die Vorzüge des Fortschritts und der Industrie übertroffen. Mit 33 Jahren fand er jedoch einen Weg, diese eher gegensätzlichen Ansichten miteinander zu vereinen. Am Montag, dem 5. Juli 1841, lud er 570 Arbeiter aus Leicester zu einer Eisenbahnfahrt in das 18 km entfernte Loughborough ein, wo sie an einem Abs-

◁ **Neue Horizonte**
1870 hatte Cook seine organisierten Touren auf fast ganz Westeuropa ausgedehnt und damit Kunden aus allen Gesellschaftsschichten gewonnen.

tinenzlertreffen teilnahmen und zu ihrer Unterhaltung eine Kapelle aufspielte. Der Ausflug kam gut an, und nachdem Cook erkannte, dass soziale Reformen durchaus mit Profit einhergehen können, plante er weitere Exkursionen dieser Art. Im Sommer 1845 bot er die erste organisierte Reise nach Liverpool an und im Jahr darauf eine weitere nach Schottland.

1851 machte Cook gute Geschäfte mit Touristen, die er zur Weltausstellung (siehe S. 230–231) nach London brachte. 1855 folgte der Vorstoß über den Ärmelkanal nach Europa und 1861 die erste Reise nach Paris. Im Juni 1863 organisierte er eine Fahrt in die Schweiz, gefolgt von Trips nach Italien (1864) und Amerika (1866).

Fahrende Anstandsdame

1868 behauptete Cook, er habe Reisen für zwei Mio. Menschen organisiert. Wegen der hohen Verkaufszahlen erhielt er oft

Mengenrabatt, den er an seine Kunden weitergab. Diese konnten nun mit einer Pauschale sämtliche Reisekosten inklusive Gutscheine für Unterbringung und Verpflegung begleichen. Cook bot solche Pauschalreisen nach Ägypten und in das Heilige Land, nach Indien, Japan und sogar einmal rund um die Welt an. Er eröffnete Büros in mehreren Hauptstädten, u.a. auch in Neuseeland. Außerdem veröffentlichte er seine eigene Zeitschrift namens *The Excursionist*, um Kunden über sein Programm zu informieren.

Cook ermöglichte nicht nur weniger wohlhabenden Leuten das Reisen zum Vergnügen, er veränderte auch die Einstellung, Reisen sei nur ein Zeitvertreib für Männer. Seine Ausflüge und Touren sprachen viele Frauen an, die sich allein oder mit Begleitung anmeldeten. Aus diesem Grund bezeichnete sich Cook manchmal scherzhaft als »fahrende Anstandsdame«.

» Jetzt ist die **Zeit der Arbeiter- klasse** ... die **Zeit von Millionen** ist **jetzt gekommen.** «

THOMAS COOK IN EINER REDE ÜBER DAS REISEN FÜR JEDERMANN

WICHTIGE DATEN

- **1808** Geboren am 22. November in Melbourne im englischen Derbyshire.
- **1841** Organisiert den ersten Ausflug – eine Bahnfahrt von Leicester zu einem Abstinenzlertreffen in Loughborough.
- **1845** Organisiert die erste Reise für Geld: eine Bahnfahrt von Leicester, Notting- ham, und Derby nach Liverpool.

- **1851** Wirbt für eine Fahrt von den englischen Midlands zur Weltausstellung im Hyde Park in London.

COOKS REISEFÜH- RER FÜR ÄGYPTEN- BESUCHER

- **1855** Die erste Reise auf dem Kontinent erfolgt nach Belgien, Deutschland und Paris zur Weltausstellung.
- **1863** Führt die erste Reisegruppe von 62 Personen über Paris in die Schweiz.
- **1868** Führt ein Gutscheinsystem ein, um günstige Fixpreise in ausgewählten Hotels zu erhalten.
- **1872** Begleitet die erste Weltreise, die 222 Tage dauert und über 40 000 km umfasst.
- **1892** Stirbt im Alter von 83 Jahren.

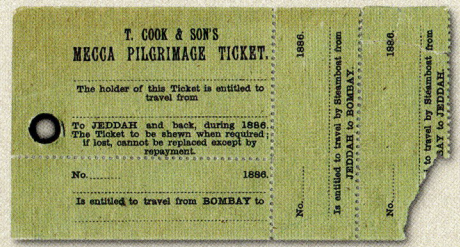

TICKET FÜR EINE THOMAS-COOK-PILGER- REISE NACH MEKKA, 1886

Kurbäder

Schon seit der Antike unternahmen die Menschen Reisen, um Heilung durch Wasser zu suchen, von heißen Quellen bis hin zu Kurbädern.

Im 19. Jh. nannte der Historiker Jules Michelet das Mittelalter »1000 Jahre, ohne zu baden«, doch das war nicht ganz richtig. Die christliche Moral setzte zwar der römischen Tradition des öffentlichen Badens ein Ende, aber auch im Mittelalter pilgerten viele Menschen auf der Suche nach Heilung zu Thermalquellen. Solche heißen Quellen existierten bekanntermaßen im englischen Bath, in Aix-les-Bains in Frankreich sowie in Spa in Belgien. Einem Bericht aus dem 17. Jh. zufolge war das Wasser in Spa in der Lage, »Schleim zu verringern, Blockaden in Leber, Milz und Verdauungskanal zu beseitigen, alle Arten von Entzündung zu heilen sowie den Magen zu stärken«.

Die Beliebtheit dieser Einrichtungen steigerte sich in Zeiten der Grand Tour (siehe S. 180–183), da erholsame Zwischenaufenthalte ein wesentliches Merkmal dieser Reisen waren. So entstanden in Mitteleuropa viele bekannte Kurorte wie Baden-Baden, Bad Ems, Bad Gastein, Karlsbad und Marienbad. Dort trank man unter ärztlicher Aufsicht Wasser aus Mineralquellen, schwamm in Thermalbädern und machte Leibesübungen.

Da fast ausschließlich Aristokraten die Grand Tour unternahmen, ähnelten die Kurbäder exklusiven Country Clubs mit luxuriösen Unterkünften, Parks, Theatern, Ballsälen, Casinos und Rennbahnen. In ihrer Glanzzeit im 19. Jh. waren Kurbäder der Inbegriff von Luxus und sie wetteiferten darum, prominente Persönlichkeiten, Könige und Staatsoberhäupter als Gäste begrüßen zu dürfen. Auch Goethe ging 20 Jahre lang jedes Jahr vier Monate zur Kur und traf dabei einmal in Karlsbad Beethoven. In Baden-Baden, der »Sommerhauptstadt Europas«, komponierte Brahms viele seiner Werke, und auch die russischen Schriftsteller Fjodor Dostojewski und Iwan Turgenjew waren dort gern zu Gast. Der Aufenthalt in einem Kurbad diente sowohl der körperlichen als auch der geistigen Erholung – und idealerweise verbesserte er obendrein das gesellschaftliche Ansehen.

◁ **Heilbrunnen in Karlsbad**
Karlsbad, der beliebteste Kurort in Tschechien, wurde nach dem römisch-deutschen Kaiser Karl IV. benannt, der um 1350 die heißen Quellen aufsuchte. Hier posieren Bedienstete 1910 an einem Trinkbrunnen für ein Foto.

Reiseführer

Die Grand Tourists von früher besaßen unbegrenzt Zeit und Geld, und sie reisten mit Bediensteten, die sich um sie kümmerten. Reisende im 19. Jh. waren weniger wohlhabend und benötigten eine neue Art von Führer, der ihnen unterwegs hilfreich zur Seite stand.

▽ **Flitterwochen**
Dieser Stich aus dem 19. Jh. zeigt ein Paar mit einem Reiseführer von Baedeker. Bücher wie dieses beschrieben nicht nur die Sehenswürdigkeiten eines Landes, sondern auch dessen Sitten und Gebräuche.

▷ **Murrays Handbücher**
Der Londoner Verleger John Murray veröffentlichte 1836 sein erstes Handbuch, das noch heute vielen Reiseführern als Vorlage dient.

In E. M. Forsters Roman *Zimmer mit Aussicht* gerät die Heldin Lucy Honeychurch in Schwierigkeiten, als sie ohne ihren Baedeker-Reiseführer in Florenz unterwegs ist. Heute ist der Name fast vergessen, aber fast 100 Jahre lang gingen die Worte »Reisen« und »Baedeker« Hand in Hand. Es war beinahe undenkbar, ohne den berühmten Reiseführer irgendwo hinzufahren.

Reiseführer und Reiseliteratur gibt es im Grunde schon seit der Antike. Zur Zeit der Grand Tour (siehe S. 180–183) schrieben viele ihre Erlebnisse und Erfahrungen als Ratgeber für andere Grand Tourists auf. Doch als im 19. Jh. der Wohlstand der Mittelklasse stieg und die Transportmittel immer fortschrittlicher wurden, entwickelte sich der Tourismus zu einer eigenen Geschäftsbranche und die Verlage erkannten den Bedarf an einer neuen Art von Reiseführer.

Handbücher für Reisende
John Murray war u. a. der Verleger von Lord Byron. 1820 erschien in seinem Verlag *Travels on the Continent* von Mariana Starke, einer Engländerin, die in Indien aufwuchs und nun in Italien lebte. Während andere Reiseführer in literarischen Höhen schwelgten, war Starkes Buch in erster Linie praxisbezogen. Es beinhaltete Ratschläge zum Umgang mit Behörden und welche Preise verlangt wurden. Starke führte auch ein Bewertungssystem in Form von Ausrufezeichen für Sehenswürdigkeiten ein. Ihr Buch war bei britischen Reisenden sehr beliebt. Jede der acht Auflagen wurde von der Autorin auf den neuesten Stand gebracht (in einer weist sie auf die Installation von Straßenlaternen in Italien hin, die endlich

▷ Baedeker-Karten

Die Karten der Baedeker-Reiseführer waren berühmt für ihre Genauigkeit. Wie der englische Autor Eric Newby bemerkte: » als ob sie von Spionen für Spione gemacht wurden«.

der »abscheulichen Praktik des Meuchelmordes« Einhalt geboten). Starkes Buch war damit unbestritten der Vorläufer unserer modernen Reiseführer.

Murray nutzte den Erfolg von Starkes Werk, um 1836 sein selbst verfasstes *Handbuch für Reisende auf dem Kontinent* zu veröffentlichen, das Holland, Belgien und Norddeutschland umfasste. Ihm folgten schnell weitere Handbücher über Süddeutschland (1837), die Schweiz (1838) und Frankreich (1843). Die Bücher im handlichen Standardmaß waren auf dünnem Papier gedruckt, um Kosten und Gewicht zu reduzieren, außerdem wurden sie regelmäßig aktualisiert. Als 1893 das *Handbuch für Neuseeland* erschien, kommentierte ein Magazin: »Mr. Murray hat annektiert, was es für ihn von der Touristenwelt noch zu erobern gab.« Zu diesem Zeitpunkt waren Murrays Handbücher nach Karl Baedekers Reiseführern am beliebtesten.

Baedeker

Der erste Reiseführer des deutschen Baedeker-Verlags erschien 1839 nach dem Vorbild von Murrays Handbüchern mit auffälligem rotem Einband und wurde bald ins Französische und Englische übersetzt. Wegen ihrer Qualität, der prägnanten Informationen, der präzisen Karten und dem Sternesystem, das den Reisenden zeigte, welche Orte am wichtigsten waren, wurden Baedekers Reiseführer so beliebt, dass Kaiser Wilhelm I. einmal eine wichtige Konferenz mit den Worten unterbrach: »Ich muss mich jetzt am Fenster zeigen. So steht's im Baedeker.«

Weniger erfreulich ist, dass im Zweiten Weltkrieg nach einem Luftangriff der Engländer auf das historische Zentrum von Lübeck im Frühjahr 1942 mehrere kulturell bedeutende englische Städte in sogenannten Baedeker-Angriffen bombardiert wurden. Der Pressereferent des deutschen Auswär-

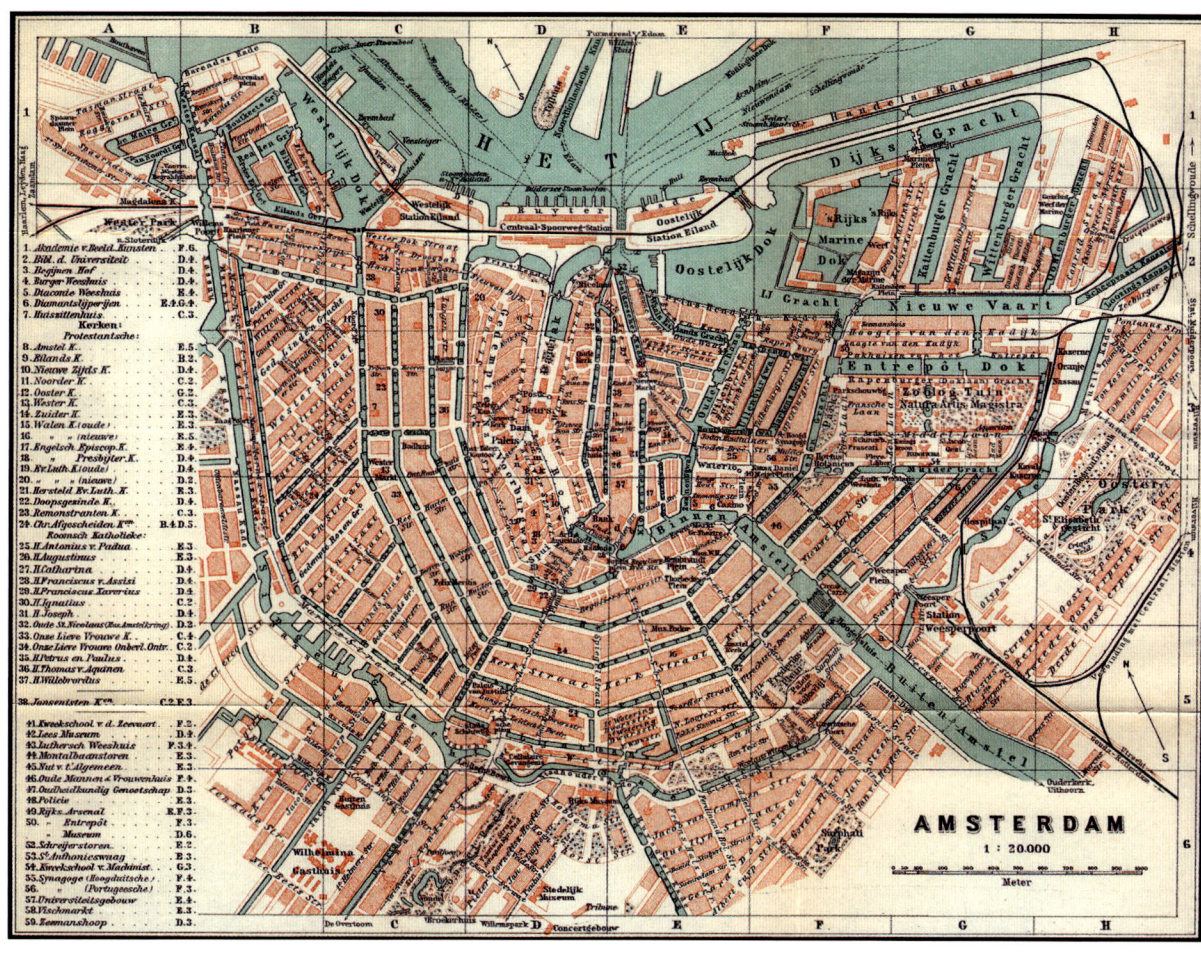

» Murrays Reiseführer decken jetzt **fast den ganzen Kontinent** ab. Seit Napoleon gab es kein so **großes Reich** mehr.«

◁ Karl Baedeker

Als Abkömmling einer Linie von Verlegern und Druckern erkannte Baedeker das Potenzial von Murrays Handbüchern und übertraf diese bald mit seinen eigenen Reiseführern.

tigen Amts kündigte an: »Wir werden jetzt jedes englische Gebäude angreifen, das im Baedeker drei Sterne hat.« Ein Jahr später zerstörten Bomben der Alliierten das Gebäude des Baedeker-Verlags in Leipzig samt seiner Archive und der darin befindlichen Unterlagen, Pläne und Druckplatten.

◁ Werbeanzeige

Die Reiseführer enthielten auch Werbeanzeigen, die für Touristen relevant waren, wie diese hier für das Hôtel de l'union in Brüssel.

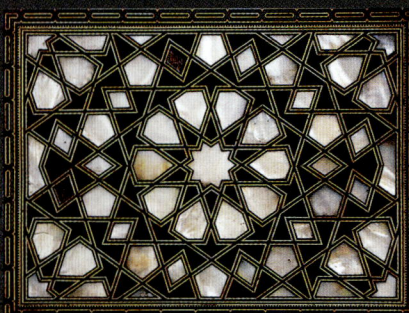

KORANSCHATULLE AUS HOLZ UND PERLMUTT
VON SULTAN SELIM II., 16. JH.

FELSBROCKEN AUS PLYMOUTH
MIT INSCHRIFT, USA, 1830

DAMENFÄCHER ZUR ERINNERUNG AN DIE
WELTAUSSTELLUNG, PHILADELPHIA, 1876

ACHTECKIGE MUSCHELDOSE »SAILOR'S
VALENTINE«, MITTE 19. JH.

PILGERBROSCHE,
EUROPA, 1890–1935

JAPANISCHES NETSUKE
(KIMONO-ORNAMENT)

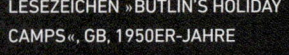

LESEZEICHEN »BUTLIN'S HOLIDAY
CAMPS«, GB, 1950ER-JAHRE

SCHNUPFTABAKSDOSE AUS EMAILLE UND GOLD IN
SCHMETTERLINGSFORM MIT GLOCKENSPIEL UND UHR

RUSSISCHE MATROSCHKA, NACH DER WELT-
AUSSTELLUNG IN PARIS IN MASSEN GEFERTIGT, 1900

BABOUCHES (BESTICKTE MAROK-
KANISCHE PANTOFFELN)

TELLER AUS LACKIERTEN MUSCHELN MIT FOTO
EINES MALTESISCHEN HAFENS, MALTA, 1965–1975

PLASTIKSONNENBRILLE
AUS NEW YORK CITY

SILBERLÖFFEL VON DER WELTAUSSTELLUNG MIT ABBILD VON
BERTHA PALMER (GESCHÄFTSFRAU UND MÄZENIN), CHICAGO, 1893

GLASFLAKON MIT BUNTEM SAND
VON DER ALUM BAY AUF DER
ISLE OF WIGHT, GB, 19. JH.

PORZELLANKRUG MIT BILD DES KINEO
HOUSE IN MOOSEHEAD, LAKE MAINE, USA,
1890ER-JAHRE

REISEFÜHRER ZU DEN ITALIENISCHEN ORTEN
FLORENZ, MAILAND UND CAPRI, UM 1926

SCHWEDISCHE DALAPFERDE, NACH DER PARISER
WELTAUSSTELLUNG IN MASSEN PRODUZIERT, 1937

Souvenirs

Reiseandenken erinnern ihre Besitzer an bestimmte Orte oder
Erlebnisse und sind oft von großem ideellem Wert.

Die ersten Souvenirs waren Teile von heiligen oder historischen Orten wie Plymouth Rock, wo die Pilgerväter der *Mayflower* den ersten Fuß auf amerikanischen Boden setzten. Um den Felsen zu erhalten, musste um das, was von ihm noch übrig war, 1835 ein Zaun gezogen und bis in die 1880er-Jahre weitere Schutzmaßnahmen getroffen werden. Als Ersatz verkaufte man den Touristen nun billigen Tand als Andenken. Souvenirs waren seit der Zeit der Grand Tour in Mode. Skulpturen und Artefakte von archäologischen Grabungen oder Bilder des Künstlers Canaletto mit Ansichten der Stadt Venedig, die als Vorläufer der Postkarten gelten, standen im 18. Jh. bei den wohlhabenden Europäern als beliebte Reisemitbringsel hoch im Kurs.

Bald entwickelte sich ein Markt für extra hergestellte Souvenirs, etwa Porzellan und Fächer mit Motiven des ausbrechenden Vesuvs, Bronzerepliken des Kolosseums oder gar ein »Selfie« vor klassischem Hintergrund, handgemalt von Pompeo Batoni. 1851 lockte die Weltausstellung in London Tausende von Besuchern an, und zu den beliebtesten Erinnerungsstücken zählten ein silberner Löffel oder ein Porzellankrug. Auch gab es Geschenke für Liebende wie herzförmige Muscheldosen.

Die aus billigem Plastik in Massen produzierten Souvenirs von heute haben nichts mehr mit den handgefertigten Schnupftabaksdosen von damals zu tun, doch sie sind beliebt wie eh und je, denn schließlich zählt vor allem ihr ideeller Wert.

SCHNEEKUGEL (1900 IN WIEN ERFUNDEN)
MIT NEW YORK CITY ALS MOTIV

Die Werke aller Nationen

Die als Weltausstellung, Exposition Universelle oder World's Fair bekannte Messe beeindruckte ihre Besucher mit ihren internationalen Exponaten aus den Bereichen Industrie, Technologie und Kunst.

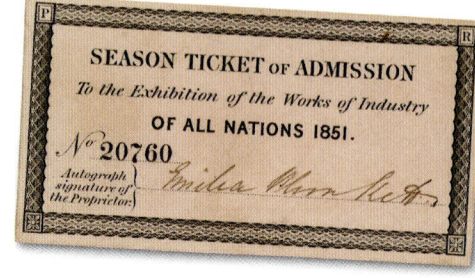

△ **Begehrtes Ticket**
Seit 1851 lockten die Weltausstellungen so viele Besucher an wie sonst nur die Olympischen Spiele.

△ **Tänzerinnen aus Java**
Die Ausstellungen beherbergten immer auch ethnische Attraktionen von exotischen Speisen und Kostümen bis hin zum Tanz, wie hier 1889 in Paris.

Der korrekte Name der ersten Weltausstellung, die 1851 in London abgehalten wurde, lautete »The Great Exhibition of the Works of Industry of All Nations«. Das spektakuläre Ereignis, das in einem glitzernden »Kristallpalast« aus Glas und Stahl des Architekten Joseph Paxton stattfand, war eine Würdigung der Errungenschaften der industriellen Revolution und des britischen Imperiums. Es war die erste von vielen Messen, die nicht nur Ruhm und Ansehen der Gastgeberstadt verherrlichte, sondern auch eine Marketingplattform für Waren aus aller Herren Länder bot.

Die Welt zu Gast

Auf der Londoner Weltausstellung von 1851 gab es exotische Produkte aus Europa, dem Nahen und Fernen Osten, den britischen Kolonien und den USA. Letztere stellten u. a. Colt-Revolver, falsche Zähne und ein großes Modell der Niagarafälle aus. Es ist nicht überliefert, wie viele Besucher sich von diesen Exponaten zu einer Fahrt über den Atlantik inspiriert fühlten, aber sie strömten zumindest in Scharen aus allen Teilen Großbritanniens in die Hauptstadt, um die Ausstellung zu sehen. Dies stellte einen Glücksfall für das neu gegründete Unternehmen Thomas Cook & Son (siehe S. 222–223) dar, das mit der Organisation von Tickets, Transport und Unterbringung von 165 000 Besuchern aus den Midlands beauftragt wurde.

Ähnlich erfolgreich verlief für Cook auch die zweite Weltausstellung in Paris 1855, zu der er seine erste Pauschalreise auf den Kontinent anbot. Eine weitere Ausstellung in Paris im Jahr 1867 begeisterte mit der Idee der Länderpa-

▷ *Rue des Nations*
In Paris wurden 1900 die teilnehmenden Nationen dazu eingeladen, ihre Pavillons am Ufer der Seine zu errichten.

villons und mit ethnischen Restaurants, in denen man landestypische Speisen kosten konnte, die von Kellnern in Nationaltracht serviert wurden. Eines der beliebtesten Ausstellungsstücke war ein Modell des Suezkanals in großem Maßstab. Die Italiener zeigten ein Modell des Eingangs zum Mont-Cenis-Tunnel, der im Jahr darauf als Teil der ersten Eisenbahnstrecke durch die Alpen eröffnet werden sollte.

Keine Kosten gespart

Zu dem Zeitpunkt hatte sich ein Muster für die Weltausstellungen entwickelt: In einem großen Park wurde eine kleine Stadt aus Gebäuden errichtet, die so innovativ, prachtvoll und komfortabel

wie möglich waren. Jedes Land, das die horrenden Kosten tragen konnte, war eingeladen, und nach sechs Monaten wurde alles wieder abgerissen.

Die Pariser Weltausstellung von 1878 zeigte eine *Rue des Nations* (Straße der Nationen), eine lange Promenade mit Gebäuden, deren Fassaden die Architektur verschiedener Länder veranschaulichten. 1889 gab es ebenfalls in Paris einen großen Kolonialbereich mitsamt »Eingeborenendörfern«, Reproduktionen von Teilen der Tempel in Angkor Wat und einer vollständigen »Straße von Kairo«.

Die Straße war so erfolgreich, dass auch die riesige World's Columbian

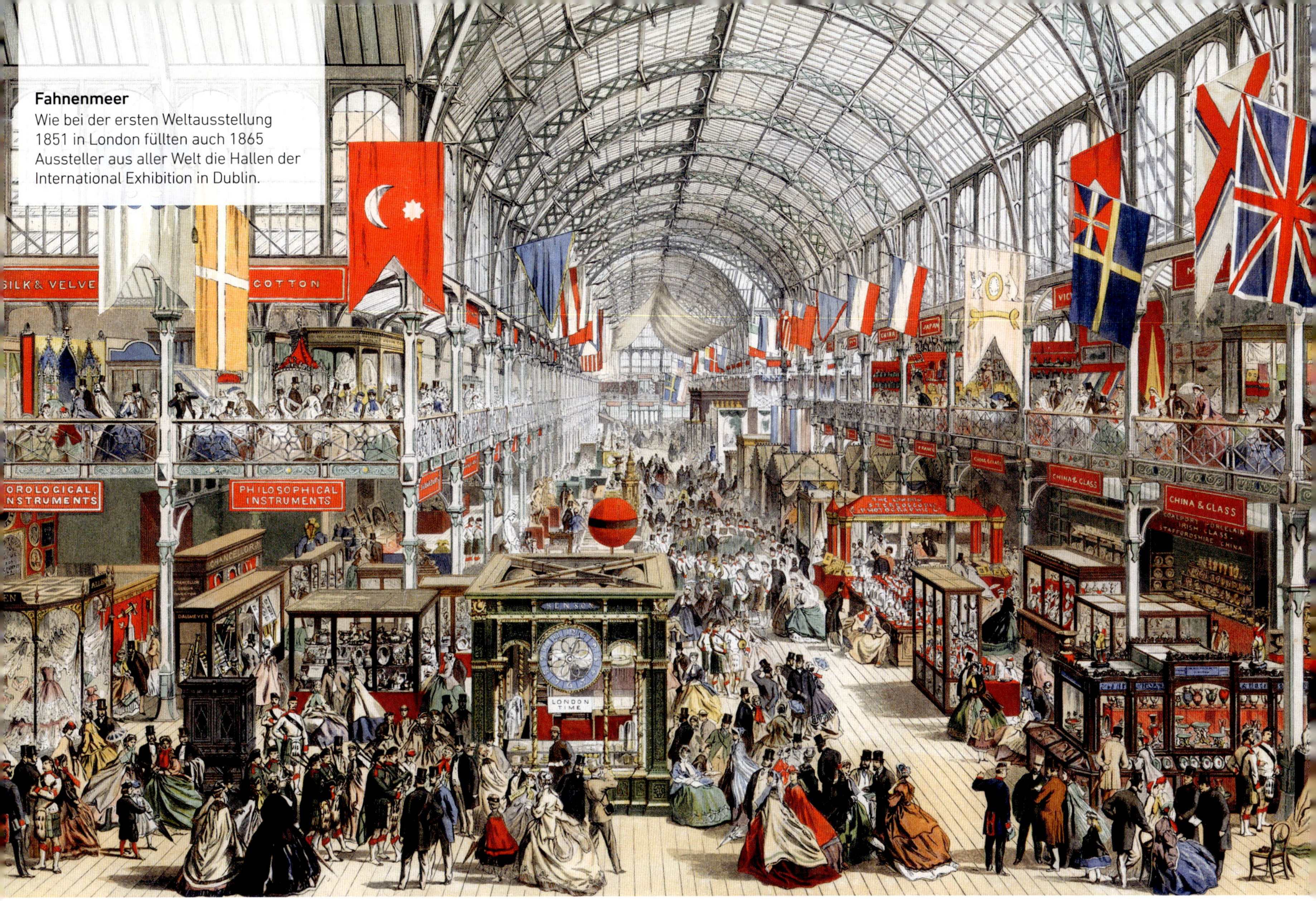

Fahnenmeer
Wie bei der ersten Weltausstellung 1851 in London füllten auch 1865 Aussteller aus aller Welt die Hallen der International Exhibition in Dublin.

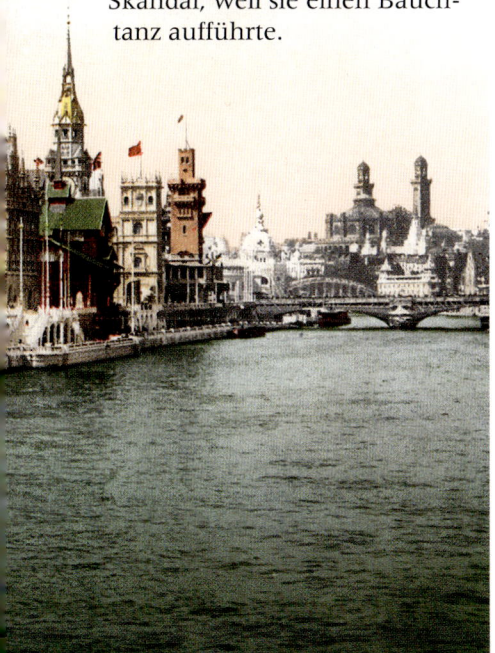

Exposition, die 1893 zum 400. Jahrestag der Entdeckung Amerikas durch Christoph Kolumbus in Chicago abgehalten wurde, eine ägyptische Straße besaß, in der Thomas Cook Modelle seiner brandneuen Nil-Dampfer ausstellte. Auf dieser Ausstellung sorgte übrigens die syrische Ehefrau eines Chicagoer Restaurantbesitzers für einen großen Skandal, weil sie einen Bauchtanz aufführte.

»Ein Ort, an dem **junge Leute** sehen, **wie reich die Welt an Ideen ist,** wie viel es zu tun gibt und **an welchem Punkt wir beginnen müssen.**«

HENRY FORD, AUTOMOBILHERSTELLER

Glanzvolle Zeiten
In den Jahren von 1875 bis 1915 wurden mehr als 50 Weltausstellungen in Europa, den USA und Australien abgehalten und Millionen Menschen bestaunten die Pavillons und Exponate aus allen Ländern der Welt. Damit zählen sie zu den schönsten Beispielen für internationalen und interkulturellen Austausch der Neuzeit.

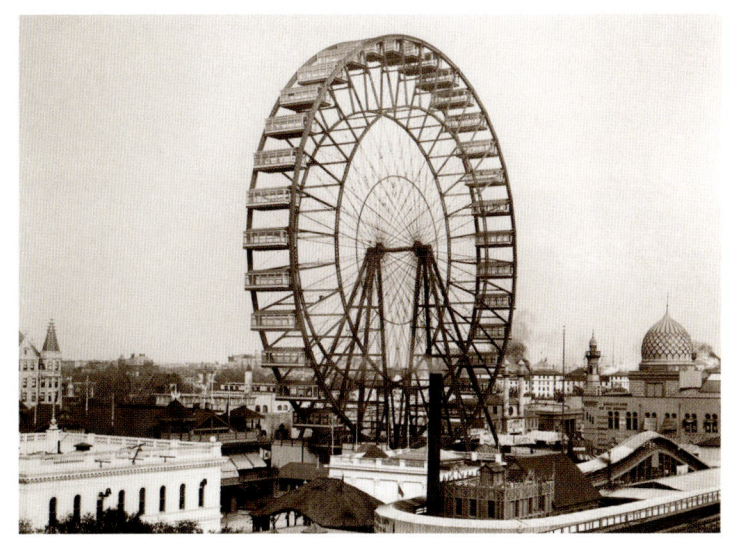

▷ **Die Welt von oben**
1893 überragte das erste moderne Riesenrad der Welt mit einer Höhe von 80 m die Pavillons der World's Columbian Exposition in Chicago (Illinois). Im Hintergrund erkennt man Kuppel und Minarett der Moschee der Kairoer Straße.

Quer durch Australien

Robert Burke und William Wills wollten als Erste Australien von Melbourne im Süden bis zum Golf von Carpentaria im Norden durchqueren – ein gewaltiges Unterfangen, das in einer Tragödie endete.

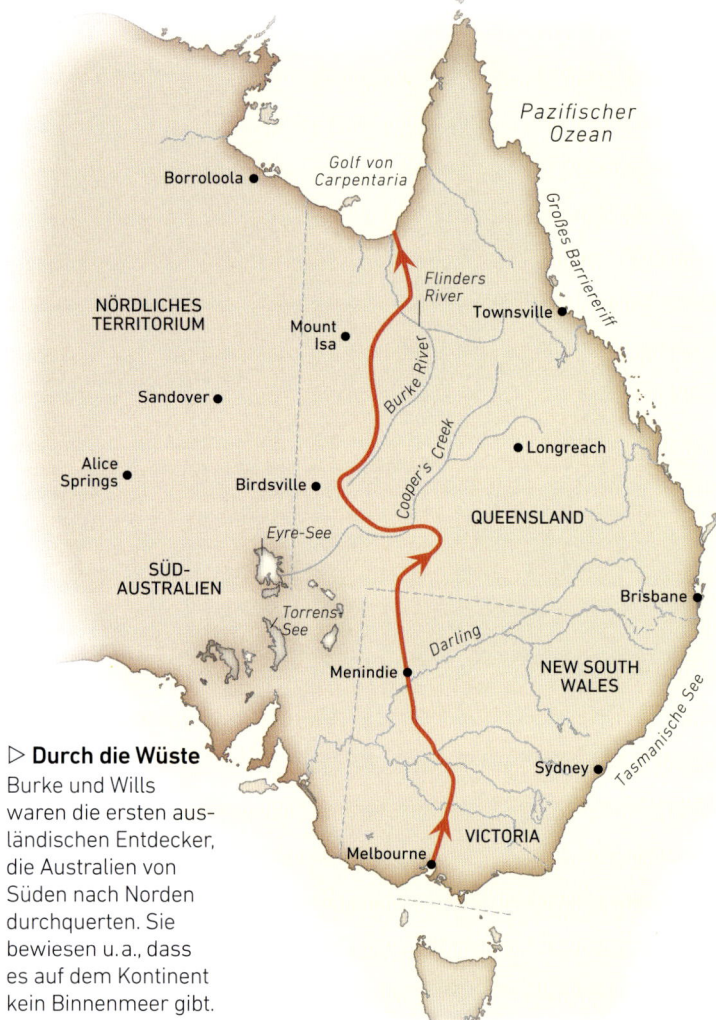

▷ Durch die Wüste
Burke und Wills waren die ersten ausländischen Entdecker, die Australien von Süden nach Norden durchquerten. Sie bewiesen u.a., dass es auf dem Kontinent kein Binnenmeer gibt.

A m 3. November 1861 erschien in der Melbourner Tageszeitung *The Argus* folgende Meldung: »Sandhurst, 2. Nov., Mr. Brahe von der Rettungsexpedition traf am Nachmittag von Cooper's Creek ein. Die sterblichen Überreste von Burke und Wills, die beide am selben Tag nahe bei Cooper's Creek an Hunger starben [vermutlich am 28. Juni], wurden gefunden. Gray, ein weiteres Expeditionsmitglied, kam ebenfalls ums Leben. King ist der einzige Überlebende. Sie hatten den Kontinent bis zum Golf von Carpentaria durchquert.«

Aufschneiderei

Die Idee, eine Expedition 3220 km unter extremen Bedingungen durch unwegsames Gelände marschieren zu lassen, entsprang vor allem dem Wunsch des Staates Victoria. Er hatte sich erst kürzlich von New South Wales abgespalten und suchte seine Überlegenheit zu demonstrieren, indem er die Konkurrenz im Wettlauf nach Norden ausstach. Darüber hinaus bestand die Aussicht, auf diese Weise neue Gebiete zu entdecken, die sich für Ackerbau und Viehzucht eigneten, sowie die Frage zu klären, ob es im Hinterland ein Binnenmeer gab.

◁ Denkmal für Burke und Wills
Ein aufgeschichteter Steinhaufen markiert seit 1890 den Startpunkt der Expedition im Royal Park in Melbourne am 20. August 1860.

Nach einer öffentlichen Ausschreibung stellte ein offizielles Erkundungskomitee eine Gruppe aus 18 Männern zusammen, deren Leitung der irischstämmige ehemalige Offizier und Polizist Robert O'Hara Burke übernahm. Am 20. August 1860 brach unter dem Jubel von Tausenden Zuschauern ein Konvoi aus 23 Pferden, 26 Kamelen (die meisten waren extra aus Afghanistan importiert worden) und sechs mit Vorräten und Ausrüstung beladenen Wagen auf. In den folgenden neun Monaten wanderte die Expedition von Melbourne über Menindie und Cooper's Creek nach Norden zum Golf von Carpentaria. Die Reise verlief nicht ohne Zwischenfälle. Als die Gruppe am 12. Oktober in Menindie am Darling River eintraf, hatten zwei Offiziere gekündigt, 13 Männer waren entlassen und durch acht Neuankömmlinge ersetzt worden. Für eine Strecke, die von der regulären Postkutsche in einer Woche bewältigt wurde, hatte die Expedition fast zwei Monate benötigt.

Aus Angst, den Wettlauf nach Norden zu verlieren, beschloss Burke in Cooper's Creek, den Weg allein mit drei Gefährten fortzusetzen: seinem Stellvertreter William John Wills, John King und Charlie Gray. Sie nahmen sechs Kamele, ein Pferd und Vorräte für drei Monate mit und ließen die restliche Gruppe unter dem Kommando von William Brahe im Lager zurück.

▷ Cooper's Creek
Die Expedition erreichte am 11. November 1860 Cooper's Creek – die Grenze zum unbekannten Territorium. Die Gruppe teilte sich dort. Burke, Wills und zwei weitere Männer machten sich auf den Weg ins Landesinnere.

◁ **Ins Holz geschnitzt**
Nachdem sie die Nordküste erreicht hatten, schafften es Burke und Wills nur noch bis Cooper's Creek zurück, bevor sie an Hunger starben. Dort schnitzte man 1898 Burkes Porträt in einen Baum.

Der Dig Tree
Die kleine Gruppe erreichte die Nordküste, doch der Rückweg gestaltete sich deutlich schwieriger. Um nicht zu verhungern, mussten sie fast alle ihre Tiere opfern, dennoch starb Gray an

Erschöpfung. Die anderen drei schafften es zurück ins Lager, aber Brahe hatte die Hoffnung auf ihre Rückkehr aufgegeben und war abgereist. Vorsichtshalber hatte er jedoch Vorräte unter einem Baum vergraben und diesen mit dem Wort »Dig« (»Grabt«) markiert. Bei dem Versuch, einen nahe gelegenen Außenposten zu erreichen, verirrten sich die drei Männer im Busch. Wills und Burke starben, nur King überlebte. Eine Rettungstruppe fand ihn bei einem Aboriginestamm.

PROFIL
Robyn Davidson

Sogar Ende des 20. Jh. flößte das Innere Australiens noch großen Respekt ein. Umso waghalsiger schien es, als 1977 die 27-jährige Robyn Davidson allein in Begleitung eines Hundes und vierer Kamele von Alice Springs Richtung Westküste aufbrach. Ihre Reise, auf der sie 2735 km zurücklegte und die neun Monate dauerte, beschrieb sie 1995 in ihrem Buch *Spuren*. Auf die Frage: »Warum mit Kamelen durch die Wüste?«, antwortete sie: » Warum nicht? Australien ist ein riesiges Land und die meisten, die hier leben, sehen nur einen kleinen Teil davon. Abseits der Straßen, im Outback, sind Kamele das perfekte Transportmittel. Mit dem Auto sieht man zu wenig und Pferde würden eine Wüstendurchquerung nicht überstehen.«

DAVIDSON 2014 BEI DER PREMIERE ZUR FILM-ADAPTION VON *SPUREN*

◁ *Rückkehr von Burke und Wills nach Cooper's Creek*
Dieses Gemälde von Nicholas Chevalier zeigt Burke und Wills auf dem Weg durch die Wüste. Ihre Reise ist Teil der Geschichte Australiens und Thema zahlreicher Bücher und Bilder.

Der mächtige Mekong

Vom Himalaja bis Vietnam legt der Mekong eine Strecke von 4350 km zurück. Dennoch war fast nichts über ihn bekannt, bis eine ambitionierte französische Expedition 1866 zu seiner Erkundung aufbrach.

▽ **Königlicher Tempel**
Diese Darstellung des Königlichen Tempels von Luang Prabang in Laos (16. Jh.) von Louis Delaporte erwähnt Doudart de Lagrée in seinem Expeditionsbericht.

Während die Briten Mitte des 19. Jh. mit der imperialen Erschließung Afrikas (siehe S. 212–215) beschäftigt waren, wagten die Franzosen einen genauso ambitionierten Vorstoß in das Herz Südostasiens. Es begann 1859, als die französische Marine die kleine Stadt Saigon an der Mündung des Mekongs einnahm, in der Hoffnung, dass sich der Fluss als Handelsweg nach China erwies. Um

zu überprüfen, ob der Fluss befahrbar war, stellten die Franzosen ein siebenköpfiges Mekong-Erkundungsteam unter der Leitung von Ernest Doudart de Lagrée zusammen, zu dem auch der Forscher Francis Garnier, der Künstler Louis Delaporte und der Fotograf Émile Gsell gehörten. Am 5. Juni 1866 startete die Expedition von Saigon aus in zwei kleinen Dampfbooten, jedes schwer beladen mit Kanonen, Handelswaren

und großen Mengen Wein und Schnaps. Einen Monat lang untersuchte das Forscherteam die alte Khmer-Tempelanlage Angkor Wat in Kambodscha, ehe sie am 7. Juli von Phnom Penh aus weiterfuhren. Doch nur 36 Stunden später, nahe des Flusshafens Kratie, erachtete man das Gewässer als zu gefährlich für die Dampfboote, sodass die Gruppe sie gegen acht Einbäume austauschte. Obwohl sie mit Bambus gegen den

» Jede **Biegung des Mekong** ... schien eine **wichtige geografische Entdeckung** zu sein ... Ich war **verrückt** nach dem **Mekong** ...«

FRANCIS GARNIER, KARTOGRAF DER MISSION

◁ **Khmer-Kunst**
In Kambodscha entdeckte die Expedition viele Hindutempel. Einige davon stammten noch aus der Khmer-Zeit (9.–15. Jh.).

◁ **Der Mekong**
Die Expedition reiste von Saigon nach Phnom Penh, dann über Luang Prabang nach Norden in die unbekannten Gewässer von Laos und der chinesischen Provinz Yunnan. Von Shanghai aus kehrte sie über das Meer zurück.

starken Monsunregen abgedeckt wurden, waren die Kanus alle andere als komfortabel: »Das Dach war zu niedrig, um sich aufzusetzen. Ich musste halb liegen und das Regenwasser, das sich am Boden des Bootes sammelte, durchdrang mich fortwährend«, schrieb einer der Männer.

In Preatapang stieß die Gruppe auf Stromschnellen, die sie nur überwand, weil sie die einheimischen Bootsführer mit vorgehaltenem Gewehr zum Weiterfahren zwang. Vor den donnernden Kaskaden der Mekongfälle in Khon musste die Expedition jedoch kapitulieren und den Fluss verlassen.

Weiterfahrt nach China
An dieser Stelle hätte die Gruppe nach Saigon zurückkehren und ihre Ergebnisse präsentieren können. Stattdessen bestieg sie auf der anderen Seite der Wasserfälle neue Kanus und setzte ihren Weg auf dem Mekong fort. Bei ihrer Ankunft in Bassac in Laos erfuhren die Männer, dass im Nordosten Kambodschas eine Rebellion gegen die Franzosen ausgebrochen war. Somit konnten sie nicht auf demselben Weg heimkehren, auf dem sie gekommen waren. Ihnen blieb nichts anderes übrig, als weiterzureisen.

Am 18. Juni 1867 erreichte die Gruppe Tang-ho. Wegen der Stromschnellen, die Gerüchten zufolge 100 km lang sein sollten, verließen die Männer den Fluss endgültig. Mit zwölf Ochsen, die ihr Gepäck trugen, setzten sie ihren Weg zu Fuß und unter zunehmend schwierigeren Bedingungen fort. Ohne Fluss und

ohne Karte mussten sie sich völlig auf ihren Kompass und den Stand der Gestirne verlassen, was ihnen offensichtlich gut gelang, denn am 1. Oktober erreichten sie Jinhong an der Grenze zu China.

Von da an wurde die Reise wieder leichter, doch in Dongchuan in der Provinz Yunnan erkrankte Lagrée schwer und starb. Francis Garnier übernahm die Führung und brachte die Gruppe zum Jangtsekiang, auf dem sie bis nach Shanghai fuhren und von dort aus die Rückfahrt nach Saigon antraten. Ins-

gesamt hatte die Expedition 11 000 km zurückgelegt, und obwohl sie nicht die politischen Vorteile erbrachte, die sich die Franzosen erhofft hatten, leistete sie einen erheblichen Beitrag dazu, die weißen Flecken auf den westlichen Landkarten zu füllen.

◁ **Expeditionsteilnehmer**
Dieser Stich nach einem Foto von Émile Gsell zeigt Doudart de Lagrée (mit weißer Hose) sowie fünf weitere Mitglieder der Expedition, darunter Delaporte und Garnier (ganz rechts).

>>Ich **weiß nicht mehr,** was die Redner gesagt haben, aber ich erinnere mich, dass es **Champagner im Überfluss** gab.<<

ALEXANDER TOPONCE, PIONIER, ÜBER DIE EINWEIHUNGSZEREMONIE, 1869

Der goldene Nagel
Arbeiter der Eisenbahngesellschaften Central Pacific und Union Pacific feiern die Fertigstellung der ersten Eisenbahnstrecke quer durch die USA. Die beiden Linien trafen sich in Promontory Summit in Utah, wo während der Eröffnungsfeier die letzte Bahnschwelle mit einem goldenen Nagel befestigt wurde.

Von Küste zu Küste

Die Eröffnung der ersten transkontinentalen Eisenbahnstrecke in den USA war mehr als nur ein Meilenstein für das Transportwesen.

Die Vereinigten Staaten hatten die Vorzüge der Eisenbahn schnell erkannt. Trotzdem gelangte man auch 1860, 30 Jahre nach Verlegung der ersten Schienen, nur mit dem Wagen oder mit dem Schiff von einer Küste zur anderen. Um das zu ändern, unterzeichnete Präsident Abraham Lincoln 1862 den Pacific Railroad Act. Er gewährte den Eisenbahnunternehmen finanzielle Zuschüsse und Land, um eine transkontinentale Eisenbahnlinie zu bauen, die vom Ostufer des Missouri in Council Bluffs in Iowa bis zum Sacramento River in Kalifornien verlaufen sollte.

Im Westen hatte Theodore Judahs Central Pacific Railroad Company die Konzession für den Bau der Linie von Kalifornien aus erhalten. Die Arbeiten gingen nur langsam voran, aber 1867 war die größte technische Herausforderung, die Passage durch die Berge der Sierra Nevada über den in 2160 m Höhe gelegenen Donner Pass, endlich gemeistert. Im Osten, wo die Union Pacific Railroad Company mit dem Bau der Linie begann, bremste der Bürgerkrieg den Fortschritt. Doch als dieser 1865 endete, erhielten die Eisenbahnarbeiter Verstärkung durch Exsoldaten und befreite Sklaven.

Der Bau der Linien war gut organisiert: Zunächst wurde das Land vermessen, planiert, aufgefüllt und von Felsen befreit. Dann wurden Brücken und Bahndämme gebaut und die Schwellen verlegt. Zum Schluss schob man die Schienen auf Plattformwagen heran. Die Regierung zahlte Zuschüsse für jede fertiggestellte Meile, deshalb gerieten die Verlegungsarbeiten zu einer Art Wettlauf zwischen den Unternehmen. Am 10. Mai 1869 wurde durch das Einschlagen eines goldenen Schwellennagels in Promontory Summit in Utah nicht nur das Zusammentreffen der beiden Linien besiegelt, sondern auch das Zusammenwachsen einer Nation, denn die Reise von Küste zu Küste, die vorher sechs Monate dauerte, hatte sich auf wenige Tage verkürzt.

▷ **Das große Ereignis**
Ein Plakat verkündet die Eröffnung der Eisenbahnlinie zwischen Pazifik und Atlantik. Damit war der Westen nicht nur für Siedler erschlossen, sondern auch für Reisende aller Art.

Das Grand Hotel

Mitte des 19. Jh. entwickelten sich viele Hotels von einfachen Unterkünften zu stattlichen, oftmals luxuriösen Häusern, die selbst zu Reisezielen wurden.

△ **Ankunft**
Die Gäste von Grand Hotels reisten in großem Stil. Auf diesem Foto von 1931 bringen Portiers des Bayerischen Hofs in München das Gepäck neu eingetroffener Gäste ins Hotel.

A m 5. Mai 1862 war Kaiserin Eugénie von Frankreich zur Eröffnung des Grand Hôtel in Paris eingeladen. Auf einem dreieckigen Grundstück neben der Stelle gelegen, an dem sich bald Garniers spektakuläres Opernhaus erheben würde, war das Grand mit 800 Zimmern und 65 Salons wahrscheinlich das größte Hotel seiner Zeit. Es verfügte über einen Innenhof mit Glasdach, einen Keller mit 1 Mio. Flaschen Wein, einen riesigen Ballsaal, und sein Dekor stammte von weltbekannten Künstlern. Es sei für sie, sagte die Kaiserin, »wie daheim«.

Bis zur Mitte des 19. Jh. waren Hotels, so wie wir sie kennen, eher selten. Reisende mieteten Zimmer in Pensionen und Gästeunterkünften. Dies änderte sich jedoch bald. Als die Anzahl der Reisenden stieg, ihre Aufenthaltsdauer sich aber verkürzte, wurde das Mieten von Zimmern unrentabel – die Menschen benötigten moderne Hotels.

▷ **Das Grand Hôtel in Paris**
Das luxuriöse Grand Hôtel beherbergte Könige und Prominente, darunter die Schauspielerin Sarah Bernhardt, den Komponisten Jacques Offenbach und den Opernsänger Enrico Caruso.

Zwei der ersten großen Hotels wurden in den schnell wachsenden Städten Nordamerikas errichtet: 1829 das Tremont House in Boston, gefolgt vom ersten Luxushotel Astor House in New York City im Jahr 1836. Beide Etablissements boten unvorstellbaren Luxus wie fließendes Wasser, Heizung, Gasbeleuchtung, abschließbare Gästezimmer, kostenlose Seife und Speisesäle, in denen umfangreiche Menüs serviert wurden.

Betten für die Massen
Einige der ersten großen Hotels in Europa ließen Eisenbahngesellschaften direkt neben Bahnhöfen errichten. Das erste dieser Art entstand 1839 am Bahnhof Euston in London, doch bald gesellten sich noch viel größere dazu, etwa

◁ **Schweizer Hotelpage**
In der Schweiz gab es viele vornehme Hotels, in denen das ganze Jahr über Hochbetrieb herrschte. Dem gehobenen Standard dieser Häuser entsprechend, war auch das Personal stets tadellos gekleidet.

1854 am Bahnhof Paddington, 1861 am Victoria und 1864 am Charing Cross. Einige Hotels wurden auch extra erbaut, um die erwarteten Besuchermassen der Weltausstellungen

Das Waldorf Astoria
In Hinblick auf den Komfort waren die amerikanischen Hotels führend. Das Waldorf Astoria in New York bot seinen Gästen als erstes Hotel elektrischen Strom und private Badezimmer.

PROFIL
César Ritz

César Ritz, der 1850 im Schweizer Kanton Wallis geboren wurde, kam 1867 zur Weltausstellung nach Paris. Er arbeitete dort in mehreren Restaurants, bevor er in der Nähe von Luzern im Hotel Rigi-Kulm eine Stelle antrat. 1877 übernahm er die Leitung des Grand Hotel National in Luzern, des luxuriösesten Hotels der Schweiz, das jedoch finanzielle Schwierigkeiten hatte. Innerhalb einer Saison riss Ritz das Ruder herum, indem er eine Partnerschaft mit Meisterkoch Auguste Escoffier schloss und sie den Speisesaal zum gesellschaftlichen Mittelpunkt des Hauses erhoben: Er zog nicht nur Hotelgäste, sondern auch die örtliche feine Gesellschaft an.

CÉSAR RITZ 1900, ZWEI JAHRE NACH DER ERÖFFNUNG DES HÔTEL RITZ IN PARIS

aufzug, der 1854 auf der New Yorker Weltausstellung vorgestellt wurde, und der Elektrizität und wurden immer größer und prachtvoller. Dabei waren die USA wegweisend – europäische Reisende schwärmten oft von dem Komfort der amerikanischen Hotels. Im Gegenzug versuchten europäische Hotels, amerikanische Gäste anzulocken, indem sie ihre Standards erhöhten, etwa durch den Einbau von Badezimmern. Als z. B. das Londoner Savoy um 1880 erbaut werden sollte, forderte sein Inhaber Rupert D'Oyly Carte ein Badezimmer für jeweils zwei Gästezimmer, was den Bauunternehmer zu der Frage veranlasste, ob D'Oyly Carte davon ausgehe, dass seine Gäste Amphibien seien.

Als Manager für sein neues Hotel engagierte D'Oyly Carte den Schweizer César Ritz. Dieser verließ das Savoy Ende der 1890er-Jahre wieder, um am eleganten Place Vendôme in Paris ein Hotel unter eigenem Namen zu eröffnen. Hinter der Fassade aus dem 18. Jh. wartete dieses mit einem Bad für jedes Gästezimmer auf und setzte Luxusmaßstäbe, an denen sich jedes andere Grand Hotel messen lassen musste.

Haute Cuisine
Die Speisekarte für das Neujahrsmenü, das 1908 im Savoy Hotel serviert wurde, zeigt, dass die Grand Hotels nicht nur Luxusherbergen waren, sondern von der gehobenen Gesellschaft gern genutzt wurden, um zu speisen, zu tanzen und sich zu präsentieren.

(siehe S. 230–231) beherbergen zu können. Dazu gehörte das Grand Hôtel du Louvre (Paris, 1855), das Langham Hotel (London, 1862) und das Continental (Paris, 1878).

Ausgelöst durch die Pracht des Pariser Grand Hôtels, erlebten die Hotels im ausgehenden 19. Jh. ihre Glanzzeit. Sie profitierten von neuen Erfindungen wie dem Personen-

» Wenn ich von einem **Leben nach dem Tod** im Himmel träume, so findet es im **Pariser Ritz** statt. «

ERNEST HEMINGWAY IN EINEM BRIEF AN A. E. HOTCHNER

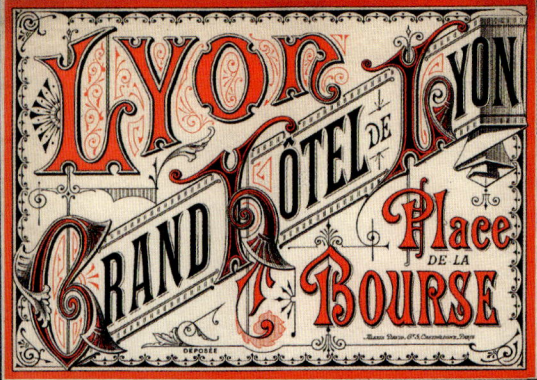

GRAND HÔTEL DE LYON, FRANKREICH

KYOTO HOTEL, JAPAN

VICTORIA HOTEL, SCHWEIZ

HOTEL LUNA, ITALIEN

VILLARS PALACE, SCHWEIZ

HOTEL DE LA MAMOUNIA, MAROKKO

CAISTER HOTEL, SÜDAFRIKA

HOTEL TIMES SQUARE, USA

SEA VIEW HOTEL, SINGAPUR

HOLDEN'S AIR SERVICES, NEUGUINEA

STATION HOTEL, MALAYSIA

OVERLAND DESERT MAIL, NAHER OSTEN

GRAND HOTEL RICHER, FRANKREICH

COSULICH LINE, ITALIEN

HOTEL REGIS, MEXIKO

Gepäckaufkleber

Die dekorativen Gepäckaufkleber zeigten an, wohin das Gepäck eines Reisenden gehen sollte und wo er schon überall war.

HOTEL RUHL, FRANKREICH

Aufkleber wurden zuerst von Schifffahrt-gesellschaften eingeführt, damit man beim Verladen des Gepäcks gleich sehen konnte, welche Stücke in die Kabinen und welche in den Lagerraum gebracht werden sollten. Später wurden sie auch von der Hotelbranche übernommen. Gepäckträger an Bahnhöfen oder Häfen klebten sie auf die Koffer der Reisenden, damit alle Teile in die richtigen Hotels geliefert wurden. In späteren Jahren händigte man sie den Reisenden als Andenken und als kostengünstige Werbung für das Hotel aus.

Die Künstler, die diese Aufkleber für die Hotels erstellten, versuchten meist, die Exotik und Romantik des Ortes einzufangen, indem sie ein landestypisches Wahrzeichen vor einen dunstigen Sonnenuntergang oder einen strahlend blauen Himmel setzten. Manche Aufkleber sind kleine Meisterwerke und ähneln den klassischen Plakaten aus der Glanzzeit des Reisens – kein Wunder, denn meistens war derselbe Künstler am Werk.

Ein Koffer voller Aufkleber kündete von der Weltgewandtheit und dem Wohlstand seines Besitzers. »Ich genoss das stumme Interesse, das meine Gepäckaufkleber bei meinen Mitreisenden erweckten«, schrieb der Autor Max Beerbohm 1909.

Als Flugreisen populär wurden und man nicht mehr so viel Gepäck mitnehmen durfte, kamen die Aufkleber außer Mode.

HOTELS ESSENER HOF UND SCHLICKER, DEUTSCHLAND

Die Vermessung Indiens

In Indien unternahmen die Briten die mühseligste Kartografie-Expedition aller Zeiten. Obwohl sie fast 70 Jahre dauerte und viele Menschenleben forderte, ist sie heute beinahe in Vergessenheit geraten.

Ende des 18. Jh. kontrollierte die Britische Ostindien-Kompanie große Teile Indiens, doch das Wissen über diesen Subkontinent war beschränkt. Grenzen, Verwaltungsbezirke und Infrastruktur mussten eingerichtet werden, was sich ohne gute Karten als schwierig erwies. Deshalb wurde kurz nach dem Sieg über Tipu Sultan, den Herrscher von Mysore in Südindien, eine offizielle Vermessung des Landes angeordnet.

Die Große Trigonometrische Vermessung

Die sogenannte Große Trigonometrische Vermessung Indiens begann am 10. April 1802 an der Ostküste in Madras unter der Leitung des Geografen William Lambton. Dabei wurde der Abstand zwischen zwei fixen Punkten im Gelände möglichst exakt gemessen und von jedem der beiden Punkte aus ein dritter Fixpunkt angepeilt. Die Entfernung zu diesem dritten Punkt wurde mit trigonometrischen Formeln berechnet. Die Seiten des so entstandenen Dreiecks dienten wiederum als Basislinien, um benachbarte Dreiecke zu berechnen. Dieses Verfahren wurde so lange fortgesetzt, bis das gesamte Gebiet vermessen war. Alle Messwerte wurden mithilfe eines speziell angefertigten riesigen Theodoliten (eine Art Teleskop), der eine halbe Tonne wog, mit der Position der Sterne verglichen. Mühsam bahnte sich die Expedition so ihren Weg, Dreieck für Dreieck, von Madras durch das neu eroberte Territorium Mysore über Bangalore in Mittelindien bis nach Mangalore am Arabischen Meer.

Logistische Probleme

Dieser erste Abschnitt der Landvermessung dauerte vier Jahre und ergab, dass Indien auf diesem Breitengrad 580 km maß und damit 64 km kürzer war als angenommen. Die Vermessungsarbeiten wurden dann von Bangalore bis

◁ **Lambtons Theodolit**
Das 508 kg schwere Vermessungsgerät wurde von William Lambton 1802 nach Indien gebracht. Durch seine Größe und sein Gewicht konnten exakte Messungen im Gelände durchgeführt werden.

» Wir wissen seit einigen Jahren, dass **dieser Berg höher ist** als **jeder** andere bisher **gemessene in Indien** und wahrscheinlich der **höchste der Welt ist.** «

ANDREW SCOTT WAUGH, SURVEYOR-GENERAL VON INDIEN UND NACHFOLGER VON GEORGE EVEREST, 1850

△ **Vermessungsarbeiten**
Diese Lithografie aus dem 19. Jh. zeigt Inder bei trigonometrischen Vermessungsarbeiten mit Stange, Stativ und Schnur.

◁ **Dreiecksnetz**
Diese Karte zeigt das Ergebnis von William Lambtons trigonometrischen Vermessungen in ganz Indien. Jedes der großen Dreiecke enthält zahlreiche kleinere.

zur Südspitze Indiens und nach Norden bis Delhi und darüber hinaus in einem Bogen fortgesetzt, der in etwa dem 78. Meridian (oder Längengrad) entsprach. Das größte Problem war dabei die eingeschränkte Sichtweite in Urwäldern und Gegenden, über denen der Rauch Tausender Kuhdung-Feuer hing. Deshalb wurden die Messungen oft nachts mithilfe von Fackeln durchgeführt, die von eigens dafür errichteten Türmen gesichtet wurden. Weniger einfach war es, den Ausbruch von Krankheiten wie Malaria zu verhindern, die Hunderte von Menschenleben kosteten – ganz zu schweigen von den Tigern, deren Angriffe immer wieder Angst und Schrecken verbreiteten.

Mount Everest
Nach dem Tod William Lambtons übergab man die Leitung des Projekts an George Everest, der von 1830 bis 1843 Surveyor-General von Indien war. Obwohl der ehrgeizige und jähzornige Everest bei seinen Leuten wenig beliebt war, wurde der höchste Gipfel, den die Expedition 1856 im Himalaja vermaß, nach ihm benannt. Everest hätte hingegen einen indischen Namen bevorzugt, konnte sich jedoch nicht durchsetzen. Außerdem ärgerte er sich jedes Mal, wenn sein Name falsch ausgesprochen wurde. Er bestand auf der Betonung »EVE-rest«, nicht »EVER-est«. Im Übrigen lautet der tibetische Name des Berges *Chomolungma* und bedeutet »Muttergöttin der Welt«.

▷ **Die Spitze der Welt**
1856 wurde die Höhe des Mount Everest (damals Peak XV genannt) mit 8840 m angegeben. Heute beträgt die offiziell anerkannte Höhe des höchsten Berges der Welt 8848 m.

Die ersten Alpinisten

Nachdem die Welt erkundet und kartografiert war, wollte man unwirtliche Regionen erobern, die noch niemand zuvor betrat – Berggipfel.

▽ **Gipfelfoto**
Der französische Fotograf Auguste-Rosalie Bisson machte im Sommer 1861 die ersten Aufnahmen vom Mont Blanc. Für seine Ausrüstung benötigte er 25 Träger.

Wenige Tage vor Weihnachten versammelten sich 1857 etwa 20 Männer in einem Hotel in Covent Garden in London zur Gründungsversammlung des Alpine Clubs. Unter dem Vorsitz von Edward Kennedy, einem »finanziell unabhängigen Gentleman«, der zwei Jahre zuvor an der Erstbesteigung des Mont Blanc du Tacul in den französischen Alpen teilgenommen hatte, sollten die Clubmitglieder maßgeblich an der Verbreitung des Alpinismus als Sportart beteiligt sein.

Die Anfänge des Bergsteigens, wie wir es heute kennen, liegen im Jahr 1760, als ein junger Geologe aus Genf namens Horace-Bénédict de Saussure eine Belohnung für die Erstbesteigung des Mont Blanc aussetzte, dem mit 4808 m höchsten Gipfel Europas. Allerdings dauerte es 25 Jahre, bis Michel-Gabriel Paccard, ein Arzt aus Chamonix, das Preisgeld einforderte. Ein Jahr später bestieg de Saussure selbst den Gipfel.

Eigentlich begann die Glanzzeit des Alpinismus, als zum ersten Mal die

schwierigeren Gipfel bezwungen wurden. So gilt die Besteigung des Wetterhorns 1854 durch Alfred Wills – jenem Richter, der Jahrzehnte später Oscar Wilde wegen »Unzucht« zu zwei Jahren Zuchthaus verurteilte – als Beginn des alpinen Goldenen Zeitalters. Wills bestieg das Wetterhorn nicht als Erster, aber sein Bericht über die Expedition trug viel zur wachsenden Popularität des Bergsteigens bei. Er war auch einer der Gründungsmitglieder des Alpine Clubs.

◁ **Edward Whymper**
Der englische Künstler, Bergsteiger und Entdecker Edward Whymper bestieg als Erster das Matterhorn. Er kletterte auch in Südamerika und in den kanadischen Rockies.

Gipfelstürmer

In den Anfangsjahren erklommen britische Bergsteiger in Begleitung ortskundiger Führer einen hohen Schweizer Gipfel nach dem anderen. Manche unternahmen den Aufstieg aus wissenschaftlicher Neugier. John Tyndall, der 1861 an der Erstbesteigung des Weisshorns in den Walliser Alpen teilnahm, nutzte die Gelegenheit, um die Gletscher und ihre Bewegungen zu studieren. Ein Höhepunkt war die Erstbesteigung des Matterhorns im Juli 1865 unter Führung des 25-jährigen englischen Illustrators Edward Whymper. Beim Abstieg über schnee- und eisbedeckte Felsen kam es jedoch zur Tragödie: Einer der Männer rutschte aus und riss drei seiner Kameraden 1220 m mit sich in die Tiefe.

1870 waren alle großen Alpengipfel bezwungen und die Bergsteiger sahen sich andernorts nach Herausforderungen um. Anfänglich fanden sie sie in den Pyrenäen und im Kaukasus, aber Ende des 19. Jh. entdeckten sie die Anden in Südamerika, die Rocky Mountains in Nordamerika und die Berggipfel Afrikas für sich. Der Aconcagua, der höchste Berg der Anden, wurde 1897 zum ersten Mal bestiegen und 1898 der Grand Teton in den Rocky Mountains. 1889 erklommen Ludwig Purtscheller und Hans Meyer den Kilimandscharo in Afrika und Halford Mackinder 1899 den Mount Kenya. 1913 bestieg der Amerikaner Hudson Stuck den Mount McKinley in Alaska, den höchsten Gipfel von Nordamerika. Es sollte jedoch noch etwas Zeit vergehen, bis auch die letzte Bastion, der Mount Everest im Himalaja, bezwungen wurde.

In Ecuador bestieg Edward Whymper u. a. den Vulkan Chimborazo, den bereits Alexander von Humboldt (siehe S. 192–193) besucht hatte. Whymper erhob dabei Daten für eine Studie über die Höhenkrankheit und sammelte Amphibien und Reptilien, die er dem British Museum aushändigte. Später kletterte er in den kanadischen Rockies, wo sogar ein Berg nach ihm benannt wurde.

△ **Gemälde vom Mont Blanc**
Der Britisch-Kanadier John Auldjo erklomm 1827 den Mont Blanc. Seine Erzählung über den Aufstieg, die mehrere Aquarelle enthielt, wurde ein Bestseller.

△ **Die Rockies erklommen**
General John Charles Fremont, ein Pionier in der Erkundung Amerikas, pflanzte im August 1842 diese »Fremont-Flagge« auf den Bergkämmen der Rocky Mountains.

> » Wir blieben **eine Stunde** lang auf dem **Gipfel.** Eine **volle Stunde herrlichen Lebens.** «

EDWARD WHYMPER, BERGSTEIGER, ÜBER DIE BESTEIGUNG DES MATTERHORNS, 1865

Nationalparks

Die Besiedelung Amerikas hatte einen hohen Preis – die Zerstörung der Natur und das Ausrotten von Tieren und Pflanzen. Da beschloss eine Handvoll Menschen, wenigstens Teile der Landschaft zu retten, bevor es zu spät war.

Im Jahr 1851, als der Goldrausch in Kalifornien (siehe S. 220–221) auf dem Höhepunkt war, betrat ein Bataillon Soldaten der staatlichen Miliz auf der Jagd nach Indianern ein Tal in der westlichen Sierra Nevada. Einen der Soldaten, ein junger Arzt namens Lafayette Bunnell, nahm die Schönheit des Tals gefangen: »Als ich mich umsah, erschien ein seltsames Hochgefühl mein ganzes Wesen zu erfassen«, schrieb er, »und meine Augen füllten sich mit Tränen.« Er schlug vor, dem Tal einen Namen zu geben. Sie nannten es »Yosemite«, weil sie glaubten, dies sei der Name des dort ansässigen Indianerstammes. Tatsächlich war dieses Wort jedoch ein Schimpfwort und bedeutete »Sie sind Mörder«, denn der Stamm wurde von anderen Indianervölkern gefürchtet.

Vier Jahre später führte der gescheiterte Goldsucher James Mason Hutchings eine Besuchergruppe in das Tal.

△ **Der erste Nationalpark**
Yellowstone, hier ein Werbeplakat für die Region von 1910, war nicht nur der erste Nationalpark der USA, sondern der ganzen Welt. Er erhielt diesen Status 1872.

Er hatte die Idee, dort ein Hotel zu errichten und damit ein Vermögen zu verdienen. Mithilfe von Zeichnungen des Illustrators Thomas Ayers verbreitete er die Kunde von der Schönheit des Yosemite-Tals, um den Tourismus anzukurbeln. Einer der Besucher des Tals war Frederick Law Olmsted, der den New Yorker Central Park entworfen hatte. Er beschrieb Yosemite als »die größte Herrlichkeit der Natur … die Vereinigung der tiefsten Erhabenheit mit der größten Schönheit«. Olmsted war auch eine der Personen, die Bedenken äußerten, falls Männer wie Hutchings an diesem Ort unkontrolliert agieren dürften. Das berühmteste Wahrzeichen der Nation, die Niagarafälle, hatten private Unternehmer bereits stark beschädigt, indem sie dort willkürlich Gebäude errichtet hatten und jedem den Zugang verwehrten, der nicht bereit war, dafür zu zahlen.

Im Juni 1864 wurde deshalb ein Gesetz erlassen – das erste dieser Art auf der Welt –, das 155 km² Land rund um das Yosemite-Tal unter Naturschutz stellte.

Sechs Jahre später machte sich eine Gruppe unter Führung des ehemaligen

PROFIL
John Muir

Als ein Arbeitsunfall ihn beinahe ein Auge kostete, beschloss der Amerikaner John Muir, seine Träume zu verwirklichen. Er ging zu Fuß von Kansas nach Florida und landete in San Francisco, von wo aus er sich umgehend auf den Weg ins Yosemite-Tal machte. Dort verbrachte er mehrere Jahre und wurde Experte für die Flora und Geologie des Ortes. Sein Geld verdiente er mit dem Schreiben von Artikeln, in denen er beispielsweise den Gedanken äußerte, dass die spektakulären Felsformationen im Yosemite durch Gletscher entstanden – eine heute anerkannte Theorie. Durch seine Artikel beeinflusste er die öffentliche Meinung zugunsten der Nationalparks und inspirierte Präsident Theodore Roosevelt, der Muir 1903 in Yosemite besuchte, zu seinen Naturschutzprogrammen.

JOHN MUIR MIT PRÄSIDENT THEODORE ROOSEVELT IN YOSEMITE

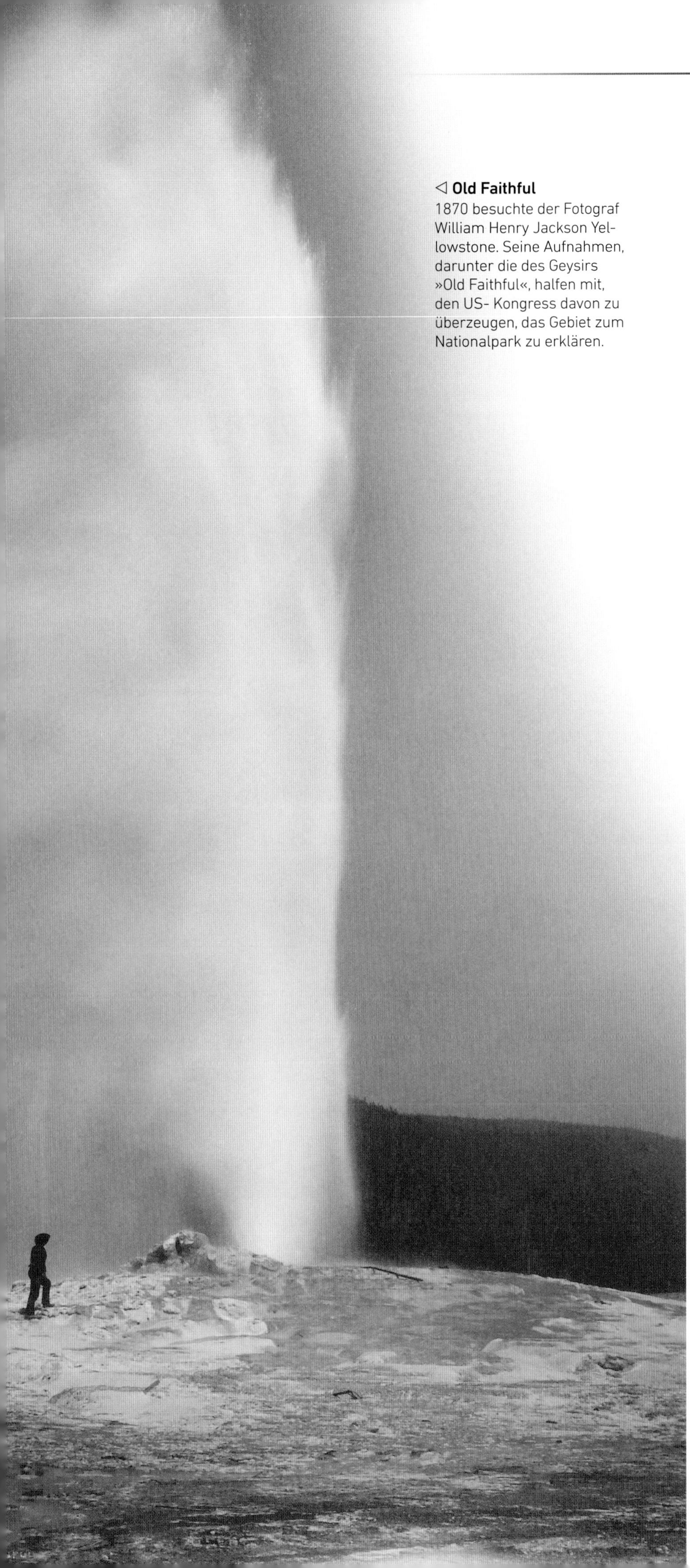

◁ **Old Faithful**
1870 besuchte der Fotograf William Henry Jackson Yellowstone. Seine Aufnahmen, darunter die des Geysirs »Old Faithful«, halfen mit, den US-Kongress davon zu überzeugen, das Gebiet zum Nationalpark zu erklären.

Unternehmers und Steuereintreibers Nathaniel P. Langford auf, um Gerüchten über einen Ort am Yellowstone River im Nordwesten von Wyoming nachzugehen. Dort stiegen angeblich Wasser- und Dampffontänen aus dem Boden auf. Nachdem sich die Expedition durch dichte Wälder und Schnee gekämpft hatte, stießen sie auf eine große Lichtung und wurden Zeuge der Eruption eines riesigen Geysirs, die sie veranlasste, vor Freude ihre Hüte in die Luft zu werfen.

Im Jahr darauf untersuchten Wissenschaftler den Ort und legten ihren Bericht dem Kongress vor. Daraufhin wurde am 1. März 1872 ein Gesetz zum Schutz des Gebiets erlassen. Anders als der Yosemite Park, der von Kalifornien verwaltet wurde, war Yellowstone der erste Nationalpark der Geschichte. Auf Betreiben des Naturforschers John Muir, der Kalifornien für unfähig hielt, sich um Yosemite zu kümmern, wurde jedoch auch dieser Ort 1890 zum Nationalpark erklärt.

△ **Yosemite**
Glacier Point, hier in einer Aufnahme von 1877, ist eines der zerklüfteten Wunder, die Frederick Law Olmsted bei seinem Besuch in Yosemite in Erstaunen versetzten.

▷ **Cooks Touren**
Bereits 1873 führte Thomas Cook persönlich Touristengruppen auf Reisen rund um die Welt. Dieses Plakat stammt von 1890.

Weltreisen

Dank besserer Beförderungsmöglichkeiten und der Eröffnung des Suezkanals konnten Touristen Ende des 19. Jh. um die ganze Welt reisen.

△ **Ida Pfeiffer**
Die österreichische Schriftstellerin Ida Pfeiffer sah aus wie eine ganz konventionelle Frau des 19. Jh., doch in Wirklichkeit war sie eine abenteuerlustige Reisende.

▷ **Liebling der Medien**
Nellie Blys Mut, ihre Jugend und die Tatsache, dass sie eine Frau war, machten sie berühmt. Hier ist sie auf dem Deckel eines Brettspiels von 1890 abgebildet.

da Pfeiffer, die 1797 in Wien geboren wurde, war eine außergewöhnliche Frau. In einer Zeit, in der sich Frauen nur »Kinder, Küche und Kirche« widmen sollten, reiste sie ganz allein um die Welt, und das gleich zweimal. Das Geld dafür verdiente sie als Schriftstellerin.

Die erste Hälfte ihres Lebens verlief relativ normal. Obwohl sie mit sieben Brüdern aufwuchs und ihr Vater auch sie wie einen Sohn behandelte (sie trug sogar Knabenkleidung), wurde sie mit 22 Jahren verheiratet und gebar selbst zwei Söhne. Erst nach der Trennung von ihrem Ehemann und dem Flüggewerden ihrer Kinder beschloss Ida mit 45 Jahren, auf Reisen zu gehen.

Zuerst besuchte sie das Heilige Land und Ägypten, wobei sie vorgab, auf Pilgerfahrt zu gehen, um damit bei Familie und Freunden auf weniger Widerstand zu stoßen. Diesem Vorstoß in den Nahen Osten folgte eine Reise nach Island und 1846 die erste Weltreise, die sie nach Südamerika, China, Indien, Irak, Iran, Russland, Türkei und Griechenland führte. Pfeiffer hatte kaum Ausrüstung dabei – lediglich einen

Lederschlauch für Wasser, eine kleine Pfanne, etwas Salz, Reis und Brot. Sie kehrte 1848 in die Heimat zurück, blieb aber gerade lange genug, um einen Bestseller über ihre Reisen zu schreiben. Dann war sie schon wieder unterwegs, diesmal nach Südafrika und Asien.

Das Besondere an Pfeiffer war nicht nur, dass sie als Frau ganz allein reiste. Mitte des 19. Jh. wagten sich euro-

päische Touristen selten weiter als in den Nahen Osten und an die Ostküste Amerikas. Jenseits dieser bekannten Regionen waren weder die Beförderung noch die Unterbringung gesichert, und man musste in der Lage sein, mit Unannehmlichkeiten, ja sogar Gefahren fertigzuwerden. Pfeiffer wohnte bei den Einheimischen, schlief auf dem Deck überfüllter Schiffe, speiste mit Kanni-

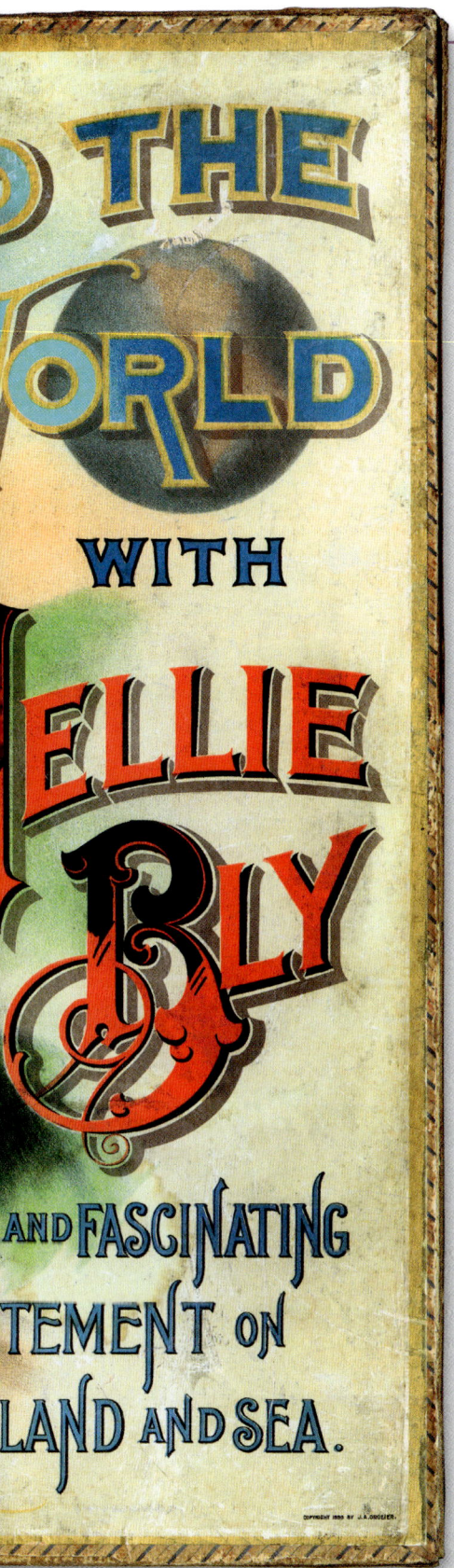

» Es ist kein Kunststück, **in dieser Welt Pläne zu machen,** auch ein Kater kann das tun. Man darf nur nicht vergessen, dass **in fernen Meeren** menschliches Denken **nicht mehr Wert** hat als eine Kateridee. « MARK TWAIN

◁ **Touristin in Shanghai, 1900**
Für Touristen, die schon alles gesehen hatten, boten die Städte in Fernost ganz neue, aufregende Erfahrungen. Der Londoner Verleger John Murray veröffentlichte sein erstes »Handbuch« über Japan 1884.

so erfolgreich, dass sie von da an einmal im Jahr angeboten wurde.

In den folgenden Dekaden wurde Cooks Route der Standardweg für Weltreisende. Sie war teuer, aber durch die Verbesserung der Transportsysteme und deren Verbindung untereinander nicht mehr unerschwinglich. Ende des 19. Jh. kamen auch Reisen nach Japan und Indien in Mode. Wegen Japans Furcht vor Fremdeinflüssen auf seine Kultur hatten Touristen nicht mehr überall Zutritt, aber es war noch möglich, Yokohama, Tokio, Kobe, Osaka, Kyoto und Nagasaki zu besuchen.

Um 1890 erweiterte Cook sein Angebot um Reisen nach Australien, Neuseeland und Südafrika.

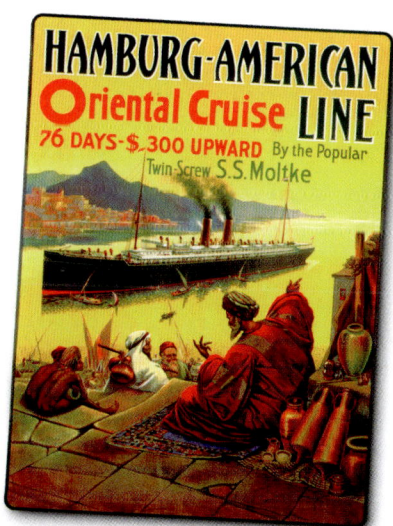

△ **Die Orient-Linie**
Anfang des 20. Jh. waren Weltreisen nicht mehr beschwerlich. Schifffahrtsgesellschaften boten komfortable Überfahrten zu weit entfernten Zielen.

Rekordreise

Im Januar 1873 erregte Jules Vernes Roman *In 80 Tagen um die Welt* großes Aufsehen. Es war eine unterhaltsame Geschichte über eine unmögliche Reise. 1889, nur 16 Jahre später, beschloss die 22-jährige amerikanische Reporterin Elizabeth Cochran, die unter dem Pseudonym Nellie Bly schrieb, den Spuren von Jules Vernes Protagonisten Phileas Fogg zu folgen und die Welt in nur 75 Tagen zu umrunden. Per Schiff, Zug, Esel und anderen Transportmitteln gelang ihr das sogar in der Rekordzeit von nur 72 Tagen. Offensichtlich war die Welt durch das Reisen kleiner geworden.

Europa und Asien. Seit der Öffnung Japans für den Auslandshandel um 1850 existierte bereits eine ähnliche Verbindung durch den Pazifik.

Es verwundert kaum, dass Thomas Cook, der die neuen Dampfeisenbahnen zur Gründung seines Reiseunternehmens genutzt hatte (siehe S. 222–223), schnell die Möglichkeiten einer Weltreise erkannte. 1872 hatte sein Unternehmen geführte Touren durch Europa, Amerika, Ägypten und das Heilige Land unternommen. Im Frühling desselben Jahres kündete er eine ambitionierte Reise rund um die Welt an, die er selbst leitete. Die Route führte über den Atlantik und die Vereinigten Staaten nach Japan, China, Singapur, Ceylon, Indien und Ägypten. Dann ging es mit dem Dampfschiff über das Mittelmeer und per Eisenbahn quer durch Europa zurück nach London. Insgesamt wurde eine Strecke von 40 234 km in 222 Tagen zurückgelegt. Die Reise war

balen und saß in Madagaskar sogar im Gefängnis, weil man sie der Verschwörung gegen Königin Ranavalona I. angeklagt hatte.

Rund um die Welt

Um 1870 begann sich die Situation zu ändern. Der Suezkanal, der 1869 eröffnet wurde, ermöglichte eine direkte Verbindung per Dampfschiff zwischen

Die Erkundung der Ozeane

Die moderne Meereskunde nahm mit der Reise der *Challenger* von 1872 bis 1876 ihren Anfang. Die Forschungsexpedition sammelte Daten über die Ozeane, über das Leben darin und über die geologische Beschaffenheit des Ozeanbodens.

△ **Grenadierfisch**
Diesen Grenadierfisch entdeckte das Team der *Challenger* 1874 in den Gewässern südlich von Australien.

Noch Mitte des 19. Jh. hielt man die Ozeane und Meere für riesige leere Räume, die überquert werden mussten, um von einem Ort zum anderen zu gelangen. Der Naturforscher Charles Darwin bezeichnete sie sogar als »langweilige Öde« und »Wasserwüste«. Über die Tiefen des Ozeans war wenig bekannt, doch das änderte sich 1858 mit der Verlegung des ersten Unterseekabels zwischen Irland und Neufundland. Die Telegrafieunternehmen planten, noch weitere Kabel durch die Ozeane zu ziehen, und schürten so das Interesse an dem, was sich unter den Wellen befand.

Aufbruch ins Unbekannte

1870 sandte die Royal Society von London in Zusammenarbeit mit der Royal Navy eine Expedition aus, die Großbritannien an die Spitze der meereskundlichen Forschung katapultierte. Initiator der Expedition war der schottische Naturhistoriker und Meereszoologe Charles Wyville Thomson. Ihr Schiff, die HMS *Challenger,* war ein Vollschiff der Royal Navy mit drei rahgetakelten Masten und einer Hilfsmaschine. Um Platz für die zwei mit den modernsten Instrumenten ausgestatteten Labore zu schaffen, wurden alle 17 Kanonen bis auf zwei entfernt. Einige Teile der Aus-

▷ **Schiffslabor**
Die *Challenger* besaß zwei voll ausgestattete Labore, eines für chemische (hier abgebildet) und eines für biologische Studien.

rüstung waren extra erfunden oder so verändert worden, dass sie den Ansprüchen der Expedition genügten.

Neben Kapitän George Nares und einer Besatzung von 240 Mann befanden sich sechs Wissenschaftler an Bord, darunter Wyville Thomson, die Naturforscher John

▷ **Pioniere der Meereskunde**
Eine Aufnahme des wissenschaftlichen Teams der *Challenger* unter der Leitung von Wyville Thomson (Dritter von links). John Murray (auf dem Boden sitzend) schrieb die Berichte.

▷ **HMS *Challenger* in der Antarktis**
Auf ihrer dreieinhalb Jahre dauernden Reise besuchte die HMS *Challenger* jeden Kontinent. Der zeitgenössische Stich zeigt das Schiff im Februar 1874 in der Antarktis.

Murray und Henry Mosely sowie der offizielle Zeichner John James Wild. Die *Challenger* lief im Dezember 1872 im schottischen Sherness aus. Auf der Reise, die dreieinhalb Jahre dauern sollte, legte sie etwa 127 600 km zurück, fuhr durch den Pazifik, den Nord- und Südatlantik und in die Polarregionen. In regelmäßigen Abständen wurde angehalten (insgesamt 362-mal), um die Wassertiefe und -temperatur zu messen. Mit speziellen Vorrichtungen, die über den Meeresboden gezogen wurden, sammelten die Wissenschaftler Steine, Sediment und Pflanzen. Die Meerestiere landeten in Netzen. Es wurden auch Wasserproben in unterschiedlichen Tiefen entnommen sowie atmosphärische und andere meteorologische Bedingungen dokumentiert.

Eine neue Wissenschaft

Die Ergebnisse der Expedition wurden schließlich in einem Mammutwerk aus 50 Bänden mit insgesamt 29 500 Seiten zwischen 1877 und 1895 veröffentlicht. Die Forscher hatten 4700 neue Meeresorganismen entdeckt und damit eindeutig bewiesen, dass

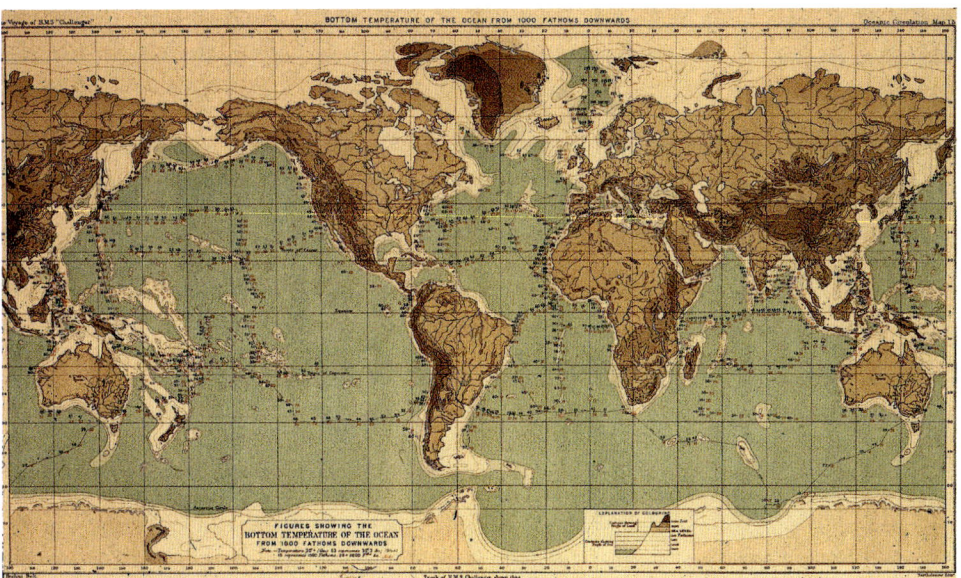

Wassertemperaturen der Ozeane
Auf dieser Karte von der historischen Expedition der HMS *Challenger* sind die Wassertemperaturen des Weltmeeres in unterschiedlichen Tiefen eingezeichnet. Es war das erste Mal, dass derart umfassende Daten gesammelt wurden.

> » Der **größte Fortschritt** in der **Kenntnis** unseres **Planeten** seit den **berühmten Entdeckungen** des 15. und 16. Jh. «
>
> NATURFORSCHER JOHN MURRAY ÜBER DIE ERGEBNISSE DER *CHALLENGER*-EXPEDITION

es in der Tiefsee Leben gab. Sie hatten auch die erstaunliche Topografie des Weltmeeres untersucht und herausgefunden, dass eine seiner tiefsten Stellen (6 km) im Marianengraben im Westpazifik liegt.

Die Expedition leistete viele bedeutende Beiträge in verschiedenen wissenschaftlichen Bereichen wie Hydrografie, Meteorologie, Geologie, Botanik und Zoologie. Darüber hinaus markierte sie die Geburtsstunde der Meereskunde, wie wir sie heute kennen. Es ist nur konsequent, dass die NASA sowohl 1972 die Mondlandefähre von Apollo 17 als auch ihr zweites Spaceshuttle nach der kleinen Korvette der Royal Navy benannte, die ihre Besatzung so weit ins Unbekannte trug.

Neue Lebensformen
Die *Challenger*-Expedition entdeckte über 4700 neue Meerestierarten. Von vielen wurden exakte Zeichnungen angefertigt und später im Bericht veröffentlicht.

Fantasiereisen

Als neue Technologien die Reisemöglichkeiten immer mehr erweiterten, gerieten Romanautoren in Gefahr, vom Fortschritt überholt zu werden.

1869 schrieb eine Zeitung in Sacramento: »Nur wenige unserer Leser wissen, dass durch die Fertigstellung der Pazifik-Eisenbahnlinie nun eine Reise um die Welt in 80 Tagen möglich ist.« War diese Behauptung die Inspiration für den französischen Autor Jules Verne, der drei Jahre später *In 80 Tagen um die Welt* veröffentlichte? Allerdings schrieb Verne für gewöhnlich nicht über das Mögliche – er bevorzugte das Unmögliche. So entstanden Geschichten über fantastische Abenteuer wie *Reise zum Mittelpunkt der Erde* (1864), *Von der Erde zum Mond* (1865), *Eine schwimmende Stadt* (1870) und *20 000 Meilen unter dem Meer* (1870), in denen er die Fortschritte in Wissenschaft und Technik seiner Zeit feierte und die Möglichkeiten der Zukunft auslotete. Heute nennen wir dieses Genre »Science-Fiction«. Sicher hielten Vernes Leser *In 80 Tagen um die Welt* für einen seiner üblichen unterhaltsamen, aber nicht realisierbaren Einfälle, bis 17 Jahre später eine junge Frau namens Nellie Bly (siehe S. 248–249) das Gegenteil bewies.

Durch den rasanten technischen Fortschritt wurden die Fantasiereisen immer gewagter. Ende des 19. Jh. stellte der englische Autor H. G. Wells in *Die Zeitmaschine* (1895) einen Apparat vor, der Reisen in die Zukunft ermöglichte. In *Die ersten Menschen auf dem Mond* (1901) schickt Wells seine Protagonisten in einer Hohlkugel, die die Gravitation umkehrt, in den Weltraum. Zwei Jahrzehnte früher nimmt der englische Autor Percy Greg in *Jenseits des Zodiakus* (1880) ein Raumschiff zum Mars, das mit der geheimnisvollen Energie namens »Apergie« betrieben wird. Wells dachte ebenfalls intensiv über solche Reisen nach: In *Der Krieg der Welten* (1898) besuchen Marsianer die Erde – und finden es dort so schön, dass sie beschließen, unseren Planeten zu übernehmen. Glücklicherweise schossen einige dieser Science-Fiction-Geschichten doch ziemlich weit über das Ziel hinaus.

> »Wie **weit** können wir noch **gehen?** Wo sind die **letzten Grenzen** dieser Reise?«

JULES VERNE, FRANZÖSISCHER AUTOR

Zukunftsaussichten
So wie in dieser Lithografie von 1882 stellte sich der französische Künstler Albert Robida die Personenbeförderung in 100 Jahren vor: Die vornehm gekleidete feine Pariser Gesellschaft steigt im Jahr 2000 nach dem Besuch der Oper in ihre futuristischen Fluggefährte. Im Hintergrund erkennt man fliegende Busse und Taxis, und auch die Polizei bewegt sich fliegend durch die Lüfte.

DIE
GOLDENE ÄRA
DES REISENS

1880–1939

DIE GOLDENE ÄRA DES REISENS, 1880–1939

Einführung

Ende des 19. Jh. waren nur noch die entlegensten und unwirtlichsten Teile der Welt nicht erkundet, etwa die eisigen Weiten der Polarkappen oder die heißen Regionen der Arabischen Wüste. Doch selbst dorthin reisten Menschen. Etwa während des Wettlaufs zum Südpol, der genauso dramatisch verlief wie so viele andere Expeditionen. 1912 unternahm der britische Forscher Robert F. Scott den langen Marsch zum Südpol und musste dann feststellen, dass der Norweger Roald Amundsen schon vor ihm dort gewesen war. Auf dem Rückweg starb Scott nur 18 km von einem Vorratslager entfernt. 14 Jahre später erreichte Amundsen mit einem Zeppelin namens *Norge* den Nordpol und war damit der erste Mensch, der beide Pole besucht hatte.

Auch auf vertrautem Terrain blieb das Reisen ein aufwendiges Unterfangen. Die Eisenbahn verband zwar größere Städte miteinander, aber die meisten Reisen wurden noch immer zu Fuß oder bestenfalls in Kutschen unternommen. Besonders Mutige wagten sich bis nach Japan und Neuseeland, doch Reisen ans andere Ende der Welt waren beschwerlich und oft nicht sehr komfortabel. Manche Reiseführer empfahlen nach wie vor, außerhalb Europas sicherheitshalber einen Revolver mitzuführen.

Fahrräder, Autos und Flugzeuge

Trotz seiner simplen Konstruktion revolutionierte das Fahrrad das Leben vieler Menschen. Sie konnten sich nun ganz leicht von der Stadt aufs Land (und umgekehrt) oder von einem Dorf zum nächsten bewegen. Das Automobil befreite die Menschen in noch größerem Maße, vor allem als Henry Ford mit der Massenproduktion

DAS FAHRRAD SCHENKTE DEN MENSCHEN DIE FREIHEIT, SICH AUS EIGENER KRAFT FORTZUBEWEGEN.

ZEHN JAHRE NACH SEINER ERFINDUNG HATTE DAS FLUGZEUG DAS REISEN REVOLUTIONIERT.

DAS MODELL T VON FORD WAR DAS ERSTE AUTO, DAS SICH VIELE MENSCHEN LEISTEN KONNTEN.

>>Wir **träumen** noch immer von unmöglichen **zukünftigen Eroberungen.**<<

CHARLES LINDBERGH

des Modell T begann. Die größte Freiheit jedoch schenkten der Menschheit die Besitzer einer Fahrradwerkstatt in Ohio: Die Brüder Orville und Wilbur Wright bauten und flogen 1903 das erste richtige Flugzeug der Welt. Nur 20 Jahre später starteten bereits die ersten Passagierflugzeuge.

Die ersten Piloten wurden wie Helden gefeiert und brachen Rekorde. Alan Cobham flog 1926 von London nach Australien und zurück. Amy Johnson unternahm 1930 einen Flug von England nach Australien. 1927 überquerte Charles Lindbergh im Alleinflug den Atlantik, gefolgt von Amelia Earhart im Jahr 1930. Diese jungen Luftfahrtpioniere verliehen dem Fliegen einen Glamour, der auch auf Passagierflüge abfärbte. Wer es sich leisten konnte, ließ sich in 1200 m Höhe Erfrischungen servieren, spielte in der Lounge eine Partie Bridge und übernachtete in bequemen Schlafkabinen.

Ungleiche Bedingungen

Luxusreisen waren typisch für diese Zeit, sei es in den opulenten Waggons des Orientexpress oder in den Ballsälen der großen Transatlantikschiffe. Allerdings konnte sich kaum jemand diesen Luxus leisten. Für jeden Passagier in der Deckkabine eines Ozeanriesen waren sechs oder mehr Menschen unter primitivsten Bedingungen im Bauch des Schiffes eingepfercht. Viele von ihnen vertrieb die Armut aus ihrer Heimat und sie hofften in Amerika auf ein besseres Leben.

Diese Art der Ungleichheit setzte sich auch nach dem Ersten Weltkrieg fort, der die traditionelle Gesellschaftsordnung nur kurzfristig unterbrochen hatte. Erst nach dem Zweiten Weltkrieg sollte sich die Gesellschaft so einschneidend verändern, dass davon auch das Transportwesen und die Personenbeförderung beeinflusst wurden.

ROBERT F. SCOTTS *TERRA-NOVA*-TEAM ERKUNDETE ALS EINES DER ERSTEN DIE ANTARKTIS.

1926 FLOG ROALD AMUNDSEN MIT DEM ZEPPELIN *NORGE* ÜBER DEN NORDPOL.

TAUSENDE EUROPÄER FUHREN IN DER HOFFNUNG AUF EIN BESSERES LEBEN NACH AMERIKA.

Zentralasien

Noch im späten 19. Jh. waren Teile Eurasiens weiße Flecken auf der Landkarte, die nur darauf warteten, von Entdeckern erkundet zu werden.

△ **Ármin Vámbéry**
Der Ungar (1832–1913) unternahm als erster Europäer die lange und beschwerliche Reise ins Innere Asiens.

Die Gebiete einer Region, die sich am weitesten nördlich, südlich, östlich oder westlich befinden, werden für gewöhnlich als Letztes erkundet, normalerweise konzentriert sich die Erschließung zuerst auf das zentrale Territorium. Zentralasien jedoch existierte lange Zeit nur als weißer Fleck auf der Landkarte. Während der Mongolenherrschaft durchzogen dieses Niemandsland wichtige Handelswege. Aber nach dem Untergang des Mongolenreichs 1259 und vor allem, als die Europäer einen Seeweg nach Fernost entdeckt hatten, entvölkerte sich Zentralasien und zersplitterte in kleine islamische Stadtstaaten mit Steppen, Wüsten und Bergen, durch die Nomadenstämme wanderten.

Etwa ab dem 17. Jh. begannen Russland und China, nach Zentralasien (oder Turkestan, wie es damals genannt wurde)

△ **Bronzezeit-Gefäß**
Dieses 3500 Jahre alte dreibeinige Gefäß fand Aurel Stein bei Grabungen im Iran (heute im British Museum).

zu expandieren. Im 19. Jh. hatten beide Nationen einige Gebiete unter Kontrolle, aber der Großteil der Region blieb ungezähmt.

Vorstoß ins Unbekannte
Im März 1863 drang der Ungar Ármin Vámbéry von Teheran aus in das Herz Zentralasiens vor, in das seit dem 17. Jh. kaum ein Europäer einen Fuß gesetzt hatte. Als Vorbereitung auf diese Expedition hatte er viele Jahre in Konstantinopel verbracht und über 20 türkische Dialekte gelernt sowie den Koran studiert. Er verkleidete sich als muslimischer Pilger, denn er fürchtete, eingesperrt oder sogar exekutiert zu werden, falls man ihn als Europäer erkannte. Tatsächlich machte er sich mehrmals verdächtig, wurde den Behörden vorgeführt und als Spion beschuldigt, aber es gelang ihm jedes Mal, sich herauszureden. Vámbéry verbrachte ein Jahr in Zentralasien. Er besuchte Chiwa, Buchara und Samarkand, bevor er nach Budapest zurückkehrte und seine Erlebnisse 1865 in *Reise in Mittelasien* niederschrieb.

Sven Hedin
Als Vámbéry sein Werk veröffentlichte, stand ein anderer Entdecker noch am Anfang seines Lebens. Der Schwede Sven Hedin erlebte als Kind die triumphale Rückkehr von Adolf Erik Nordenskjöld, der als Erster die

◁ **Tibetische Stammesangehörige**
Sven Hedin machte einige der ersten Aufnahmen von Tibet und seinen Bewohnern, darunter dieses handkolorierte Foto von zwei berittenen Stammesangehörigen.

△ **Shigatse Dzong**
1907 schlüpfte Hedin unbemerkt durch die Tore von Tibets zweitgrößter Stadt. Die Einwohner waren empört, als sie ihn entdeckten. Später fertigte er diese Zeichnung der Stadt an.

Nordostpassage durchquert hatte, und fühlte sich dadurch inspiriert, ebenfalls Entdecker zu werden. Als Student bereiste er Russland, den Kaukasus und den Iran, ehe er 1893 die erste seiner drei großen Expeditionen nach Zentralasien unternahm. Von 1894 bis 1908 erkundete und kartografierte er Chinesisch-Turkestan (offiziell Xinjiang) und Tibet, das den meisten Europäern völlig unbekannt war. In der Taklamakan-Wüste verdurstete er fast, weil er zu wenig Wasser mitgenommen hatte. Das hielt ihn jedoch nicht davon ab, eine der versunkenen Städte der Taklamakan zu entdecken und dort Hunderte von Artefakten zu sammeln.

△ **Hedins Route**
Die erste Reise nach Zentralasien führte den
Schweden von China durch die Mongolei in
das russische Turkmenistan und schließlich
in die Taklamakan-Wüste. Bei seinem zweiten
Besuch reiste er am Nordrand der Wüste
entlang zum See Lop Nor.

> » Ich wollte nur noch **Pfade gehen,** die vor mir noch **kein Europäer betreten** hatte. «

SVEN HEDIN

Sven Hedins Veröffentlichungen über
seine Expeditionen inspirierten den
Ungarn Marc Aurel Stein (1862–1943),
es ihm gleichzutun. 1900 brach Stein zu
seiner ersten Expedition nach Chinesisch-Turkestan auf, um dort die
Orte zu bereisen, die Hedin
nicht erreicht hatte.

Wiederentdeckung
Steins größte Erfolge in seiner
30-jährigen Entdeckerlauf-
bahn beschränkten sich jedoch
vor allem auf Wiederentdeckungen.
Er fand Hinweise auf eine untergegangene buddhistische Kultur sowie

längst vergessene Abschnitte der Chinesischen Mauer. Er fand auch heraus,
wie die Routen der alten Seidenstraße
(siehe S. 86–87) miteinander verbunden waren. In dieser Hinsicht waren
Steins Reisen ein Vorläufer der archäologischen Expeditionen im 20. Jh.,
wie die Suche nach Machu Picchu
(1911) und nach Tutanchamuns
Grab (1922).

▷ **Als Pilger verkleidet**
Wie Vámbéry verkleidete sich auch Hedin als
Pilger, um sich überall frei bewegen zu können.
Er wählte das Gewand eines Buddhisten, weil er
hoffte, so nach Lhasa zu kommen, während sich
Vámbéry als muslimischer Derwisch ausgab.

Auf Skiern durch Grönland

1888 durchquerte Fridtjof Nansen als erster Mensch Grönland auf Skiern. Damit bereitete er nicht nur den Weg für zukünftige Polarexpeditionen, sondern auch für das Skifahren als Wintersport.

Roland Huntford zufolge, dem Autor von *Zwei Bretter und eine Leidenschaft: Die dramatische Geschichte des Skifahrens*, ist es den Norwegern zu verdanken, dass Skifahren zum Massensport wurde. Als Nation geborener Skifahrer, so schreibt er, haben sie das moderne Skifahren erfunden, indem sie sowohl die Ausrüstung als auch die heute gängigen Techniken entwickelten. Nicht nur dass die ersten offiziellen Skirennen 1843 im norwegischen Tromsø ausgetragen wurden – die Norweger organisierten auch als erste Nation Skimarathons und Skitouren. Huntford behauptet außerdem, dass das Skifahren von norwegischen Studenten nach Deutschland gebracht wurde und dass norwegische Einwanderer vermutlich schon seit 1830 ihre Skier auch in Nordamerika benutzten.

Griff zu den Skiern

Der größte Meilenstein in der Geschichte des norwegischen Skifahrens wurde jedoch 1888 erreicht. Fünf Jahre zuvor hatte der in Finnland geborene Schwede

◁ **Erste Skier**
Skier gibt es in Skandinavien schon seit dem Mittelalter. Doch erst im späten 19. Jh. wurden sie von den Norwegern zu der Art von Skiern weiterentwickelt, die wir heute kennen.

Adolf Erik Nordenskjöld vergeblich versucht, Grönland zu Fuß zu durchqueren. Er wurde von zwei Lappen auf Skiern begleitet, die das schneebedeckte Terrain wesentlich leichter bewältigten als Nordenskjöld, was nahelegte, dass Skier in Grönland das geeignetere Transportmittel waren. Der Norweger und meisterhafte Skifahrer Fridtjof Nansen nahm diese Herausforderung an. Er hatte bereits zweimal auf Skiern die 500 km lange Strecke von Bergen nach Christiana (Oslo) zurückgelegt.

Die Distanz in Grönland war ähnlich, aber an der Ostküste gab es nur eine einzige Siedlung und sowohl Terrain als auch Klimabedingungen waren um einiges härter als in Norwegen. Ein Zeitungskritiker kommentierte: »Die Chancen stehen zehn zu eins, dass er sinnlos sein Leben und vielleicht auch das der anderen wegwirft.« Dennoch landeten Nansen und sein sechsköpfiges Team am 10. August 1888 an der Ostküste Grönlands und begannen mit einem 150 km langen Aufstieg zum Inlandeis. Erst dort konnten sie die Skier anlegen, doch sie kamen nur langsam voran, denn sie mussten ihre Schlitten hinter sich herziehen. Bei Abfahrten befestigten sie ihre Zelte wie Segel an den Schlitten, sodass sie sie nur lenken mussten.

▽ **Bereit für Grönland**
Fridtjof Nansen posiert mit seinem Expeditionsteam: drei norwegische Landsmänner und zwei Lappen aus Finnland, Samuel Balto und Ole Nielsen Ravna.

EXKURS
Das erste Wintersportresort

Das Schweizer Bauerndorf Davos erlebte um 1860 einen plötzlichen Aufschwung, als sich die Nachricht verbreitete, sein Klima sei für Lungenkranke gesundheitsfördernd. In Kürze überstieg die Zahl der Besucher die der Einwohner und Davos wurde der erste alpine Winterkurort. Die ersten Gäste waren Deutsche, aber um 1870 kamen auch Engländer, die den Ort sozusagen kolonialisierten. Die Kranken wurden durch gesunde Urlauber ersetzt, die von Berichten über neue Sportarten wie Ski-, Schlitten- und Bobfahren gehört hatten. Als Arthur Conan Doyle, der Autor der Sherlock-Holmes-Krimis, 1893 in Davos weilte, war es nicht mehr weit davon entfernt, Europas erstes Wintersportresort zu werden.

WERBEPLAKAT FÜR DAVOS, 1918

▷ Hundefell
In *Auf Schneeschuhen durch Grönland* beschreibt Nansen die Ausrüstung der Expedition. Darunter befanden sich auch diese Handschuhe aus Hundefell.

Skier als Lebensretter
Am 21. September 1888 gelangte die Gruppe an die Fjorde der Westküste und musste die Skier abschnallen. Anfang Oktober erreichte sie Godthaab (heute Nuuk), die dänische Siedlung, die als Hauptstadt Grönlands diente. Da die Männer das letzte Boot nach

Hause verpasst hatten, mussten sie den Winter in Grönland verbringen und kehrten erst im folgenden Frühling nach Norwegen zurück. »Ohne Skier«, schrieb Nansen, »wäre diese Expedition absolut unmöglich gewesen. Wir wären niemals lebend zurückgekehrt.« Von da an gehörten Skier zur Standardausrüstung von Polarexpeditionen und Nansen wurde zum geistigen Vater des Skisports, der sich bald von den Alpen bis zu den Rocky Mountains verbreitete.

◁ Feindseliges Terrain
Nansen bewies, dass Skier in der Arktis über Leben und Tod entscheiden können.

▽ Überquerung des Inlandeises
Nansen fotografierte sein Team, das sich im August 1888 mit seinen Schlitten zum Inlandeis Grönlands hinaufkämpfte. Die Skier konnten erst nach dem Aufstieg angelegt werden.

»Zum ersten Mal bot sich dem Polarforscher eine **neue Transportmöglichkeit** [Skis], die seine Aufgabe wunderbar **erleichterte** ...«

ADOLF ERIK NORDENSKJÖLD, ARKTISFORSCHER

Fahrradfieber

Der Großteil der Bevölkerung, der weder Pferd noch Wagen besaß, erhielt mit der Erfindung des Fahrrads zum ersten Mal ein eigenes erschwingliches Transportmittel.

△ **Hochrad**
Diese Art von Fahrrad, die ab 1869 entwickelt wurde, war wegen seines großen Vorderrads sehr sturzanfällig. Es wurde bald durch das Sicherheitsniederrad, wie wir es heute kennen, ersetzt.

Der Historiker Eric Hobsbawm war der Meinung, das Fahrrad sei die größte je gemachte Erfindung. Es war nicht nur den Reichen vorbehalten, sondern schenkte den Menschen aller Klassen Mobilität. Er hielt es auch für eine der wenigen Erfindungen, die weder Nachteile hatte noch für üble Zwecke missbraucht werden könnte.

Obwohl das Fahrrad in der ein oder anderen Form schon seit dem frühen 19. Jh. existierte, musste es erst einige technische Verbesserungen erfahren, bevor es richtig populär wurde. Um 1870 kam das Hochrad auf, das ein riesiges Vorderrad und ein kleines Hinterrad besaß, aber dieses Modell war schwer, sperrig und äußerst unfallträchtig. Etwa ab 1885 wurde diese gefährliche Kletterkonstruktion allmählich durch das sogenannte Sicherheitsniederrad ersetzt, das schon fast alle Eigenschaften aufwies, die auch unsere modernen Fahrräder haben – zwei gleich große Räder, einen rautenförmigen Rahmen, eine Kette, die das Hinterrad antreibt, sowie luftgefüllte Reifen (1886 von dem Schotten John Dunlop erfunden).

Wachsende Beliebtheit
Diese Verbesserungen machten das Fahrradfahren weniger gefährlich und deutlich komfortabler. Als billigere Modelle auf den Markt kamen, griff das Fahrradfieber um sich. In England

▽ **Fahrradclub**
In Windeseile formierten sich in den USA Hunderte von Fahrradclubs. Der erste war der Boston Bicycle Club im Jahr 1878. Das Foto zeigt den Brighton Bicycle Club in Cincinnati vor dem Start des jährlichen Radrennens.

> »Jedes Mal, wenn ich einen **Erwachsenen** auf einem **Fahrrad** sehe, verzweifle ich nicht mehr an der **Zukunft der Menschheit.**« H.G. WELLS, AUTOR

SPRINGFIELD BICYCLE CLUB.
BICYCLE CAMP-EXHIBITION & TOURNAMENT.
SPRINGFIELD, MASS. U.S.A. SEPT. 18.19.20. 1883.

▷ **Die neue Frau**
Das Fahrradfahren erforderte eine neue Art von Kleidung für die Damen. Enge Kleider und steife Unterröcke wurden durch lockere Kniebundhosen und schützende Kopfbedeckungen ersetzt.

radelten um 1890 schätzungsweise eineinhalb Mio. Männer und Frauen auf den Straßen, die damals noch nicht vom Automobil für sich beansprucht wurden.
In den USA wurden allein im Jahr 1897 über zwei Mio. Fahrräder verkauft.
Im Januar 1894 berichtete die *The Egyptian Gazette* über eine Exkursion von Kairo zu den Pyramiden, die rund 30 Radfahrer eines Morgens unternahmen. »Unter ihnen befand sich auch eine Dame in Kniebundhosen«, schrieb der Reporter. »Sie fuhr sehr gut.«

Soziale Veränderungen
Der Einfluss des Fahrrads auf die Gesellschaft war beachtlich. In ländlichen Gegenden konnten die Menschen nun weiter entfernte Orte erreichen. Dadurch erhöhte sich auch die Zahl der Personen, denen man begegnete, was potenzielle Ehepartner einschloss. Der angesehene Biologe Steve Jones war der Ansicht, dass das Fahrrad eine wich-

▷ **Rover Sicherheitsrad**
Das Sicherheitsrad wurde um 1880 als ungefährlichere Alternative zum Hochrad entwickelt. Eines der kommerziell erfolgreichsten Modelle war das »Rover« von John Kemp Starley.

THE ROVER SAFETY BICYCLE (PATENTED).
Safer than any Tricycle, faster and easier than any Bicycle ever made. Fitted with handles to turn for convenience in storing or shipping. Far and away the best hill-climber in the market.
MANUFACTURED BY
STARLEY & SUTTON,
METEOR WORKS, WEST ORCHARD, COVENTRY, ENGLAND.
Price Lists of "Meteor," "Rover," "Despatch," and "Sociable" Bicycles and Tricycles, and the "Coventry Chair," illustrated, free on application.

tige Rolle im Kampf gegen Erbkrankheiten spielte, da es die Heirat von Menschen aus verschiedenen Städten ermöglichte und somit für eine gesündere, größere Genmischung sorgte. Zeitgenössische Kommentatoren schrieben dem Fahrrad auch den Wandel der Mode, schwindende Zahlen von Kirchgängern und sogar den Rückgang des Klavierspiels zu. Die vielleicht bedeutendsten Veränderungen brachte das Fahrrad jedoch den Frauen. Anfangs empfanden viele Menschen den Gedanken, dass eine Frau rittlings auf einer Maschine saß, als »unschicklich«. Aber das hielt junge Frauen nicht davon ab, zu Tausenden mit dem Fahrrad die Straßen zu erobern.

Die passende Kleidung
Durch das Fahrrad gewannen die Frauen mehr Mobilität und Bewegungsfreiheit. Doch die Mode der damaligen Zeit – lange, schwere Röcke über steifen Unterröcken – war dafür völlig ungeeignet. Hosenröcke oder weite Kniebundhosen, wie sie auch die ägyptische Zeitschrift erwähnt hatte, waren die bessere Wahl. Tatsächlich waren das Fahrradfieber und die Frauenbewegung der 1890er-Jahre so eng miteinander verwoben, dass die Frauenrechtlerin Susan B.

Anthony 1896 Nellie Bly von der *New York World* (siehe S. 249) erzählte, das Fahrrad habe mehr für die Emanzipation der Frau getan als alles andere auf der Welt.

PROFIL
Annie Londonderry

Eine Weltumrundung mit dem Fahrrad klingt nach einem Abenteuer unserer Zeit, aber es wurde bereits 1885 von dem Engländer Thomas Stevens auf einem Hochrad unternommen. Als zwei Bostoner Gentlemen wetteten, dass eine Frau so etwas niemals schaffen würde, wollte die dreifache Mutter Annie Cohen Kopchovsky das Gegenteil beweisen. Also brach sie am 27. Juni 1894 von Boston auf. Um ihre Reise zu finanzieren, trug sie dabei ein Werbeplakat der Londonderry Lithia Spring Water Company und änderte sogar ihren Nachnamen. Am 23. März 1895 kehrte sie in die USA zurück und radelte von San Francisco nach Chicago, um ihren Preis von 10 000 US-Dollar abzuholen.

ANNIE »LONDONDERRY« COHEN, DIE AUF DEM FAHRRAD DIE WELT UMRUNDETE

△ **Fahrrad-Camp**
Einer der Vorzüge des Fahrrads war, dass Stadtbewohner damit einfacher aufs Land fahren konnten. Dieses Plakat wirbt für ein »Fahrrad-Camp« am Ufer des Connecticut River.

Raus aufs Land

Als das Leben in den Städten durch die Fabriken immer ungesünder wurde, begann die arbeitende Bevölkerung Erholung auf dem Land zu suchen. Dies war der Beginn des Campings.

Von der gesamten Reiseliteratur, die Ende des 19. Jh. veröffentlicht wurde, war wohl kein Werk populärer als Jerome K. Jeromes *Drei*

Mann in einem Boot (1889). Im spätviktorianischen England waren vergnügliche Bootsfahrten sehr in Mode, und Jeromes Buch war ursprünglich als Reiseführer für Fahrten auf der Themse gedacht. Tatsächlich wurde daraus jedoch ein humorvoller Roman. Seinen Erfolg verdankt er aber auch der

◁ **Camping-Pionier**
Thomas Hiram Holding, Autor von *Cycle and Camp* (1898) und *The Camper's Handbook* (1908), gilt als Begründer des modernen Campings.

△ **Hilfreiche Technologie**
Neue Erfindungen machten das Campen überhaupt erst möglich. Am zweitwichtigsten nach dem Fahrrad war der tragbare Gaskocher im Jahr 1892.

Tatsache, dass er sich um aktuelle Themen wie Bootsfahrten, Ferien auf dem Land und Camping drehte. Das schnelle Wachstum der Städte und die oft harten Bedingungen, unter denen die Menschen arbeiten mussten, führten dazu, dass viele sich nach der Einfachheit des Landlebens sehnten.

▷ **Camping-Club**
Camping war in England schon Ende des 19. Jh. beliebt, wie dieses Foto zeigt. 1901 wurde die Association of Cycle Campers gegründet. Ihr Vorsitzender wurde Robert Scott, der zukünftige Arktisforscher.

Man konnte dort natürlich schon immer mit dem Zug hinfahren, aber erst das Fahrrad ermöglichte auch dem einfachen Arbeiter, Ausflüge aufs Land zu unternehmen.

Im Camping-Fieber

Der Mann, der allgemein als Urvater des Campings angesehen wird, hieß Thomas Hiram Holding und wurde 1844 in England als Sohn mormonischer Eltern geboren. 1853 wanderte die Familie nach Salt Lake City in Utah aus. Seine ersten Campingerfahrungen machte Thomas bereits auf dem langen Weg durch die USA. Tragischerweise starben unterwegs zwei seiner Geschwister, woraufhin die Familie nach England zurückkehrte. Thomas wurde Schneider, aber in seiner Freizeit unternahm er gern längere Camping-Ausflüge. So reiste er mit Kanu und Zelt durch die schottischen Highlands und mit Fahrrad und Zelt durch Irland. 1901 gründete er die Association of Cycle Campers, die später zum Camping and Caravanning

◁ **Der Thames Rowing Club**
Das Camping entwickelte sich in England zum Teil aus den Sportbootsfahrten auf der Themse. Die Bootsfahrer hatten Zelte dabei, in denen sie am Ufer übernachteten, wie diese Illustration von 1878 zeigt.

Club wurde. Seine Stellung als Urvater des Campings zementierte er 1908 mit seinem Buch *The Camper's Handbook*. Die Begeisterung für das Camping ergriff bald alle Schichten und Berufe – und Geschlechter. Im *Handbook* findet sich u.a. einen Gastbeitrag einer gewissen Mrs. F. Horsfield mit dem Titel »Damen und das Rad-Camping«. Holding riet zu einer möglichst leichten Ausrüstung für Wochenendausflüge, aber seine Anhänger stellten Zelte und Zubehör oft selbst her, und diese waren häufig alles andere als bescheiden. So musste Holding bei einem Besuch in einem »idealen Familien-Camp« feststellen, dass dieses aus »Speisezelt, Schlafzelt, Dienstbotenzelt, Küchenzelt und Bootszelt« bestand.

Die amerikanische Wildnis

Im 19. Jh. waren amerikanische Siedler meist zu beschäftigt, um sich zurückzulehnen und die Schönheit des Landlebens zu genießen. Dennoch hatte

Ralph Waldo Emersons bahnbrechender Essay »Natur« (1836) großen Einfluss darauf, wie die Amerikaner die Wildnis wahrnahmen. Dasselbe traf auch auf die Werke seines Freundes Henry David Thoreau zu, obwohl er vor der Veröffentlichung von *Walden oder Leben in den Wäldern* (1854) mit seinem Lagerfeuer versehentlich 120 ha Wald niedergebrannt hatte.

1869 erschien ein Campingführer für die Adirondack Mountains, doch er war seiner Zeit weit voraus. Wer damals zum Zelten in die Berge ging, fand außer unzähligen Stechmücken und gefährlichen Tieren nichts vor. Die Wende kam erst 1903, als Präsident Theodore Roosevelt zwei Wochen im Yellowstone National Park zeltete und daraufhin Tausende Camper die Nationalparks stürmten. 1910 wurde der erste Campingclub namens »Tin Can Tourists« gegründet. 1912 zählte die Forstverwaltung in den Parks bereits 231 000 Camper.

» Wir errichten unsere **Zelte weit auseinander,** damit unsere **Herzen näher zusammen** sind. «

SPRICHWORT DER BEDUINEN

▷ **Vergnügen der Mittelschicht**
Hobbys wie Bootsfahrten, Radfahren und Camping waren denen vorbehalten, die genug Geld und Freizeit hatten. Hierfür wurden sogar spezielle Produkte hergestellt wie dieser englische Picknickkorb aus der Zeit Eduards VII.

Langstreckenzüge

Im letzten Viertel des 19. Jh. wurden in Asien, Afrika, Europa und den USA ambitionierte Bahnstrecken gebaut, auf denen der ein oder andere Luxuszug den Kontinent durchquerte.

Transsibirische Eisenbahn
Schlechte Transportverbindungen zwischen dem europäischen Russland und den östlichen Territorien veranlassten den Zaren, eine Eisenbahn quer durch Sibirien bauen zu lassen. Es war das gewagteste Projekt, das je in Angriff genommen wurde.

Es war für den Zaren in Sankt Petersburg nicht allzu schwer, das gesamte Land von der Ostsee bis zum Pazifik für Russland zu beanspruchen, doch der Schutz und die Verwaltung dieser abgelegenen Ostterritorien war alles andere als einfach. Die Entfernung machte die Kommunikation fast unmöglich. Die Hälfte des Jahres waren die Flüsse zugefroren und kamen als Transportwege nicht infrage. Zudem verliefen fast alle Flüsse in Sibirien von Nord nach Süd und nicht von Ost nach West. Auf dem Sibirischen Trakt, der alten Heer- und Handelsstraße, benötigte man bis zu neun Monate, um von Irkutsk nach Moskau zu gelangen – und das waren nur zwei Drittel des Wegs nach Wladiwostok, Russlands wichtigstem Pazifikhafen. Die USA hatten ihre beiden Küsten 1869 mit einer Bahnlinie verbunden (siehe S. 236–237), und es lag auf der Hand, dass Russland dasselbe tun musste.

Die Transsibirische Eisenbahn

Schon seit etwa 1850 war eine Eisenbahnlinie durch Sibirien im Gespräch, aber Kosten und Aufwand verhinderten ihre Realisierung. Aus Angst, Amerikas Einfluss in der russischen Pazifikregion könnte zu groß werden, sah sich die russische Regierung jedoch um 1880 gezwungen, ihr lang aufgeschobenes Vorhaben in die Tat umzusetzen. Wegen der langsamen Bürokratie vergingen jedoch weitere fünf Jahre, bevor endlich der erste Spatenstich gemacht wurde.

Die Schwierigkeiten, mit denen die Eisenbahnbauer konfrontiert wurden, waren immens. Abgesehen von der enormen Länge der Strecke, lagen die Temperaturen einen Großteil des Jahres unter dem Gefrierpunkt und es gab nicht genug Einheimische, die als Arbeiter eingesetzt werden konnten. Dazu kamen zwei Gebirge und der große Baikalsee mitten in Sibirien, die überwunden oder umgangen werden mussten. Den See im Norden zu umrunden war ein zu großer

Umweg, im Süden wiederum blockierte felsiges Terrain den Weg. Anfangs endeten beide Linien (von Osten und Westen) am See und eine Fähre setzte die Züge über. Später wurde die Südroute durch eine Reihe von Tunneln befahrbar gemacht.

Erst 1916 war die gesamte Strecke von Moskau nach Wladiwostok fertig, die auf einer Länge von 9250 km durch sieben Zeitzonen verlief. Obwohl die Reise anfänglich bis zu vier Wochen dauerte, weil es immer wieder Probleme mit den Schienen gab, wurde die Linie schnell zu einer Art Nationalsymbol – ein eisernes Band, das die russischen Territorien zusammenhielt.

Ein afrikanischer Traum

Imperialistische Ideale, wie einem Land seinen Stempel aufzudrücken sowie Zugang zu den Ressourcen eines Kontinents zu erhalten, befeuerten

△ **Harte Arbeit**
Arbeiter verlegen Schienen im mittleren Abschnitt der transsibirischen Eisenbahnlinie. Außer Russen waren beim Bau auch Iraner, Türken und sogar Italiener beschäftigt.

ein ähnliches, vielleicht sogar noch ambitionierteres Vorhaben in Afrika. Cecil Rhodes, der Premierminister der Kapkolonie (heute Südafrika), träumte davon, eine Bahnlinie durch ganz Afrika zu ziehen, die nur durch die britischen Kolonien fuhr. Anfangs- und Endpunkte sollten Kapstadt im Süden und Kairo im Norden sein, wo es bereits eine Bahnverbindung zum Mittelmeerhafen Alexandria gab.

Zunächst ging das Verlegen der Schienen nach Norden mit

▷ **Fähre über den Baikalsee**
Bis zur Fertigstellung der 180 km langen Baikalbahnstrecke, die um den See herumführte, mussten Passagiere (und Zug) die Fähre über den Baikalsee nehmen.

△ Brückenbau
Diese Hängebrücke über den Sambesi bei den Viktoriafällen war das geistige Kind von Cecil Rhodes und Teil seines Kap-Kairo-Plans. Er wies die Ingenieure an, die Brücke dort zu bauen, »wo die vorbeifahrenden Züge die Gischt des Wasserfalls einfangen«.

» 1,6 km pro Tag rasant voran. 1904 erreichte man den Fluss Sambesi, den der Zug auf einer 200 m langen Hängebrücke direkt neben den Viktoriafällen überqueren sollte. Die Brücke war in England angefertigt, zerlegt, nach Afrika verschifft und vor Ort wieder zusammengesetzt worden.
1891 besetzten die Deutschen jedoch große Gebiete Ostafrikas und blockierten dadurch den Weg der Bahnlinie. Die abgeänderte Route sollte durch Belgisch-Kongo im Westen (wo die Briten eine Bauerlaubnis erhalten hatten) führen. Dort kam das Projekt wegen des bergigen Geländes zum Stillstand. Rhodes war inzwischen verstorben und der britische Einfluss in Afrika war im Schwinden begriffen, also gab man die Idee einer transafrikanischen Eisenbahn auf. Allerdings ist sie auch 100 Jahre später noch nicht ganz gestorben, sondern wird neuerdings wieder von afrikanischen Regierungen diskutiert.

Der Orientexpress
Die großen Eisenbahn-Projekte in Russland und Afrika waren von Politik und Kommerz getrieben. In Europa dagegen strebte man hauptsächlich Verbesserungen im Service an. Ende des 19. Jh. war jedes europäische Land von einem eigenen, nationalen Streckennetz durchzogen. Dem belgischen Ingenieur Georges Nagelmackers schwebte vor, all diese Netze *sans frontières* miteinander zu verbinden. 1872 eröffnete er eine Linie, die von Ostend an der belgischen Nordseeküste bis nach Brindisi im Süden Italiens fuhr. Sie war ein großer Erfolg, also plante er eine neue Linie von Paris nach Konstantinopel (Istanbul). Die 2989 km

▷ Cecil Rhodes
Der britische Unternehmer Cecil Rhodes träumte von einer Eisenbahn entlang der afrikanischen Westküste. Er starb jedoch noch vor der Fertigstellung des Projekts.

lange Strecke sollte durch Deutschland, Österreich, Ungarn, Serbien, Rumänien und Bulgarien führen. Um das zu ermöglichen, musste Nagelmackers mit den Eisenbahngesellschaften von sechs Nationen verhandeln, u. a. ging es darum, welche Lokomotiven und Züge eingesetzt werden sollten und ob alle Schienen dieselben Abmessungen aufwiesen.

Der erste Zug des Orientexpress verließ den Gare de l'Est in Paris am 4. Oktober 1883 und sollte planmäßig dreieinhalb Tage später in Konstantinopel eintreffen. Die Strecke war zweifellos einzigartig, aber am meisten begeisterte die Öffentlichkeit die opulente Ausstattung des Zuges. Die Schlafwagen waren mit Teakholz verkleidet, das mit Intarsien verziert war. Die Sitze ließen sich in Betten mit seidenen Laken verwandeln. Es gab eine Bibliothek und einen Rauchersalon sowie einen Badewaggon mit Duschen und heißem Wasser. Das letzte Stück dieser Jungfernfahrt musste mit dem Boot zurückgelegt werden, weil die Strecke noch nicht fertig war. Sechs Jahre später fuhr der Zug jedoch bis Konstantinopel durch.

Der Orientexpress war beliebt, denn man reiste mit ihm schneller und komfortabler als mit dem Schiff. Bald kamen weitere Strecken hinzu, darunter auch eine via Mailand und Venedig. Nicht alle Länder, die der Zug passierte, waren sicher. Doch gelegentliche Verzögerungen durch Banditen, Entführungen oder starken Schneefall schienen die Romantik der Reise nur zu verstärken.

Die Küste Floridas
Zwar waren Atlantik- und Pazifikküste der USA seit 1869 miteinander verbunden, aber Ende des Jahrhunderts gab es noch immer viele unerschlossene Regionen. Erdölmagnat Henry Flagler erkannte Floridas Potenzial und wollte es durch eine selbst finanzierte Bahnlinie an New York anbinden. Er kam bis zum Miami River in der Biscayne Bay, wo er eine Siedlung gründete, die er nach dem Fluss benannte. Danach führte er die Linie weiter südlich über eine 27 km lange

» Im **Orientexpress** kann alles **passieren** und **für gewöhnlich** tut es das auch.«

MORLEY SAFER, KANADISCH-AMERIKANISCHER JOURNALIST

Brückenstrecke zu der weit entfernten Insel Key West. Die Bahnlinie gibt es heute nicht mehr, aber Flaglers Brücken gehören inzwischen zum Highway 1, der nach wie vor zu den spektakulärsten Routen der Welt zählt.

◁ **Luxus auf Rädern**
Der Orientexpress war die berühmteste Bahnlinie der Welt. Alle Züge waren mit jedem erdenklichen Luxus ausgestattet. Diese Lithografie von 1885 zeigt Passagiere im Speisewagen.

▽ **Legendärer Zug**
Der Orientexpress wurde durch Autoren wie Agatha Christie unsterblich gemacht. Er war auch Thema einer Oper von Oscar Sachs und Henri Neuzillet, die 1896 in Paris uraufgeführt wurde, wie dieses Plakat verkündet.

EXKURS
Eisenbahnliteratur

Einige der schönsten modernen Reiseromane handeln von Zügen. *Basar auf Schienen* (1975) von Paul Theroux beschreibt eine Zugreise durch Europa und Asien, während *Der alte Patagonien-Express* (1979) durch die USA und Südamerika fährt.

Eric Newby verbrachte mehrere Wochen in russischen Zügen, bevor er *The Big Red Train Ride* (1978) schrieb, und Jenny Diski bereiste monatelang mit der Bahn die USA für *Stranger on a Train* (2002). Andrew Eames dagegen folgte für sein Buch *The 8.55 to Baghdad* (2004) Agatha Christies Fußstapfen.

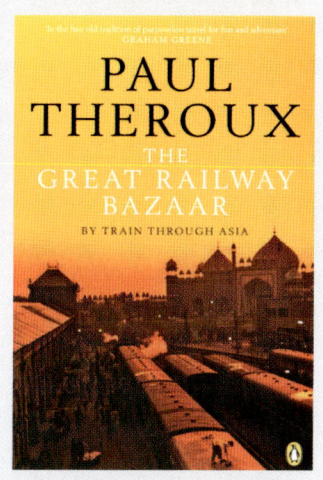

ENGLISCHE ORIGINALAUSGABE VON *BASAR AUF SCHIENEN*

△ **Lady Liberty**
Die Freiheitsstatue (offiziell *Freiheit, die die Welt erleuchtet*) wurde am 28. Oktober 1886 eingeweiht. Sie steht an der Einfahrt des New Yorker Hafens und heißt dort die Reisenden aus aller Welt willkommen.

Der amerikanische Traum

Seit über 200 Jahren nehmen die Vereinigten Staaten Auswanderer auf. Manche fliehen vor Verfolgung, andere suchen Wohlstand. Doch alle wünschen sich ein besseres Leben, egal woher sie stammen.

Im Jahr 1849 reiste der amerikanische Autor Herman Melville auf einem Schiff mit 500 Emigranten von Liverpool nach New York. Die Überfahrt war grauenvoll. Wegen des schlechten Wetters wurde fast jeder seekrank. Wer eine Kabine hatte, konnte sich darin verkriechen, doch die ärmeren Passagiere im Zwischendeck – und das waren die meisten – hatten diese Möglichkeit nicht. Sie waren dort »verstaut wie Baumwollballen und eingepfercht wie Sklaven auf einem Sklavenschiff«. Umgeben von Dunkelheit, hatten sie keinen anderen Ort, um krank zu sein, als ihre Betten. Melville schreibt: »Wir waren noch keine Woche auf See, doch wenn man den Kopf über die vordere Ladeluke hielt, war es, als hielte man ihn über eine Jauchegrube.«

Schiffe wie dieses waren nicht zum Transport von Passagieren gemacht. Es waren Frachtschiffe, die Baumwolle, Tabak und Holz aus den Kolonien nach England brachten. Um den Profit zu erhöhen, nahmen sie auf der Rückfahrt Emigranten mit. Auf der wochenlangen Reise, und vor allem bei schlechtem Wetter, waren Krankheiten unvermeidlich, wobei die schlimmsten durch mangelnde Hygiene und schlechte Ernährung verursacht wurden. Obwohl viele der Auswanderer schon auf der Überfahrt nach Nordamerika starben, stieg ihre Zahl zwischen 1846 und 1855 erheblich an. In diesen zehn Jahren wanderten etwa 2 300 000 in die Vereinigten Staaten und nach Kanada ein, im Vergleich zu 1 600 000 Einwanderern in den 70 Jahren davor. Jeder war willkommen, der das Geld für die Überfahrt aufbrachte.

Unbegrenzte Möglichkeiten

Melvilles Vergleich mit den Sklavenschiffen erinnert daran, dass bis zum Sklaven-Importverbot des US-Kongresses 1808 die meisten Menschen, die in fremder Umgebung lebten, gewaltsam in Ketten über den Atlantik verschleppte Afrikaner gewesen waren. Nun waren die meisten Iren und Deutsche, in geringerer Zahl auch Engländer, Schotten und Italiener. Fast alle gingen in New York und in anderen Häfen an der Ostküste an Land. Doch auch San Francisco an der Westküste lockte viele Ausländer, insbesondere Chinesen an.

Die Iren versuchten der katastrophalen Hungersnot zu entkommen, die von 1845 bis 1852 in ihrer Heimat wütete. Ernteausfälle durch Pilzbefall forderten dort etwa 1 000 000 Menschenleben. Dieselbe Anzahl nahm die harte Überfahrt über den Atlantik und die Ungewissheit, was sie erwartete, in Kauf. Sie wurden von den USA und Kanada viel freundlicher empfangen als von den Briten, denn Nordamerika brauchte dringend Bauern, Schreiner, Steinmetze, Lastenträger und ungelernte Arbeiter – die Berufe der Unterschicht.

△ **Arme aus allen Ländern**
Anfang des 19. Jh. stammten die meisten Auswanderer aus Irland und Deutschland, doch viele kamen auch aus Italien, wie diese Familie, die der Armut in ihrer Heimat entfliehen wollte.

◁ **Inspektionskarte**
Jeder Auswanderer hatte eine Inspektionskarte, auf der die tägliche Pflichtuntersuchung durch den Schiffsarzt per Stempel bestätigt wurde.

◁ **Dicht gedrängt**
Emigranten im Dezember 1906 auf dem Deck der SS *Patricia*. Es gab 408 Passagiere in der zweiten Klasse und weitere 2143 im Zwischendeck.

» Die einzige **Aufmunterung**, die wir **Fremden** angedeihen lassen, sind ... **gute Gesetze, Freiheit** und **ein herzliches Willkommen**. «

BENJAMIN FRANKLIN, EINER DER GRÜNDERVÄTER DER VEREINIGTEN STAATEN, 1783

▷ **Stadt der Einwanderer**
Von 1870 bis 1915 stieg die Einwohnerzahl New Yorks um mehr als das Dreifache. 1900, als dieses Foto von der Mulberry Street in Little Italy entstand, waren 76 Prozent der Einwohner New Yorks Immigranten und deren Kinder.

Pittsburgh niederließen, besaßen viele Deutsche genug Geld, um auf der Suche nach Ackerland und Arbeit in den Mittleren Westen weiterzureisen. Außer in New York siedelten sich die meisten in Cincinnati, St. Louis und Milwaukee an.

Die Neue Welt formen

Nicht jeder Einwanderertraum wurde wahr, aber es gab genügend Vom-Tellerwäscher-zum-Millionär-Geschichten, um den Zustrom an Arbeitern nicht abreißen zu lassen. Eine dieser Geschichten war die von Paddy O'Dougherty, die die *New York Illustrated News* 1853 abdruckte. In dem Artikel heißt es, O'Dougherty sei arm in die USA gekommen, habe sich dann aber als Arbeiter beim Eisenbahnbau verdingt. Nach neun Monaten harter Arbeit, und ohne Geld für Alkohol oder Tabak auszugeben, habe er genug Geld besessen, um Frau und Kinder nachkommen zu lassen und für seine Familie ein Haus zu kaufen. »In diesen Tagen sieht man in der Water Street kaum eine vornehmere Erscheinung als eben diesen Paddy O'Dougherty«, hieß es am Ende des Artikels. Eine hervorragende Werbung für das Leben in der neuen Heimat.
Als Dampfer die Segelschiffe ersetzten, wurde die Reise über den Atlantik schneller und preiswerter. Nun begannen die Hoffnungsvollen nicht mehr nur aus Nordeuropa, sondern aus Osteuropa, dem Mittelmeerraum und dem Nahen Osten in die USA zu strömen. Von 1880 bis 1890 emigrierten neun Prozent der norwegischen Bevölkerung

△ **Ankunft in Ellis Island**
1892 eröffnete auf Ellis Island im Hafen von New York die offizielle Einreisebehörde. In den mehr als 60 Jahren ihres Bestehens kamen dort Millionen von Einwanderern an.

≫ Die Deutschen kamen, um der wirtschaftlich schwierigen Lage, den politischen Unruhen und der Revolution von 1848/49 zu entfliehen. Anders als die Iren, die sich vor allem in New York, Boston, Philadelphia und

Remember Your First Thrill of
AMERICAN LIBERTY

YOUR DUTY-*Buy*
United States Government Bonds
2ⁿᵈ Liberty Loan of 1917

◁ **Amerikanische Freiheit**
Dieses Plakat aus dem Ersten Weltkrieg erinnerte die Einwanderer daran, dass Amerika ihnen Freiheit geschenkt hatte. Nun sollten sie Anleihen kaufen, um diese Freiheit zu erhalten.

nach Amerika. Die Chinesen hatten nicht so viel Glück. Sie durften wegen eines Gesetzes, das von 1882 bis 1943 in Kraft war, nicht in die USA einwandern.
Von 1880 bis 1930 kamen 27 Mio. Menschen nach Amerika. Etwa 12 Mio. von ihnen durchliefen die Einwanderungsbehörde auf Ellis Island im Hafen von New York, die 1892 eröffnet wurde. Unter ihnen waren Juden auf der Flucht vor den Pogromen in Russland, von der Revolution vertriebene Mexikaner sowie Armenier, die dem Genozid entkommen waren. Nach

»**New York** ähnelt einem **magischen Kessel.** Wer dort **hineingeworfen** wird, wird **wiedergeboren.**«

CHARLES WHIBLEY IN *AMERICAN SKETCHES*, 1908

Ausbruch des Ersten Weltkriegs begann sich die Einstellung der Amerikaner gegenüber Immigranten zu ändern. Der Nationalismus war auf dem Vormarsch und es wurden Quoten eingeführt, um die Zuwandererzahlen zu verringern. Während der Großen Depression um 1930 sowie im Zweiten Weltkrieg wurden diese Zahlen weiter reduziert.

1965 hob Präsident Lyndon Johnson das Quotensystem auf. Daraufhin vervierfachte sich die Zahl asiatischer Einwanderer in nur fünf Jahren. In letzter Zeit wanderten vor allem Mexikaner, Asiaten und Karibik-Bewohner zu.

Heute ist einer von acht Menschen in den USA ein Einwanderer. Bedenkt man, dass weniger als zwei Prozent der US-Bürger indianische Vorfahren haben, stammt fast jeder von ihnen von irgendwo anders her.

PROFIL
Annie Moore

Annie Moore war die erste Immigrantin, die Ellis Island durchlief. Die 17-jährige Irin aus Cork reiste mit ihren beiden jüngeren Brüdern. Sie ging am 1. Januar 1892 an Land und erhielt als Geschenk ein 10-Dollar-Goldstück. Mit ihren Eltern, die schon früher emigriert waren, ließ sie sich an der Lower East Side nieder. Annie heiratete einen Bäckereiangestellten und bekam elf Kinder, von denen fünf überlebten. Sie lebte in Armut und starb 1924 mit 47 Jahren an Herzversagen. Ihre Nachkommen aber heirateten andere Einwanderer und nahmen irische, jüdische, italienische und skandinavische Nachnamen an. Annie ist ein Paradebeispiel für die amerikanische Immigration: Bei ihrer Ankunft besaß sie kaum mehr als ihre Träume. Doch sie half mit, eine Nation zu erschaffen, deren Reichtum in ihrer Diversität liegt.

BRONZESTATUE VON ANNIE MOORE UND IHREN BRÜDERN IN COBH (CORK, IRLAND)

Luxus auf hoher See

Ende des 19. Jh. begann die Glanzzeit der Seereisen. Die Schiffe wurden immer größer und komfortabler, sodass mehr Menschen als je zuvor damit weite Reisen rund um die Welt unternahmen.

△ **Neue Schiffe**
Um die Jahrhundertwende übertrafen sich die europäischen Reedereien gegenseitig mit ihren imposanten Ozeanriesen wie der RMS *Lusitania* (oben), die 1906 vom Stapel lief.

Ursprünglich waren die sogenannten Liner ganz gewöhnliche Handels- oder Postschiffe, die regelmäßig auf einer bestimmten Route verkehrten. Manchmal nahmen sie auch Passagiere mit, vor allem Emigranten, die in Scharen nach Amerika strömten.

Diese ersten Liner waren alles andere als luxuriös. Die meisten Passagiere reisten im Zwischendeck – einem Laderaum unter Deck, der lediglich mit Stockbetten ausgestattet war, aber ansonsten keinerlei Annehmlichkeiten und ganz sicher keine Privatsphäre bot. Als die SS *City of Glasgow* nach einer Generalüberholung 1852 wieder einsatzbereit war, verkündete die Reederei stolz, dass sie nun den Luxus eines Bades aufwies. Nur dieses eine, gefüllt mit Meerwasser.

Doch die Situation änderte sich bald. 1871 garantierte die White Star Line einen eigenen Schlafplatz für jeden Erwachsenen sowie ein 0,3 m³ großes Gepäckfach. Außerdem waren drei

△ **Die Cunard-Linie**
Cunard, deren Dampfschifflinie auf diesem Plakat von 1875 beworben wird, bot seit 1840 und damit als eines der ersten Unternehmen regelmäßige Atlantiküberfahrten an.

Mahlzeiten pro Tag im Preis inbegriffen. Das waren vermutlich bessere Bedingungen, als so mancher Passagier von zu Hause gewohnt war. Die RMS *Oceanic* derselben Reederei setzte noch höhere Maßstäbe und besaß Luxuskabinen mit großen Bullaugen, elektrischem Strom und fließendem Wasser.

Zunehmender Wettbewerb

Mit der Zeit wurden immer größere Passagierschiffe gebaut, um den Bedarf der Emigranten für Überfahrten nach Amerika und Australien zu decken. Um 1880 war der Dampfantrieb so weit ausgereift, dass die Dampfer nicht mehr zusätzlich mit Hilfssegeln ausgestattet werden mussten. Die Namen der berühmtesten Schiffe der White Star Line endeten auf »-ic«, etwa wie die *Britannic, Teutonic, Germanic* und *Majestic*. Jedes von ihnen fasste in der dritten Klasse 1000 Passagiere und in der ersten Klasse 160 Passagiere. Einige dieser Liner gewannen das Blaue Band, eine Auszeichnung für die schnellste Atlantiküberquerung. Der Rekord lag damals bei sechs Tagen.

White Stars größter Rivale war Cunard, dessen Schiffe alle auf »-ia« endeten, wie *Umbria, Etruria, Campania* und *Lucania.* Doch bald kamen weitere Konkurrenten hinzu wie die deutsche Hamburg-Amerika-Linie (Hapag), der Norddeutsche Lloyd, der 1887 mit dem Dampfer *Kaiser*

◁ **Schwimmende Paläste**
Um reiche und vornehme Kunden anzulocken, statteten die Reedereien ihre Schiffe mit prachtvollem Interieur aus. Dies ist die Prunktreppe auf der *Titanic*.

»Wann kommt **dieser Ort** in **New York** an?«

BEATRICE LILLIE, KANADISCHE SCHAUSPIELERIN, AN BORD DER *QUEEN MARY*

△ **Silberlöffel mit Markenzeichen**
Viele Passagiere blieben einer bestimmten Linie treu. Die Reederei verstärkte die Bindung mit Markenprodukten wie diesem White-Star-Löffel.

Wilhelm der Große den ersten einer neuen Art größerer und schnellerer »Superliner« einsetzte. Hamburg-Amerika reagierte darauf 1900 mit der *Deutschland,* die das Blaue Band gewann, weil sie die Überfahrt von Eddystone Lighthouse vor der Südküste Englands nach Sandy Hook in New York in fünf Tagen, 15 Stunden und 45 Minuten schaffte.

Schwimmende Luxushotels
Die Reedereien fochten einen unbarmherzigen Wettbewerb bezüglich Schönheit, Luxus und Komfort ihrer Schiffe aus, die immer mehr schwimmenden 5-Sterne-Hotels ähnelten. »Es gibt einen Wintergarten an Bord, ein Ritz-Restaurant, ein römisches Schwimmbad, einen Ballsaal, einen Gymnastikraum … der Luxus wird beinahe zu weit getrieben«, kommentierte ein britischer Journalist 1913 auf der SS *Imperator* der Hamburg-Amerika-Linie.

Doch auch wenn die Passagiere der ersten Klasse das Prestige der Reedereien erhöhten, verdienten sie nach wie vor das meiste Geld mit den Emigranten, die die unteren Decks der Schiffe füllten. Die Klassen wurden streng getrennt. Auf einigen Schiffen gab es Verbotsschilder, Essen zu den Passagieren der Unterdecks hinabzuwerfen.

Der Untergang der *Titanic* auf der Jungfernfahrt, der der *Britannic* sowie der *Lusitania* Cunards im Ersten Weltkrieg trieb die Reedereien zu noch größeren Projekten an. So entstanden um 1930 einige der herausragendsten Schiffe, die je gebaut wurden, wie die RMS *Queen Mary* und die französische SS *Normandie.* Zu dieser Zeit kam jedoch bereits die Luftfahrt in Mode – die Tage der Luxusliner waren somit gezählt.

▷ **Die White Star Line**
Cunards größter Rivale war die 1845 gegründete White Star Line. Am bekanntesten waren ihre Schiffe der Olympic-Klasse, die auf diesem Plakat von 1911 beworben werden.

WHITE STAR LINE.

"OLYMPIC." 45,000 TONS. AND "TITANIC." 45,000 TONS.

THE LARGEST STEAMERS IN THE WORLD.

To NEW YORK, From SOUTHAMPTON—CHERBOURG—QUEENSTOWN. From LIVERPOOL—QUEENSTOWN.

To BOSTON, From LIVERPOOL—QUEENSTOWN.

For Freight and Passage apply to

THOS. COOK & SON, 31, Fargate, SHEFFIELD; 16, Clumber Street and 97, Derby Road, NOTTINGHAM; and Gallowtree Gate, LEICESTER.

Der Weg zum Nordpol

Die Erkundung der Arktis begann bereits im Mittelalter, als zum ersten Mal versucht wurde, die Nordwestpassage zu finden. Doch erst im 19. Jh. machten sich Expeditionen auf den Weg zum Nordpol.

Der Nordpol liegt 700 km vom Festland entfernt im Polarmeer, das fast ständig von einer schwimmenden Eisschicht bedeckt ist. Die ersten Versuche, ihn zu erreichen, unternahmen Expeditionen auf der Suche nach der Nordwestpassage, die den Atlantik mit dem Pazifik verbindet. Als es William Edward Parry 1827 nicht gelang, diese Durchfahrt zu finden, wollte er wenigstens den Nordpol besuchen. Er kam bis 82°45′ nördlicher Breite, ein Rekord, den er fast 50 Jahre lang hielt, bevor 1876 eine britische Polarexpedition unter Führung von Albert Markham 83°20′ nördlicher Breite erreichte.

Der norwegische Entdecker Fridtjof Nansen, der bereits Grönland auf Skiern durchquert hatte (siehe S. 260–261), war der Ansicht, dass die Meeresströmung das Polareis von Osten nach Westen treibt. Er glaubte, wenn ein Schiff an der richtigen Stelle im Eis einfriert, gelangt es von selbst zum Nordpol. Um diese Theorie zu beweisen, startete er mit einem speziell dafür erbauten Schiff, der *Fram*

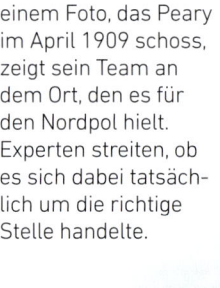

◁ Am Ziel?
Dieses Gemälde nach einem Foto, das Peary im April 1909 schoss, zeigt sein Team an dem Ort, den es für den Nordpol hielt. Experten streiten, ob es sich dabei tatsächlich um die richtige Stelle handelte.

(*Vorwärts*), im Juni 1893 von Christiania (Oslo) in Norwegen. Am Kap Tscheljuskin an der nördlichsten Spitze Russlands hinderte ihn das Eis an der Weiterfahrt und er musste das Schiff bei 78 bis 79° nördlicher Breite einfrieren lassen. Nachdem es 18 Monate lang dahingetrieben war, erkannte Nansen, dass das Schiff den Pol nie erreichen würde. Also versuchten er und sein Kamerad Hjalmar Johansen es auf Skiern. Die beiden schafften es bis zu einem neuen nördlichsten Punkt (86°14′), ehe sie wegen schlechten Wetters umkehrten. Es vergingen weitere 14 Monate, von denen sie acht in einem Eisloch verbrachten und sich von Seehunden ernährten, ehe sie zufällig von einer britischen Expedi-

tion entdeckt und gerettet wurden. 1897 versuchte der schwedische Forscher Salomon August Andrée den Pol mit einem Wasserstoffballon zu erreichen, aber er und seine Begleiter kamen bei dem Versuch ums Leben (siehe

» Ich breche die **Brücken hinter mir** ab, dann gibt es **keine andere Wahl,** als **vorwärtszugehen.** «

FRIDTJOF NANSEN, POLARFORSCHER

S. 185). Zwei Jahre später startete der italienische Fürst Luigi Amedeo in Christiania, stieg im Packeis auf Skier um und kam damit bis 86°34', also 40 km weiter als Nansen.

Umstrittene Behauptung

Am 7. September 1909 titelte die *New York Times:* »Peary entdeckt den Nordpol«. Diese Nachricht war umso überraschender, als dass erst eine Woche zuvor die Schlagzeile des *New York Herald* gelautet hatte: »Der Nordpol wurde von Dr. Frederick A. Cook entdeckt«.

Cooks Expedition startete im Juli 1907 und behauptete am 21. April 1908, am Nordpol angekommen zu sein. Während Cook auf dem Rückweg war und noch bevor jemand von seiner Behauptung erfuhr, hatte sich Robert Pearys Expedition auf den Weg gemacht. Nach seiner Heimkehr behauptete Peary, er habe den Pol am 6. April 1909 erreicht.

◁ **Pol-Konkurrent**
Der amerikanische Forscher Frederick Cook (rechts) hatte Robert Pearys Polarexpedition von 1891 bis 1892 als Arzt begleitet. Seine Behauptung, den Nordpol im April 1908 erreicht zu haben, wird mit Skepsis betrachtet.

◁ **Robert Peary**
Als Kommandeur in der US-Marine unternahm Peary mehrere Expeditionen nach Grönland und in die Arktis, ehe er selbst versuchte, den Nordpol zu erreichen. Damals hatte er bereits acht seiner Zehen durch Erfrierungen verloren.

Obwohl keiner der beiden Männer seine Behauptung beweisen konnte, wurde Peary allgemein mehr geglaubt als Cook.

Den ersten wissenschaftlich bewiesenen Besuch des Nordpols nahmen 1926 drei Männer für sich in Anspruch: der Norweger Roald Amundsen (siehe S. 280–281), der Amerikaner Lincoln Ellsworth und der Italiener Umberto Nobile. Sie kamen mit dem Zeppelin *Norge,* den Nobile steuerte, von Norwegen über den Atlantik nach Alaska. Als sie über den Pol flogen, warfen sie die Nationalflaggen ihrer Länder auf das Eis. Amundsen zeigte sich unbeeindruckt, dass die italienische Flagge am größten war. Später merkte er an, Nobile habe die *Norge* in einen »Zirkuswagen am Himmel« verwandelt.

△ **Erzrivalen**
Ein französisches Magazin von 1909 zeigt Cook und Peary kämpfend am Nordpol. Die Begegnung ist nur erfunden – ebenso wie die Idee, dass es am Nordpol Pinguine gibt.

Eisgrotte
Herbert Ponting war Mitglied der *Terra-Nova*-Expedition. Ihm gelangen einige der schönsten Aufnahmen der Antarktis, darunter dieser Schnappschuss von T. G. Taylor und C. S. Wright aus einer Eisgrotte heraus.

Die Jagd zum Südpol

Als wissenschaftliche Expeditionen aus zahlreichen Ländern eine der letzten unerforschten Regionen der Erde sondierten, begaben sich zwei eigenwillige Persönlichkeiten auf die Jagd nach Ruhm im ewigen Eis.

Die Antarktis war die letzte große Landmasse, die es noch zu erkunden und zu kartografieren gab. Auf die erste Antarktis-Expedition der Belgischen Geografischen Gesellschaft im Jahr 1897 folgten in nur 20 Jahren 17 weitere Expeditionen, die von zehn verschiedenen Nationen unternommen wurden.

Das ultimative Ziel war dabei, den Südpol zu erreichen. 1910 wurde dieser Versuch gleich zweimal unternommen: von dem Norweger Roald Amundsen (siehe S. 280–281) und von dem Briten Robert Falcon Scott. Scott war ein ehemaliger Marineoffizier, der seinen Dienst quittiert hatte, um 1901 die Führung der Antarktis-Expedition der Royal Geographical Society auf dem Forschungsschiff *Discovery* zu übernehmen. Die Gruppe drang dabei weiter nach Süden vor als je ein anderer Mensch zuvor. Nach seiner Rückkehr 1904 plante Scott sofort eine zweite Expedition, dieses Mal zum Südpol.

Sieger und Verlierer

Im Juni 1910 stach die *Terra Nova,* Scotts umgebauter Walfänger, vom walisischen Cardiff aus in See. An Bord befanden sich 65 Männer, darunter sechs Veteranen der *Discovery.* Für den Transport über Eis waren Ponys sowie ein paar neue, kaum getestete Motorschlitten gedacht. Das Team verbrachte den ersten Winter am südlichsten per Schiff erreichbaren Punkt, in einer Hütte am Kap Evans (nach einem Gruppenmitglied benannt).

Am 24. Oktober 1911, dem Beginn des antarktischen Sommers, brach die Truppe auf, doch weder die Motorschlitten noch die Ponys waren den harten Bedingungen gewachsen. Also zog man ohne sie weiter. Am 21. Dezember erreichten die Männer die ausgedehnten Weiten des Polarplateaus. Scott wählte vier Männer aus, die ihn auf dem letzten Stück des Weges begleiten sollten: Henry Bowers, Edgar Evans, Lawrence Oates und Edward Wilson.

◁ **Scott in Kap Evans**
Drei Jahre lang war eine große Hütte in Kap Evans das Basislager der *Terra-Nova*-Expedition. Hier sitzt Scott in seinem Zimmer, raucht Pfeife und schreibt in sein Tagebuch.

Wegen des schlechten Wetters und Scotts Anweisung, dass die Männer ihre Schlitten selbst ziehen sollten, kamen sie nur langsam voran, sodass sie den Südpol erst am 17. Januar 1912 erreichten. Dort erwartete sie bereits die norwegische Flagge und ein zurückgelassenes Zelt – Amundsen war ihnen zuvorgekommen. All ihrer Träume von Ruhm und Ehre beraubt, musste sich Scotts erschöpfte Gruppe auf den 1300 km langen Rückweg nach Kap Evans machen.

Letzte Worte

Am 17. Februar, einen Monat nach Antritt der Rückreise, starb Evans nach einem Sturz. Am 17. März äußerte Oates, der erkannt hatte, dass er mit seinen erfrorenen Füßen die Gruppe nur

aufhielt, die galantesten letzten Worte in der Geschichte der Polarerkundung: »Ich gehe nur nach draußen und bleibe dort für eine Weile.« Er stolperte während eines Schneesturms aus dem Zelt und ward nie mehr gesehen.

Am 21. März schlugen Scott, Wilson, und Bowers, halb verhungert und unter Skorbut leidend, zum letzten Mal ihr Zelt auf. Sie hatten 1190 km zurückgelegt. Bis Kap Evans waren es noch 225 km, aber das One Ton Depot, wo Vorräte lagerten, war nur 18 km entfernt.

»Wir sind schwach ... «

Acht Monate später fand ein Suchtrupp aus Kap Evans das kleine grüne Zelt mit den drei gefrorenen Leichen in ihren Schlafsäcken aus Rentierfell. Neben Scotts Leichnam lag sein Tagebuch. »Wir sind schwach«, hatte er geschrieben, »aber um meiner selbst willen bereue ich diese Reise nicht. Sie zeigt, dass Engländer harte Umstände ertragen … und ebenso tapfer dem Tod entgegensehen können.« Er hinterließ auch einige Abschiedsbriefe, einen davon an seine Frau, der mit den Worten »Liebe Witwe« begann.

◁ **Zweiter Platz**
Abgekämpft und von der Kälte gezeichnet, posieren Wilson, Scott, Evans, Oates und Bowers im Januar 1912 am Südpol. Im Hintergrund das Zelt, das Roald Amundsen zurückließ.

POLARFORSCHER, 1872–1928

Roald Amundsen

Der norwegische Forscher Roald Amundsen erreichte als erster
Mensch den Südpol, besuchte als Erster beide Pole und befuhr als
Erster die Nordwestpassage zwischen Atlantik und Pazifik.

Angeregt durch die Abenteuer seines Landsmannes Fridtjof Nansen, träumte Amundsen, der Sohn eines Schiffseigners, schon als Kind davon, Polarforscher zu werden. Seiner Mutter zuliebe, die nicht wollte, dass er zur See fuhr, studierte er zunächst Medizin, doch als sie starb, verließ er die

▽ **Der Südpol**
Amundsen am 14. Januar 1911 vor der
norwegischen Flagge am Südpol. Bei
ihm sind einige der Huskys, die ihm den
entscheidenden Vorsprung vor seinem
Rivalen Robert Falcon Scott verschafften.

Universität mit 21 Jahren und beschloss, seinen Kindheitstraum zu verwirklichen.

1897 segelte er als erster Maat auf der RV *Belgica* in die Antarktis. Nach seiner Rückkehr 1899 richtete er sein Augenmerk auf die Nordwestpassage. Seit dem 16. Jh. suchten Seefahrer nach einer nördlichen Durchfahrt zwischen Atlantik und Pazifik (siehe S. 138–139). Zu denen, die sie suchten, aber nie fanden, zählten Henry Hudson, James Cook und John Franklin, dessen spurloses Verschwinden im Eismeer Amundsen besonders faszinierte.

Die Nordwestpassage

Im Juni 1903 verließen Amundsen und sein Team aus sechs Mann Christiania (Oslo) an Bord des kleinen Segelschiffs *Gjøa*. Nach der Überquerung des Atlantiks errichteten sie eine Basis auf King William Island nördlich des kanadischen Festlands, wo sie zwei Winter mit wissenschaftlichen Studien und mit den dort lebenden Inuit verbrachten. Von ihnen lernten sie, was sie zum Überleben in der Arktis wissen mussten, etwa wie man ein Iglu baut, Schlittenhunde führt und Kleidung aus Tierhäuten anfertigt.

Im August 1905 lichtete die *Gjøa* den Anker und segelte weiter durch unbekannte Kanäle und Gewässer nach Westen, bis Eis das Schiff am Weiterfahren hinderte, sodass die Männer kurz vor Alaska überwintern mussten. 1906 erreichten sie endlich den Ort Nome in Alaska und hatten damit als Erste die Nordwestpassage durchfahren. Allerdings hatten sie dafür drei Jahre gebraucht, und teilweise war das Wasser für Amundsens kleines Segelboot kaum tief genug gewesen, was eine kommerzielle Nutzung der Nordwestpassage ausschloss.

Der Südpol

Zurück in Norwegen, plante Amundsen eine Reise zum Nordpol mit Fridtjof Nansens altem Polarschiff *Fram.* Als er die Nachricht erhielt, dass ihm Frederick

◁ **Taschenuhr**
Diese Taschenuhr der amerikanischen Marke Elgin National
Watch Company gehörte
Amundsen. Sie befindet sich heute im
Arktis- und Antarktismuseum
in Sankt
Petersburg.

Cook und Robert Peary zuvorgekommen waren, fokussierte er sich jedoch auf den Südpol. Robert Scott hatte bereits seine Expedition angekündigt, also telegrafierte Amundsen ihm ausgesucht höflich: »MÖCHTE SIE INFORMIEREN, DASS DIE FRAM ZUR ANTARKTIS FÄHRT«.

Die *Fram* erreichte Antarktika im Januar 1911 und wartete ab, bis Amundsen im Oktober grünes Licht für die Fahrt zum Pol gab. Seine Gruppe bestand aus fünf Männern und vier Schlitten, die jeweils von 13 Hunden gezogen wurden. Damit erreichte Amundsen problemlos am 14. Dezember 1911 den Südpol – über einen Monat früher als sein britischer Konkurrent.

▷ **Ruf der Wildnis**
Roald Amundsen im Jahr 1923 im
Pelzanorak. Im Gegensatz zu anderen
Polarforschern waren Amundsen und
sein norwegisches Team an das kalte
Klima gewöhnt. Sie hatten gelernt,
wie man im Eis überlebt, und waren
außerdem gute Skifahrer.

» Mit **guter Planung** kann man das **Abenteuer** fast gänzlich von einer Expedition **ausschließen.** «

ROALD AMUNDSEN, POLARFORSCHER

WICHTIGE DATEN

1872 Als Sohn eines Schiffseigners im südnorwegischen Borge geboren.

1897 Nimmt als Maat auf der *Belgica* an der Expedition von Adrien de Gerlache teil, die als Erste in der Antarktis überwintert.

1903–1906 Fährt als Erster durch die Arktis vom Atlantik in den Pazifik.

1910–1912 Segelt mit der *Fram* in die Antarktis, wo er Robert F. Scott bei der Jagd zum Südpol schlägt.

1926 Fährt mit dem Luftschiff *Norge,* das von dem Italiener Umberto Nobile gesteuert wird, über den Nordpol. Damit gehört er zu den ersten offiziell bestätigten Nordpolbesuchern. Außerdem ist er dadurch der erste Mensch, der beide Pole besucht hat.

1928 Verschwindet spurlos am 28. Juni mit einer Besatzung von fünf Mann bei einem Rettungsflug für Umberto Nobile. Sein Leichnam wurde nie gefunden.

DER JUNGE AMUNDSEN POSIERT FÜR EINEN STUDIOFOTOGRAFEN

DAS LUFTSCHIFF *NORGE,* DAS AMUNDSEN ÜBER DEN NORDPOL TRUG

Das Modell T

Henry Fords revolutionäres Automobil Modell T veränderte für immer Leben, Arbeit und Reisen in den USA ebenso wie in der restlichen Welt.

Als Henry Ford Ende des 19. Jh. in die Automobilbranche einstieg, war er in Gesellschaft zahlreicher Erfinder und Unternehmer, die mit verschiedenen Technologien experimentierten. Einige der Erfindungen hatten Erfolg, wie etwa das benzinbetriebene Automobil, das Carl Benz 1886 entwickelte. Eigentlich war es auch das erste Auto, das in gewisser Weise in Produktion ging, denn es wurden mehrere identische Kopien davon gebaut.

Henry Ford eröffnete sein Unternehmen 1903 in Detroit im US-Staat Michigan. In den ersten fünf Jahren produzierte er die Modelle A, B, C, F, K, N, R und S, von denen pro Jahr meistens nur wenige Hundert Stück verkauft wurden. Das änderte sich 1908, als Ford sein Modell T vorstellte. Das erste Auto dieser Reihe verließ am 27. September 1908 die Fabrik. Am 26. Mai 1927 rollte in Fords Anwesenheit das 15-millionste vom Band. Sein revolutionäres Modell T war das erste Automobil, das aus austauschbaren Einzelteilen auf einem Fließband in Massen produziert wurde. Da seine Herstellung viel billiger war als die anderer Autos seiner Zeit, konnte es auch wesentlich preisgünstiger verkauft werden. Obendrein war es einfach zu warten, sodass sich das Modell T auch Leute leisten konnten, für die andere Autos unerschwinglich waren. 1915 waren 40 Prozent aller verkauften Autos in den USA ein Modell T.

Dieses Modell war in mehreren Ausführungen erhältlich, etwa mit zwei, fünf oder sogar sieben Sitzen. Ursprünglich gab es auch eine Farbauswahl, aber von 1913 bis 1925 wurde es nur in Schwarz angeboten. Irgendwann lösten stärkere, größere Autos das Modell T ab, doch da hatte es bereits Fords Traum von der »Demokratisierung des Automobils« erfüllt.

»Ich werde ein Auto für die ganze Gesellschaft bauen.«

HENRY FORD, 1922

◁ **Bereit zum Ausliefern**
Diese Aufnahme aus einem Ford-Werk im Jahr 1925 zeigt Modell Ts, die gerade für die Auslieferung vorbereitet werden. Das Auto wurde in Detroit (Michigan) und im englischen Manchester produziert.

Die Entdeckung von Machu Picchu

Angeregt durch die Berichte von Alexander von Humboldt über die Erkundung Südamerikas, machte Hiram Bingham einen der sensationellsten archäologischen Funde des 20. Jh.

△ **Mann und Maultier**
Yale-Absolvent und Forscher Hiram Bingham mit seinem Maultier, kurz nachdem ihm ein Bauer 1911 den Weg nach Machu Picchu gezeigt hatte.

Wie findet ein Forscher eine alte untergegangene Stadt? Hiram Bingham, der Organisator der Yale-Peru-Expedition von 1911, fragte einfach jeden, den er in Peru traf, ob er alte Ruinen kenne. Im Urubambatal bei Cuzco begegnete er einem Bauern, der von einem solchen Ort wusste. Niemand von Binghams Team hatte Lust, ihn zu begleiten, also machte er sich nur mit einem Übersetzer und dem Bauern, der ihm als Führer diente, auf den Weg. Sie wanderten stundenlang durch Nieselregen, kämpften sich durch die Urwaldvegetation und kamen manchmal nur noch auf allen vieren vorwärts, weil das Gelände so steil war. Doch plötzlich fanden sie sich in einem Labyrinth aus überwucherten Mauern wieder. Bingham schrieb dazu: »Eine Überraschung folgte der nächsten, bis klar wurde, dass wir inmitten der schönsten Ruinen standen, die je in Peru entdeckt wurden.«

Wachsende Begeisterung

Bingham wurde 1875 in Hawaii als Sohn amerikanischer Missionare geboren. Er studierte in Yale und Harvard, wo sein Interesse für lateinamerikanische Geschichte geweckt wurde. Später wurde er Dozent in Yale, doch er war

» Es ist möglich, dass **nicht einmal die Konquistadoren** diesen **wundervollen Ort** sahen. «

HIRAM BINGHAM

mehr am Forschen als am Lehren interessiert. 1906 reiste Bingham auf den Spuren von Simón Bolívar, dem Helden der südamerikanischen Unabhängigkeitsbestrebungen im 19. Jh., durch Venezuela und Kolumbien. 1909 ritt er mit dem Maultier auf einer historischen Route von Buenos Aires nach Lima in Peru. Ein Besuch der spektakulären

▽ **Zuflucht in den Bergen**
Bingham war der Ansicht, die verlorene Inkastadt Vilcabamba gefunden zu haben. Heute geht man jedoch davon aus, dass Machu Picchu der Zufluchtsort des Inkakönigs Pachacutec war und nach seinem Tod 1472 aufgegeben wurde.

Ruinen der alten Inkahauptstadt Cuzco in Peru regte ihn dazu an, sich selbst auf die Suche nach Überresten dieser alten Kultur zu machen. Sein Interesse galt vor allem der »verlorenen Stadt« Vilcabamba, der letzten Zuflucht der Inka im Kampf gegen die Konquistadoren um 1530.

Was Bingham an diesem regnerischen 24. Juli 1911 entdeckte, war Machu Picchu (»alter Gipfel« in der Sprache der Inka), eine Zitadelle, die irgendwann im 15. Jh. für den Inkakönig erbaut worden war. Ein paar Bauern lebten zwischen den Ruinen und betrieben auf dem Gelände Ackerbau. Bingham war fasziniert von der handwerklichen

Geschicklichkeit, mit der die Steinterrassen und Gebäude errichtet wurden. Auch die atemberaubende Kulisse der majestätischen Berge, von denen die Zitadelle umgeben war, versetzten ihn in Begeisterung.

Dokumentation der Entdeckung

Später wurden Ansprüche erhoben, dass andere Reisende Machu Picchu vor Bingham entdeckt hätten. Ihm selbst erschien es »beinahe unglaublich, dass diese Stadt, nur fünf Tagesreisen von Cuzco entfernt, so lang unbeschrieben blieb«. Falls tatsächlich andere vor Bingham dort waren, hatten sie nicht über ihre Entdeckung berichtet. Bingham kehrte mehrmals dorthin zurück, machte Fotos, fertigte Zeichnungen an und nahm viele Artefakte mit in die USA. Seine minutiöse Dokumentation aller Funde und Erkenntnisse brachte ihm großen Ruhm ein: Die *New York Times* sprach sogar von der »größten archäologischen Entdeckung des Jahrhunderts«.

Bingham war fest davon überzeugt, Machu Picchu sei Vilcabamba, wie er 1948 in seinem Buch *Lost City of the Incas* ausführt. 1964 entdeckte der amerikanische Forscher Gene Savoy jedoch die echten Überreste von Vilcabamba in der Nähe von Espíritu Pampa, einem Ort, dem Bingham nur geringe Bedeutung beigemessen hatte.

△ **Freilegung der Ruinen**
Bei seinem zweiten Besuch 1912 ließ Bingham große Bereiche von Machu Picchu freilegen, die »von Bäumen und Moos und der Vegetation von Jahrhunderten« überwuchert waren.

▽ **Inkaschmuck**
Bingham grub in Machu Picchu über 45 000 Artefakte aus, darunter diesen goldenen Anhänger. Die Yale University versprach inzwischen, sie an Peru zurückzugeben.

Abgehoben

Auf einer Rennstrecke in Frankreich erhob sich 1908 Wilbur Wright mit den Worten »Meine Herren, ich werde jetzt fliegen« in die Lüfte. Seine Flugmaschine läutete eine neue Ära des Reisens ein.

Für die meisten Historiker war der 17. Dezember 1903 der Tag, der das Reisen für immer veränderte. Es war der Tag, an dem die Amerikaner Wilbur und Orville Wright, Besitzer einer Fahrradwerkstatt, in der Nähe von Kitty Hawk in North Carolina ihren ersten kontrollierten längeren Flug in einer Maschine unternahmen, die schwerer war als Luft.

Nach dieser Meisterleistung arbeiteten die Brüder noch einige Jahre an ihrer Konstruktion, bis Wilbur am 5. Oktober 1905 mit der *Flyer III* 39 Minuten in der Luft blieb und dabei eine Strecke von 39 km zurücklegte. Aus Angst, jemand könnte ihre Ideen stehlen, führten die Gebrüder Wright ihre Experimente relativ heimlich und mit nur wenigen Zeugen durch, was in der Öffentlichkeit für einige Skepsis sorgte. Die *New York Herald* merkte im Februar 1906 dazu an: »Man kann leicht behaupten, ›Wir sind geflogen‹.«

▷ **AT & T**
1919 eröffnete die Aircraft Transport and Travel Company die erste regelmäßige, tägliche, internationale Flugverbindung zwischen London und Paris. Zum Einsatz kam dabei eine de Havilland DH.16, wie hier abgebildet, die nur für vier Passagiere Platz hatte.

Als Reaktion auf die Kritik führten die Brüder Wright im Mai 1908 mehrere Flüge durch, dieses Mal vor der Presse. Bisher hatten sie nur Alleinflüge unternommen, aber in der neuen Maschine konnte sogar ein Passagier mitfliegen.

Etwas später im selben Jahr wiederholten sie diese Demonstration in Frankreich, wobei Wilbur die Flugmaschine in Achterfiguren über den Köpfen Tausender Zuschauer kreisen ließ. Doch nicht nur die Wrights experimentierten

»Eines Tages werden Menschen die Ozeane in Flugzeugen überqueren so wie heute auf Dampfschiffen.«

THOMAS BENOIST, PIONIER DER LUFTFAHRT

▷ Rasanter Fortschritt
Weniger als 20 Jahre nach dem ersten Flug der Gebrüder Wright gab es bereits Verkehrsflugzeuge für 150 Passagiere. Dieses Foto entstand an Bord des riesigen 12-motorigen DO-X Flugbootes, das über den Genfer See flog.

△ Erstflug
Wilbur Wright (hier im Oktober 1902 bei einem frühen Testflug mit einem Gleiter) und sein Bruder Orville unternahmen 1903 die ersten gesteuerten Flugversuche in Kill Devil Hills, nahe bei Kitty Hawk, in North Carolina.

Lounge und Toilette. Am 25. Februar 1914 startete das komfortable Flugzeug mit 16 Personen an Bord zu einem Demonstrationsflug. Im Juni desselben Jahres flog es in nur 14 Stunden und 38 Minuten von Sankt Petersburg nach Kiew und sogar noch schneller wieder zurück. Wegen des Ausbruchs des Ersten Weltkriegs wurde es jedoch nie als kommerzielles Verkehrsflugzeug eingesetzt.

Die erste regelmäßige Fluglinie hatte bereits einen Monat vorher ihren Dienst aufgenommen. Zwei Flugzeuge verkehrten seit Januar 1914 über der Tampa Bay in Florida. Der Dienst wurde zwar nach wenigen Monaten wieder eingestellt, aber in dieser kurzen Zeit waren 1200 Passagiere über die Bucht geflogen worden.

Den Kinderschuhen entwachsen
Der Erste Weltkrieg beschleunigte den technologischen Fortschritt, deshalb gab es ab 1918 viele neue, verbesserte Flugzeuge, die für den zivilen Einsatz geeignet waren. Am 25. August 1919 eröffnete die Aircraft Transport and Travel Company (AT&T) die erste reguläre Flugverbindung der Welt – einen täglichen Flug zwischen Londons Hounslow Heath Aerodrome und Le Bourget in Paris.

AT&T meldete im Dezember 1920 Konkurs an, doch innerhalb eines Jahres boten nicht weniger als sechs Gesellschaften die Flugverbindung London–Paris an. Am 17. Mai 1920 nahm die niederländische KLM den Flugverkehr zwischen London und Amster-

dam auf. Diese neuen Airlines veränderten das Reisen genauso radikal wie 100 Jahre zuvor das Dampfschiff. Reisen, für die man bisher Monate gebraucht hatte, waren nur noch eine Sache von Stunden. Die Vorstellung, Monate auf See zu verbringen, um von einem Ort zum anderen zu gelangen, erschien plötzlich absurd. Um 1950 war das Flugzeug zum wichtigsten Verkehrsmittel für lange Strecken geworden.

◁ KLM
Die niederländische Fluggesellschaft KLM, die 1920 ihren Jungfernflug unternahm, ist länger im Geschäft als jede andere Airline. Auf dem Plakat von 1929 steht: »Der Fliegende Holländer – Eine Legende wird wahr«.

mit Flugapparaten, sie waren den Konkurrenten nur etwas voraus. Einer von ihnen, Louis Blériot, überflog im Jahr darauf als erster Mensch den Ärmelkanal in einem Flugzeug, das er selbst entworfen hatte.

Erste Verkehrsflugzeuge
Kaum zu glauben, dass nur sechs Jahre nach der Demonstration der Gebrüder Wright das erste Flugzeug startete, das mehrere Passagiere befördern konnte. Die viermotorige *Ilya Muromets* des russischen Ingenieurs Igor Sikorsky besaß als erstes Flugzeug Heizung und elektrisches Licht – ganz zu schweigen von dem Passagiersalon mit Ruheraum,

Abenteurer der Lüfte

Zu Beginn der Luftfahrt riskierten tollkühne Abenteurer mit Ledermützen und Schutzbrillen Leib und Leben – allzu oft mit fatalen Folgen –, um die Grenzen des Flugverkehrs zu überwinden.

In der heutigen Zeit ist Fliegen lediglich der schnellste Weg, um von einem Ort zum anderen zu gelangen. Doch Anfang des 20. Jh. war ein Flug durch die Lüfte ein unglaubliches, beinahe mystisches Erlebnis und Piloten die Helden jener Tage. Am aufregendsten war die Zeit zwischen den Kriegen, als Ingenieure fast wöchentlich die Flugzeuge verbesserten und die Piloten damit neue Geschwindigkeits- oder Distanzrekorde aufstellten.

Auf jeden Erfolg kamen viele Misserfolge, von denen manche sogar tödlich endeten, doch dieses Risiko nahmen die Pioniere der Luftfahrt für ihre Leidenschaft in Kauf. Auf die Frage, was ihn dazu bewog, Pilot zu werden, verglich der französische Dichter Antoine de Saint-Exupéry diese Entscheidung mit dem Eintritt in ein Kloster. Seine Erlebnisse verarbeitete er in Büchern wie *Wind, Sand und Sterne* und *Flug nach Arras*.

Der Tod kam in der Luft oft unerwartet. Alan Cobham, einer der Langstrecken-Pioniere, war im März 1926 die Strecke London–Kapstadt–London geflogen. Drei Monate später startete er erneut in London, dieses Mal wollte er Australien erreichen. Als er jedoch über dem Irak wegen eines Sandsturms tiefer flog, beschossen Einheimische sein Flugzeug. Sein Kopilot wurde verwundet, und obwohl Cobham sofort nach Basra flog und ihn dort in die Klinik brachte, starb er noch in derselben Nacht.

Held der Langstrecke
Dieses Foto zeigt Alan Cobham im Anflug auf die Londoner Themse am 1. Oktober 1926. Er hatte gerade einen 42 974 km langen Flug von England nach Australien und zurück hinter sich.

»Manchmal fühlt sich **Fliegen zu gottgleich** für den Menschen an.«

CHARLES LINDBERGH, PILOT

△ **Die *Spirit of St. Louis***
Das Flugzeug, mit dem Lindbergh 1927 über den Atlantik flog, war ein einmotoriger, einsitziger Eindecker der Ryan Airlines aus San Diego. Heute ist es im National Air and Space Museum der Smithsonian Institution ausgestellt.

Über den Atlantik

In der Geschichte der Luftfahrt werden fast alle Flüge von jenem einen Flug überstrahlt, den Charles Lindbergh vom 20. bis 21. Mai 1927 durchführte. Der 25-jährige Militär- und Luftpostpilot erreichte mit seinem Nonstop-Alleinflug von Long Island (New York) nach Paris Weltruhm: eine Strecke von 5800 km, die er in 33,5 Stunden zurücklegte. Er war jedoch nicht der Erste, der den Atlantik überquerte. Im Mai 1919 flog Lieutenant Commander Read von der US-Marine von Neufundland über die Azoren nach Portugal. Zwei Wochen später flogen Captain John Alcock und Lieutenant Arthur Brown Nonstop von Neufundland nach Irland. Tatsächlich waren 1927 bereits mehr als 100 Menschen über den Atlantik geflogen. Lindbergh war jedoch der Erste, der den Alleinflug wagte und mit New York und Paris zwei Weltstädte als Start und Ziel auswählte.

Im Jahr darauf überquerte der Australier Charles Kingsford Smith mit einem Team aus drei Mann den Pazifik von Oakland nach Brisbane. Die Schlagzeilen gehörten in jenem Jahr jedoch Amelia Earhart, die als erste Frau, wenn auch als Passagier, über den Atlantik flog. »Ich war nur Gepäck, wie ein Sack Kartoffeln«, kommentierte sie ihren Flug nach der Landung und fügte hinzu: »Vielleicht werde ich es eines Tages selbst versuchen.« Dieser Tag kam am 20. Mai 1932, genau fünf Jahre nach Lindberghs Flug, als die 34-Jährige in Neufundland abhob und 15 Stunden später auf einem Feld in Nordirland landete. Damit war sie die erste Frau, die allein über den Atlantik geflogen war.

Weltumrundung

Ironischerweise ist der vielleicht größte Erfolg der Luftfahrt kaum bekannt. Wiley Post aus Oklahoma arbeitete auf den Ölfeldern, verbrachte ein Jahr wegen bewaffneten Raubüberfalls im Gefängnis und verlor bei einem Unfall ein Auge, ehe er der Privatpilot eines reichen Ölhändlers wurde. Am 23. Juni 1931 flog er mit seinem Navigator Harold Gatty von New York aus Richtung Westen und landete am 1. Juli wieder in New York, nachdem

△ **Amelia Earhart**
1932 wurde Earhart die erste Frau, die im Alleinflug den Atlantik überquert hatte, und damit Inspiration für alle nachfolgenden Generationen an Luftfahrern.

er die Welt in 8 Tagen, 15 Stunden und 51 Minuten umrundet hatte. Damit brach er den Weltrekord von 21 Tagen, den ein Zeppelinflug aufgestellt hatte.

Im Juli 1933 unternahm Post als Erster einen Alleinflug um die Welt, für den er nur 7 Tage und 19 Stunden brauchte. Zwei Jahre später endeten jäh Posts Karriere und Leben, als sein Flugzeug in Alaska in einen See stürzte.

▷ **Empfang für einen Helden**
Der britische *Daily Mirror* zeigte auf der Titelseite ein Foto von Charles Lindberghs Landung auf dem Croydon Airport in London nach seinem historischen Alleinflug über den Atlantik.

Reisen in Arabien

Im Laufe der Jahrhunderte zog es immer wieder Einzelgänger aus dem Westen nach Arabien. Oft reisten sie dort als Einheimische verkleidet und passten sich den örtlichen Sitten an.

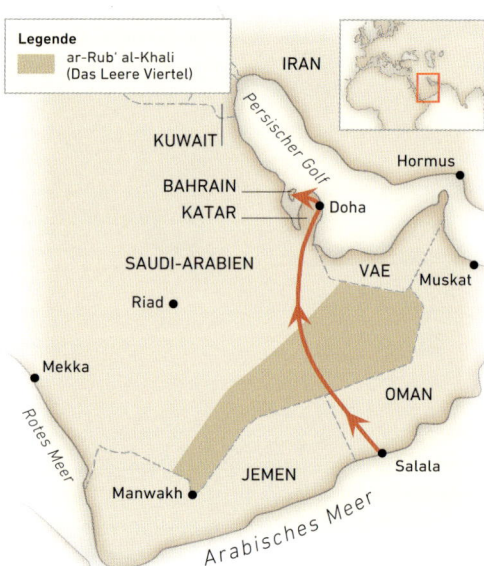

Legende
ar-Rub' al-Khali
(Das Leere Viertel)

▽ **Angepasst**
Ein Foto von Bertram Thomas mit Kriegern vom Stamm der Sharari in Oman im Jahr 1930. Er gewann ihr Vertrauen, indem er ihre Bräuche übernahm.

Als Hochburg des Islam war Arabien seit dem 7. Jh. muslimischen Pilgern wohlbekannt. Für Nichtmuslime standen Mekka und Medina jedoch auf der Liste der verbotenen Städte – zu denen auch Lhasa und Timbuktu gehörten –, die seit Jahrhunderten die Fantasie der westlichen Welt anregte. Deshalb waren nicht muslimische Eindringlinge dort häufiger anzutreffen, als man in Anbetracht der strengen Zutrittsverbote vermuten würde. Tatsächlich hatten bis zum Beginn des 20. Jh. rund 25 Westeuropäer Mekka besucht und etwas darüber geschrieben.

Der Erste war Ludovico di Varthema. 1503 verließ der Italiener Damaskus, wo er zwei Jahre lang Arabisch gelernt hatte, mit einer Pilgerkarawane gen Mekka.

△ **Expeditionen von Bertram Thomas**
1930 startete Bertram Thomas zusammen mit Scheich Saleh bin Kalut von Salala in Oman. 60 Tage später kamen sie in Doha auf der anderen Seite des »Leeren Viertels« an. Von dort aus fuhren sie mit einer Dhau nach Bahrain.

Er beschrieb als erster Westeuropäer die Rituale des Hadsch. Auch der Schweizer Johann Ludwig Burckhardt bereiste Arabien und entdeckte dort die Felsenstadt Petra (heute in Jordanien). 1814 verbrachte er zwei Monate in Mekka, kartografierte die Stadt und sammelte Informationen über die bis dato wenig bekannte Arabische Halbinsel.

Den ausführlichsten Bericht über seinen Arabienaufenthalt lieferte jedoch der Abenteurer Richard Burton. Die britische Royal Geographical Society hatte sich geweigert, die Reise zu finanzieren, weil sie zu gefährlich erschien, aber

◁ **In Verkleidung**
Wie viele Europäer, die einen Besuch in Mekka planten, studierte Richard Burton den Islam, lernte Arabisch und verkleidete sich als muslimischer Pilger, wie hier abgebildet.

Burton fuhr trotzdem und veröffentlichte seine Erlebnisse 1855 in einem dreibändigen Werk.

Eigentlich wollte Burton von Mekka aus die Arabische Wüste durchqueren, doch nicht er setzte diesen Plan in die Tat um, sondern der Gelehrte und Forscher Charles Montagu Doughty. 1876 belauschte Doughty eine Unterhaltung in einem arabischen Kaffeehaus und erfuhr dabei von der Existenz einer antiken Stadt in Saudi-Arabien, die er unbedingt finden wollte. Wie ein Einheimischer gekleidet, um seine Herkunft zu verbergen, schloss er sich deshalb einer Pilgerkarawane an. Leider wurde er trotz seiner Verkleidung enttarnt und davongejagt, aber er fand trotzdem die Felsenfassaden von Mada'in Saleh, der kleineren Schwesterstadt von Petra. Insgesamt war er zwei Jahre lang unterwegs. Die Details seiner Reise schrieb er in dem zweibändigen Werk *Arabia Deserta* (1888) nieder.

Das Leere Viertel

Nach dem Niedergang des Osmanischen Reichs Anfang des 20. Jh. weiteten die Briten ihren imperialen Einfluss auf Arabien aus. Bertram Thomas war einer der britischen Beamten, die dort ihren Dienst versahen. Als er für den Sultan von Arabien arbeitete, reifte sein Plan heran, die 650 000 km² große, menschenleere Wüste ar-Rub' al-Khali (»Das leere Viertel«) zu durchqueren.

△ **Versunkene Wüstenstadt**
Dem Arabienforscher Charles Doughty gelang es, die in den Fels gehauenen Ruinen von Mada'in Saleh zu besuchen, der ehemals bedeutendsten Stadt des Nabatäerreichs.

Am 10. Dezember 1930 startete Thomas in Salala in Oman und kam 60 Tage später in Doha in Katar an. Er hatte als erster Europäer die unwirtlichste Region im Südosten Arabiens durchquert.

Thomas' Tat gefiel nicht jedem. Harry St. John Philby, ein britischer Berater des Königs von Saudi-Arabien, plante ebenfalls, das Leere Viertel zu durchqueren, als ihm Thomas zuvorkam. Philby brach trotzdem auf und entdeckte während seines 2700 km langen Wegs durch die unbewohnte Wüste die Wabar-Krater, die durch Meteoriteneinschlag entstanden waren.

Auch wenn Philby das Leere Viertel nicht als erster Europäer durchquert hatte, wurde er dafür von späteren Forschergenerationen bewundert. Allen voran Wilfred Thesiger (siehe S. 316–317), der anmerkte, »ich werde immer stolz darauf sein, in Philbys Fußstapfen zu treten«.

△ **Philbys Kanne**
Nach einem langen Tag signalisierte die Kaffeekanne die wohlverdiente Ruhepause. Philby schrieb von »Kaffee, der das Herz erfreute«.

» Was blieb mir übrig, als zu **beweisen,** dass das, was für andere Reisende **gefährlich** sein könnte, für mich **sicher** war? «

RICHARD FRANCIS BURTON, 1855

Sonnenanbeter

Dank Eisenbahn und Dampfschiffen mussten reiche Nordeuropäer
nicht länger die düsteren Wintermonate ihrer Heimat ertragen,
sondern konnten stattdessen das sonnige Mittelmeerklima genießen.

Der Gedanke, dass jeder gern im Meer baden würde, ist sehr modern. In der Geschichte galt das Meer größtenteils als grausam und unberechenbar, etwas, das man fürchten und bezwingen musste. Diese Einstellung änderte sich erst mit den Romantikern (siehe S. 204–205), die das Kommunizieren mit der Natur als Balsam für die Seele erachteten. Bald darauf begannen Ärzte, frische Luft, Bewegung und ein warmes Klima als gesundheitsfördernd zu empfehlen. An den europäischen Stränden erschienen plötzlich Badekarren (Umkleidekabinen auf Rädern), und Urlauber tauchten versuchsweise die Zehen ins Wasser.

Der industriellen Revolution folgte der Aufstieg der Mittelschicht. Die Erhöhung der Löhne, in Verbindung mit dem Ausbau des Eisenbahnnetzes und der neu entdeckten Liebe zum Meer, ließ die ersten Seebäder entstehen. Im 19. Jh. gehörte beispielsweise der in königlicher Gunst stehende Küstenort Brighton zu den am schnellsten wachsenden Städten Englands. Die Einrichtung einer Bahnverbindung zu den Industriestädten Nordenglands machte Blackpool zum ersten Badeort für die Arbeiterklasse. Doch obwohl die heimi-

◁ **Posieren im Badeanzug**
Am Meer trugen die Touristen des 19. Jh. Badeanzüge. Allerdings gebot die Sittsamkeit, dass diese kaum mehr enthüllten als die normale Alltagskleidung.

schen Seebäder florierten, bevorzugten manche Privilegierte, darunter auch ein ehemaliger englischer Justizminister, die Sonne an weiter entfernteren Orten.

Die französische Riviera

1834 zwang eine Cholera-Epidemie in Marseille Lord Brougham zu einem längeren Aufenthalt in einem winzigen Fischerdorf namens Cannes. Entzückt von dem blauen Himmel, dem warmen Klima und dem glitzernden Meer, kaufte er dort ein Stück Land, auf dem er für sich eine Villa bauen ließ. Bald

folgten ihm andere Briten und die Riviera war geboren. Sie wuchs schnell zu Europas größtem, allerdings auch sehr exklusivem Seebad heran. Orte wie Antibes, Saint-Raphaël, Juan-les-Pins, Cannes, Nizza und Monaco blühten auf und machten diesen Küstenabschnitt zum glamourösesten Tummelplatz für Millionäre, Adelige und Filmstars aus aller Welt. Doch auch Künstler und Schriftsteller wie Renoir, Matisse, Picasso und F. Scott Fitzgerald fühlten sich dort wohl. Für Letzteren, der mit seiner Frau Zelda ein Haus mit Meerblick in Juan-les-Pins gemietet hatte, war die französische Riviera der Ort, an dem er »leben und sterben« wollte. Sie diente ihm auch als Kulisse für seinen letzten Roman *Zärtlich ist die Nacht* (1934).

Ab 1922 verkehrte in der Region der exklusive Luxuszug Train Bleu, der seinen Namen der eleganten blauen Lokomotive mit goldenen Verzierungen verdankte. Er fuhr von Calais über Paris nach Menton in Südfrankreich. Seine Passagiere sorgten dafür, dass Sonnenbräune in Mode kam, Badeanzüge stylisch wurden und Sportarten wie Schwimmen, Tennis und Golf auf der Beliebtheitsskala nach oben kletterten.

Über Frankreich hinaus

Die französische Riviera war zwar die nobelste Seebadregion am Mittelmeer, aber nicht die einzige. Mitte des 19. Jh. war Rimini einer von mehreren italienischen Badeorten. Auch an der Küste Nordfrankreichs und Belgiens, an der deutschen Ostsee und bald darauf in

Spanien entstanden Seebäder. In den USA ließ der Unternehmer Carl G. Fisher im Staat Florida Mangrovensümpfe trockenlegen und warb auf dem Time Square in New York mit dem Spruch »In Miami ist es Juni«.

Der Glanz der Riviera verblasste nach dem Zweiten Weltkrieg, als die Reichen ihre sonnendurchflutete Freiheit woanders suchten. Die Idee, Urlaub am Meer zu machen, hatte jedoch Bestand, und seit der zweiten Hälfte des 20. Jh. ermöglichen die günstigen Flugpreise Millionen von Menschen jedes Jahr, ihre Koffer zu packen und in wärmere Gefilde zu entfliehen.

△ **Badekarren**
Die ersten weiblichen Badegäste benutzten fahrbare Umkleidekabinen wie die auf dieser Illustration von 1908. Die Karren wurden ins Wasser geschoben, damit die Damen ungesehen im Meer baden konnten.

◁ **Die Riviera**
Menton in Frankreich um 1890. Die Meerespromenade war ein wichtiger gesellschaftlicher Ort, an dem die Leute ihre schönsten Kleider ausführten.

SUMMER ON THE FRENCH RIVIERA
ETERNAL SUNSHINE

◁ **Ruf des Südens**
In Nordeuropa gibt es viel Küste, aber wenig Sonne. Plakate wie dieses von 1930 lockten reiche Touristen im Sommer in südliche Regionen wie die französische Riviera.

Abseits vom Baedeker

Obwohl die Weltwirtschaftskrise und der Zweite Weltkrieg in den 1930er- und 1940er-Jahren die Welt ins Chaos stürzten, erlebte die Reiseliteratur jener Zeit eine glanzvolle Renaissance.

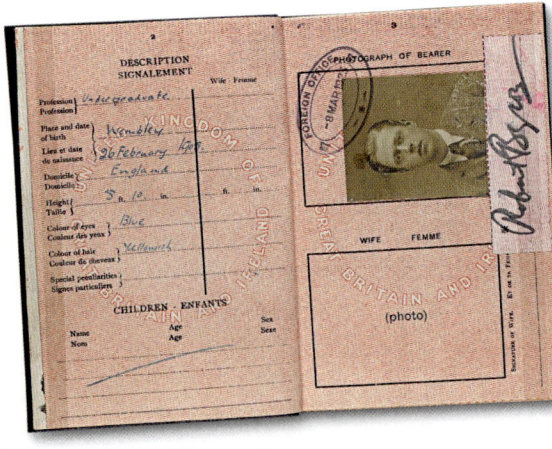

△ *Brasilianisches Abenteuer*

Trotz seiner Aussage, dass »nichts Bedeutendes entdeckt wurde«, liest sich Flemings Buch heute noch genauso spannend wie um 1930.

Den ersten Aufschwung erlebte die Reiseliteratur, nachdem Eisenbahn und Dampfschiffe die Welt erschlossen hatten. Die Öffentlichkeit sehnte sich nach Geschichten aus den entlegensten Ecken der Erde, die sie nicht selbst bereisen konnte. Ähnlich verhielt es sich auch zwischen den beiden Weltkriegen – diesmal mit Flugzeugen als Auslöser. Allerdings unterschied sich die neue Reiseliteratur in einigen Punkten von der aus früheren Zeiten.

Eine neue Generation

Der typische Reiseschriftsteller des 19. Jh. schrieb Geschichten über seine eigenen heldenhaften Taten und Abenteuer. Robert Byron besaß ebenfalls viele Attribute eines Reisenden des 19. Jh.: Er war gebildet, wohlhabend und konnte seiner Passion ungehindert nachgehen, doch sein Schreibstil war neu. Anstatt sich selbst und seine Reisen zu glorifizieren, schrieb Byron mit Wärme und Humor über die Menschen, denen er unterwegs begegnete. Er erkannte, dass die Europäer, nachdem sie jahrhundertelang über andere Länder geherrscht hatten, auch ein paar Dinge von den anderen lernen konnten, und er stand fremden Kulturen positiv gegenüber. Sein Werk *Der Weg nach Oxiana* (1937) gilt allgemein als erstes bedeutendes Beispiel für die moderne Form der Reiseliteratur. Hierin erzählt er von seiner Reise nach Persien (Iran) und Afghanistan, auf der Suche nach den Wurzeln der islamischen Architektur.

Peter Fleming, ein weiterer bekannter Reiseschriftsteller jener Zeit, begann seine literarische Karriere mit einer

△ **Robert Byrons Reisepass**

Der Reiseschriftsteller Robert Byron (1905–1941) war als Student am Merton College in Oxford eingeschrieben, als dieser Pass 1923 auf ihn ausgestellt wurde.

Suchmission nach dem vermissten Forscher Percy Fawcett in Südamerika, auf der sein erstes Buch *Brasilianisches Abenteuer* (1933) basiert. Die Expedition war eine Farce, und Fleming amüsierte sich über sein eigenes Unvermögen und das seiner Gruppe. »Es erfordert viel weniger Mut, ein Entdecker zu sein als ein Wirtschaftsprüfer«, erklärte er dazu

▽ **Freya Stark**

Freya Stark, die in der Wüste Dior und in London arabische Gewänder trug, entsprach mit ihrer Abenteuerlust und ihren Reisen in exotische Länder in keinster Weise dem Frauenbild jener Zeit.

» Es gibt **kein Ausland.** Nur der **Reisende** ist ein **Ausländer.** «

ROBERT LOUIS STEVENSON, AUTOR

und schrieb noch weitere Bücher über Zentralasien, China und Russland.

Amateurarchäologin Freya Stark zeigt in ihrem Werk *Im Tal der Mörder* (1934), mit dem sie schlagartig bekannt wurde, eine ähnlich gelassene Einstellung gegenüber Abenteuer und Gefahr, als sie ihre Reise durch Persien und ihr Versteckspiel mit Polizei und Banditen schildert. Sie verfasste noch zwei Dutzend weitere Werke, die viele Frauen dazu inspirierten, in exotische Gefilde zu reisen. »Ganz allein in einer fremden Stadt zu erwachen ist eines der schönsten Gefühle der Welt«, schreibt sie begeistert in *Baghdad Sketches* (1932).

Auch wenn es weitaus mehr männliche als weibliche Reiseschriftsteller gab, zählt Rebecca Wests *Schwarzes Lamm und grauer Falke* (1941), ein komplexes Porträt von Jugoslawien und Europa am Rand des Krieges, zu den bedeutendsten Werken seiner Zeit.

Die meisten Reiseschriftsteller zog es in Regionen, die nicht im Baedeker standen, doch manche versuchten auch, bekannte Orte aus einem neuen Blickwinkel zu zeigen. So schrieb der junge Lehrer und Essayist Eric Blair in seinem Buch *Erledigt in Paris und*

London (1933), das er unter dem Pseudonym George Orwell veröffentlichte, über Paris aus der Sicht einer Küchenhilfe. Der französische Dichter und Pilot Antoine de Saint-Exupéry beschrieb in *Wind, Sand und Sterne* (1940) lebhaft die Sahara und die südamerikanischen Anden, wie er sie von seinem Postflugzeug aus sah.

Das Ende einer Ära?
Als das Reisen immer bequemer wurde und sich eine wachsende Zahl an Auslandsreisenden dazu bemüßigt fühlte, ihre Erlebnisse auf die ein oder andere Weise zu veröffentlichen, schien die Zeit der Reiseschriftsteller vorüber. 1946 merkte der Autor Evelyn Waugh an, er rechne nicht damit, »in nächster Zukunft viel Reiseliteratur zu sehen«. Sein neuestes Werk nannte er *Als das Reisen noch schön war*. Er hatte den Spaß am Reisen verloren.

Roy Chapman Andrews

Roy Chapman Andrews, den viele für den echten Indiana Jones halten, war ein Entdecker und Naturforscher, der in der Wüste Gobi als erster Mensch Dinosauriereier entdeckte.

Roy Chapman Andrews wurde 1884 in der Kleinstadt Beloit im US-amerikanischen Wisconsin geboren. In seiner Autobiografie schreibt er: »Ich wurde zum Forscher geboren. Etwas anderes hätte mich nicht glücklich gemacht.«

Nach dem Abgang vom College zog es Andrews 1906 nach New York, um sich einen anderen Wunschtraum zu erfüllen: eine Anstellung im Amerikanischen Museum für Naturgeschichte. Da es dort keine freie Stelle gab, putzte er eine Zeit lang die Böden, ehe er als Gehilfe in der Taxidermieabteilung angenommen wurde. Doch schon bald durfte er die Art von Arbeit verrichten, die er sich immer gewünscht hatte. Das Museum beauftragte ihn damit, verschiedene Walarten zu vermessen und zu studieren und ihre Skelette zu sammeln. Dazu musste er den ganzen Pazifik bereisen, inklusive Alaska, China, Japan und Korea. Von 1909 bis 1910 beobachtete er an Bord der *Albatross* in Ostindien Meeressäugetiere und sammelte Schlangen und Eidechsen. 1913 fuhr er in die Arktis und filmte dort Robben.

Schwierigkeiten aus dem Weg zu gehen lag offenbar nicht in Andrews' Natur. »In [meinen ersten] fünfzehn Jahren [Feldforschung] entkam ich zehnmal nur knapp dem Tod«, schrieb er. »Zweimal wäre ich fast in Taifunen ertrunken, einmal griff ein verwundeter Wal unser Boot an, einmal wären meine Frau und ich fast von wilden Hunden gefres-

◁ **Ausrüstung**
Eine ähnliche Wasserflasche wie diese begleitete Andrews auf seinen Reisen, außerdem ein Rangerhut und ein Revolver.

sen worden, einmal verfolgten uns fanatische Lama-Priester, zweimal fiel ich von einer Klippe, einmal hätte mich um ein Haar ein riesiger Python erwischt und zweimal hätten mich fast Banditen getötet.«

Die Wüste Gobi

1922 unternahm Andrews die erste seiner Expeditionen, für die er bekannt wurde. Sie führten ihn in die Wüste Gobi, in der Henry Fairfield Osborn, der Direktor des Amerikanischen Museums für Naturgeschichte, Beweise für seine Theorie zu finden hoffte, dass die Wiege der Menschheit nicht in Afrika, sondern in Zentralasien lag. Andrews konnte Osborns Hoffnung zwar nicht erfüllen, dafür entdeckten er und sein Team auf dieser ersten Mission meh-

rere vollständig erhaltene fossile Skelette von kleinen Dinosauriern sowie einzelne Teile von größeren Dinosauriern. Eine zweite Expedition 1923 führte zu noch aufregenderen Entdeckungen, darunter der seltene Schädelfund eines Säugetiers, das zur Zeit der Saurier gelebt hatte. Noch außergewöhnlicher war ein Nest fossiler Saurierereier. Bis dahin hatte man nicht genau gewusst, wie sich die Dinosaurier fortpflanzten. Nun hatte Andrews gleich 25 Eier gefunden und erschien dafür sogar auf dem Titel des *Time*-Magazins.

Andrews' Geschichten waren genauso spannend wie seine Entdeckungen. Einmal, so erzählte er, fielen in einer besonders kalten Nacht in der Wüste massenhaft giftige Vipern auf der Suche nach Wärme ins Lager ein. Er und seine Männer mussten in wenigen Stunden 47 Schlangen töten.

1930 konnte Andrews wegen der politischen Lage keine Expeditionen mehr nach Asien unternehmen. 1934 wurde er jedoch Direktor des Amerikanischen Museums für Naturgeschichte, ein Posten, den er bis zu seiner Pensionierung 1942 innehielt.

◁ **Fossilienfunde**
Andrews (rechts) untersucht 1928 Säugetierfossilien in der Mongolei. Die Expedition sollte eigentlich in Asien nach Spuren eines Urzeitmenschen suchen, entdeckte jedoch stattdessen eine Fülle von Fossilien.

»**Abenteuer** warten hinter **jeder Ecke** – und die Welt ist noch **voller Ecken.**«

ROY CHAPMAN ANDREWS

◁ **Bilderbuchkarriere**
Zielstrebig und tatkräftig arbeitete sich Andrews vom Putzmann zum Direktor des Amerikanischen Museums für Naturkunde hoch. Während seiner Laufbahn unternahm er viele erfolgreiche Expeditionen, die er in mehreren Bestsellern beschrieb.

WICHTIGE DATEN

- **1884** Geboren in Beloit (Wisconsin, USA) als Sohn eines Pharmazie-Großhändlers.
- **1906** Anstellung als Gehilfe der Taxidermieabteilung im Amerikanischen Museum für Naturgeschichte in New York.
- **1908** Erste Expedition nach Alaska. Auf dieser Fahrt und bis 1914 spezialisiert er sich auf das Studium von Walen und anderen Meeressäugern.

ANDREWS UNTERSUCHT SAURIEREIER.

- **1916** Unternimmt Forschungsreisen nach Tibet, Südwestchina und Burma (1916–1917), in die Äußere Mongolei (1919) und nach Zentralasien (1921–1925).
- **1935** Wird Direktor des Museums für Naturgeschichte. Tritt 1942 zurück, um sich der Schriftstellerei zu widmen.
- **1943** Veröffentlicht das autobiografische *Under a Lucky Star*, gefolgt von *An Explorer Comes Home* (1947) und *Beyond Adventure* (1954).

WALFISCHSKELETT IM AMERIKANISCHEN MUSEUM FÜR NATURGESCHICHTE

Zeppelinfieber

In den ersten Dekaden des 20. Jh. bejubelte man den Zeppelin als die glamouröse und komfortable Zukunft der Luftfahrt.

Um 1930 war man so sehr vom Luftschiff als Verkehrsmittel der Zukunft überzeugt, dass die Spitze des Empire State Buildings in New York – dem bei seiner Fertigstellung 1931 höchsten Gebäude der Welt – als Ankermast für Passagierluftschiffe entworfen wurde.

Im 19. Jh. hatten Erfinder in aller Welt verschiedene gasgefüllte, motorisierte Luftschiffmodelle getestet, aber das erfolgreichste von ihnen erhob sich erst im Juli 1900 in die Lüfte. Sein Entwickler war Ferdinand Graf von Zeppelin, dessen Name bald zum Synonym für alle Starrluftschiffe wurde. Mit einer Passagierkabine ausgestattet, wurde der Zeppelin ab 1910 kommerziell eingesetzt. Mitte 1914 hatte er bereits 1500 Flüge absolviert und über 10 000 zahlende Passagiere befördert. Damit erwies sich das Luftschiff zu jener Zeit als weitaus rentabler für die Luftfahrtbranche als das Flugzeug.

1929 unternahm die *Graf Zeppelin* ihren berühmtesten Flug, eine Weltumrundung von 33 234 km in vier Abschnitten: von Lakehurst (New Jersey, USA) nach Friedrichshafen (Deutschland), von Friedrichshafen nach Tokio, von Tokio nach Los Angeles und von Los Angeles zurück nach Lakehurst. Der längste Teil war der 11 247 km lange Flug von Friedrichshafen nach Tokio, der über die leeren Weiten Sibiriens führte. Ein geplanter Abstecher nach Moskau musste wegen ungünstiger Windbedingungen abgesagt werden. Das führte prompt zu einer Beschwerde von Josef Stalins Regierung, die sich durch die Planänderung beleidigt fühlte. In Tokio bejubelten etwa 250 000 Menschen die Ankunft des Luftschiffs und seine Besatzung wurde sogar von Kaiser Hirohito persönlich begrüßt. Die gesamte Reise inklusive Zwischenstopps dauerte 21 Tage, fünf Stunden und 31 Minuten. Die Presse machte ein großes Aufheben um diesen ersten Passagierflug rund um die Welt – nicht zuletzt, weil einer der Sponsoren des Flugs der Zeitungsverleger William Randolph Hearst war und Journalisten verschiedener Nationen als Passagiere daran teilnahmen. Leider sorgte das Unglück, bei dem das Luftschiff *Hindenburg* am 6. Mai 1937 in Flammen aufging und 36 Menschen starben, für noch mehr Schlagzeilen und bereitete dem Einsatz von Passagierluftschiffen ein unrühmliches Ende.

◁ **Die *Hindenburg* über New York**
Die LZ-129 *Hindenburg* der Firma Zeppelin fliegt über Manhattan und Battery Park. Sie war das längste und größte Luftschiff aller Zeiten und seit März 1936 im Einsatz. Leider ging sie bereits 14 Monate später in Flammen auf.

Die Empire-Airline

Der Linienflug der Imperial Airways von England nach Australien war seiner Zeit der längste der Welt. Er dauerte ein paar Wochen und es gab unterwegs Dutzende von Zwischenstopps.

△ **Imperial Airways**
Die Karte zeigt die Route der Imperial Airways. Die Gesellschaft bot seit 1935 Linienflüge zwischen London und Brisbane in Australien an.

▷ Flüge für die Oberschicht
Die Plakate waren verlockend, aber die Langstreckenflüge konnte sich nicht jeder leisten. 1934 kostete ein Ticket der Imperial Airways von London nach Singapur 180 £. Das entspricht heute etwa 12 350 €.

Die britische Fluggesellschaft Imperial Airways, die sich auf Langstreckenflüge spezialisiert hatte, existierte nur von 1924 bis 1939, aber in diesen 15 Jahren prägte sie die Geschichte der Luftfahrt. Sie war die Airline des Britischen Empire, die Großbritannien mit seinen weit entfernten Kolonien in Südafrika, Indien, Hongkong und Australien verband.

Der erste Linienflug der Imperial ging 1924 von London nach Paris. Ende 1929 war die Strecke bereits bis nach Delhi ausgeweitet worden. Ab 1935 konnte man sogar ein Ticket für einen Flug von London bis nach Brisbane in Australien kaufen.

Von London nach Alexandria
Die Reise begann in London, in der Nähe des Victoria-Bahnhofs in London, wo sich das Check-in Terminal von Imperial Airways befand. Von dort wurden die Passagiere mit dem Bus zum Flughafen nach Croydon gebracht. Der erste Abschnitt der 20 920 km langen Reise war ein Flug nach Paris mit dem Flugdienst Silver Wing, der täglich um 12.30 Uhr startete. Zum Einsatz kam dabei eine Handley Page 42, in der lediglich 18 Passagiere Platz fanden, die dafür aber mit Teppichböden und edlem Mobiliar ausgestattet war. Stewards bedienten die Passagiere und wiesen sie unterwegs auf Sehenswürdigkeiten hin.

Paris war nur der erste von 35 Aufenthalten. Der nächste Stopp, Brindisi an der Adriaküste, war jedoch nur mit dem Zug erreichbar, weil Mussolini den Luftraum über Italien für ausländische Flugzeuge hatte sperren lassen. In Brindisi bestiegen die Passagiere ein Flugboot, den zweiten von fünf Flugzeugtypen auf der Strecke. Dieses flog über Athen und das Mittelmeer nach Alexandria, wo sich die Route teilte: Eine Linie flog nach Afrika, die andere nach Indien.

Afrika- und Ost-Linie
Ab Februar 1931 bediente Imperial einmal pro Woche die Strecke zwischen London und Mwanza am Victoriasee. Im Jahr darauf wurde sie nach Kapstadt ausgeweitet. Die Route verlief nun von Alexandria in Ägypten über Kairo, Khartum, Nairobi, Lusaka und Johan-

▷ Short-Empire-Flugboote
1937 nahm Imperial Airways das erste Short-Empire-Flugboot (ein Flugzeug mit schwimmfähigem Rumpf) in Betrieb. Es konnte 24 Passagiere befördern.

nesburg. Damit erfüllte sie in gewisser Weise den Traum von Cecil Rhodes, der 40 Jahre zuvor eine Eisenbahnverbindung zwischen Kapstadt und Kairo (siehe S. 267–268) herstellen wollte. Die Passagiere beider Linien reisten zwischen Alexandria und Kairo mit dem Zug, doch die Ost-Linie verlief geradewegs durch die Wüste nach Bagdad. Am nächsten Tag ging es per Flugzeug nach Basra und von dort aus die Küste hinab nach Kuwait, Bahrain, Schardscha und Karatschi. Geflogen wurde nur am Tag, deshalb mussten die Passagiere in Hotels übernachten. Die Piloten hatten Anweisung, aus Sicherheitsgründen stets in Sichtweite der Küste zu fliegen.

Australien

Nach Karatschi führte die Route weg von der Küste in den Norden Indiens, über Jodhpur, Delhi, Allahabad und Kalkutta (heute Kolkata) nach Dhaka im heutigen Bangladesch. Inzwischen in Südostasien angekommen, ging der Flug weiter an der Küste Burmas, Thailands und Malaysias entlang bis nach Singapur. Den letzten Abschnitt übernahm ein Flugzeug der Qantas Empire

Airways, einem Joint-Venture-Unternehmen der Imperial Airways und der australischen Queensland and Northern Territory Aerial Services. Nach dem ersten Flug von Darwin nach Singapur schrieb der Qantas-Mitbegründer Hudson Fysh: »Die ehemals isolierte und beengte Welt unseres Volkes wurde an diesem Tag zerstört.«

Ende einer Ära

1939 verkürzten die neuen Short-Empire-Flugboote die Flugzeit zwischen England und Australien auf zehn Tage inklusive neun Übernachtungen. Die Strecke wurde nun dreimal die Woche bedient, aber noch im selben Jahr verschmolz die Imperial mit der British Airways Ltd. zur BOAC (British Overseas Airways Corporation) und der Krieg setzte den zivilen Langstreckenflügen ein Ende.

▷ **Erstklassiger Service**
Flugboote wurden auf mehreren Imperial-Linien eingesetzt. Sie besaßen geräumige Kabinen, Speise- und Aufenthaltsräume. Hier serviert ein Stewart der *Canopus*, die von Alexandria nach Athen flog, das Frühstück.

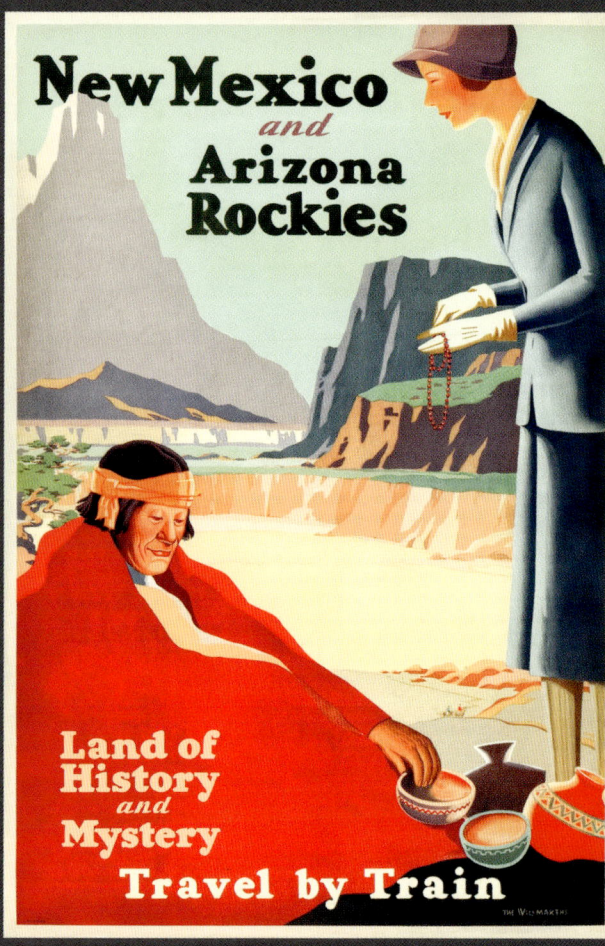

MIT DEM ZUG DURCH NEW MEXICO UND ARIZONA, UM 1920

HERBST IN NIKKO, JAPAN, UM 1930

DAS TADSCH MAHAL ALS WERBUNG FÜR INDIEN, UM 1930

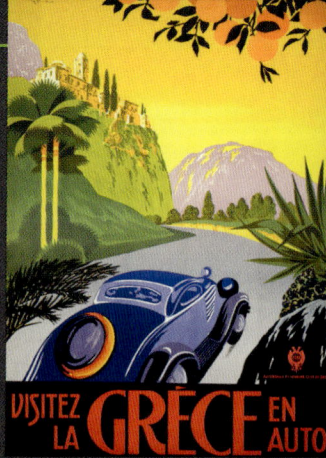

MIT DEM AUTO DURCH GRIECHENLAND, FRANKREICH, UM 1930

ART-DÉCO-PLAKAT, FRANKREICH, ROGER BRODERS, 1929

NORD EXPRESS, A.M. CASSANDRE, 1927

BADEURLAUB IN KORSIKA, WILLIAM SPENCER, UM 1932

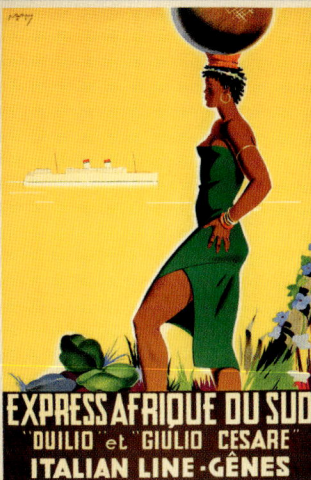

MIT DER ITALIAN LINE NACH SÜD-
AFRIKA, GIOVANNI PATRONE, 1935

HOLLAND AMERICA LINE,
WILLEM TEN BROEK, 1936

BOAC AIRLINE, TOM ECKERSLEY, 1947

Reiseplakate

Bunte Plakate, die Luxus und Abenteuer versprachen, waren
das ideale Werbemittel, um Lust aufs Reisen zu machen.

Etwa zu der Zeit, als Vergnügungsreisen
im 19. Jh. immer beliebter wurden, veränderte die Entwicklung der Farblithografie
die grafische Kunst. Nun konnten große,
leuchtend bunte Plakate in Massen produziert werden und durch eine geschickte
Kombination aus Text und Bild den
Betrachter zu einer aufregenden Reise per
Schiff, Zug, Auto oder Flugzeug verlocken.

Werbeplakate für Reisen und exotische
Urlaubsziele gab es für jeden Geschmack
und jede Jahreszeit. In den Bahnhöfen
luden Werbetafeln die Passagiere ein,
Nordamerika mit dem Zug zu erkunden.
Bilder von schicken Skiresorts machten
Wintersportarten populär. Wer wärmeres

Klima bevorzugte, für den kamen Strand-
hotels am Mittelmeer oder die exotischen
Reize Indiens und Afrikas infrage. Eisen-
bahn- und Fluggesellschaften, Reedereien
und Reiseveranstalter nutzten die bunten
Grafikplakate als moderne Werbemittel.

Auch Künstler entdeckten das Potenzial
der Werbegrafik. Ab den 1920er-Jahren
entwickelte A. M. Cassandre Art-Déco-Pla-
kate im Stil des Maschinenzeitalters, auf
denen Züge und Ozeandampfer in kühner
Stromlinienform die Fantasie des Betrach-
ters anregten. Sein Stil beeinflusste bis
in die 1940er- und 1950er-Jahre hinein
maßgeblich die Werbeplakate in Europa
und den USA.

CANADIAN PACIFIC RAILWAYS, 1956

Der Lange Marsch

1934 unternahm die chinesische Rote Armee einen legendären Rückzugsmarsch vor ihren Feinden. Er dauerte ein Jahr und ist Teil der Entstehungsgeschichte des modernen Chinas.

Um 1930 wurde China von Chiang Kai-shek regiert, dem Anführer der Kuomintang oder Nationalen Partei. Er sah sich jedoch bedroht durch die Rote Armee – die Streitkräfte der Kommunistischen Partei. Sie hatte einen Aufstand in der südöstlich gelegenen Provinz Jiangxi angezettelt und die Stadt Ruijin zu ihrer Basis gemacht.

Im September 1933 umzingelten Streitkräfte der Kuomintang die Kommunisten in Ruijin. Nach elfmonatiger Belagerung war den Eingeschlossenen klar, dass sie nicht länger aushalten konnten, also planten sie ein Ablenkungsmanöver, das ihre Flucht ermöglichen sollte. Der Militärführer Fang Zhimin schickte eine kleine Einheit los, die den Feind überraschte und beschäftigte, sodass der Großteil der Roten Armee fliehen konnte. Etwa 86 000 Kommunisten überquerten den Fluss Yudu mithilfe von Pontonbrücken, die sie selbst aus Türen und Bettgestellen zusammengebaut hatten.

Im folgenden Jahr zog die Rote Armee nach Westen und Norden, ständig verfolgt von der Kuomintang. Sie wurde in zahlreichen Kämpfen besiegt, etwa in der Schlacht am Fluss Xing, wo 45 000 Männer fielen und damit mehr als die Hälfte ihrer Armee. Doch dazwischen feierte sie auch einige Siege, die die Moral der Truppe hoben. Im Mai 1935 z. B. eroberte die Rote Armee in dem abgelegenen Ort Luding eine Brücke über den Fluss Dadu. Das gelang ihr nur, weil eine ihrer Einheiten in einem 24-stündigen Gewaltmarsch über Bergstraßen 121 km zurücklegte. Dabei litten die Kommunisten in ihrer leichten Kleidung und Strohsandalen schrecklich, als sie die schneebedeckten Berge in Sichuan überwanden.

Mao Zedong, der Vorsitzende der Partei, erklärte den Langen Marsch für beendet, als die Armee die Provinz Shaanxi erreichte. Mao behauptete, sie habe insgesamt 12 500 km zurückgelegt. Von den 86 000 Kommunisten, die aus Jiangxi flüchteten, waren nur noch wenige Tausend am Leben, doch ihr Heldentum beflügelte viele junge Chinesen, ebenfalls der Roten Armee beizutreten. 1949 kam Mao an die Macht und rief die Volksrepublik China aus.

▷ **Durch das Gebirge von Sichuan**
Man schätzt, dass die Rote Armee auf dem Langen Marsch etwa 6400 km zurücklegte. Zu den schwierigsten Hindernissen gehörten die Berge in Sichuan, die von den Männern einen hohen Tribut forderten.

VINDRUSH

DIE MOBILE WELT
1939–HEUTE

DIE MOBILE WELT, 1939–HEUTE

Einführung

Das frühe 20. Jh. war in vielerlei Hinsicht ein Goldenes Zeitalter für wohlhabende Reisende, die die ersten Passagierflüge, Kreuzfahrten und Zugreisen über die Kontinente genossen. Aber der Zweite Weltkrieg änderte alles. Bei Kriegsausbruch 1939 waren bereits Tausende von Juden und ethnischen Minderheiten in Mitteleuropa der Verfolgung entkommen, doch Millionen von Flüchtlingen zogen noch auf der Suche nach einer neuen Heimat durch die Welt.

Nach Kriegsende 1945 begannen unerschrockene Abenteurer wieder, entlegene Ecken der Welt zu erkunden. Jacques Cousteau lotete die Tiefen des Ozeans aus, Wilfred Thesiger erkundete unwirtliche Gegenden in der Arabischen Wüste, Edmund Hillary und Tenzing Norgay gehörten zu den vielen, die ihr Leben riskierten, um den höchsten Berg der Welt zu erklimmen.

Als sich die Wirtschaft in der Nachkriegszeit erholte, stand das Reisen auch weniger wohlhabenden Gesellschaftsschichten offen. Der Nachkriegsboom in der Automobilproduktion ermöglichte es vielen Menschen im Westen, zum ersten Mal ein Auto zu besitzen, das sie von öffentlichen Verkehrsmitteln unabhängig machte. Die Freiheit, überall hinfahren zu können, fand nirgendwo mehr Ausdruck als in den USA, wo die schiere Größe des Kontinents die Leidenschaft für den Roadtrip entfachte, wie ihn Bobby Troup in seinem Lied *Route 66* im Jahr 1946 besang.

Düsenjets

1952 erhob sich die Comet, das erste Düsenverkehrsflugzeug, in den Himmel und löste damit eine Revolution in der Luftfahrt aus. Durch die Strahltriebwerke war es möglich, größere, schnel-

REISESCHRIFTSTELLER WIE WILFRED THESIGER BESCHRIEBEN DAS LEBEN AN EXOTISCHEN ORTEN.

ERSCHWINGLICHE AUTOS WIE DIESE SCHENKTEN VIELEN MENSCHEN DIE FREIHEIT DER STRASSE.

1953 ERREICHTEN EDMUND HILLARY UND TENZING NORGAY DEN GIPFEL DES EVEREST.

> » Der **Mensch** wird **zum Mars fliegen** und ich hoffe, noch **zu meinen Lebzeiten.** «
>
> BUZZ ALDRIN, ASTRONAUT

lere und leichtere Flugzeuge zu bauen und das Fliegen damit wirtschaftlicher zu machen. Es dauerte eine Weile, bis die Kostenersparnis auch für die Passagiere spürbar wurde, aber der starke Wettbewerb zwischen den Airlines und das Aufkommen von Billigfluglinien wie Laker Airways und Southwest Airlines führten schließlich zu einem Preisrückgang. Zum ersten Mal wurden Flüge und Pauschalreisen ins Ausland für die Massen erschwinglich.

Das Weltall

Der Wettlauf ins All, der 1957 mit dem Satelliten Sputnik begann, war ein Wettstreit zwischen den beiden Supermächten USA und UdSSR. Er endete 1969, als die Astronauten Neil Armstrong und Buzz Aldrin als erste Menschen den Mond betraten. Wie Armstrong es denkwürdig ausdrückte,

war das ein »großer Schritt für die Menschheit«. Seitdem ist die Weltraumforschung ein Gemeinschaftsprojekt internationaler Raumfahrtbehörden. Bis 1994 arbeiteten Russland und die USA am Shuttle-*Mir*-Programm, das zum Bau der Internationalen Raumstation (ISS) führte. Die Besatzung der ISS, die 2012 fertiggestellt wurde, stammt aus zehn verschiedenen Ländern und empfing bis jetzt Besucher aus 18 Nationen. Unterdessen schickte das Voyager-Programm zwei Sonden in die äußeren Bereiche des Sonnensystems, die von dort aus erstaunliche Daten liefern.

Heute scheint es, als gäbe es nichts mehr zu erkunden. Abenteurer gibt es jedoch überall. Sie entdecken neue Orte oder finden Erstaunliches über Orte heraus, von denen wir dachten, dass wir sie schon kannten. Wer weiß, wohin sie als Nächstes gehen und was sie dort entdecken werden.

BILLIGFLÜGE ERMÖGLICHTEN ES VIELEN MENSCHEN, URLAUB IM AUSLAND ZU MACHEN.

BUZZ ALDRIN (FOTO) UND NEIL ARMSTRONG SPAZIERTEN AM 21. JULI 1969 ÜBER DEN MOND.

NACH 136 RAUMFLÜGEN WAR DIE INTERNATIONALE RAUMSTATION 2012 ENDLICH FERTIG.

Die große Umsiedlung

Im Lauf der Geschichte kam es durch Krieg und Eroberung immer wieder zu Massenbewegungen von Völkern, aber die Konflikte im 20. Jh. führten zu Zwangsmigrationen in beispiellosem Ausmaß.

D as 20. Jh. war noch jung, als der Erste Weltkrieg Millionen von Europäern entwurzelte. Unterdessen führten Revolution und Bürgerkrieg in Russland von 1917 bis etwa 1920 zum Exodus von mehr als 1 Mio. Menschen, die sich dem bolschewistischen Regime widersetzten. Von 1915 bis 1923 sorgten die Osmanen dafür, dass 1,5 Mio. Armenier aus ihrem Territorium verschwanden. Doch was die Vertreibung von Menschen angeht, war all das nur der Anfang.

Der Aufstieg des Nationalismus

Als die politische Landkarte Europas 1919 nach dem Fall der österreichischen und russischen Imperien neu gezeichnet wurde, gab es in vielen Ländern plötzlich große Populationen ethnischer Minderheiten, die zuvor in einem Nachbarland gelebt hatten. Die sektiererischen Spannungen, die sich daraus ergaben, förderten den Nationalismus. Er bildete letztlich die Kulisse für den Zweiten Weltkrieg, als Adolf Hitler begann, Territorium zu beanspruchen, das von

▽ **Flucht aus der Heimat**
Dieses Foto vom Juni 1945 zeigt einen völlig überfüllten Zug, der Berlin verlässt. Nach 363 alliierten Luftangriffen waren im Mai 1945 1,7 Mio. Menschen (40 % der Gesamtbevölkerung) aus Berlin geflohen.

◁ **Flüchtlingslager**
Von 1945 bis 1947 gab es in Europa über 700 Flüchtlingslager, in denen obdachlose Menschen Unterschlupf, Nahrung und medizinische Behandlung erhielten. Anschließend wurden sie repatriiert oder weitergeschickt, um sich anderswo ein neues Leben aufzubauen.

EXKURS
Teilung Indiens

Im August 1947 endete die 100-jährige britische Herrschaft in Indien und das Land wurde unabhängig. Die Folge war eine Aufteilung in zwei neue Staaten nach religiösen Richtlinien: Hindus und Sikhs sollten in Indien leben, Muslime in Pakistan. Dies löste eine der größten und blutigsten Migrationen in der Geschichte aus, an der bis zu 15 Mio. Menschen beteiligt waren. Muslime zogen von Indien nach Pakistan und Millionen von Hindus und Sikhs in die andere Richtung. Es kam zu vielen sektiererischen Gewaltexzessen, bei denen Schätzungen zufolge 1–2 Mio. Menschen abgeschlachtet wurden, und in beiden Ländern zu Flüchtlingskrisen.

MAHATMA GANDHI BESUCHT 1947 MUSLIMISCHE FLÜCHTLINGE IN PURANA QILA, DELHI.

ethnischen Deutschen bewohnt war. Als Hitlers Nationalsozialistische Deutsche Arbeiterpartei 1933 in Deutschland die Macht erlangte, verfolgte sie gezielt die jüdische Bevölkerung, was dazu führte, dass Hunderttausende von Juden aus Mitteleuropa flüchteten. Zwischen 1929 und 1939 gingen viele von ihnen in die USA und etwa 250 000 nach Palästina.

Folgen des Krieges
Als 1939 der Zweite Weltkrieg ausbrach, flohen Juden aus ganz Nordeuropa vor der deutschen Besatzung. Nach dem Einmarsch in Polen im Jahre 1939 begannen die Deutschen Teile des Landes von ihrer indigenen Bevölkerung zu »säubern«. Sie deportierten 2,5 Mio. polnische Staatsbürger, siedelten 1,3 Mio. deutsche Aussiedler an und töteten etwa 5,4 Mio. polnische Juden. Auch die Sowjetunion deportierte Zehntausende von Esten, Letten und Litauern nach Sibirien, als sie 1941 die baltischen Staaten annektierte.

Zur größten Massenwanderung in der europäischen Geschichte kam es jedoch erst 1945, nach dem Ende des Krieges. Die Zahl der Zivilisten, die während des Zweiten Weltkriegs aus ihren Häusern vertrieben wurden, wird auf 11 bis 20 Mio. geschätzt. Zu ihnen gehörten auch Kriegsgefangene und Zwangsarbeiter, die von den Nazis nach Deutschland gebracht worden waren,

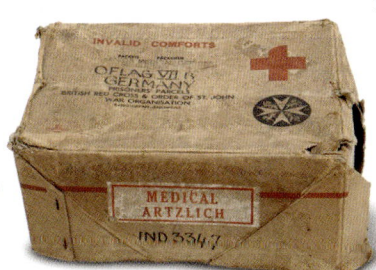

△ **Essenspakete**
Pakete des Roten Kreuzes waren für Kriegsgefangene lebenswichtig. Etwa 20 Mio. Pakete mit Medikamenten und Grundnahrungsmitteln kamen aus England.

Überlebende von Konzentrationslagern und Menschen, die einfach nur vor der Zerstörung geflohen waren. Sie alle mussten in ihre Heimatländer zurückgeschickt oder anderswo neu angesiedelt werden.

Zurück in die Heimat
Währenddessen nahmen die Alliierten ihre eigene Form der ethnischen Säuberung vor. Auf der Potsdamer Konferenz im Juli 1945 kamen die britischen, amerikanischen und russischen Staats- und Regierungschefs überein, dass die Deutschen, die noch in der Tschechoslowakei, Polen und Ungarn lebten, nach Deutschland zurückgeschickt werden sollten. In der Folge wurden mehr als 11 Mio. Menschen aus ihren Häusern vertrieben und gezwungen, in den nächsten fünf Jahren nach Deutschland zu ziehen.

Rechte der Flüchtlinge
Die internationale Reaktion auf die Flüchtlingskrise war die Allgemeine Erklärung der Menschenrechte von 1948. Sie gewährte das Recht, »in anderen Ländern vor Verfolgung Asyl zu suchen und zu genießen«. Drei Jahre später, 1951, trat die Genfer Flüchtlingskonvention in Kraft, die Flüchtlingen spezifische Rechte einräumte. Dazu gehörte das Verbot der zwangsweisen Rückführung von Flüchtlingen in die Länder, aus denen sie fliehen wollten.

Dies betraf viele Bürger osteuropäischer Staaten, die Teil der neu gegründeten Sowjetunion geworden waren. Und während die Staatsgründung Israels 1948 für die aus Mittel- und Osteuropa vertriebenen Juden einen sicheren Ort schuf, wurden infolge des Arabisch-Israelischen Krieges wiederum rund 700 000 Palästinenser zu Flüchtlingen.

▽ **Trümmerfrauen**
1946 waren zerbombte deutsche Städte voller Trümmerhaufen. Vor allem Frauen halfen für zusätzliche Essensgutscheine bei der Beseitigung.

EMPIRE WINDRUSH

Ankunft in Großbritannien
Das Foto für den *Daily Herald* zeigt die winkende Menge, als das Schiff am Dock anlegt. Es kam mit 490 Männern und zwei Frauen an Bord von Kingston in Jamaika.

Die *Windrush*

Die Ankunft der *Empire Windrush* aus Jamaika in London markierte 1948 den Beginn der Nach-kriegs-Flüchtlingswelle in England.

Am Morgen des 22. Juni 1948 legte der ehemalige Truppentrans-porter *Empire Windrush* aus Kingston (Jamaika) in Essex in der Nähe von London an. An Bord befanden sich 492 Einwanderer, die auf Einladung der britischen Regierung eingetroffen waren. Als der Zweite Weltkrieg endete, wurde deutlich, dass für den Wiederauf-bau der britischen Wirtschaft ein großer Zustrom an Einwanderern benötigt werde. Mit dem British Nationality Act 1948 erhielten des-halb alle Commonwealth-Bürger (Bürger der britischen Kolonien) freien Zutritt zu Großbritannien. Die ersten Zuwanderer kamen mit der *Empire Windrush* und besetzten wichtige Stellen in Institu-tionen wie dem National Health Service. Von den Ankömmlingen waren 236 vorübergehend in einem Luftschutzkeller unter Clap-ham Common untergebracht. Andere, von denen viele während des Zweiten Weltkriegs bei den britischen Streitkräften dienten, hatten zuvor selbst Unterkünfte für sich organisiert.

Nicht alle Briten waren jedoch überzeugt, dass Jamaikaner die Lösung für die Probleme des Landes seien. Premierminister Cle-ment Attlee musste einer Gruppe von Abgeordneten versichern, dass »es ein großer Fehler sei, die Emigration dieser jamaikani-schen Gruppe in das Vereinigte Königreich zu ernst zu nehmen«. Er dachte, der Preis für die Überfahrt sei hoch genug, um die Einwanderungswelle in Grenzen zu halten. Tatsächlich wählten jedoch in den folgenden 14 Jahren etwa 98 000 Migranten von den Westindischen Inseln Großbritannien zur neuen Heimat.

Ebenso wanderten nach dem Zweiten Weltkrieg auch viele Arbeiter mit ihren Familien aus anderen Commonwealth-Ländern, insbesondere Indien und Pakistan, nach England aus. Die Immigra-tion, die bis heute anhält, führte im Lauf der Zeit zu einer multi-kulturellen Vielfalt, die die britische Gesellschaft für immer verän-derte und die 1945 noch völlig undenkbar gewesen wäre.

»London ist der Ort für mich.
London, die **schöne Stadt.«**

LORD KITCHENER, EIN BERÜHMTER CALYPSO-SÄNGER AUS TRINIDAD
UND PASSAGIER DER *EMPIRE WINDRUSH*, 1948

Die *Kon-Tiki*-Expedition

Der norwegische Anthropologe Thor Heyerdahl ging sehr weit, um seine Migrationstheorien zu beweisen, etwa indem er mit einem selbst gebauten Floß von Südamerika nach Polynesien fuhr.

△ **Thor Heyerdahl**
Dieses Foto von 1947 zeigt den Anthropologen auf dem Mast der *Kon-Tiki*. Den Inka-Sonnengott hinter ihm malte sein Crewmitglied Erik Hesselberg auf das Segel.

Als Student, der sich für die Zivilisationen des Südpazifiks interessierte, reiste Thor Heyerdahl 1937 nach Fatu Hiva auf den Marquesasinseln in Französisch-Polynesien. Während seines anderthalbjährigen Aufenthalts dort kam er zu der Überzeugung, dass die Inseln ursprünglich von Südamerikanern und nicht, wie bisher allgemein angenommen, von Menschen aus Asien besiedelt wurden. Für ihn war es kein Zufall, dass die riesigen Steinfiguren des mythischen polynesischen Anführers Tiki den Monolithen der Präinkakulturen ähnelten. Er schloss daraus, dass die ersten Bewohner Polynesiens, 900 Jahre bevor Kolumbus über den Atlantik segelte, mit Flößen über den Pazifik gekommen waren.

Heyerdahl stellte seine Theorie einer Gruppe führender amerikanischer Wissenschaftler vor, doch die zeigten sich skeptisch. Einer von ihnen stellte Heyerdahl die provozierende Frage: »Wie weit glaubst du wohl, dass du mit einem Balsafloß von Peru in den Südpazifik kommen würdest?« Und Heyerdahl nahm die Herausforderung an. Er baute ein Floß nur mit dem Material und

der Technik, die auch den Präkolumbianern zur Verfügung standen, ohne Nägel und ohne Draht. Er orientierte sich dabei an Illustrationen der spanischen Konquistadoren und verwendete als Basis Balsaholzstämme, Mangrovenholz für den Mast und geflochtenen Bambus für eine Kabine mit einem Dach aus großen Bananenblättern.

Leinen los …

Am 28. April 1947 stachen Heyerdahl und seine fünfköpfige Crew mitsamt einem Papagei von Callao (Peru) aus in See. Ihr Floß hatten sie nach dem Inka-Sonnengott *Kon-Tiki* getauft. Nie-

◁ **Das einzige Todesopfer**
Die Expedition bestand aus Heyerdahl, fünf Crewmitgliedern und einem Spanisch sprechenden Papagei namens Lorita, der bedauerlicherweise unterwegs über Bord gespült wurde.

mand von der Crew, die aus fünf Norwegern und einem Schweden bestand, war Seemann, Heyerdahl konnte nicht einmal schwimmen. Abgesehen von

▷ **Floß aus Balsaholz**
Heyerdahls Crew verbrachte rund 15 Wochen auf der 3,7 m² großen *Kon-Tiki*. Sie bestand aus neun Balsaholzstämmen. Das Deck und die Kabine waren aus Bambusholz.

△ **Die Reise der *Kon-Tiki***
Von Callao in Peru aus segelte die *Kon-Tiki* nach Westen über den Pazifischen Ozean. In 101 Tagen legte sie rund 6980 km zurück, bevor sie Französisch-Polynesien erreichte.

Ankunft in Französisch-Polynesien

Nach 101 Tagen auf See fuhr die *Kon-Tiki* auf ein Korallenriff auf und strandete an einer unbewohnten Insel vor dem Raroia-Atoll. Das Floß hatte sein Ziel erreicht und dabei eine Strecke von etwa 6980 km bewältigt. Nach ein paar Tagen Aufenthalt wurde die Mannschaft von Bewohnern einer nahe gelegenen Insel gerettet und von einem französischen Schoner nach Tahiti gebracht.

Heyerdahls Expedition hatte erfolgreich gezeigt, dass es südamerikanischen Völkern möglich gewesen wäre, mit Balsaflößen zu den Inseln des Südpazifiks zu reisen. Allerdings ergaben spätere DNA-Tests, dass die Polynesier doch asiatischer Abstammung sind. Die Expedition brachte Heyerdahl jedoch immensen Ruhm und löste eine allgemeine Begeisterung für Tiki-Bars und -Cocktails aus.

> **»Grenzen?** Ich habe nie welche gesehen. Sie **existieren** nur in den **Köpfen der Menschen.«**

THOR HEYERDAHL

einigen wichtigen modernen Geräten wie Radios, Uhren, Haifischabwehrmitteln und einem Sextanten hatten sie nichts dabei, was alte Seefahrer nicht auch gehabt hätten. Heyerdahl hoffte auf die Ostwinde und den Humboldtstrom, eine Kaltwasserströmung im südöstlichen Pazifik, die das Floß in die richtige Richtung lenken sollten.

Kritiker waren überzeugt, dass die *Kon-Tiki* keine zwei Wochen überdauern würde, aber sie erwies sich als sehr seetüchtig. Die handgedrehten Seile, die die Stämme festhielten, quollen durch das Meerwasser auf, schnürten sich ins weiche Holz ein und festigten das Floß, anstatt es zu schwächen.

△ **Haifischfang**
Als die *Kon-Tiki* durch den Pazifik segelte, traf sie oft auf Haie. Das Foto zeigt Heyerdahl, der einen der erbeuteten Raubfische an der Schwanzflosse hält.

Heyerdahls Bericht zufolge stand die Besatzung bei rauer See manchmal hüfttief im Wasser und musste sich festhalten, um nicht weggespült zu werden. Ihre Rationen aus Kokosnüssen, Süßkartoffeln und Früchten ergänzten sie durch Fisch, insbesondere Fliegenden Fisch, Gelbflossenthunfisch und Bonito. Zur Unterhaltung hängten sie Fische über Bord, damit die allgegenwärtigen Haie danach schnappten.

Wilfred Thesiger

Der Engländer Thesiger war wohl der letzte große Entdecker.
Er zog die Volksstämme Afrikas und der arabischen Wüsten
der modernen Welt vor.

Wilfred Thesiger wurde in Addis Abeba im kaiserlichen Abessinien (heute Äthiopien) geboren, wo sein Vater britischer Gesandter war. Zum Studium schickte man ihn nach England, aber dort gefiel es ihm nicht. Während seiner ersten Sommerferien an der Universität verdiente er sich seine Überfahrt nach Istanbul auf einem Schiff. Seinen zweiten Sommer verbrachte er auf einem Fischkutter vor der Küste Islands.

Sudan, Syrien und der SAS

Sobald es ihm möglich war, kehrte Thesiger nach Afrika zurück. Dort beschloss er mit 23 Jahren, eine abgelegene Region Abessiniens zu erkunden. Zwei Jahre später fand er Arbeit als stellvertretender Bezirksbeauftragter im Sudan, wo er u.a. Löwen erschießen musste, die die Herden der Bauern angriffen. Er diente in Darfur, wo er lernte, wie man auf Kamelen reist. Im Sudan erlebte er zum ersten Mal die Wüste: »Ich war begeistert von dem Gefühl von Leere, Stille und der klaren Reinheit des Sandes. Ich fühlte mich in Harmonie mit der Vergangenheit und reiste wie Männer, die seit unzähligen Generationen die Wüste bereisten.«

Während des Zweiten Weltkriegs kämpfte Thesiger mit der britischen Armee gegen die italienischen Streitkräfte in Abessinien, im Rahmen des Special Air Service (SAS) in Nordafrika und gegen die Vichy-Franzosen in Syrien.

Die Brunnen der Wüste

Nach dem Krieg begann Thesiger mit den Vereinten Nationen in Arabien zu arbeiten. Vorgeblich auf der Suche nach den Brutstätten von Heuschrecken, bewältigte Thesiger 1946 eine 2414 km lange Strecke in der Rub' al-Khali – oder Leerem Viertel –, einer berüchtigten unwirtlichen Region der Wüste. Obwohl er sie nicht als Erster durchquerte, war er doch der Erste, der sie gründlich erforschte. Als erster Ausländer besuchte er die Oase Liwa und den Treibsand von Umm as-Samim. Auf einer zweiten Expedition 1948 drang er noch weiter in die Wüste vor. Dabei wurde er von den saudischen Behörden verhaftet und in Stammeskonflikte verwickelt. Diese Reisen repräsentierten die letzten und wohl größten Expeditionen in Arabien. Thesiger sagte später, er habe diese Erfahrung als demütigend empfunden, weil er hinsichtlich Ausdauer und Großzügigkeit mit seinen beduinischen Reisegefährten nicht mithalten konnte. 1950 begab sich Thesiger in den Südirak, wo er acht Jahre lang unter den Marscharabern lebte. Jeden Sommer zog es ihn in die Berge Karakorums, Marokkos oder des Hindukusch. 1959 und 1960 unternahm Thesiger zwei Kamelreisen zum Turkanasee in Kenia, einem Land, in dem er die folgenden 35 Jahre lebte.

Als sich sein Gesundheitszustand verschlechterte, kehrte Thesiger Mitte der 1990er-Jahre widerwillig nach England zurück.

Sein Herz blieb jedoch bei den Stammesleuten, in deren Gesellschaft er sein Leben verbracht hatte. Er hasste moderne Technik und hielt die westliche Kultur für eine zerstörerische Kraft, die der Welt ihre Vielfalt geraubt hatte. Seine Autobiografie *Mein Leben in Afrika und Arabien* (1987) ist hierfür ein beredtes Zeugnis.

▽ **Reisen durch die Wüste**
Thesiger unternahm mehrere Reisen im Südosten der Arabischen Halbinsel.

IRAN
Hormus
Persischer Golf
SAUDI-ARABIEN
KATAR
Abu Dhabi
VAE
Golf von Oman
Medina
Oase Liwa
Riad
Umm as-Samim
OMAN
Mekka
AR-RUB' AL-KHALI (Leeres Viertel)
Rotes Meer
Arabisches Meer
Salala
JEMEN
Manwakh

Legende
— Südliche Reise
— Erste Reise Leeres Viertel
— Zweite Reise Leeres Viertel
— Östliche Reise

◁ **Durch das Leere Viertel**
Eine moderne Erfindung, die Thesiger gefiel, war die Kamera. Dieses Foto zeigt ihn beim Durchqueren der Awarik-Sande im Leeren Viertel.

▷ **Der Letzte seiner Art**
Diese Aufnahme von Thesiger entstand im März 1948 in Abu Dhabi, während seiner zweiten Reise durch das Leere Viertel. Er trägt die typischen arabischen Gewänder Thawb (Hemd) und Kopftuch.

» Hier in der Wüste fand ich alles, **worum ich bat:** Ich wusste, dass ich es **nie wieder finden sollte.** «

WILFRED THESIGER, *DIE BRUNNEN DER WÜSTE*, 1959

WICHTIGE DATEN

- **1910** Geboren in Addis Abeba, Äthiopien, als Sohn des britischen Gesandten Wilfred Gilbert Thesiger.
- **1945–1946** Unternimmt die erste seiner legendären Reisen, die ihn, begleitet von vier Beduinen, auf dem Kamel durch das Leere Viertel in Arabien führt.
- **1950** Reist in die südlichen Marschregionen des Iraks, wo er sieben Jahre lang lebt.

- **1959** Veröffentlicht ein Buch über seine Reisen mit dem Titel *Die Brunnen der Wüste*, das ihm Anerkennung als Schriftsteller und Fotograf bringt und ein internationaler Bestseller wird.

ENGLISCHE AUSGABE VON *BRUNNEN DER WÜSTE*

- **1964** Sein zweites Werk *The Marsh Arabs* zeichnet das Porträt einer im Verschwinden begriffenen Welt.
- **2003** Stirbt in England. Seine Sammlung von 38000 Reisefotografien erbt das Pitt Rivers Museum in Oxford.

THESIGER MIT COLONEL GIGANTES IN DER LIBYSCHEN WÜSTE, 1942

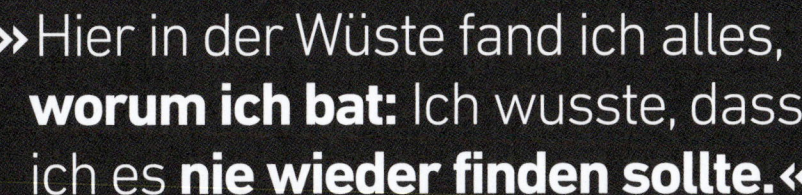

Das Düsenzeitalter

Wenn Zeit Geld ist, hat der Düsenjet die Welt sehr viel reicher gemacht. Durch ihn verringerten sich nicht nur die Flugzeiten drastisch, sondern auch die Flugpreise.

Am 2. Mai 1952 stieg das erste kommerzielle Düsenverkehrsflugzeug in den Himmel. Eine de Havilland Comet der BOAC (British Overseas Airways Corporation) flog von London nach Johannesburg in Südafrika. Das innovative viermotorige Flugzeug, das 36 Passagiere mit einer Reisegeschwindigkeit von 720 km/h befördern konnte, flog nicht nur schneller und höher als Propellerflugzeuge, es ermöglichte den Passagieren auch eine ruhigere und sanftere Reise. Mit den Worten von Juan Trippe, dem Gründer von Pan American Airways, ausgedrückt, war das Düsenflugzeug seit Lindberghs Transatlantikflug die wichtigste Entwicklung der Luftfahrt.

Nach 18-monatiger Betriebszeit führten Konstruktionsfehler jedoch zu Materialermüdung und es kam zu drei katastrophalen Unfällen. Die Fehler wurden zwar ordnungsgemäß behoben, aber der Ruf der Comet war beschädigt.

Das Flugzeug, das wirklich die Düsenjet-Ära einläutete, erschien sechs Jahre nach der Comet. So wie Henry Fords Modell T das Auto erst relativ spät populär machte, wurde das Fliegen mit dem Jet erst durch die Boeing 707 massentauglich. Die 707 war fast doppelt so schnell wie die Comet und fasste fünfmal so viele Passagiere. Dadurch war sie rentabler als jedes andere Flugzeug vor ihr. Im Oktober 1958 eröffnete die Pan Am die erste Flugverbindung mit einer 707 von New York nach Paris. Trippe verkündete, dass ein Flug nach Europa das Geburtsrecht eines jeden Amerikaners sei.

▷ **Grafisch ansprechend**
Airlines nutzten moderne Grafiken und Branding, um Kunden anzusprechen. Dieses Plakat von etwa 1960 legt nahe, dass die Sonne und die moderne Architektur von Miami nur einen kurzen Flug entfernt sind.

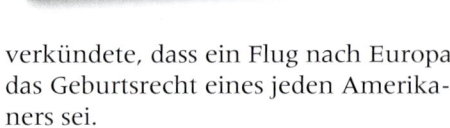

> » Mit **einem Schlag** haben wir die **Erde geschrumpft.** «

JUAN TRIPPE, GRÜNDER VON PAN AM, BEI DER VORSTELLUNG DES DÜSENJETS

▽ **Futuristisch**
Die dynamische Architektur des TWA-Terminals am New Yorker Idlewild Airport, das Eero Saarinen 1962 entwarf, symbolisiert den technischen Fortschritt, den auch die Düsenjets repräsentierten.

Die Boeing 707
Mit ihrem schlanken Rumpf und den geschwungenen Tragflächen präsentierte sich die 707 einem Publikum, das Flugreisen bereits liebte. Im selben Jahr hatte Frank Sinatra sein Album *Come Fly with Me* veröffentlicht, dessen Cover ihn vor einem TWA-Verkehrsflugzeug zeigt. Präsident Eisenhower selbst hatte bereits drei Boeing 707 bestellt, die als erste Air Force Ones dienen sollten.

Die Popularität der 707 und die neue Flugzeuggeneration, die aus ihr

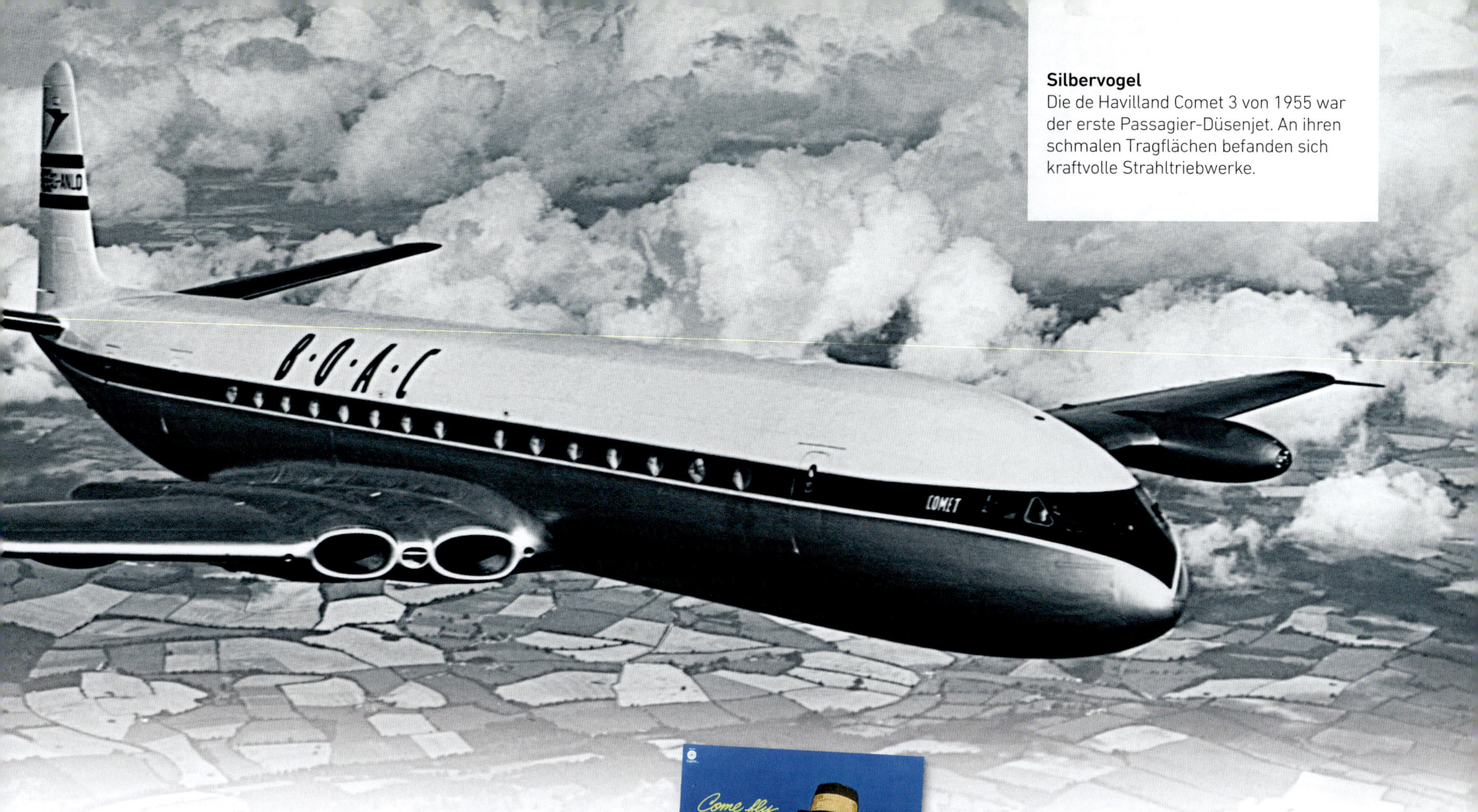

Silbervogel
Die de Havilland Comet 3 von 1955 war der erste Passagier-Düsenjet. An ihren schmalen Tragflächen befanden sich kraftvolle Strahltriebwerke.

erwuchs, wirkte sich auch auf fast alle Aspekte der Infrastruktur und des Designs aus, angefangen von den Terminalgebäuden bis hin zu den Uniformen des Flugpersonals. Den berauschenden Optimismus des Jet-Zeitalters verkörperte Eero Saarinens TWA-Terminal auf dem späteren JFK Airport nahezu perfekt. Die Fluggesellschaft Braniff warb mit dem Slogan »The End of the Plain Plane« (Das Ende des gewöhnlichen Flugzeugs) und kleidete ihre Flugbegleiterinnen in futuristische Uniformen, die von Emilio Pucci entworfen wurden. Während die Passagiere um 1930 auf dem Flug warme Mahlzeiten erhielten, wurden um 1960 Mahlzeiten, wie wir sie heute kennen – gegessen von einem umklappbaren Sitzlehnen-Tablett –, Standard. Das Bestsellerbuch von 1968 war Arthur Hailey's *Airport*, das 30 Wochen lang Platz eins der Bestsellerliste der *New York Times* innehielt.

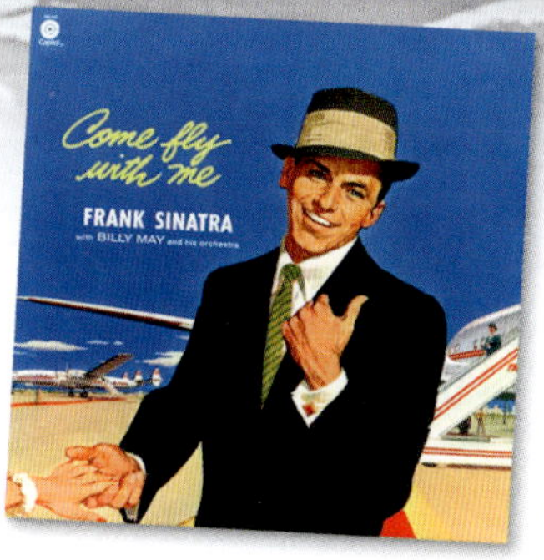

▷ **Come fly with me**
»Sag nur ein Wort und wir fliegen nach Acapulco«, sang Frank Sinatra 1958 in *Come Fly with Me*. Es war eine Einladung an Millionen, sich in die Lüfte zu erheben.

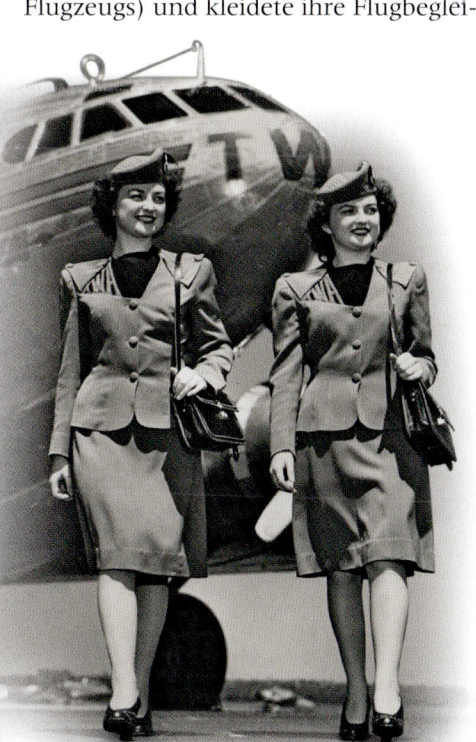

◁ **TWA-Flugpersonal**
Stewardessen waren die Aushängeschilder der Fluggesellschaften. Sie wurden nach Aussehen und guten Manieren ausgewählt und in modische Uniformen gesteckt.

Airlines werden erwachsen

Fliegen war ein Abenteuer und eines, das sich eine zunehmende Anzahl von Menschen leisten konnte. Um 1950 wurde eine »Touristen«-Klasse eingeführt, aus der später die »Economy«-Klasse wurde. 1959 überquerten mehr Menschen den Atlantik auf dem Luftweg als auf dem Seeweg. Im Jahr 1965 wurden in den USA 100 Mio. Fluggäste gezählt, doppelt so viel wie 1958. Die nächsten Meilensteine waren die Boeing 737 im Jahr 1968 und 1970 die Boeing 747 mit dem Spitznamen »Jumbo Jet«. Aufgrund ihrer Größe und Effizienz sanken die Flugpreise weiter. Ende des 20. Jh. befanden sich zu jedem Zeitpunkt etwa 1250 747er in der Luft – das bedeutete, das alle fünf Sekunden entweder eine von ihnen landete oder abflog.

▽ **Fast Food**
Um 1960 wurden abgepackte Speisen auf Tabletts eingeführt: nur eine von vielen Innovationen des Düsenzeitalters.

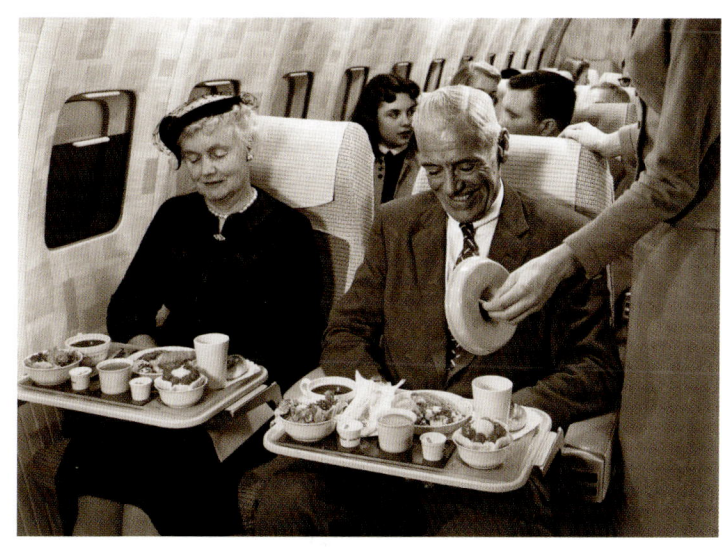

WRIGHT FLYER, USA, 1903

TRAVEL AIR 4000, USA, 1929

SARO A.19 CLOUD, GB, 1930

STITS SA-2A SKY BABY, USA, 1952

AVRO 652A ANSON C19, SERIES 2, GB, 1946

Flugzeuge

Nach dem ersten erfolgreichen Flug der Gebrüder Wright 1903
bauten Ingenieure immer größere und schnellere Flugzeuge.

Ursprünglich ging es darum, Flugzeugen mehr Leistung zu geben, denn je mehr Schub, desto stärker der Auftrieb. So konnten größere Flugzeuge schwerere Lasten befördern, selbst wenn es sich dabei nur um den Treibstoff für rekordverdächtige Langstreckenflüge handelte, wie Charles Lindberghs Atlantikflug in der *Spirit of St. Louis*. Größere Flugzeuge wurden auch entwickelt, um Passagiere zu transportieren. Eines davon war die Boeing 247, ein frühes Verkehrsflugzeug mit vielen Innovationen, die später

Standard wurden, wie z. B. Rumpf und Tragflächen in Ganzmetallbauweise sowie einziehbares Fahrwerk. Später wurden Flugzeuge in allen Formen und Größen entworfen, vom kleinsten Flugzeug der Welt, der Sky Baby von 1952, bis zu Howard Hughes enormem Flugboot, der H-4 Hercules von 1947.

Das um 1950 eingeführte Jettriebwerk mit seiner Schubkraft machte den Passagierflugverkehr erstmals rentabel. Heute können riesige Flugzeuge wie der Airbus A380 unzählige Passagiere befördern.

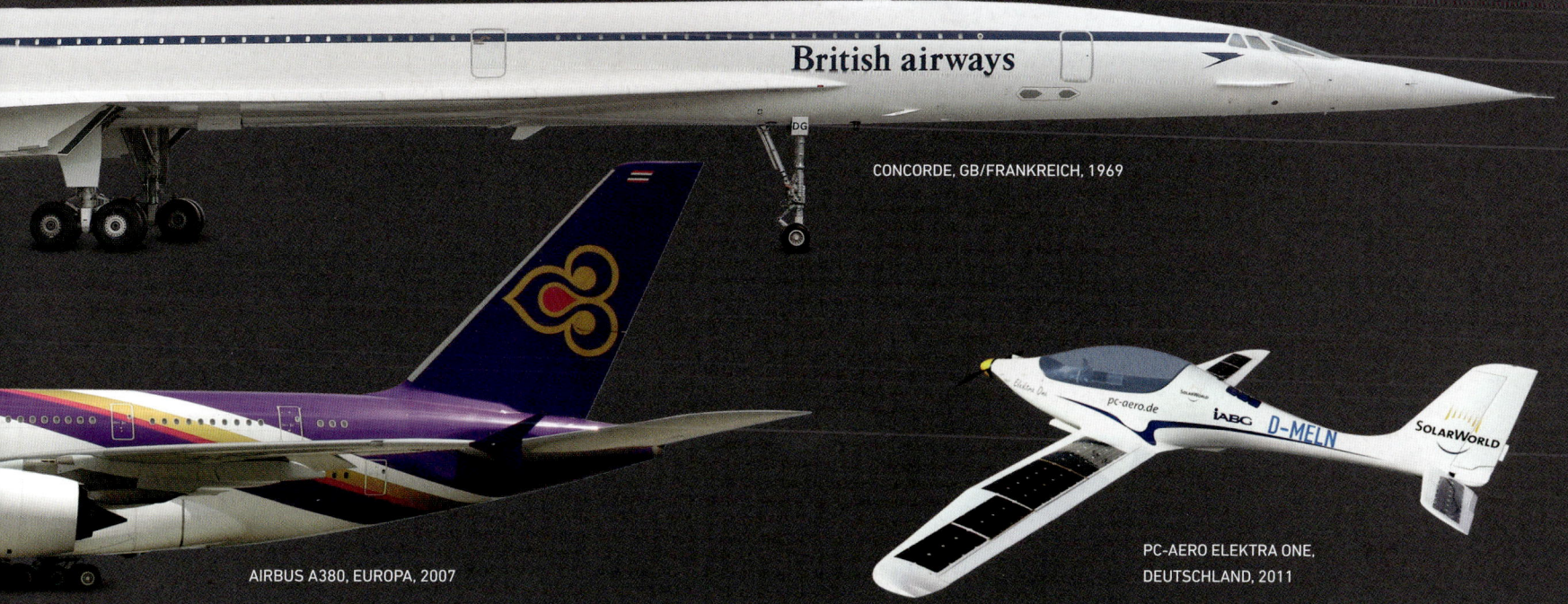

BLÉRIOT XI,
FRANKREICH, 1909

RYAN NYP *SPIRIT OF ST. LOUIS*, USA, 1927

BOEING 247, USA, 1933

DE HAVILLAND DH87B HORNET MOTH, GB, 1934

MORAVAN NÁRODNÍ PODNIK ZLÍN
Z.226T, TSCHECHOSLOWAKEI, 1956

BOEING 727-200, USA, 1967

CONCORDE, GB/FRANKREICH, 1969

AIRBUS A380, EUROPA, 2007

PC-AERO ELEKTRA ONE,
DEUTSCHLAND, 2011

Das Dach der Welt

Im Mai 1953 waren Edmund Hillary und Tenzing Norgay die ersten Menschen auf dem Gipfel des Mount Everest. Diesen Erfolg verdankten sie all jenen, die vor ihnen gescheitert waren.

Im Jahr 1856 zeigte sich bei der Großen Trigonometrischen Vermessung (siehe S. 242–243), dass ein obskurer Berg im Himalaja, Peak XV genannt, der höchste Berg der Welt ist. Kurz danach erhielt er den Namen Everest, aber die ersten Versuche, ihn zu besteigen, fanden erst 65 Jahre später statt, als das verbotene Königreich Tibet seine Grenzen für Ausländer öffnete.

1921 unternahmen die Briten eine Expedition, um einen nördlichen Zugang zum Berg zu erkunden. Im folgenden Jahr kehrten sie zu einer Gipfelbesteigung zurück und erreichten eine Rekordhöhe von 8326 m. Die nächste Expedition erfolgte 1924. Nach einem ersten abgebrochenen Versuch wagten zwei britische Bergsteiger, George Mallory und Andrew Irvine, einen weiteren Vorstoß zum Gipfel. Sie wurden zuletzt gesehen, als sie in den Wolken verschwanden, die unaufhörlich um den Berg herumwirbelten. Niemand weiß, ob sie je oben ankamen. Mallorys gefrorener Leichnam wurde 75 Jahre später, 1999, gefunden. Der von Irvine blieb verschollen.

▽ **Aufstieg zum Everest**
Dieses Foto von 1953 zeigt einen Sherpa, der einen anderen mit Seilen beim Überqueren einer Gletscherspalte im Tal des Schweigens sichert. Beide tragen Steigeisen – Metallplatten mit Spikes – an den Stiefeln.

Der Everest birgt viele Gefahren. Auf dem Gipfel in 8848 m Höhe enthält die Luft nur noch ein Drittel des Sauerstoffs auf Meeresspiegelniveau. Damit erhöht sich das Risiko eines tödlichen Hirnödems, das auftritt, wenn das sauerstoffhungrige Gehirn anschwillt.

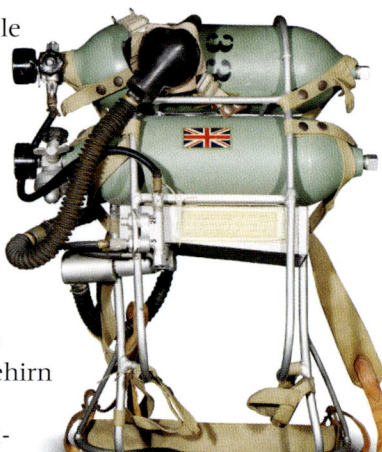

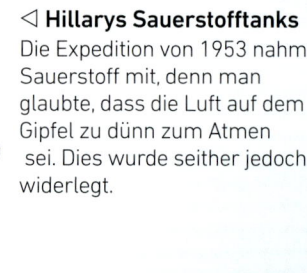

Unter solchen Bedingungen werden weniger wichtige Körperfunktionen abgeschaltet, deshalb ist weder Verdauung noch Schlaf möglich. Die Temperatur am Gipfel beträgt -36 °C, was zu Erfrierungen, Unterkühlung und Kältetod führen kann. Spalten, Lawinen und Stürme sind eine ständige Bedrohung. Als Mallory seine Gründe für das Klettern erklärte, sagte er dennoch: »Dieses Abenteuer bringt uns pure Freude. Und Freude ist letztlich das Ende des Lebens. Wir leben nicht, um zu essen und Geld zu verdienen. Wir essen und verdienen Geld, um leben zu können.«

Die südliche Route

Insgesamt gab es vor dem Zweiten Weltkrieg sieben Versuche, den Everest zu besteigen. Sie alle wurden von den Briten durchgeführt, die ihre Machtposition in Indien und Tibet nutzten, um anderen Nationen die Chance einer Bergbesteigung zu verwehren. Der Zugang zum Everest wurde 1950 geschlossen, nachdem China in Tibet einmarschiert war, aber dafür hatte sich Nepal zu dieser Zeit nach 100 Jahren wieder für Ausländer geöffnet. 1950 wurde eine Erkundungsexpedition von Süden entlang der heute üblichen Route unternommen. 1952 erreichte eine Schweizer Expedition, die dieser Route folgte, eine neue Rekordhöhe von 8595 m.

◁ **Hillarys Sauerstofftanks**
Die Expedition von 1953 nahm Sauerstoff mit, denn man glaubte, dass die Luft auf dem Gipfel zu dünn zum Atmen sei. Dies wurde seither jedoch widerlegt.

Im folgenden Jahr reiste eine neunte britische Expedition nach Nepal. Die erste Seilschaft erreichte den Gipfel nicht, hinterlegte aber Reservesauerstofftanks für ein zweites Team, den Neuseeländer Edmund Hillary und den Nepali-Sherpa Tenzing Norgay. Am 29. Mai 1953 um 11.30 Uhr Ortszeit erreichten sie als Erste den Gipfel. Sie schossen Fotos, vergruben Süßigkeiten und ein Kreuz im Schnee und stiegen wieder ab.

Entgegen aller Vorhersagen war dies nicht die letzte Besteigung des Everest. 1978 gelang sie dem Südtiroler Reinhold Messner zusammen mit dem Österreicher Peter Habeler erstmals ohne Zuhilfenahme von zusätzlichem Sauerstoff. Heute strömen jährlich Hunderte Bergsteiger zum höchsten Punkt der Erde.

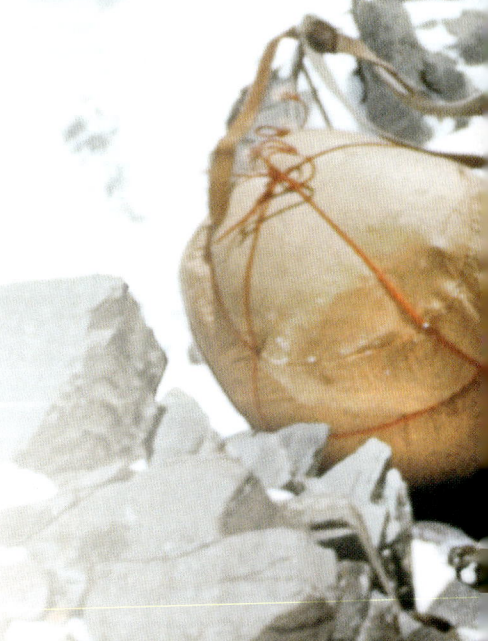

» Es ist nicht der **Berg,** den wir bezwingen – wir **bezwingen uns selbst.** «

EDMUND HILLARY, BERGSTEIGER

▽ **Am Südostgrat**
Edmund Hillary (links) und Tenzing Norgay
auf dem Weg zum letzten Lager. Einen Tag
später standen sie als erste Menschen auf
dem Gipfel des Mount Everest.

EXKURS
Everest-Besteigung heute

Seit Hillary und Tenzing den Everest bezwangen, wurde der Gipfel von rund 4460 Bergsteigern über 7600-mal erreicht. Die Zahl stieg in letzter Zeit stark an, teilweise weil Fixseile und Leitern den Aufstieg erleichtern. An einem einzigen Tag im Jahr 2016 (19. Mai) bestiegen 209 Personen den Berg und damit mehr als in den 33 Jahren nach der Erstbesteigung.

1990 waren nur 18 Prozent der Versuche einer Gipfelbesteigung erfolgreich, 2012 waren es 56 Prozent. Der Aufstieg wurde aber nicht unbedingt sicherer: 282 Menschen starben seit 1921 am Everest, 18 allein im Jahr 2015 nach einem Erdbeben. Er ist auch nicht billig. Der British Mountaineering Council nennt als Mindestsumme für einen Aufstieg 35 000 US-Dollar, manche Bergsteiger zahlen sogar bis zu 65 000 US-Dollar.

FIXSEILE UND LEITERN MACHEN DEN AUF-
STIEG AUF DEN EVEREST HEUTE LEICHTER

Die Freiheit der Straße

Die Massenproduktion von Autos nach dem Zweiten Weltkrieg ermöglichte es immer mehr Familien, in den Urlaub zu fahren. In den
USA wurde der Road-Trip zum Synonym für Freiheit und Romantik.

D er berühmte amerikanische Road-Trip wurde 1903 geboren, als der ehemalige Arzt Horatio Nelson Jackson, der Mechaniker Sewall Crocker und ein Hund namens Bud in einem roten Winton durch die USA fuhren. Zu dieser Zeit gab es im ganzen Land weniger als 240 km asphaltierte Straßen. Ein Freund wettete mit Jackson um 50 Dollar, dass er mindestens 90 Tage brauchen würde, um von San Francisco nach New York zu fahren. Tatsächlich dauerte die 7242 km lange Reise nur 63 Tage. Jackson gewann seine Wette, allerdings hatte ihn die Reise 8000 Dollar gekostet, inklusive des Kaufpreises für das Auto.

16 Jahre später fuhr ein Militärkonvoi unter der Leitung von Major Dwight D. Eisenhower mit einer Durchschnittsgeschwindigkeit von nur 8 km/h von Washington, D. C. nach San Francisco. Es verwundert daher nicht, dass später für den Präsidenten Eisenhower der Autobahnausbau ein zentrales Thema wurde.

In den 1950er-Jahren war jeder sechste Amerikaner entweder direkt oder indirekt im Automobilgeschäft tätig. Die USA waren der größte Automobilhersteller der Welt, aber auch ihr größter Käufer. Zu Beginn des Jahrzehnts fuhren 25 Mio. zugelassene Autos auf den Straßen, und bis 1958

hatte sich diese Zahl auf 67 Mio. erhöht. Dies lag teilweise daran, dass die Autos der damaligen Zeit zu den leistungsstärksten und stylischsten zählten, die jemals gebaut wurden. Man denke nur an den 57er Chevy, das amerikanische Kultauto schlechthin.

Vor allem aber veranlassten die neuen mehrspurigen Highways die Amerikaner dazu, ihr Land im Auto zu erkunden. Der Führerschein diente als Ersatz für den Reisepass.

Drive-in für Autofahrer

Autoreisen waren nicht nur den Amerikanern vorbehalten. Der Reifenhersteller André Michelin und sein Bruder Edouard veröffentlichten seit 1900 einen Führer für französische Autofahrer, und die britische AA (Automobile Association) zählte um 1950 1 Mio. Mitglieder. Während die USA ihr Highwaysystem entwickelten, erhielt Europa ein Netz aus Motorways, Autobahnen, Autoroutes und Autostradas.

▷ **Kurze Pause**
Die Autokultur brachte Drive-in-Restaurants hervor. Viele hatten eine auffällige Form, damit sie im Vorbeifahren gesehen wurden.

△ **Autobesitzer**
Nach dem Zweiten Weltkrieg produzierte die amerikanische Industrie wieder Konsumgüter und bald konnte sich fast jeder ein Auto leisten.

▽ **Manuskript der Straße**
Der Roadtrip quer durchs Land ist typisch amerikanisch und kein Buch fängt ihn besser ein als Jack Kerouacs *Unterwegs.* Er klebte seine Manuskriptseiten zu einer langen Rolle zusammen.

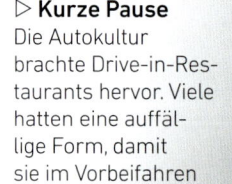

Allerdings schränkten Europas Grenzen und Passkontrollen die Bewegungsfreiheit etwas ein.

In den USA entstanden Unternehmen speziell für Autofahrer wie Motels, Drive-in-Restaurants und Autokinos. Anfang der 1950er-Jahre eröffnete, mit beträchtlicher Unterstützung der Automobilindustrie, das erste Holiday Inn (bis 1959 gab es bereits 100 davon), ebenso wie die ersten Franchise-Unternehmen eines am Straßenrand gelegenen Hamburgerrestaurants namens McDonald's.

◁ Michelinmännchen
In Europa führten die französischen Michelin-Brüder ein erfolgreiches Reifengeschäft. Sie bewarben es mit Reifenmännchen, die den Autofahrern zeigten, wo sie die besten Orte zum Essen finden.

Die Straße in der Kunst

Als Metapher für Freiheit war und ist der große amerikanische Roadtrip eine Quelle der Inspiration für Autoren und Filmemacher. 1957 erschien Jack Kerouacs Buch *Unterwegs*, eine unbekümmerte Hommage an die Jugend und eine Reise auf der Suche nach Amerika. Etwa zur gleichen Zeit kam der gefeierte Schriftsteller John Steinbeck zu einem tiefgreifenden Schluss: »Ich entdeckte, dass ich mein eigenes Land nicht kannte.« In Begleitung seines Pudels Charley unternahm er mit 58 Jahren einen Roadtrip, über den er in seinem Buch *Die Reise mit Charley: Auf der Suche nach Amerika* (1962) berichtet.

Das amerikanischste aller Kulturmedien, das Kino, hat den Roadtrip immer wieder verklärt, von *Easy Rider* (1969) – eher ein LSD-Trip als ein Roadtrip – über die feministische Fabel *Thelma und Louise* (1991) bis zum Weinproben-Trip in *Sideways* (2004).

▷ *Easy Rider*
Der Kultfilm von 1969 erfand den Roadtrip neu, indem er das Auto durch Motorräder ersetzte. Er zelebrierte aber immer noch den zeitlosen amerikanischen Drang, sich einfach auf den Weg nach Westen zu machen.

OYSTERS on HALF SHELL   SEA FOOD COCKTAILS

»Die **Überlandfahrt** ist das **beste Beispiel** für eine **Reise,** die zugleich **das Ziel** ist.«

PAUL THEROUX, REISESCHRIFTSTELLER

Die Route 66

Die Route 66, die von Chicago nach Los Angeles führt, ist der Inbegriff des amerikanischen Highways. Mit mehr als 3900 km Länge gilt sie zu Recht als die Mutter aller Roadtrips.

Im Jahr 1946 machte Bobby Troup eine Überlandfahrt von Pennsylvania nach Kalifornien, wo er sich als Hollywood-Songwriter versuchen wollte. Die Reise begann am Highway US 40, und er dachte daran, ein Lied über die Straße zu schreiben. Die Inspiration kam jedoch erst auf dem Highway US 66, der sich, laut Troups Frau, hervorragend auf »Get your kicks« reimte. Das daraus resultierende Lied *(Get your kicks on) Route 66* wurde noch im selben Jahr ein Hit für Nat King Cole und von vielen anderen Künstlern wie den Rolling Stones, Bruce Springsteen und Depeche Mode aufgenommen.

Allerdings war die Route 66 schon lange berühmt, bevor Troup seinen Wagen anließ und nach Westen fuhr.

▽ **Freiheit**
Keine andere Straße verkörpert die amerikanische Seele und deren Streben nach Freiheit wie die Route 66. Fast ein Jahrhundert nach ihrem Bau zieht sie immer noch Amerikaner wie Ausländer in ihren Bann.

▽ **Historische Route**
Der Zweck der Route 66, die 1926 eröffnet wurde, war, ländliche Gemeinden in Illinois, Missouri und Kansas mit Chicago zu verbinden. Während der Wirtschaftskrise nahmen viele diese Route, um im Westen ihr Glück zu suchen.

Straße der Träume

Die Route 66 war nicht die erste transkontinentale Autobahn der USA – das war der Lincoln Highway, der 1913 eingeweiht wurde und von New York nach San Francisco führte. 13 Jahre später, im Jahr 1926, folgte die US 66 einer anderen Route. Diese begann in Chicago und führte nach Südwesten in das Herz des Mittleren Westens, wobei sie acht Staaten und drei Zeitzonen durchquerte, ehe sie in Los Angeles endete. Ihr Zweck war, viele Kleinstädte an eine Hauptstraße anzubinden. Einer

» 66 ist die **Mutter aller Straßen, die Straße der Flucht.** «

JOHN STEINBECK, *DIE FRÜCHTE DES ZORNS*

der Hauptbefürworter des Highways war ein Geschäftsmann aus Oklahoma namens Cyrus Avery. Er setzte sich dafür ein, dass die Route durch seinen Heimatstaat verläuft und ihm die wirtschaftlichen Vorteile der Konnektivität sichert.

Tatsächlich wurde der Highway 66, der den Wohlstand nach Mittelamerika bringen sollte, als Fluchtweg berühmt. Er wurde nämlich gerade rechtzeitig fertig für jene Familien, die in den 1930er-Jahren durch die Weltwirtschaftskrise und die Dust-Bowl-Katastrophe gezwungen waren, ihre Häuser und Farmen im Mittleren Westen zu verlassen. Die Route 66 war die Straße, von der sie hofften, dass sie sie zu einem besseren Leben im Westen führen würde. Fast von Anfang an war sie eine »Straße der Träume«.

Ihre Glanzzeit feierte die Route 66 in den 1950-Jahren, als der Autoboom unzählige Amerikaner dazu veranlasste, sich in ihrem Land umzusehen. Und so brachte der Highway 66 den Unternehmen doch noch den gewünschten Wohlstand, wenn auch etwas später als geplant.

Die Mutter aller Straßen

Ironischerweise war es ausgerechnet ein Gesetz zur Förderung des Fernverkehrs in den USA – Präsident Eisenhowers Federal Highway Act von 1956 –, das zum Untergang der Route 66 führte. Das neue vierspurige Interstate-Autobahnsystem umging sie einfach. In der Folge litten die Städte unter dem Verlust des Durchgangsverkehrs, und Betriebe mussten schließen, weil Teile der Route komplett aufgegeben wurden. 1985 wurde die ganze Route 66 stillgelegt und offiziell aufgegeben.

Die Rolle der Route 66 während der Wirtschafts-krise hatte ihr jedoch Kultstatus verliehen. In jüngster Zeit stellten Non-Profit-Organisationen und der US National Park Service Mittel bereit, um das zu erhalten, was von der Route noch übrig ist. Einige Abschnitte der Strecke werden jetzt als Kulturerbe gefördert. Wieder kommen Menschen aus den USA und der ganzen Welt, um diese historische Straße zu befahren und ein Stück Americana zu erleben.

△ **Route 66 heute**
Entlang der Route 66 entstand eine ganze Nostalgiebranche. Besucher können in alten Motels übernachten, wie z.B. im Blue Swallow Motel in Tucumari, New Mexico.

Billigflüge

Der Düsenjet machte Passagierflüge schnell und bequem, aber erst als die Preise für Flugtickets drastisch fielen, wurde das Fliegen für die meisten Menschen erschwinglich.

Im Jahr 1977 schrieb Freddie Laker, ein ehemaliger Teaboy der Flugbootbauer Short Brothers aus Rochester, mit der Einführung von Skytrain ein neues Kapitel in der Geschichte der Airlines: mit einem bahnbrechenden Billigflug zwischen den USA und England.

Bis zu diesem Zeitpunkt waren internationale Flüge weitgehend den Reichen vorbehalten. Nach dem Zweiten Weltkrieg dachte man, Wettbewerb zwischen den Fluggesellschaften würde die Sicherheit der Passagiere gefährden. Deshalb wurde die kommerzielle Luftfahrt von der IATA (International Air Transport Association) streng reglementiert. Die staatlichen Fluggesellschaften nutzten ihr Monopol, um identische Dienstleistungen zu hohen Preisen anzubieten.

Allerdings gab es auch Ausnahmen. Die isländische Fluggesellschaft Loftleiðir lehnte es ab, der IATA beizutreten, und bot in den 1960er-Jahren ermäßigte Preise für Flüge zwischen den USA und Europa via Reykjavik an, wodurch sie den Spitznamen »Hippie-Airline« erhielt.

△ **Schlagzeilenverdächtig**
Um sich von der Konkurrenz abzuheben, trugen Southwest-Stewardessen orange Hotpants und weiße Stiefel und servierten Getränke, die »Liebestrank« hießen. Der Slogan der Fluggesellschaft war »Lange Beine und kurze Nächte«.

△ **Erdnuss-Airlines**
Southwest war die erste einer neuen Generation von Fluggesellschaften, die etablierte Konkurrenten unterboten, indem sie den »Schnickschnack« abschafften. So gab es Snacks statt voller Mahlzeiten, was ihnen den Spitznamen »Erdnuss-Airlines« einbrachte.

Skytrain und Southwest Airlines

Freddie Laker schwebte ein System vor, bei dem Passagiere Tickets für billige Flüge sowohl am Flughafen als auch am Bahnhof oder Busbahnhof kaufen konnten. Nach sechsjährigen Verhandlungen mit den britischen und US-Regierungen startete der erste Skytrain im September 1977 nach New York. Auf dem Flug gab es keine Extras wie Mahlzeiten, dafür waren die Tickets um ein Drittel billiger als die der Konkurrenz.

Ein weiterer Billigflugpionier war die 1971 gegründete Southwest Airlines in Texas. Sie bewarb ihre Billigflüge mit aufsehenerregenden Plakaten, die langbeinige Stewardessen in Hotpants und weißen Stiefeln zeigten. Ihr Erfolg überzeugte den Civil Aeronautics Board, seine Vorschriften für Flugpreise zu lockern, sodass 1978 eine stärker wettbewerbsorientierte Preisgestaltung eingeführt wurde. Die Flugpreise fielen um ein Drittel, und in den 1980er-Jahren hatte sich der Flugverkehr mehr als verdoppelt, da immer mehr amerikanische Billigfluggesellschaften eröffneten. Skytrain musste Insolvenz anmelden und den Flugbetrieb einstellen, als British Airways und Pan Am ebenfalls ihre Preise für Transatlantikflüge senkten.

▽ **Freddie Laker**
Der Start von Lakers Skytrain auf der Strecke London–New York im September 1977 war der erste Low-Cost-Linienflug seiner Art.

Ryanair und easyJet

Der Erfolg der amerikanischen Billigfluglinien blieb auch auf der anderen Seite des Atlantiks nicht unbemerkt. 1990 erfand sich eine kleine, verlustbringende irische Fluggesellschaft namens Ryanair neu, indem sie billige Flüge zu europäischen Nebenflughäfen anbot. Ein paar Jahre später eröffnete in Großbritannien das Unternehmen easyJet, das Werbung für Flüge nach Schottland machte, die »so billig wie eine Jeans« waren. Diese beiden Fluggesellschaften und viele Nachahmerunternehmen revolutionierten den europäischen Flugverkehr.

Indem sie ihr Produkt auf das Nötigste reduzierten – mit einem einzigen Passagierraum, in der alle Sitze gleich waren, mit Essensausgabe und ohne Freigepäck –, boten Billigfluggesellschaften

◁ **Globale Revolution**
»Jetzt kann jeder fliegen«, lautet der Slogan der Air Asia. Sie ist nur eine von vielen Billigfluggesellschaften auf dem Airport von Kuala Lumpur in Malaysia.

Flüge an, die sich jeder leisten konnte. In rund 25 Jahren wurden Low-Cost-Airlines nicht nur ein fester Bestandteil der Reisebranche, sondern auch des zeitgenössischen Lebens in Europa, den USA und auf der ganzen Welt.

Flüge für alle

Durch günstige Tarife und eine hohe Flugfrequenz kann man heutzutage mit dem Flugzeug in einen anderen Teil der Welt zur Arbeit pendeln oder sich eine »Nanopause«, einen Tag oder eine Nacht in einer fremden Stadt, gönnen, ein Phänomen, das durch die Revolution in der Luftfahrt verursacht wurde: Immer mehr Flüge zu immer günstigeren Preisen ermöglichen uns eine beispiellose Bewegungsfreiheit.

△ **Billigflieger**
Inspiriert durch den Erfolg von Southwest Airlines, senkte der irische Anbieter Ryanair die Flugpreise, indem er Kosten sparte, wo es ging. Etwa indem er kleinere Flughäfen mit günstigeren Landegebühren ansteuerte und nur ein Flugzeugmodell, die Boeing 737, betrieb.

»Was Eisenbahnen **für Nationen taten,** werden Flugzeuge **für die Welt tun.**«

CLAUDE GRAHAME-WHITE, LUFTFAHRTPIONIER, 1914

In die Tiefe

Menschen erforschen seit Jahrhunderten die Erdoberfläche, aber erst im 20. Jh. wurde es technisch möglich, auch die Ozeane zu erkunden.

△ **Neue Technologie**
Die Taucher Jacques Cousteau (rechts) und Terry Young vor einem Tauchgang. Das Atemgerät (Aqualung), das jeder von ihnen am Rücken trägt, bezeichnet man heute als SCUBA-System (Self-Contained Underwater Breathing Apparatus).

Selten dominierte ein Mann einen Forschungsbereich so vollständig wie Jacques-Yves Cousteau. Er war nicht nur ein bahnbrechender Meeresforscher, sondern erfand auch die Technologie, mit der Taucher unter Wasser schwimmen können.

Aqualung
Bereits im 17. Jh. experimentierte der englische Physiker Edmond Halley mit der Unterwasseratmung und ließ sich ein Design für eine Taucherglocke patentieren. Anfang der 1930er-Jahre nutzte der amerikanische Natur- und Unterwasserforscher William Beebe die neu erfundene Bathysphäre, um die Ozeane bis zu einer Rekordtiefe von 804 m zu erforschen. Zu dieser Zeit war Jacques Cousteau erst Anfang zwanzig. Er war ursprünglich der französischen Marineakademie beigetreten; seinem Berufswunsch, Pilot zu werden, setzte ein Autounfall ein jähes Ende. Stattdessen begann er, rund um den Marinestützpunkt im französischen Toulon

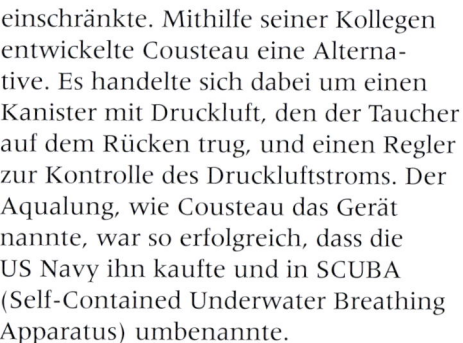

△ **Bathysphäre** *Trieste*
Am 23. Januar 1960 sanken Jacques Piccard und Don Walsh in der Bathysphäre *Trieste* auf den Grund des Marianengrabens. Eine Glasscheibe brach, aber sie verbrachten trotzdem noch 20 Minuten auf dem Meeresboden.

die Unterwasserwelt des Mittelmeers zu erkunden.

Zu dieser Zeit waren Taucheranzüge schwer und unhandlich. Der Taucher erhielt Sauerstoff durch eine Luftleitung, die mit einem Schiff verbunden war, was seine Beweglichkeit stark

einschränkte. Mithilfe seiner Kollegen entwickelte Cousteau eine Alternative. Es handelte sich dabei um einen Kanister mit Druckluft, den der Taucher auf dem Rücken trug, und einen Regler zur Kontrolle des Druckluftstroms. Der Aqualung, wie Cousteau das Gerät nannte, war so erfolgreich, dass die US Navy ihn kaufte und in SCUBA (Self-Contained Underwater Breathing Apparatus) umbenannte.

1950 richtete Cousteau das erste von mehreren Schiffen, die alle *Calypso* hießen, als Forschungsstation und als Basis für seine Tauchgänge ein. Einige Jahre später erfand er ein kleines Tauchboot für zwei Personen, und 1962 baute er eine experimentelle Unterwasser-Wohnkapsel, die er »Conshelf« nannte. Er dokumentierte all diese Erfindungen in Büchern und Fernsehfilmen, die seinen Namen weltweit bekannt machten.

Der Ursprung des Lebens
Eine weitere Schlüsselfigur der Ozeanografie war Jacques Piccard, ein Schweizer Ingenieur, der Unterwasserfahrzeuge entwickelte, um Meeresströmungen zu studieren. 1960 erreichten Trieste, Piccard und ein Begleiter an Bord der

◁ **Hydrothermale Quelle**
Hydrothermale Quellen sind Risse in der Erdkruste, aus denen heißes Wasser aufsteigt. Weil es in ihrer Umgebung so viele Lebensformen gibt, glaubt man, dass sie für den Ursprung des Lebens auf der Erde entscheidend waren.

Bathysphäre als erste Menschen den tiefsten Punkt der Erde: den Boden des Marianengrabens im Pazifischen Ozean, der 10 911 m unter dem Meeresspiegel liegt. 1969 verbrachte Piccard 30 Tage auf dem Forschungsschiff *Ben Franklin PX-15*, das sich 2414 km treiben ließ, um den Weg des Golfstroms, einer Strömung im Atlantischen Ozean, zu erkunden.

1977 machten Ozeanografen in ihrem Tauchboot *Alvin* eine bahnbrechende Entdeckung, die die bisherige Annahme widerlegte, dass die Sonne eine Schlüsselrolle bei der Entstehung von Leben spielt. Am Boden des Ostpazifiks fanden sie in 2100 m Tiefe große Gemeinschaften von Meerestieren, die in völliger Dunkelheit von der Wärme und den Mineralien leben, die durch schornsteinähnliche Gebilde aus dem Erdinneren nach oben dringen. Viele Forscher sind heute der Meinung, dass das Leben auf der Erde unter solchen Bedingungen begann.

EXKURS
Unterwasserarchäologie

1985 entdeckte Robert Ballard die versunkene *Titanic*, indem er mit einem kleinen unbemannten Tauchboot namens *Argo* einer Spur aus Wrackteilen auf dem Boden des Atlantiks folgte. Seitdem wurden ganze historische Städte auf dem Meeresboden entdeckt. Im Jahr 2000 fand Franck Goddio vor der ägyptischen Küste die Ruinen von Thonis-Herakleion und von Kanopus. Im 8. Jh. v.Chr. an der Mündung des Nils erbaut, wurde Thonis-Herakleion, der bedeutendste internationale Handelshafen des alten Ägyptens, vor etwa 1200 Jahren durch Naturkatastrophen überflutet.

EIN TAUCHER INSPIZIERT EINE STATUE IN DER VERSUNKENEN STADT HERAKLEION

> » Das Meer ... hält dich **für immer** fest in seinem **Netz voll Wunder.** «

JACQUES COUSTEAU, MEERESFORSCHER

▽ **Jacques Cousteau**
Cousteau war ein wegweisender Unterwasserforscher und Naturschützer. Seine Abenteuer wurden von 1968 bis 1975 in der Serie »Geheimnisse des Meeres« im Fernsehen gezeigt.

Flug zum Mond

Der erste Flug 1903 dauerte zwölf Sekunden. Weniger als 70 Jahre später war die Luftfahrt zur Raumfahrt geworden, und Astronauten gingen auf dem Mond spazieren.

△ **Raketentest**
Eine der ersten Raketen von Robert H. Goddard wird 1935 in Roswell, New Mexico, zur Startrampe gebracht.

Leonardo da Vinci zeichnete schon im 15. Jh. Entwürfe für Flugmaschinen, doch erst nach über 400 Jahren wurden die Träume des Italieners Wirklichkeit. Von den ersten Testflügen mit Flüssigbrennstoffraketen bis zum ersten Mondflug vergingen allerdings nur 33 Jahre.

Wettlauf ins All
Der amerikanische Wissenschaftler Robert H. Goddard läutete mit Unterstützung des Smithsonian Institute die Ära der Raumfahrt ein, als er am 16. März 1926 erfolgreich eine Rakete startete. Ihr folgten noch 33 weitere, aber 1941 übernahm Nazi-Deutschland

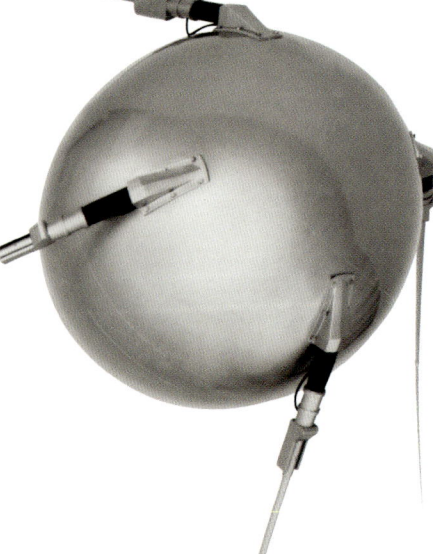

▷ **Sputnik 1**
Am 4. Oktober 1957 wurde in Russland der erste künstliche Erdsatellit *Sputnik 1* ins All geschossen. Vier Radioantennen übertrugen seine Position.

▷ **Einen Schritt weiter**
Ein russisches Plakat feiert Yuri Gagarins historische Leistung als erster Mensch im Weltraum. Der Text lautet »Kosmonautiktag UdSSR«, und in der Abgasfahne der Rakete steht das Datum »12. IV. 1961«.

die Führung in der Raketenforschung. Adolf Hitler wollte aus der Rakete eine Waffe machen, und das Ergebnis war die V2, die weltweit erste ballistische Langstreckenrakete. Die V2 war auch das erste von Menschenhand geschaffene Objekt, das beim Start am 20. Juni 1944 die Erdatmosphäre verließ.

Während des Kalten Krieges wurde die V2 zum Vorbild für amerikanische und sowjetische Raketenentwürfe, die wiederum als Grundlage ihrer Weltraumforschungsprogramme dienten. Die beiden Mächte wetteiferten darum, die Ersten im All zu sein. Deshalb beschäftigten die Amerikaner nach Kriegsende internierte deutsche Wissenschaftler wie Wernher von Braun.

Im Orbit
Das erste Ziel, der Start eines Satelliten, erreichten die Sowjets zuerst: Am 4. Oktober 1957 signalisierte das charakteristische »Piep ... Piep ... Piep ...« aus Funksendern, dass *Sputnik 1* im Orbit war. Zwei Jahre später, 1959, gelang es den Sowjets als Erste, das unbemannte Schiff *Luna 2* auf dem Mond zu landen. Noch im selben Jahr machte die *Luna 3* Fotos von der Rückseite des Mondes.

Am 12. April 1961 schossen die Sowjets schließlich in einem Schiff namens Wostok I einen Menschen in den Orbit. Der Kosmonaut an Bord war Yuri Gagarin, ein ehemaliger Kampfpilot, der

△ **Im Dienst der Wissenschaft**
Vor dem ersten Menschen ließen die Sowjets 1957 versuchsweise eine Hündin namens Laika an Bord von *Sputnik 2* die Erde umkreisen. Das Tier starb bald an Überhitzung.

den Start mit dem Ausruf »Poyekhali!« (»Los geht's!«) einleitete. Diese erste Weltraumreise dauerte nur 108 Minuten, zur Freude Gagarins, der in eine Kapsel mit nur 2,3 m Durchmesser eingepfercht war. In dieser kurzen Zeit flog er jedoch einmal rund um die Erde.

Fast ein Jahr später, am 20. Februar 1962, umkreiste der Astronaut John Glenn als erster Amerikaner die Erde. Beide Nationen arbeiteten nun fieberhaft daran, als Erste einen Menschen auf den Mond zu bringen. 1967 kam es bei beiden Programmen Apollo (amerikanisch) und Sojus (russisch) zu tödlichen Katastrophen. Die Amerikaner verloren die Besatzungsmitglieder von Apollo 1 durch ein Feuer in der Raumschiffkabine, und bei den Sowjets starb ein Sojus-1-Kosmonaut, als seine Kapsel aufgrund eines Fallschirmausfalls abstürzte.

Mann auf dem Mond
Die Sowjets brauchten 18 Monate, um sich von dieser Katastrophe zu erho-

len. Die USA hingegen sammelten sich schneller. Am 16. Juli 1969 betrat die Besatzung von Apollo 11 – Missionskommandeur Neil Armstrong, Michael Collins und Pilot Edwin »Buzz« Aldrin – ihre Kapsel an der Spitze einer kolossalen Saturn-V-Rakete. Um 9.32 Uhr startete sie vom Kennedy Space Center in Florida zu ihrem epischen Weltraumflug. Am 20. Juli bestiegen Armstrong und Aldrin das Mondlandungsschiff *Eagle* und setzten

auf dem Mond auf. »Houston, der Adler ist gelandet«, berichtete Armstrong. Kurz darauf setzte er den ersten Schritt auf den Mond und sprach die unsterblichen Worte: »Das ist ein kleiner Schritt für einen Menschen, ein riesiger Sprung für die Menschheit.« Die zwei entnahmen Bodenproben und hinterließen eine amerikanische Flagge sowie eine sowjetische Medaille zu Ehren von Yuri Gagarin, ehe sie nach etwa 21 Stunden auf dem Mond die Heimreise antraten.

◁ **Flug zum Pluto**
Am 19. Januar 2006 startete die Raumsonde *New Horizons* der NASA von der Cape Canaveral Air Force Station in Florida. Sie reiste 7,5 Mrd. km weit zum Pluto, wo sie am 14. Juli 2015 ankam.

Letzter Mann auf dem Mond
Auf Apollo 11 folgten sechs weitere bemannte Flüge zum Mond, bis hin zu Apollo 17, das 1972 landete. Eugene Cernan, hier abgebildet, war der letzte Mensch, der auf der Mondoberfläche stand.

Der Hippie Trail

In den 1960er- und 1970er-Jahren zogen Scharen idealistischer junger Leute aus Europa auf der Suche nach Frieden, Liebe und Erleuchtung per Anhalter oder Bus bis nach Indien und Ostasien.

▽ **Der Weg der Hippies**
Wichtig beim Hippie Trail war nicht nur das Ziel, sondern auch die Reise selbst. Auf dem langen Landweg hatten die Reisenden ausreichend Zeit, die Kulturen, denen sie begegneten, näher kennenzulernen.

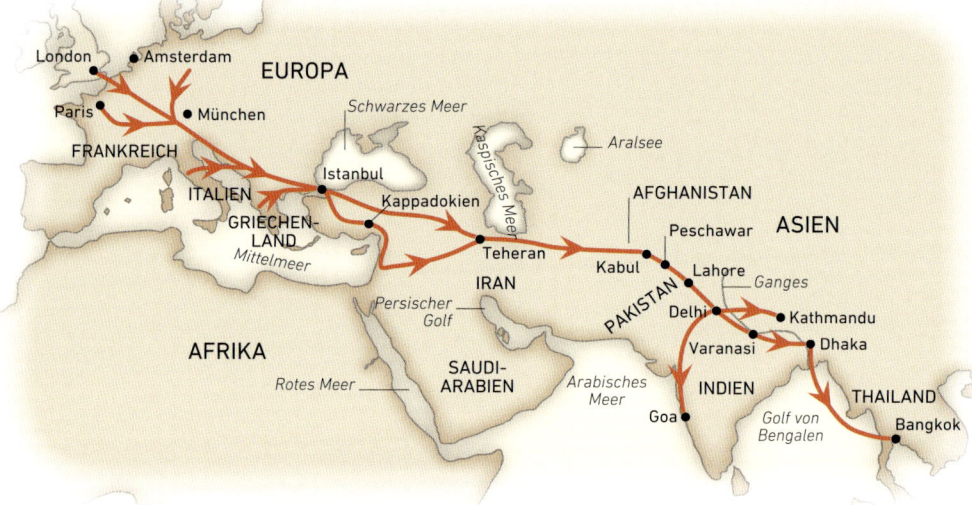

In der zweiten Hälfte des 20. Jh. erwachte der Geist der Grand Tour (siehe S. 180–183) zwei Jahrzehnte lang zu neuem Leben. Aber während einst wohlhabende junge Aristokraten durch Europa reisten, um ihre Bildung zu erweitern, waren die jungen Leute, die um 1960 anfingen, auf dem soge-nannten Hippie Trail zu wandern, auf der Suche nach spiritueller Erleuchtung.

Die Inspiration dafür stammte von Persönlichkeiten wie dem amerikanischen Autor Jack Kerouac und seinen Mitstreitern der »alternativen« Szene. Kerouac war auf der Suche nach Erfüllung durch die USA gereist und hatte diese Erfahrung in seinen Kultroman *On the Road* (1957) verwandelt (dt. *Unterwegs*). Der Hippie Trail war das europäische Pendant zum großen amerikanischen Roadtrip mit dem Endziel Indien, die Heimat der östlichen Philosophie. »Das Morgenland war ja nicht nur ein Land und etwas Geographisches, es war die Heimat und Jugend der Seele«, wie es Hermann Hesse in seiner Erzählung *Die Morgenlandfahrt* (1932) ausdrückte.

Der Weg ist das Ziel

Von den großen Städten Europas ausgehend, führte der Weg nach Indien über die alte Seidenstraße, durch Istanbul und weiter durch den Iran, Afghanistan und Pakistan (siehe S. 86–87). Nach Indien reisten viele weiter durch Südostasien nach Bangkok und sogar nach Australien.

Ein wichtiger Faktor der Reise war, für möglichst wenig Geld so lange wie möglich unterwegs zu sein. Günstige, private Busse waren dafür gut geeignet. Laut Rory Maclean, dem Autor von *Magic Bus: On the Hippie Trail from Istanbul to India* (2006), nahm im Frühjahr 1956 der erste europäische Touristenbus auf dem Trail 16 Passagiere von Paris nach Bombay mit. Im folgenden Jahr gründete der Ire Paddy Garrow-Fisher den ersten regulären Busservice zwischen Europa und dem Subkontinent. Fast ein Jahrzehnt lang betrieb Garrow-Fishers *Indiaman Tours* die längste Buslinie der Welt von London nach Kalkutta. Dutzende ähnlicher Betreiber folgten seinem Beispiel. Die Reisenden fuhren auch per Anhalter oder mit eigenen Autos, typischerweise Lastwagen, Minibussen oder Wohnmobilen, die zugleich Unterkunft boten.

Entlang des Wegs entstanden Cafés, Restaurants und Hotels, deren Gäste Apachen-Stirnbänder, Paisley-Hemden oder afghanische Mäntel trugen. Man konnte dort Informationen über die Reiseroute einholen und an den Schwarzen Brettern nach Mitfahrgelegenheiten wie dieser suchen: »Sanfter Aussteiger, 21, sucht Gitarre spielendes Mädel, das bereit ist, sich in den mystischen Osten aufzumachen«. In Istanbul wurde der Pudding Shop zum bekanntesten Treffpunkt, in Kabul war es das »Sigis« in der Chicken Street, in Teheran das Amir Kabir Hotel und in Kathmandu gleich eine ganze Straße, die wegen der Hippies dort »Freak Street« genannt wurde.

Ende der Reise

Nach Istanbul war die erste große Station Kappadokien in der Türkei, eine Region, die Westeuropäern bis in die 1950er-Jahre unbekannt war. Die fantastisch geformten, von Höhlen durchzogenen Felskamine in der vulkanischen Landschaft

▽ **Wandgemälde**
Mehrere Unternehmen betrieben Busse entlang des Hippie Trails von Europa nach Indien. Viele Reisende hatten jedoch ein eigenes Transportmittel. Am beliebtesten war der VW-Bus.

△ **Rucksackreisen**
Das moderne Phänomen der Rucksackreisen – alles Nötige im Rucksack mit sich zu tragen – nahm auf dem Hippie Trail nach Indien seinen Anfang.

»Entschließe dich nur zu gehen, dann ist der schwerste Teil schon vorüber.«

TONY WHEELER, GRÜNDER VON *LONELY PLANET*

boten den Reisenden eine alternative Unterkunft, in der sie oft tage- oder sogar monatelang verweilten. Der Iran galt als repressiver Polizeistaat, sodass nur wenige dort blieben. Stattdessen zogen sie weiter nach Afghanistan, das dank der Gastfreundschaft der Einheimischen zum Hippie-Paradies wurde. Pakistan war ein weiteres »Durchgangsland«, das in 48 Stunden durchquert werden konnte. Danach kam Indien mit seinen Ashrams, die alle Pilger gern aufsuchten. Die beliebtesten Reiseziele waren die heilige Stadt Varanasi am Ganges, Goa im Westen und Kathmandu in Nepal.

Der Hippie Trail war 1979 zu Ende. Nach der Iranischen Revolution schloss der Iran seine Grenzen für Touristen, die gleiche Auswirkung hatte die Invasion der Sowjets im benachbarten Afghanistan. Zu dieser Zeit hatte sich jedoch bereits die Idee des »Backpacking«, wie diese Art von Low-Budget-Reisen auch im Deutschen genannt wird, gut etabliert. Einige Wanderer auf dem Hippie Trail hatten sich unterwegs Notizen über die besten Plätze, Sehenswürdigkeiten und Fortbewegungsmittel gemacht und diese mit großem Erfolg veröffentlicht. Dazu gehörten Tony und Maureen Wheeler, die Gründer der Reiseführerreihe *Lonely Planet*. Die Reisenden auf dem Hippie Trail haben die Welt vielleicht nicht verändert, aber dafür eine sehr erfolgreiche Reiseverlagsindustrie geschaffen.

▽ **Hippie Trail**
»Hippie« war die Abkürzung für eine Person mit Haaren bis zur Hüfte (engl. »to the hips«). Deshalb wurde die Reise nach Osten Hippie Trail genannt.

Die Concorde

Nach dem ersten Menschen auf dem Mond schien alles möglich. Auch ein Verkehrsflugzeug, das mit doppelter Schallgeschwindigkeit flog.

Die Concorde, die Frankreich und Großbritannien 1976 nach jahrzehntelanger gemeinsamer Entwicklung vorstellten, war einzigartig. Auch in den USA und der Sowjetunion wurde an Überschallflugzeugen gearbeitet, doch erfolglos: Die amerikanische Boeing 2707 kam nie über das Reißbrett hinaus, während die sowjetische Tupolew TU-144 wegen Leistungs- und Sicherheitsproblemen aufgegeben wurde.

Die Concorde war das einzige Verkehrsflugzeug, das schneller als der Schall flog. Ein Machmeter an der Trennwand sagte den Passagieren, wenn sie Mach 1 und Mach 2 erreichte. An diesem Punkt flog sie mit doppelter Schallgeschwindigkeit, also mit etwa 2180 km/h, verglichen mit der Fluggeschwindigkeit von 780 km/h einer Boeing 737.

Kein anderes Flugzeug sah aus wie die Concorde mit ihren pfeilartigen Deltaflügeln und der spitzen Nase, die gesenkt werden konnte, um den Piloten bei Start und Landung bessere Sicht zu verschaffen. Die Innenausstattung war nicht übermäßig luxuriös. Das Flugzeug wurde von Ingenieuren entwickelt, die, wie es scherzhaft hieß, ein sehr schnell fliegendes schmales Metallrohr bauten, in dem sie danach nur widerwillig Sitze anbrachten. Dafür war es aber exklusiv. Nur 14 Flugzeuge wurden jemals in Betrieb genommen, jeweils sieben von Air France und British Airways. Die Tickets waren teuer, aber vielen internationalen Geschäftsleuten war die Zeitersparnis den hohen Preis wert. Die Concorde konnte in nur drei Stunden den Atlantik überqueren, eine Boeing 747 brauchte im Vergleich dazu sieben Stunden. Zwei tägliche Verbindungen von London nach New York machten es möglich, nach Übersee zu fliegen, Geschäfte zu tätigen und rechtzeitig zu einem späten Abendessen wieder zu Hause zu sein.

Trotz der stets vorbildlichen Sicherheitsbilanz der Concorde ging am 25. Juli 2000 eine Maschine der Air France in Flammen auf und stürzte kurz nach dem Start ab. 113 Menschen starben. Der Imageverlust, den die Concorde dadurch erlitt, steigende Wartungskosten sowie niedrige Passagierzahlen nach den Terroranschlägen vom 11. September in den USA führten dazu, dass die Überschallflotte im Sommer 2003 endgültig stillgelegt wurde.

◁ **Flugbegleiterinnen vor der Concorde**
Stewardessen verschiedener Fluggesellschaften aus der ganzen Welt stehen vor einem Modell der Concorde. Tatsächlich boten aber nur Großbritannien und Frankreich den Überschallflug an.

Neue Horizonte

1946 sagte Evelyn Waugh den Tod der Reiseschriftstellerei voraus. Seiner Ansicht nach war alles darüber geschrieben worden. Doch nach wie vor erfreut sich die Reiseliteratur blühender Gesundheit.

Anfang der 1970er-Jahre schlug ein junger amerikanischer Schriftsteller seinem Verleger vor, ein Buch über eine Zugreise zu schreiben. Der Verleger stimmte zu und Paul Theroux fuhr vom Londoner Bahnhof Victoria bis zum Hauptbahnhof von Tokio. Sein Werk *Basar auf Schienen* wurde 1975 veröffentlicht und verkaufte sich mehr als 1,5 Millionen Mal in 20 Sprachen. Theroux unternahm noch weitere Zugfahrten durch Südamerika (*Der alte Patagonien-Express*, 1979) und China (*Das chinesische Abenteuer*, 1988) sowie zahlreiche Exkursionen mit dem Boot, Bus und Auto.

Bald gesellten sich in den Regalen der Buchhandlungen zu Theroux immer mehr Namen, insbesondere Bruce Chatwin (der 1977 mit *In Patagonien* debütierte), Colin Thubron (sein Durchbruch war *Unter Russen*, 1983) und Jonathan Raban (*Arabia Through the Looking Glass*, 1979), gefolgt von vielen anderen. Alle erzielten neben dem kommerziellen Erfolg auch die Anerkennung der Kritiker. Das Reiseliteraturgenre, das seinen ersten Höhepunkt im späten 19. Jh. und seinen zweiten in den 1930er-Jahren erreicht hatte, erfuhr eine weitere Renaissance.

Wiederum fiel der Anstieg der Beliebtheit von Reiseliteratur mit einer Veränderung der Reiseverkehrsmittel zusammen. In diesem Fall war es der internationale Flugverkehr, der gerade erschwinglich wurde. Die neuen Reiseschriftsteller belieferten diesen wachsenden Markt mit Büchern, die tempo-

△ **In Patagonien**
Bruce Chatwins einflussreiches Werk über seine Reise durch den »entlegensten Teil der Erde« wurde sofort ein Klassiker.

> » Solange es **Autoren** gibt, wird es auch **lesenswerte Reiseliteratur** geben. «

SAMANTH SUBRAMANIAN, AUTOR VON *THIS DIVIDED ISLAND: STORIES FROM THE SRI LANKAN WAR*

◁ **Picknick mit Bären**
Nick Nolte (in der Rolle des Trampers Stephen Katz) spielte 2015 neben Robert Redford und Emma Thompson im Film *Picknick mit Bären* nach den gleichnamigen Memoiren (1998) von Bill Bryson.

reicher und innovativer waren als die ihrer Vorgänger. Der liebenswert-mürrische Theroux füllte seine Bücher mit sperrigen Begegnungen und absolut undiplomatischer Ehrlichkeit. Chatwin, ein ehemaliger Kunstauktionator, schuf High-Concept-Reiseberichte, die sich wie leicht surreale Fiktion lesen: *In Patagonien* handelt von der Suche nach dem Teil eines Brontosaurus. In Chatwins Reisegeschichten, heißt es, fallen die Leser hinein und bleiben dort.

Grenzen überschreiten

Andere neue Autoren gaben der Reiseliteratur nicht nur geografisch verschiedene Richtungen. Der Naturforscher Redmond O'Hanlon erzählt in *Redmonds Dschungelbuch* (1988) mit viel schwarzem Humor vergnügliche Episoden seiner Amazonasreise, etwa als er mit Stammesangehörigen Halluzinogene nahm. Bill Bryson, ein nach England ausgewanderter amerikanischer Journalist, ging für *Mein Amerika* (1989) zurück in die USA, um sich über sie lustig zu machen (»Ich komme aus Des Moines. Irgendjemand muss es tun«). Genauso verfuhr er mit Großbritannien, Europa und Australien und wurde damit zum Bestsellerautor.

Schriftsteller wie der Amerikaner Tim Cahill (*Der heiße Atem des Jaguars*, 1987) brachten das Abenteuer zurück in die Reiseliteratur, oft in einer extremen Art und Weise, etwa wenn es um das Fangen giftiger Seeschlangen auf den Philippinen oder Speisen auf gebackenem Schildkrötenmist im australischen Outback geht. Für *Reisen in die Hölle* (1988) bereiste P. J. O'Rourke die Brennpunkte der Welt, vom kriegsgebeutelten Libanon bis zu den »Heritage USA«, einem

◁ **Notizen für *Basar auf Schienen***
Neben der Notizen für *Basar auf Schienen* enthält die Paul-Theroux-Sammlung der Huntington Library in Kalifornien auch Briefe von V. S. Naipaul und vielen anderen Autoren.

von berühmten Fernsehpredigern gelei-teten christlichen Themenpark.

Neue Perspektiven

Lange Zeit war V. S. Naipaul, der trinida-dische Autor der indischen Reisebe-richte *Land der Finsternis* (1962), *Eine verwundete Kultur* (1977) und *Ein Land im Aufruhr* (1990), die einzige nicht westliche Stimme auf dem Gebiet der Reiseliteratur. 1983 veröffentlichte der indische Autor Vikram Seth *Tianchi: Unterwegs in China und Tibet* und der indische Romanschriftsteller Amitav Ghosh 1992 ein liebevolles Porträt über

seine Zeit in einem ägyptischen Dorf *(In einem alten Land)*. Suketu Mehta schließlich ist mit *Bombay. Maximum City* (2004) in die Stadt seiner Kindheit und Jugend zurückgekehrt.

Diese Titel weisen auf neue Formen der Reiseliteratur hin. In den letz-ten 150 Jahren haben wir uns daran gewöhnt, über die Reisen von Men-schen aus dem Westen in abgelegene Ecken der Welt zu lesen. Jetzt wird es spannend sein, die Reiseberichte der Millionen von Migranten zu verfolgen, die in die andere Richtung reisen und nach Europa und Amerika kommen.

◁ **V. S. Naipaul**
Der Autor und Nobelpreisgewinner V. S. Naipaul (rechts) und der Herausgeber des »Rolling Stone«-Magazins Hunter S. Thompson (links) berichteten 1983 über die US-Invasion auf Grenada.

▽ **Dampflokomotive in Indien**
Eine Szene, die vielleicht auch V. S. Naipaul vertraut war: Eisenbahnarbeiter bewegen eine Dampflokomotive auf dem Bahnhof in der Nähe des Tadsch Mahal in Agra (Indien, 1983).

Moderne Entdecker

Im 21. Jh. gibt es scheinbar nichts Neues mehr zu entdecken.
Aber Abenteurer finden immer wieder Orte, an denen sie etwas
über die Erde erfahren, das vorher nicht bekannt war.

Menschen haben die Nord- und Südpole besucht, sie standen auf den höchsten Gipfeln und schauten vom Weltraum aus auf die Erde hinab, aber noch immer gibt es unerforschte Höhlen und Berge. Vor allem sind die Ozeane noch nicht vollständig kartografiert. Laut dem US-Tiefseeforscher Robert Ballard hat der Mensch bisher nur »ein Zehntel eines Prozents« von dem gesehen, was unter dem Meeresspiegel liegt.

Tief unter der Erde

2012 nutzte James Cameron, der Regisseur des berühmten Films *Titanic,* seine Begeisterung für Wracks auf dem Meeresboden zu wissenschaftlichen Zwecken und besuchte als dritter Mensch das Challengertief, den tiefsten bekannten Punkt der Erde, im Marianengraben im Westpazifik. Die Exkursion war Teil einer fortlaufenden Untersuchung, um neue Tierarten in der Tiefsee zu finden und Aufnahmen des Gesteins zwischen den beiden tektonischen Platten zu machen, die zu neuen Erkenntnissen über die Entstehung von Tsunamis führten.

Das vielleicht extremste Beispiel einer Untergrundkartierung ist die der Krubera-Höhle – eine Kluft am Rande des Schwarzen Meeres, etwa 2197 m unter dem Meeresspiegel und damit die tiefste bekannte Höhle der Erde. Der ukrainische Taucher Gennady Samokhin erforschte 2007 Krubera. Er tauchte

▷ **Rekordtiefe**
Am 26. März 2012 sank der kanadische Filmregisseur James Cameron mit dem Ein-Mann-Tauchboot *Deepsea Challenger* zum Challengertief 10898 m unter dem Meeresspiegel hinab. Er durchwühlte den Meeresboden, filmte und sammelte Sedimentproben.

> »Dass es ein **innerer Zwang** ist,
> lässt sich **nicht leugnen.**«

SIR RANULPH FIENNES ÜBER DIE ANTARKTISDURCHQUERUNG IM WINTER

◁ **Alte Technik**
Heute verfügen Entdecker über die modernste Ausrüstung, einschließlich leichter, atmungsaktiver Kleidung. Gletscherspalten werden jedoch immer noch wie früher überwunden – mit kleinen, instabil wirkenden Leitern.

Roald Amundsen 1906 entdeckt hatte. 2006 war der Neuseeländer Mark Inglis der erste beidseitig Amputierte, der den Mount Everest bestieg. 2015 ruderte der Brite John Beeden ohne Unterbrechung über den Pazifik von San Francisco (USA) nach Cairns (Australien). Viele Entdecker fördern wohltätige Zwecke. So unternimmt Ranulph Fiennes seine Global Reach Challenge, um Geld für die Marie-Curie-Organisation zu sammeln, die Menschen mit unheilbaren Krankheiten hilft. Sein Ziel ist es, als erster Mensch beide Polkappen zu überqueren und den höchsten Berg jedes Kontinents zu erklimmen.

Fortschritte in der Technologie werfen ein neues Licht auf Orte, die bisher unzugänglich waren oder schwer zu sehen sind. Satelliten enthüllten Spuren alter Zivilisationen unter dem Wüstensand Arabiens, und Drohnen ermöglichen es Ökologen, die undurchdringlichen Dächer der Regenwälder zu studieren. Und dann ist da natürlich noch das Weltall, das uns mit seinen unermesslichen Weiten erwartet.

in deren Endsiphon in rekordverdächtigen Tiefen und fand heraus, dass die Höhle 46 m tiefer lag als bisher angenommen. Drei Jahre später wurden neue Spezies entdeckt, von denen die eine (der winzige, augenlose *Plutomurus ortobalganensis,* der sich an das Leben in völliger Dunkelheit angepasst hatte) das am tiefsten lebende Landtier war, das jemals gefunden wurde.

◁ **Der ewige Abenteurer**
Der britische Abenteurer Ranulph Fiennes stellte zahlreiche Erkundungsrekorde auf. So durchquerte er u. a. als erster Mensch die Antarktis zu Fuß.

2012 kehrte Samokhin nach Krubera zurück und stieg weitere 52 m hinab, was zu einem zweiten Weltrekord führte. Zukünftige Entdecker haben unter der Erde noch viel zu tun, wie Robert Ballard sagte: »Die nächste Generation wird wahrscheinlich mehr von der Erde erforschen als alle vorherigen Generationen zusammen.«

Auf den Pfaden der Vergangenheit
Nicht alle Reisen heutzutage führen in die Tiefe – viele betrachten Orte, die in der Vergangenheit besucht wurden, aus dem Blickwinkel des 21. Jh. Der Brite Tim Severin z. B. folgte den Spuren historischer Persönlichkeiten wie Dschingis Khan und Marco Polo, um die Vergangenheit zu verstehen. Viele stellten auch neue Rekorde auf. Der Amerikaner Matt Rutherford segelte als Erster allein durch die Nordwestpassage, die

▽ **Historisch akurat**
Tim Severin unternahm historische oder legendäre Reisen wie die von Sindbad dem Seefahrer 1980/81 in einer handgefertigten Replik eines mittelalterlichen arabischen Bootes.

Neue Ziele

Schon lange war niemand mehr auf dem Mond, aber Pläne zur Marsbesiedelung und Träume vom superschnellen Fliegen zeigen, dass der Weltraum noch immer Ziel der Sehnsucht ist.

△ **Reise zum Mars**
Dieses Plakat der NASA von 2016 zeigt eine Zukunft, in der der Mars kolonisiert ist. Es blickt auf die Meilensteine der Mars-Erkundung als »historische Orte« zurück.

Obwohl die NASA die erste Behörde war, der es 1969 gelang, Astronauten auf den Mond zu bringen, beendete sie 1972 ihre bemannten Missionen. 2006 kündigte sie Pläne zur Errichtung einer permanenten Basis auf dem Mond an, die jedoch vier Jahre später wieder fallen gelassen wurden.

Seitdem konzentriert sich die NASA hauptsächlich auf die Internationale Raumstation (ISS), die seit November 2000 von einer wechselnden Besatzung aus zehn verschiedenen Nationen bewohnt wird. Ein weiterer Schwerpunkt der NASA ist der Mars und dessen Bewohnbarkeit. Missionen wie das Mars-Rover-Programm, bei dem der Rover Curiosity seit August 2012 die Oberfläche des Mars erforscht, liefern wichtige Informationen über die Geografie und die atmosphärischen Bedingungen des Planeten. Die NASA ist jedoch möglicherweise nicht die Erste, die einen Menschen auf den Roten Planeten bringt.

Die Besiedelung des Mars

Im Mai 2012 kündigte die niederländische Firma Mars One an, bis zum Jahr 2023 (inzwischen auf 2027 verschoben) eine menschliche Siedlung auf dem Mars zu errichten. Mars One, ein privat finanziertes Projekt, will alle zwei Jahre eine neue vierköpfige Crew zum Mars schicken, die dort in aufblasbaren »Lebenskapseln« wohnen soll. Der Nachteil ist, dass es keine Finanzierung für eine Rückrakete gibt, es wäre also ein Flug ohne Wiederkehr. Dennoch bewarben sich 200 000 Menschen als Besatzung für den ersten Start.

Ebenfalls im Rennen zum Mars ist SpaceX, eine amerikanische Firma, die

△ **Internationale Raumstation (ISS)**
Die ISS ist eine Raumstation, die in 330–435 km Höhe die Erde umkreist. Sie ist derzeit das größte künstliche Objekt im Orbit.

» Wo wir **hinfahren,** brauchen wir **keine Straßen.** «
DR. EMMETT BROWN, *ZURÜCK IN DIE ZUKUNFT,* 1985

2002 von dem Unternehmer Elon Musk gegründet wurde. Das SpaceX-Programm würde Raumschiffe umfassen, die mehr als 100 Passagiere befördern können. Anders als Mars One könnten diese Raumschiffe vom Mars starten und wieder zur Erde zurückkehren. Musk hofft jedoch, dass jemand, der zu einem so fernen Planeten reist, dort bleiben und eine Siedlung gründen wird. »Ich denke, es gibt ein starkes humanitäres Argument dafür, das Leben multiplanetarisch zu machen«, sagte Musk, »um die Existenz der Menschheit zu sichern, falls etwas Katastrophales passieren sollte.«

Reisen auf der Erde

Musk entwickelte auch das Konzept des Hyperloops, ein Fahrzeug, das die Reise auf der Erde radikal beschleunigen könnte. Kapselartige Fahrzeuge würden mit der Geschwindigkeit eines Düsenflugzeugs durch eine Vakuumröhre gejagt. Musk zufolge könnte der Hyperloop Passagiere in nur 35 Minuten 560 km weit von San Francisco nach Los Angeles befördern, mit einer durchschnittlichen Geschwindigkeit von 970 km/h.

Suborbitale Flüge

Neue Technologie könnte auch die Langstreckenflugzeiten in Zukunft drastisch reduzieren. Mehrere private Unternehmen auf der ganzen Welt investieren in Prototypen von Suborbitalflugzeugen. Diese würden bis an den Rand der Atmosphäre, etwa 100 km über der Erde, fliegen. Aber anstatt im Orbit um den Planeten zu fliegen, würde das Flugzeug dann gleitend sein Ziel erreichen. Damit wäre es möglich, Passagiere in 90 Minuten von Europa nach Australien oder in einer Stunde von Europa nach Kalifornien zu bringen.

Eine solche Reise wäre extrem teuer. Allerdings kostete 1939 ein Transatlantikflug auf heute umgerechnet etwa 82 000 Euro. Niemand ahnte damals, dass irgendwann täglich 8 Mio. Menschen in die Lüfte steigen würden.

EXKURS

Der Weltraum

Als die Sonden Voyager 1 und 2 1977 gestartet wurden, war US-Präsident Jimmy Carter gerade acht Monate im Amt und der erste Star-Wars-Film lief in den Kinos. Vier Jahrzehnte später erkunden die Sonden noch immer den Weltraum. Beide flogen an den Riesenplaneten Jupiter und Saturn vorbei, Voyager 2 fand den Weg zu Uranus und Neptun. Die Sonden überwachen die Bedingungen in den äußeren Bereichen des Sonnensystems und werden dies voraussichtlich bis etwa 2025 tun. Das Voyager-Programm, das oft als größte Errungenschaft der Forschung bezeichnet wird, ist ein wunderbares Beispiel dafür, wie weit Technologie reisen kann.

GRAFISCHE DARSTELLUNG DER VOYAGER 2

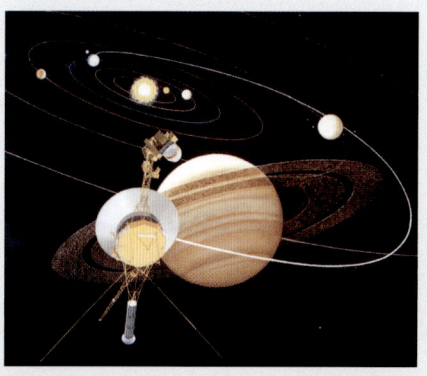

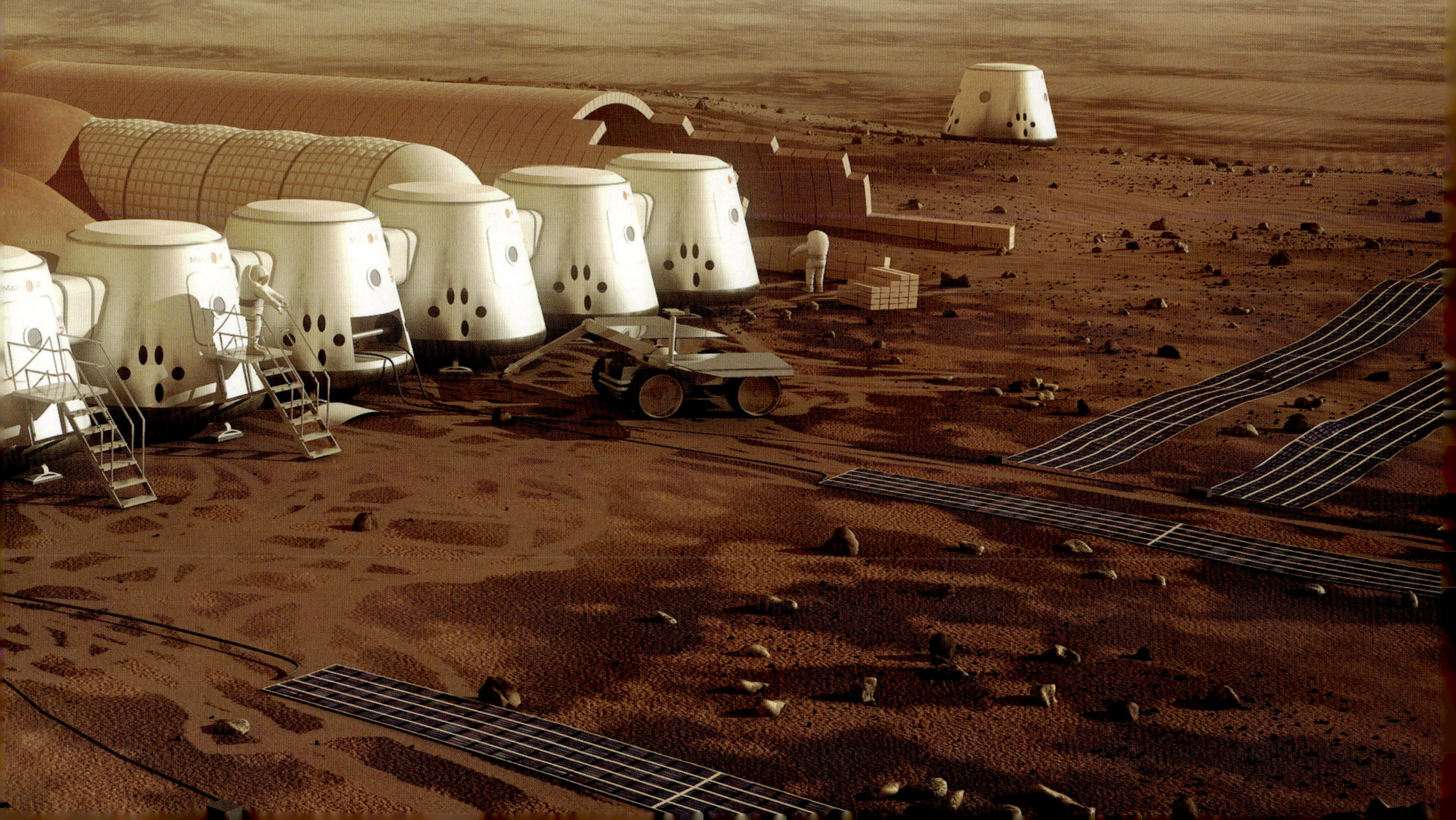

▽ **Mars One**
Das Mars-One-Projekt sieht vor, dass Kolonisten auf dem Mars in einer Reihe von miteinander verbundenen Transitmodulen leben, mit großen aufblasbaren Kapseln als Wohnräumen. Die Technologie muss noch getestet werden.

REGISTER

BILD-NACHWEIS

Dorling Kindersley dankt folgenden Personen für die Arbeit an diesem Buch: Beiträge: Phil Wilkinson.
Register: Helen Peters. Redaktionsassistenz: Victoria Heyworth-Dunne, Sam Kennedy, Devangana Ojha. Designassistenz: Vikas Chauhan. Kapitel-Auftakt und Designassistenz: Phil Gamble. Cover: Priyanka Sharma

Der Verlag dankt folgenden Personen und Institutionen für die freundliche Genehmigung zum Abdruck ihrer Bilder:

Abkürzungen: o-oben; u-unten; m-Mitte; l-links; r-rechts; g-ganz

1 Dorling Kindersley: James Stevenson / National Maritime Museum, London. **2–3 Bridgeman Images:** Ira Block / National Geographic Creative. **4 Getty Images:** DEA / G. Nimtallah / De Agostini (gor). **5 akg-images:** Pictures From History (gol). **Alamy Stock Photo:** Lebrecht Music and Arts Photo Library (um). **6 akg-images. Alamy Stock Photo:** Mary Evans Picture Library (ur). **Getty Images:** MPI / Stringer (gor). **Rijksmuseum. 7 Alamy Stock Photo:** Contraband Collection (ul). **Getty Images:** Sky Noir Photography by Bill Dickinson (gor). **Library of Congress, Washington, D.C.** (gol). **NASA:** (ur). **8–9 Getty Images:** Robbie Shone / National Geographic (go). **11 Bridgeman Images:** British Library, London, UK / © British Library Board. All Rights Reserved. **12 Getty Images:** DEA / G. Nimtallah / De Agostini (l); Science & Society Picture Library (m); DEA / G. Dagli Orti (r). **13 Alamy Stock Photo:** Uber Bilder (l). **Getty Images:** DEA / G. Dagli Orti (m); Marc Hoberman (mr). **14 Alamy Stock Photo:** kpzfoto (um). **Getty Images:** DEA / G. Dagli Orti (ul); VCG (ur). **15 Bridgeman Images:** Pictures from History (ur). **Getty Images:** Fine Art Images / Heritage Images (um); Too Labra (ul). **16 Alamy Stock Photo:** INTERFOTO (ul). **16–17 Alamy Stock Photo:** Peter Barritt (go). **17 akg-images:** Erich Lessing (mlu). **Alamy Stock Photo:** Classic Image (ur). **18–19 Getty Images:** DEA / G. Nimtallah / De Agostini (go). **19 Alamy Stock Photo:** INTERFOTO (m). **Dorling Kindersley:** Graham Rae / Hellenic Maritime Museum (ul). **Dreamstime.com:** Denis Kelly (ur). **20 akg-images:** Hervé Champollion (ml). **20–21 Getty Images:** Leemage / Corbis (u). **21 Bridgeman Images:** Egyptian National Museum, Kairo, Ägypten (mr). **Getty Images:** DEA / G. Dagli Orti (gom). **22–23 Getty Images:** CM Dixon / Print Collector. **24–25 Getty Images:** Science & Society Picture Library (u). **24 Science Photo Library:** Library of Congress, Geography and Map Division (gor). **25 Alamy Stock Photo:** The Natural History Museum (mlu). **Getty Images:** Science & Society Picture Library (ur). **26 akg-images:** Erich Lessing (um). **Bridgeman Images:** Pictures from History (mlo). **26–27 Getty Images:** DEA / G. Dagli Orti (go). **27 Alamy Stock Photo:** Anka Agency International (ur). **28 akg-images:** British Museum, London. **29 Alamy Stock Photo:** imageBROKER (gom). **Getty Images:** DEA Picture Library / De Agostini (gur, ur). **30–31 Bridgeman Images:** Privatsammlung / Photo © Ken Welsh. **31 Alamy Stock Photo:** Science History Images (um). **Dreamstime.com:** Olimpiu Alexa-pop (mro). **32–33 Dorling Kindersley:** Graham Rae / Hellenic Maritime Museum (u). **32 Alamy Stock Photo:** Charles O. Cecil (ul); North Wind Picture Archives (gor). **Getty Images:** DEA / G. Dagli Orti (mlo). **33 Getty Images:** Marc Hoberman (mlo). **American School of Classical Studies at Athens, Agora Excavations:** (mro). **34 Getty Images:** DEA / G. Dagli Orti / De Agostini (ul); Heritage Images (mlo). **34–35 Photo Scala, Florenz:** White Images (u). **35 Alamy Stock Photo:** kpzfoto (gol). **Getty Images:** Universal History Archive / UIG (mru). **36 Getty Images:** DEA / M. CARRIERI / De Agostini. **37 123RF.com:** Juan Aunin (um). **Getty Images:** Universal History Archive (ur). **Rex Shutterstock:** The Art Archive (mr). **38 Bridgeman Images:** Pictures from History (m). **38–39 Getty**

Images: VCG (go). **39 Bridgeman Images:** People's Republic of China (um). **Western Han Dynasty Museum of the South Vietnamese:** (mru). **40–41 Getty Images:** DEA / G. Dagli Orti (mro). **42 Alamy Stock Photo:** Granger Historical Picture Archive (mro). **iStockphoto.com:** sculpies (ul). **43 Alamy Stock Photo:** Granger Historical Picture Archive (mr); The Granger Collection (l). **44 Alamy Stock Photo:** Kenneth Taylor (mlu). **Bridgeman Images:** The Israel Museum, Jerusalem, Israel / The Ridgefield Foundation, New York, in memory of Henry J. and Erna D. Leir (mo). **44–45 Alamy Stock Photo:** adam eastland. **46 Getty Images:** DEA / G. Dagli Orti (gom). **46–47 Dreamstime.com:** Robert Zehetmayer (u). **47 Dreamstime.com:** Axel2001 (mru). **Getty Images:** PHAS (mo). **48–49 Getty Images:** Photo12 / UIG. **50–51 Bridgeman Images:** Royal Geographical Society, London, UK (go). **50 Alamy Stock Photo:** Ken Welsh (m). **51 Dreamstime.com:** Marilyn Barbone (um). **Getty Images:** Science & Society Picture Library (ur). **52 Getty Images:** Fine Art Images / Heritage Images (go). **53 Getty Images:** Ann Ronan Pictures / Print Collector (mr); Fine Art Images / Heritage Images (gol); Universal History Archive (ul). **54 akg-images:** Album / Oronoz (m). **Alamy Stock Photo:** Granger Historical Picture Archive (r). **Getty Images:** Heritage Images (l). **55 Dorling Kindersley:** National Maritime Museum, London (mr). **Getty Images:** Stefano Bianchetti (m); Print Collector (l). **56 Getty Images:** Arne Hodalic / Corbis (ul); Kazuyoshi Nomachi (um). **Science Photo Library:** NYPL / Science Source (ur). **57 Alamy Stock Photo:** GL Archive (um). **Getty Images:** Leemage / Corbis (ur); Leemage (ul). **58 Photo Scala, Florenz:** The British Library Board (go). **59 Bridgeman Images:** Pictures from History (um). **Imaginechina:** (gol). **Rex Shutterstock:** Sipa Press (mro). **60–61 akg-images:** Pictures From History. **62 Alamy Stock Photo:** ART Collection (go). **Getty Images:** Heritage Images (mru). **63 Alamy Stock Photo:** www.BibleLandPictures.com (ml). **Dreamstime.com:** Viacheslav Belyaev (ur). **Getty Images:** Heritage Images (mro). **64 Alamy Stock Photo:** Niels Poulsen mus (gor). **64–65 Getty Images:** Ullstein Bild (u). **65 Alamy Stock Photo:** Science History Images (mro); Sklifas Steven (ur). **Bridgeman Images:** Ashmolean Museum, University of Oxford, UK (mlo). **66 Getty Images:** Arne Hodalic / CORBIS (ul). **66–67 Alamy Stock Photo:** World History Archive (go). **67 Bridgeman Images:** Privatsammlung (ur). **Rex Shutterstock:** Alfredo Dagli Orti (gor). **68 Dorling Kindersley:** National Maritime Museum, London (r). **Getty Images:** Bettmann (mlu). **69 Alamy Stock Photo:** Charles O. Cecil (gol). **Getty Images:** Leemage (mlu); Print Collector (ur). **70 Bridgeman Images:** British Library, London, UK / © British Library Board (go). **71 123RF.com:** Nickolay Stanev (um). **Alamy Stock Photo:** Heritage Image Partnership Ltd. (mru). **Getty Images:** Stefano Bianchetti (go). **72 Alamy Stock Photo:** ART Collection (gom). **72–73 Alamy Stock Photo:** Hemis. **73 Alamy Stock Photo:** Arctic Images (gom). **Getty Images:** Russ Heinl (mr); Universal History Archive (mlu). **74 akg-images:** Jérôme da Cunha. **75 Alamy Stock Photo:** Josse Christophel (mr). **76 akg-images:** Album / Oronoz (u). **Getty Images:** Leemage (gom). **77 Alamy Stock Photo:** INTERFOTO (ml); robertharding (gol). **Getty Images:** Heritage Images (mro, ur). **78–79 Alamy Stock Photo:** Granger Historical Picture Archive. **80 Rex Shutterstock:** Alfredo Dagli Orti (go). **81 Alamy Stock Photo:** The Granger Collection (mr); robertharding (mlu); GM Photo Images (u). **82 akg-images:** Fototeca Gilardi (gor). **Getty Images:** Angelo Hornak / Corbis (mlo); Fine Art Images / Heritage Images (ur). **83 Getty Images:** Fine Art Images / Heritage Images. **84 Rex Shutterstock:** British Library / Robana (mo). **Science Photo Library:** NYPL / Science Source (um). **85 Bridgeman Images:** British Library, London, UK (gor). **Getty Images:** DEA / M. Seemuller (gol). **86 Alamy Stock Photo:** GL Archive (um). **Getty Images:** Leemage / Corbis (go). **87 Alamy Stock Photo:** Niday Picture Library (ul). **Bridgeman Images:** Pictures from History / David Henley (gor). **Getty Images:** Martin Moos (um). **88 Alamy Stock Photo:** The Granger Collection (mlo). **88–89 Getty Images:** Print Collector (u). **89 Alamy Stock Photo:** Pictorial Press Ltd. (um). **Bridgeman Images:** Privatsammlung / Pictures from History (gor). **90 Alamy Stock Photo:** D. Hurst (gor). **Dorling Kindersley:** Courtesy of Deutsches Fahrradmuseum, Bad Brückenau (gom). **Rex**

Underwood Archives (um). **Bridgeman Images:** Keats-Shelley Memorial House, Rom, Italien (ul). **Thomas Cook Archives:** (ur). **192 Bridgeman Images:** Alte Nationalgalerie, Berlin / De Agostini Picture Library. **193 Getty Images:** De Agostini Picture Library (ur); iStock / andreaskrappweis (um). **Missouri Botanical Garden:** Peter H. Raven Library (mr). **Zentralbibliothek Zürich:** (mo). **194 Alamy Stock Photo:** Hemis (gor). **Getty Images:** De Agostini / G. Dagli Orti (ml). **194–195 Bridgeman Images:** Pictures from History. **195 Bridgeman Images:** The Stapleton Collection (mr). **Getty Images:** Fotosearch (gom). **196–197 Getty Images:** Fine Art Photographic Library / Corbis. **198 Alamy Stock Photo:** North Wind Picture Archives (mlo). **198–199 Alamy Stock Photo:** North Wind Picture Archives (go). **199 Alamy Stock Photo:** Don Smetzer (ur); Granger Historical Picture Archive (mr). **Bridgeman Images:** Privatsammlung (ul). **200–201 Getty Images:** Fotosearch / Stringer (u). **200 Benton County Historical Society Museum in Warsaw, MO:** (ul). **201 Getty Images:** James L. Amos / National Geographic (ur); MPI / Stringer (gol). **202 Getty Images:** Science & Society Picture Library (ul). **202–203 Getty Images:** Archive Photos / Smith Collection / Gado (go). **203 Getty Images:** Bettmann (ur). **Library of Congress, Washington, D.C.:** (gor). **204 Alamy Stock Photo:** V&A Images (gor). **Getty Images:** Dea / G. Dagli Orti / De Agostini (u). **205 Alamy Stock Photo:** John Baran (gol). **Bridgeman Images:** Keats-Shelley Memorial House, Rom, Italien (um). **Wikipedia:** I.H. Jones (gor). **206 Getty Images:** GraphicaArtis (ml). **206–207 Bridgeman Images:** Historic England (u). **207 Alamy Stock Photo:** The Natural History Museum (ml). **Getty Images:** Science & Society Picture Library (ur). **208 Historic England Photo Library:** (u). **208–209 Getty Images:** SSPL (gom). **209 Boston Rare Maps Incorporated, Southampton, Mass., USA:** (um). **Getty Images:** Bettmann (ur). **Penrodas Collection:** (gor). **210 Getty Images:** Hulton-Deutsch Collection / Corbis (ml). **210–211 akg-images:** Ullstein Bild (u). **211 Boston Public Library:** (gol). **Library of Congress, Washington, D.C. 212–213 Alamy Stock Photo:** The Granger Collection (u). **212 David Rumsey Map Collection www.davidrumsey.com:** (gor). **Getty Images:** Time Life Pictures / Mansell / The LIFE Picture Collection (m); Universal History Archive / UIG (ul). **213 Bridgeman Images:** Pictures from History (gom). **214 Getty Images:** Photo12 / UIG (ul). **214–215 Bridgeman Images:** Royal Geographical Society, London, UK (go). **215 Alamy Stock Photo:** Mary Evans Picture Library (ur). **Bridgeman Images:** Royal Geographical Society, London, UK (mlu). **Getty Images:** The Print Collector (gor). **216 Getty Images:** Photo12 / UIG (gor); Science & Society Picture Library (u). **217 colour-rail.com:** (ur). **Getty Images:** Bettmann (gom). **218–219 Dorling Kindersley:** Gary Ombler / Didcot Railway Centre (m); Mike Dunning / National Railway Museum, York (mu). **218 colour-rail.com. Dorling Kindersley:** Gary Ombler / The National Railway Museum, York (gor). **Getty Images:** Bettmann (mlo). **Science & Society Picture Library:** National Railway Museum (ur). **219 colour-rail.com. Dorling Kindersley:** Gary Ombler / B&O Railroad Museum (gol); Gary Ombler / Virginia Museum of Transportation (mu). **Getty Images:** SSPL (gor). **Vossloh AG:** (ur). **220 akg-images:** Universal Images Group / Underwood Archives (u). **Alamy Stock Photo:** E. R. Degginger (gor). **221 Alamy Stock Photo:** Chronicle (ul); Granger Historical Picture Archive (ur). **Getty Images:** GraphicaArtis (gor). **222 Bridgeman Images:** (ul). **Thomas Cook Archives. 223 Getty Images:** Hulton Archive / Stringer (l). **Thomas Cook Archives. 224–225 Getty Images:** Culture Club. **226 Bridgeman Images:** Bibliothèque des Arts Décoratifs, Paris, Frankreich / Archives Charmet (mro); Ken Walsh (ul). **227 Alamy Stock Photo:** Antiqua Print Gallery (gor). **Bridgeman Images:** Look and Learn / Barbara Loe Collection (ur). **Getty Images:** Ullstein Bild (ul). **228 Alamy Stock Photo:** Amoret Tanner (ul). **Bridgeman Images:** The Geffrye Museum of the Home, London, UK (um); Privatsammlung / Christie's Images (mlo). **Dorling Kindersley:** Gary Ombler / The University of Aberdeen (mro); Jacob Termansen und Pia Marie Molbech / Peter Keim (gor). **Getty Images:** De Agostini Picture Library / De Agostini / G. Dagli Orti (gol); De Agostini / DEA / L. DOUGLAS (mu); Jason Loucas (mru). **National Museum of American History / Smithsonian Institution:** (gom). **Wellcome Images http://creativecommons.org/licenses/by/4.0/:** (mo).

229 Alamy Stock Photo: Basement Stock (gor); Chronicle (gom); Caroline Goetze (mro); INTERFOTO (mlo). **Getty Images:** Chicago History Museum (gol); Photolibrary / Peter Ardito (ur). **230 Bridgeman Images:** Look and Learn / Peter Jackson Collection (gor). **Getty Images:** The Print Collector (ml). **230–231 Getty Images:** Chris Hellier / Corbis (u). **231 Getty Images:** Chicago History Museum (ur); Science & Society Picture Library (go). **232 Getty Images:** Universal Images Group (u). **NYCviaRachel:** (gor). **233 Bridgeman Images. Getty Images:** Don Arnold (gor); Joe Scherschel / National Geographic (gol). **234 Bridgeman Images:** Luca Tettoni (u). **235 Bridgeman Images:** Pictures from History (um). **RMN:** Thierry Ollivier (ml). **236–237 Beinecke Rare Book And Manuscript Library/Yale University. 237 Bridgeman Images:** Peter Newark American Pictures (ur). **238 Getty Images:** Daniel Mcinnes / Corbis (mr). **Mary Evans Picture Library:** SZ Photo / Scherl (ml). **238–239 Bridgeman Images:** Tallandier (u). **239 akg-images:** (gor). **Bridgeman Images:** City of Westminster Archive Centre, London, UK (mr). **Mary Evans Picture Library:** Pharcide (gol). **240–241 Tom Schifanella:** (alle). **242 Getty Images:** Science & Society Picture Library (l). **243 Bridgeman Images:** Royal Geographical Society, London, UK (m). **Getty Images:** Best View Stock (ur). **Royal Geographical Society:** (gol). **244–245 Photo Scala, Florenz:** White Images (u). **245 akg-images:** Fototeca Gilardi (gol). **Alpine Club Photo Library, London:** (gor). **Getty Images:** Kean Collection / Archive Photos (u). **246 Alamy Stock Photo:** Universal Art Archive (um). **Getty Images:** Swim Ink 2, LLC / Corbis (ml). **247 The J. Paul Getty Museum, Los Angeles:** William Henry Jackson; I.W. Taber (gor). **248 Alamy Stock Photo:** Art Collection 2 (ml). **Thomas Cook Archives. 248–249 Alamy Stock Photo:** Old Paper Studios. **249 Bridgeman Images:** Cauer Collection, Germany (ur). **Getty Images:** LL / Roger Viollet (m). **250 Getty Images:** DeAgostini (um); Time Life Pictures / Mansell / The LIFE Picture Collection (mr). **Science Photo Library:** Natural History Museum, London (ml). **250–251 Getty Images:** Time Life Pictures / Mansell / The LIFE Picture Collection (u). **251 Alamy Stock Photo:** AF Fotografie (um). **Getty Images:** Science & Society Picture Library (gom). **252–253 Alamy Stock Photo:** Vintage Archives. **254 akg-images. Getty Images:** General Photographic Agency (r). **255 akg-images. Alamy Stock Photo:** Lordprice Collection (l). **Dorling Kindersley:** Gary Ombler / Jonathan Sneath (mr). **256 Getty Images:** Bettmann (ur); Cincinnati Museum Center (ul); Herbert Ponting / Scott Polar Research Institute, University of Cambridge (um). **257 Alamy Stock Photo:** Contraband Collection (ur). **Getty Images:** Time Life Pictures / Mansell / The LIFE Picture Collection (um); Topical Press Agency / Stringer (ul). **258 Bridgeman Images:** United Archives / Carl Simon (ul). **The Trustees of the British Museum:** (m). **Getty Images:** Universal Images Group (ml). **259 akg-images. Museum of Ethnography, Sweden:** Sven Hedin Foundation (gol). **260 Alamy Stock Photo:** Lordprice Collection (ur). **Getty Images:** Thinkstock (m). **The National Library of Norway:** Siems & Lindegaard (ul). **261 Getty Images:** Uriel Sinai (gor). **The National Library of Norway. Skimuseet I Holmenkollen:** Silja Axelsen (gol). **262 Dorling Kindersley:** Gary Ombler / Jonathan Sneath (gol). **Getty Images:** Cincinnati Museum Center (u). **263 AF Fotografie. Alamy Stock Photo:** Mary Evans Picture Library (ul); Universal Art Archive (gor). **Getty Images:** Bettmann (ml). **264 Alamy Stock Photo:** Marc Tielemans (gor). **The Camping and Caravanning Club:** (mlo). **264–265 Country Life Picture Library:** (u). **265 Alamy Stock Photo:** AF Fotografie (gom). **Bridgeman Images:** Christie's Images (ur). **266–267 Bridgeman Images:** Look and Learn. **267 Getty Images:** Sovfoto (gor). **Mary Evans Picture Library:** Illustrated London News Ltd. (ur). **268 Alamy Stock Photo:** The Granger Collection (ur). **Getty Images:** Wolfgang Steiner (gol). **269 Alamy Stock Photo:** Chronicle (gol). **Bridgeman Images:** The Advertising Archives (u). **PENGUIN und das Penguin Logo sind Marken von Penguin Books Ltd.:** (gor). **270–271 Alamy Stock Photo:** Contraband Collection. **270 Alamy Stock Photo:** Universal Art Archive (gor). **271 akg-images. Alamy Stock Photo:** Contraband Collection (ul). **272 Getty Images:** Bettmann (gol). **Library of Congress, Washington, D.C. 272–273 Library of Congress, Washington, D.C. 273 Alamy Stock Photo:** Glyn Genin (ur). **274 Getty Images:**

Noch mehr Wissen und Lesefreude!

China
978-3-8310-1163-6
€ 29,95 [D] / € 30,80 [A]

Indien
978-3-8310-1472-9
€ 29,95 [D] / € 30,80 [A]

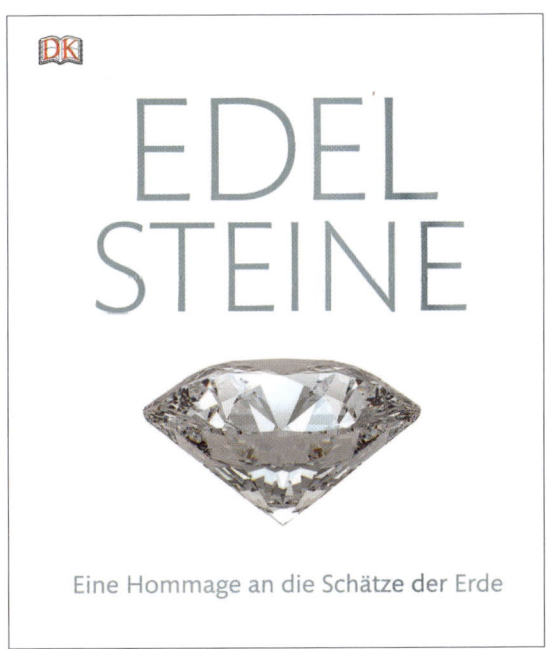

Edelsteine
978-3-8310-3287-7
€ 34,95 [D] / € 36,00 [A]

Durch die Weltgeschichte in 1000 Objekten
978-3-8310-3127-6
€ 39,95 [D] / € 41,10 [A]